# Good Code, Bad Code
## 좋은 코드, 나쁜 코드

**GOOD CODE BAD CODE**

## 좋은 코드, 나쁜 코드

**1쇄 발행** 2022년 5월 26일

**지은이** 톰 롱
**옮긴이** 차건회
**펴낸이** 장성두
**펴낸곳** 주식회사 제이펍

**출판신고** 2009년 11월 10일 제406-2009-000087호
**주소** 경기도 파주시 회동길 159 3층 / **전화** 070-8201-9010 / **팩스** 02-6280-0405
**홈페이지** www.jpub.kr / **원고투고** submit@jpub.kr / **독자문의** help@jpub.kr / **교재문의** textbook@jpub.kr

**편집부** 김정준, 이민숙, 최병찬, 이주원 / **총무부** 김정미
**소통기획부** 이상복, 송영화, 권유라, 송찬수, 박재인, 배인혜 / **소통지원부** 민지환

**진행 및 교정 · 교열** 송영화 / **내지디자인** 이민숙 / **내지편집** 백지선
**용지** 에스에이치페이퍼 / **인쇄** 한승문화사 / **제본** 일진제책사

**ISBN** 979-11-91600-89-6 (93000)
**값** 30,000원

제이펍은 독자 여러분의 아이디어와 원고 투고를 기다리고 있습니다. 책으로 펴내고자 하는 아이디어나 원고가 있는
분께서는 책의 간단한 개요와 차례, 구성과 저(역)자 약력 등을 메일(submit@jpub.kr)로 보내주세요.

# Good Code, Bad Code
## 좋은 코드, 나쁜 코드

톰 롱 지음 / 차건회 옮김

제이펍

# PART I 이론

## CHAPTER 1 코드 품질   3

## CHAPTER 2 추상화 계층   27

# PART II 실전

## CHAPTER 5 가독성 높은 코드를 작성하라  123

소프트웨어 개발자들은 좋은 코드를 작성하기를 원하고 그렇게 하기 위해 커리어 내내 고민하고 노력합니다. 그만큼 좋은 코드를 작성하는 것이 어렵다는 방증이겠지요. 어떤 코드가 좋은 코드인지 주변의 동료들에게 물어본다면 아마도 '버그 없이 잘 돌아가는 코드'나 '이해하기 쉬운 코드' 정도의 대답을 들을 수 있을 것 같습니다.

좋은 코드란 무엇일까요? 저 역시 지난 20여 년간 소프트웨어 개발자로서 개발과 코딩을 하면서 항상 고민해왔던 질문입니다.

역자는 자신이 번역한 책의 첫 번째 독자이기도 합니다. 그런 면에서 옮긴이 머리말은 어찌 보면 첫 번째 독자 후기라고 볼 수도 있습니다. 이 책을 번역하면서 그동안 고민해왔던 '좋은 코드'에 대해 좀 더 체계적으로 살펴볼 수 있었습니다. 좋은 코드에 대해 고민해본 적이 있는 개발자에게 도움이 될 수 있는 이 책의 미덕이 몇 가지 있습니다.

- 내용이 이해하기 쉽습니다.
- 금융, 전자 상거래, 여행, 사용자 인터페이스 등 다양한 분야의 도메인 예제를 통해 좀 더 현실적으로 피부에 와닿습니다.
- 예제나 개념 설명을 위해 특정 언어를 사용하지 않음으로써 오히려 자신이 주로 사용하는 언어의 특성에 대해 좀 더 객관적으로, 좀 더 넓은 시야로 바라볼 수 있습니다.

구체적인 부분에서 새롭게 눈을 뜨게 한 내용들도 있었습니다.

- 협업은 다른 팀원과의 협력이기도 하지만 미래의 나 혹은 과거의 나와의 협력입니다.
- 주석문은 그 코드가 무슨 일을 하고 있는지가 아니라 그 코드가 왜 거기 있는지 그 이유를 설명해야 합니다.

- 단위 테스트는 코드가 어떻게 하는지가 아니라 무엇을 하는지 테스트하는 것입니다.

이 외에도 좋은 코드에 대한 수많은 통찰을 얻을 수 있었습니다.

아마 번역 작업이 아닌 영어 원서 혹은 번역서로 이 책을 접했다면, '어느 정도 다 아는 내용'이라는 오만과 '코딩에 대해 별반 다를 것 없는 또 하나의 책'이라는 선입견으로 인해 아예 읽어보지 않았거나, 혹은 읽더라도 곱씹어 보지 않고 대강 한 번 훑어보고 말았을 것 같습니다.

읽어야 할 책, 봐야 할 동영상, 습득해야 할 기술은 너무 많은데 개발 기한에 쫓기는 빡빡한 일정 속에서, 천천히 많이 생각하면서 무언가를 하기란 요즘 같은 시대에 쉽지 않은 일입니다. 그런 면에서 문장 하나하나를 곱씹어 보며 어떻게 번역해야 더 잘 이해할 수 있을까 고민하면서 우리말로 옮겨 적는 번역의 고단함과 수고로움을 통해 이 책이 주는 훌륭한 통찰을 오히려 더 많이 얻을 수 있었던 것은 큰 행운이었습니다.

마지막으로 국내 개발자 커뮤니티에 하고 싶은 말이 있습니다. 책에서 예화로도 설명되어 있듯이 확장성 높고 테스트가 충분히 된 코드를 작성하려면 시간이 많이 들어갑니다. 버그 해결을 위해 단 한 줄만 수정하지만, 테스트 코드는 수십 줄을 새로 작성하거나 수정하는 경우가 허다합니다. 잘 돌아가기는 하지만 확장성이 부족하거나 테스트는 충분히 되지 않은 코드가 배포되는 이유는 이것과 관련이 있습니다. 개발자의 문제라기보다는 리더십의 문제라고 봅니다. 개발 조직의 리더가 개발과 테스트를 고려해서 충분한 시간을 보장해주어야 합니다. 고품질의 코드는 결국 개발자의 역량과 리더십의 지원 두 가지가 다 있어야 가능한 성과물입니다. 그런 면에서 이 책은 개발자뿐만 아니라 고품질 코드를 고민하는 개발 조직의 리더들에게도 유익하리라 생각합니다.

모쪼록, 이 번역서가 더 좋은 코드를 작성하기를 원하는 모든 개발자에게 크고 작은 도움이 되기를 소망합니다.

**차건회** 드림

**강찬석(LG전자)**

어떤 프로그램이나 함수를 구현할 때 고민해봐야 할 부분에 대해서 잘 기술되어 있습니다. 책 제목대로 좋은 코드와 나쁜 코드를 구분하고 좋은 코드를 구현하기 위한 방법론을 제시합니다.

 **김용현(Microsoft MVP)**

언어에 자신감이 생긴 개발자를 대상으로 디자인 패턴, 설계 원칙, 단위 테스트, TDD 등을 넘나들며 이론을 설명하고 핵심 원칙을 깨우쳐줍니다. 정답 코드, 협업하기 좋은 코드, 유지보수가 쉬운 코드, 미래 요구사항을 수용할 수 있는 코드가 궁금한 이들에게 필요한 기본기를 한 권에 집약했으며, 이를 통해 고급 개발자로 퀀텀 점프를 할 수 있는 시작점으로 충분합니다.

 **김진영(야놀자)**

책의 난도는 그리 높지 않지만, DI와 Null 안전성 등의 개념을 함께 설명하고 있습니다. 막 문법서를 떼고 개발을 시작하는 분들은 조금 낯설어서 어렵게 느끼실 수도 있겠네요. 이렇게 소프트웨어 개발을 막 시작하신 분이 보기에도 괜찮은 책이지만, 개발 경험이 쌓이면서 내가 만든 코드의 품질에 대해 고민하는 분들께 더 추천하고 싶은 책입니다.

**김호준(한국오픈솔루션)**

다루는 주제 하나하나가 모두 주옥같은 내용입니다. 소프트웨어 개발 시 발생하는 모든 위험과 재난적 상황에서 방어할 수 있는 기제를 얻을 수 있습니다. 특히 실무에서 회사 내부의 프레임워크 및 라이브러리를 유지보수하는 포지션에 위치한 분들은 모든 챕터를 꼼꼼히 들여다보길 추천해드립니다.

 **사지원**

좋은 코드를 작성하기 위한 방법과 내용을 단순히 설명하는 데 그치는 것이 아니라, 나쁜 코드를 보면서 이것이 왜 나쁜 코드인지 설명하고 그에 따른 해결책을 제시합니다. 좋은 코드를 작성하여 동료들과 미래의 자신에게 환영받는 개발자가 되길 원한다면 꼭 추천합니다.

 **이석곤(아이알컴퍼니)**

개발을 하다 보면 시간이 없어 우선 돌아가기만 하면 된다고 자신과 타협하며 코드를 작성했었습니다. 그러다 보니 어느 순간 코드는 지저분해지고, 요구사항이 변경되면 어디부터 수정해야 할지 난감할 때가 많았습니다. 이 책에서는 좋은 코드와 나쁜 코드를 알려주면서 어떻게 하면 좋은 코드로 작성할 수 있는지 이론, 실습, 테스트 3단계로 나누어 자세히 알려주고 있습니다. 좀 더 좋은 코드를 작성하고 싶은 개발자에게 추천합니다.

 **이요셉(지나가던 IT인)**

'어느 것이 좋은 코드인가?'는 개발자들 사이에서도 쉽게 풀리지 않는 숙제입니다. 이 책의 저자는 깔끔한 개념 정리와 다양하고 이해하기 쉬운 사례를 제시하며 예제 코드를 더 견고하게 만드는 법을 알려줍니다. 본문의 예제는 자바/C#과 비슷한 의사코드로 작성되어 있지만, 어떤 언어를 사용하는 개발자라도 이해하기에 무리가 없을 것으로 보입니다. 중급 이상으로 도약하고 싶은 개발자와 기술 관리자라면 필독하기를 추천합니다.

**정현준(매드업)**

최근에 읽었던 프로그래밍 관련 서적 중에 가장 마음에 들었습니다. 업무상 팀원들에게 품질 향상을 위해 많은 이야기를 하지만, 여러 가지 현실적인 이유로 진행이 느린 상황입니다. 비즈니스가 바쁜 상황에서 효과적이고 체계적으로 품질 개선 방법을 알려줄 길을 안내받은 느낌입니다.

 **황시연(소프트웨어 개발자)**

이 책은 개발자의 코드 작성 습관을 바꿀 수 있도록 도와주는 책입니다. 코드 품질부터 테스트에 이르기까지 현실 문제를 바탕으로 의사코드를 통해 좋은 사례와 나쁜 사례를 알려줍니다. 알려준 사례들을 곱씹어 보면 통찰력이 생길 것이라 기대하면서 회사 동료가 자신이 짠 코드를 쉽게 이해하기를 원하는 분들에게 이 책을 추천합니다.

제이펍은 책에 대한 애정과 기술에 대한 열정이 뜨거운 베타리더의 도움으로
출간되는 모든 IT 전문서에 사전 검증을 시행하고 있습니다.

# 머리말 _____

11살 때부터 코딩을 시작해 지금까지 이런저런 코드를 작성해 왔으니, 소프트웨어 엔지니어로서 첫 직장에 들어올 때까지 상당히 많은 코드를 작성한 셈이다. 그럼에도 불구하고 코딩과 소프트웨어 엔지니어링은 같지 않다는 것을 금방 알게 됐다. 소프트웨어 엔지니어로서 코딩이 의미하는 바는 나의 코드를 다른 사람들이 이해할 수 있어야 하고, 그들이 나의 코드를 수정해도 여전히 작동해야 한다는 것이다. 또한, 실제로 사람들이 (때로는 많은 사람이) 나의 코드를 사용하고 있기 때문에 코드에 어떤 문제가 있다면 아주 심각한 결과를 초래할 수 있음을 의미한다.

코드를 매일 작성하다 보면 소프트웨어가 얼마나 잘 작동할지, 계속해서 잘 작동할지, 다른 사람들이 유지보수할 수 있을지와 관련한 결정을 내려야 할 때가 많다. 소프트웨어 엔지니어로서의 경험이 쌓여 가다 보면, 그런 결정이 어떻게 지대한 결과를 초래하는지 알게 된다. (소프트웨어 엔지니어의 관점에서) 좋은 코드를 작성하는 법을 배우는 것은 수년이 걸리는 일이다. 이런 기술의 습득에 긴 시간이 소요되는 것이 보통이며, 그때그때 임시변통으로 자신이 저지른 실수에서 배우거나, 혹은 함께 일하는 선임자로부터 얻은 단편적인 조언에서 배운다.

이 책은 이제 막 소프트웨어 엔지니어로서 첫발을 내딛는 사람들이 이런 기술을 효과적이고 신속하게 습득할 수 있게 돕고자 한다. 신뢰할 수 있고, 유지보수하기 쉬우며, 요구 사항의 변화에 적응할 수 있는 코드를 작성하기 위해 가장 중요한 교훈과 이론적 토대를 이 책에서 배울 수 있을 것이다. 이 책이 독자들에게 유용하게 읽히기를 희망한다.

**톰 롱**

— 감사의 글

책을 쓰는 것은 외로운 노력이 아니며, 필자는 이 책을 현실로 만들어준 모든 분께 감사드린다. 특히, 개발 편집자인 Toni Arritola에게 감사한다. 그는 책을 쓰는 과정을 인내심 있게 지도해주었고, 독자와 수준 높은 가르침에 지속적으로 집중했다. 또한, 기획 편집자인 Andrew Waldron에게 감사한다. 이 책에 대한 아이디어와 그 과정에서 제공되는 많은 귀중한 통찰력에 대해 신뢰를 보내줬다. 또한, 기술 개발 편집자인 Michael Jensen에게 이 책 전반에 걸쳐 깊은 기술적 통찰력과 제안을 해주신 것에 대해 감사한다. 그리고 기술 교정자인 Chris Villanueva에게 감사한다. 그는 책의 코드와 기술적인 내용을 주의 깊게 검토해주었고 훌륭한 제안을 많이 했다. 또한, Amrah Umudlu, Chris Villanueva, David Racey, George Thomas, Giri Swaminathan, Harrison Maseko, Hawley Waldman, Heather Ward, Henry Lin, Jason Taylor, Jeff Neumann, Joe Ivans, Joshua Sandeman, Koushik Vikram, Marcel van den Brink, Sebastian Larsson, Sebastián Palma, Sruti S, Charlie Reams, Eugenio Marchiori, Jing Tang, Andrei Molchanov, Satyaki Upadhyay는 이 책의 집필 과정 내내 여러 단계에서 책을 읽고 정확하고 실행 가능한 피드백을 제공했다. 이러한 피드백이 얼마나 중요하고 유용했는지는 아무리 강조해도 지나치지 않다. 이 책에 있는 거의 모든 개념은 소프트웨어 공학계에서 잘 확립된 아이디어와 기술들이다. 따라서 마지막으로 지난 몇 년 동안 이 지식의 영역에 기여하고 공유해준 모든 분께 감사의 말씀을 드리고 싶다.

# 이 책에 대하여 _____

이 책은 신뢰할 수 있고 유지보수하기 좋은 코드를 작성하기 위해 전문 소프트웨어 엔지니어가 자주 사용하는 핵심 개념과 기술을 소개한다. 해야 할 것과 하지 말아야 할 것을 열거하기보다는 각각의 개념과 기술의 장단점뿐만 아니라 그 이면에 놓여 있는 핵심 논리를 설명하는 것을 목표로 하고 있다. 이를 통해 독자들은 노련한 소프트웨어 엔지니어처럼 사고하고 코드의 작성하는 방법을 근본적으로 이해하는 데 도움을 얻을 수 있을 것이다.

## 누가 이 책을 읽어야 하는가?

이 책은 이미 코드를 작성할 수 있으나 전문적인 상황에서 소프트웨어 엔지니어로서 코딩 기술을 향상하고 싶은 사람을 대상으로 한다. 이 책은 소프트웨어 엔지니어로 일한 경험이 3년 이내인 개발자에게 가장 유용할 것이다. 경험이 많은 개발자들은 아마도 이 책에 있는 많은 것을 이미 알고 있으리라 생각한다. 하지만 그들에게도 초급 개발자들을 이끌어 주는 데 있어 이 책이 유용한 자료가 될 수 있을 것이다.

## 이 책의 구성 방법: 로드맵

이 책은 3부로 나눠지고 11장으로 구성되어 있다. 1부에서는 코드에 대한 우리의 사고방식을 형성하는 이론적이고 높은 수준의 개념을 소개한다. 2부는 좀 더 실제적인 내용을 다룬다. 2부의 각 장은 특정 고려 사항이나 기법을 다루는 일련의 주제로 나누어져 있다. 3부는 효과적이고 유지 관리 가능한 단위 테스트 코드를 작성하기 위한 원칙과 실제적 지침을 다룬다.

이 책에서 개별 절은 일반적으로 문제가 될 수 있는 시나리오(및 일부 코드)를 먼저 설명하고, 그 문제의 일부 또는 전부를 해결하기 위해 기존 코드를 다른 코드로 대체하는 접근 방식을 보여주는 구조로 되어 있다. 이런 점에서 각 절은 '나쁜' 코드를 보여주는 것에서 '좋은' 코드를 보여주는 것으로 진행되는데, 나쁜 코드와 좋은 코드는 주관적이고 상황에 따라 다르다는 점을 주의해야 한다. 그리고 이 책이 강조하고자 하는 바와 같이, 종종 고려해야 할 뉘앙스와 절충점이 있는데, 이것은 좋은 코드와 나쁜 코드를 구별하는 것이 항상 명확한 것은 아니라는 것을 의미한다.

1부 '이론'은 소프트웨어 엔지니어로서 코드를 작성하는 우리의 접근 방식을 형성하는 일반적이고 이론적인 몇 가지 고려사항의 기초를 다진다.

- 1장에서는 **코드 품질**code quality에 대한 개념, 특히 고품질 코드를 통해 달성하고자 하는 몇 가지 실질적인 목표를 소개한다. 그다음 이를 여섯 개의 '코드 품질의 핵심 요소'로 확장하여 일상의 코딩에서 사용할 수 있는 높은 수준의 전략을 제공한다.
- 2장에서는 추상화 계층을 논의하는데, 추상화 계층의 근본적인 고려 사항으로 코드를 구조화하고 각각의 구별된 부분으로 나눌 때 가이드로 사용할 수 있다.
- 3장에서는 자신이 작성한 코드로 작업할 다른 개발자에 대해 생각하는 것이 중요하다는 점을 강조한다. 또한, **코드 계약**code contract과 이러한 계약에 대해 신중하게 생각하는 것이 어떻게 버그를 예방할 수 있는지 논의한다.
- 4장에서는 오류에 대해 논의하고 좋은 코드를 작성하기 위해 신호를 보내고 처리하는 빙법을 신중하게 생각하는 것이 왜 중요한지 설명한다.

2부 '실전'은 (1장에서 설정한) 코드 품질의 처음 다섯 개 핵심 구성에 대해 구체적인 기술과 예를 사용하여 논의한다.

- 5장에서는 다른 개발자가 이해할 수 있도록 가독성 높은 코드를 작성하는 방법에 대해 다룬다.
- 6장에서는 예상 가능한 코드를 작성하는 방법에 대해 다루는데, 이를 통해 다른 개발자가 코드를 잘못 해석하지 않도록 함으로써 버그 발생 가능성을 최소화한다.
- 7장에서는 코드 오용을 어렵게 하여 다른 개발자가 실수로 잘못된 코드나 가정에 위배되는 코드를 작성하기 힘들게 하여 버그 발생 가능성을 최소화하는 방법을 논의한다.
- 8장에서는 코드 모듈화를 다루는데, 이는 추상화 계층을 간결하게 표현하고 변화하는 요구 사항에 적응할 수 있도록 도와주는 코드의 핵심 기법이다.
- 9장에서는 코드를 재사용하고 일반화하는 방법을 다룬다. 이를 통해 이미 작성된 것을 처음부터 다시 작성하지 않고도 새로운 기능을 쉽고 안전하게 추가할 수 있다.

3부 '단위 테스트'는 효과적인 단위 테스트 코드 작성을 위한 주요 원칙과 실제적 지침을 소개한다.

- 10장에서는 단위 테스트 코드 작성에 영향을 미치는 여러 원칙과 보다 높은 수준의 고려 사항을 소개한다.
- 11장은 10장의 원칙을 바탕으로 단위 테스트 코드 작성에 대한 구체적이고 실용적인 방안을 제안한다.

이 책을 읽는 이상적인 방법은 처음부터 끝까지 차례로 다 읽는 것인데, 앞의 내용에 기반하여 뒷부분이 이어지기 때문이다. 다만, 2부(그리고 11장)의 주제는 상당히 독립적이고 주제마다 몇 페이지에 지나지 않기 때문에 따로 읽더라도 유용할 것이다. 이것은 의도적으로 그렇게 한 것인데, 확립된 모범 사례를 다른 개발자에게 신속하고 효과적으로 설명하기 위한 목적으로 그렇게 했다. 또한 코드 리뷰 시 특정 개념을 설명하거나 다른 개발자를 멘토링할 때도 유용하게 사용하도록 하는 의도도 있다.

## 코드에 대해

이 책은 자바, C#, 타입스크립트TypeScript, 자바스크립트(정적 타입 체커를 갖는 에크마스크립트ECMAScript 2015 이상), C++, 스위프트Swift, 코틀린Kotlin, 다트Dart 2 등과 같이 정적 타입의 객체 지향 프로그래밍 언어로 코드를 작성하는 엔지니어들을 대상으로 한다. 이 책에서 다루는 개념은 이와 같은 언어로 코딩할 때 폭넓게 적용할 수 있다.

서로 다른 프로그래밍 언어들은 논리 및 코드 구조를 표현하기 위한 각자의 구문과 패러다임을 가지고 있다. 하지만 이 책에서 예제 코드를 제공하기 위해 어떤 종류의 구문과 패러다임은 표준화할 필요가 있었다. 이를 위해 이 책은 다양한 언어에서 아이디어를 차용한 의사코드pseudocode를 사용한다. 의사코드의 목적은 명백하고 명확하며 다수의 개발자가 쉽게 인식할 수 있도록 하는 것이다. 이 실용주의적인 의도를 기억해주기 바란다. 어느 한 언어가 다른 언어보다 좋거나 나쁘다는 것을 보여주는 것은 이 책의 목표가 아니다.

마찬가지로 명백함과 간결함 사이에 절충이 있는 경우, 의사코드 예는 명백함에 좀 더 방점을 두는 경향이 있다. 이러한 예로는 var와 같은 키워드를 사용하는 유추 형식(간결함 중심)과 이에 반해 명시적으로 변수 타입을 지정하는 경우(명백함 중심)가 있는데, 의사코드는 변수 타입을 지정한다. 또 다른 예는 널null값 처리를 위해 좀 더 간결하지만, 어쩌면 독자들에게 생소할 수도 있는 널 병합이나 널 조건 연산자(부록 B 참조)를 쓰지 않고 if 문을 사용하는 것이다. 하지만 실제 코드베이스(및 책의 맥락 밖)에서는 간결함에 더 무게 중심을 둘 수 있다.

## 이 책에 있는 조언을 사용하는 방법

소프트웨어 공학에 관한 책이나 기사를 읽을 때, 그것은 주관적인 주제이고 현실 세계의 문제에 대해 딱 맞아떨어지는 해결책은 거의 없다는 것을 항상 기억해야 한다. 필자의 경험상 최고의 엔지니어들은 그들이 읽는 모든 것을 건전하게 의심하고, 그 이면의 근본적인 사고를 이해하고자 하는 열망을 갖는다. 의견은 서로 다르고 발전하며, 사용 가능한 도구와 프로그래밍 언어는 끊임없이 개선되고 있다. 특정 조언의 배후에 감춰져 있는 이유와 맥락 그리고 한계를 이해하는 것은 언제 그것을 적용해야 하고 언제 무시해야 하는지를 아는 데 필수적이다.

이 책의 목표는 엔지니어들이 더 나은 코드를 작성하는 데 도움이 되는 많은 유용한 주제와 기술을 한데 모아놓는 것이다. 그 주제와 기술을 고려하는 것은 현명한 일이지만, 이 책에 있는 그 어떤 것도 결코 깨뜨릴 수 없는 절대적 규칙이라고 생각하거나 그렇게 적용하면 안 된다. 훌륭한 판단력은 훌륭한 공학의 필수 요소이다.

## 추천 도서

이 책은 소프트웨어 엔지니어로서 코딩의 세계로 가는 디딤돌이 되는 것을 목표로 한다. 그렇게 되기 위해서는 독자들에게 코드에 대해 생각할 수 있는 폭넓은 방식, 문제가 될 수 있는 것들, 문제를 피하기 위한 기술을 제공해야 한다. 하지만 여기서 끝나면 안 된다. 소프트웨어 공학은 거대하고 끊임없이 발전하는 주제이기 때문에 폭넓게 읽고 최신 정보를 유지하는 것이 바람직하다. 기사와 블로그를 읽는 것 외에도 독자들에게 유용할 책들은 다음과 같다.

- 《리팩터링 2판》(마틴 파울러, 한빛미디어, 2020)
- 《클린 코드》(로버트 C. 마틴, 인사이트, 2013)
- 《코드 컴플리트 2판》(스티브 맥코넬, 위키북스, 2014)
- 《실용주의 프로그래머》(데이비드 토머스, 앤드류 헌트, 인사이트, 2022)
- 《GoF의 디자인 패턴》(에릭 감마, 리처드 헬름, 랄프 존슨, 존 블리시디스, 프로텍미디어, 2015)
- 《이펙티브 자바 3판》(조슈아 블로크, 인사이트, 2018)
- 《단위 테스트》(블라디미르 코리코프, 에이콘출판사, 2021)

# 장별 요약

## 1부 이론

### 1 코드 품질

고품질의 소프트웨어를 만들기 위해서는 고품질의 코드를 작성해야 한다. 우리가 근본적으로 달성하려고 하는 것이 무엇인지 인식하면 코드 품질을 좀 더 객관적으로 평가하는 데 도움이 된다.

### 2 추상화 계층

코드가 어느 한 순간에 하나의 문제만 해결하면, 그 코드는 이해하기 쉽고, 사용하기 쉽고, 재사용하기 쉽고, 테스트하기 쉽다. 간결한 추상화 수준은 이를 위한 열쇠가 된다.

### 3 다른 개발자와 코드 계약

자신이 작성한 코드를 다른 개발자가 사용하려면 기능과 호출 방법을 올바르게 이해해야 한다. 좋은 코드 계약은 이것을 실수 없이 명확하게 해준다.

### 4 오류

완전한 환경에서 코드가 실행되는 경우는 거의 없다. 문제가 어떻게 발생하는지, 그리고 코드는 어떻게 대처해야 하는지 주의 깊게 생각하는 것이 좋다.

## 2부 실전

### 5 가독성 높은 코드를 작성하라

코드가 이해하기 어려우면 다른 개발자들이 (그리고 미래의 자기 자신도) 코드를 오해할 수 있고, 의도치 않게 오류가 있는 코드를 추가할 수 있다.

### 6 예측 가능한 코드를 작성하라

코드가 예기치 못한 일을 하거나 예상하지 못한 것을 반환하면 다른 개발자들이 곤란을 겪을 수 있고, 이로 인해 버그가 일어날 수 있다.

### 7 코드를 오용하기 어렵게 만들라

코드가 오용하기 쉽게 작성돼 있으면, 그만큼 다른 사람들에 의해 오용될 가능성이 커진다. 이것은 버그가 많고 잘 작동하지 않는 코드로 이어질 수 있다.

### 8 코드를 모듈화하라

요구 사항은 항상 변한다. 코드가 충분히 모듈화되어 있으면 바뀐 요구 사항을 반영하기가 쉽다.

### 9 코드를 재사용하고 일반화할 수 있도록 하라
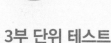
같은 하위 문제는 반복해서 나타난다. 같은 코드가 재사용되면 들어가는 노력과 새로운 버그의 유입 가능성이 줄어든다.

## 3부 단위 테스트

### 10 단위 테스트의 원리

좋은 코드를 작성하기 위해서 단위 테스트는 필수적이다. 단위 테스트의 최우선적인 기능은 코드가 작동하지 않는 경우를 잡아내는 것이지만 이것 외에도 고려해야 할 원리들이 많다.

### 11 단위 테스트의 실제

내구성이 높고 유용하며 유지보수가 쉬운 단위 테스트 코드를 작성하기 위해 적용할 수 있는 모범 사례와 기술이 많다.

책 표지에 실린 그림은 〈Homme Zantiote(그리스 자킨토스 섬의 한 남자)〉라는 제목이 붙어 있다. 이 삽화는 1797년 프랑스에서 출간된 《Costumes de Différents Pays(다른 나라의 의상들)》 화집에서 가져온 것으로, 자크 그라세 드 생소뵈르Jacques Grasset de Saint-Sauveur(1757–1810)가 여러 나라의 드레스 의상을 손으로 정교하게 그리고 채색하였다. 생소뵈르의 풍부한 작품들은 불과 200년 전만 해도 세계 각 도시와 지역의 문화가 얼마나 다양했는지를 생생하게 보여준다. 지리적으로 떨어져 있으면서, 사람들은 다른 언어와 방언을 사용했다. 거리나 시골에서 어디에 살고 있으며, 무엇을 사고 파는지, 어떤 계층에 속하는지를 단지 옷차림만으로도 쉽게 확인할 수 있었다.

그 이후로 우리가 옷을 입는 방식은 변했고, 풍부했던 지역별 다양성은 희미해졌다. 지금은 마을, 지역, 나라는 고사하고, 서로 다른 대륙에 사는 사람들을 구분하는 것도 어렵다. 아마도 우리는 문화적 다양성 대신에 더 다양해진 개인적 삶, 또는 빠른 속도로 변해가는 기술적인 생활을 선택했던 것 같다.

비슷비슷한 책들이 가득한 요즘, 매닝Manning 출판사는 두 세기 전 여러 지역의 다채로운 생활상을 보여주는 자크 그라세 드 생소뵈르의 그림 중 하나를 표지에 실어 IT 업계의 독창성과 진취성을 기리고자 한다.

PART

# I

이론

소프트웨어 개발자 커뮤니티에는 좋은 코드에 대한 조언과 의견으로 넘쳐난다. 하지만 이런 조언을 최대한 많이 받아들이고 그것을 종교처럼 아무런 비판 없이 따라도 될 만큼 단순한 경우는 거의 없다. 왜냐하면 우선, 서로 다른 출처에서 온 여러 가지 조언들이 서로 모순될 수 있어서 어떤 충고를 따라야 할지 결정하기가 쉽지 않기 때문이다. 하지만 이와 관련해 더 중요한 점은 소프트웨어 공학이 엄밀한 과학이 아니며, (우리가 그렇게 해보려고 아무리 열심히 노력하더라도) 절대적인 규칙 몇 가지로 요약할 수 없다는 점이다. 모든 프로젝트는 서로 다르며, 절충점을 찾아야 하는 사항들이 거의 모든 경우에 존재한다.

좋은 코드를 작성하기 위해서는 당면한 상황에 합리적인 판단력을 적용해야 하고, 어떤 특정한 행동 방식의 결과(그것이 좋든 나쁘든)가 어떻게 될지 주의 깊게 생각해야 한다. 그렇게 하려면 다음과 같은 기본 원리를 이해해야 한다. 코드를 작성할 때 실제로 달성하고자 하는 것은 무엇인가? 그 목표에 도달하기 위해 도움이 되는 높은 수준에서의 고려 사항은 무엇인가? 좋은 코드를 작성하는 데 있어 이와 같은 견고한 이론적 토대를 제공하는 것이 1부의 목적이다.

PART I

*In theory*

# 1

# 코드 품질

**이 장은 다음과 같은 내용을 다룬다.**

- 코드 품질이 중요한 이유
- 고품질의 코드가 이루고자 하는 네 가지 목표
- 고품질 코드 작성을 위한 높은 수준에서의 여섯 가지 전략
- 고품질의 코드 작성이 어떻게 중장기적으로 시간과 노력을 절약할 수 있는지

여러분은 지난 1년 동안 수백, 어쩌면 수천 가지의 소프트웨어를 사용했을 것이다. 우리는 컴퓨터에 설치된 프로그램, 스마트폰 앱, 셀프 계산대를 경쟁적으로 사용하면서 소프트웨어와 많은 상호작용을 한다.

또한 깨닫지 못한 채 의존하고 있는 소프트웨어도 많다. 예컨대 우리는 거래하는 은행을 신뢰한다. 은행의 백엔드 시스템에 문제가 생겨 자신의 계좌 내용을 다른 사람에게 전송한다든지, 수백만 달러의 마이너스 잔액이 있다고 계산된다든지 하는 일은 일어나지 않을 것이라고 믿는다.

사용하면서 감탄이 절로 나오는 소프트웨어를 접할 때가 종종 있다. 원하는 것을 정확히 수행하고, 버그가 거의 없으며, 사용하기가 쉽다. 하지만 어떤 때는 사용하기에 정말 끔찍한 소프트웨어도 있다. 버그로 가득 차 있고, 작동이 너무 자주 멈추고, 직관적이지 않은 소프트웨어 말이다.

치명적인 영향도로 치자면 어떤 소프트웨어는 다른 소프트웨어보다 그 정도가 분명히 덜하다. 스마

트폰 앱이 버그를 가지고 있으면 아마도 짜증은 좀 나겠지만 세상이 망하는 것은 아니다. 반면에 은행의 백엔드 시스템에 버그가 있으면 우리의 인생을 망칠 가능성이 있다. 심지어 중요하게 보이지 않는 소프트웨어에서 발생하는 문제조차도 한 기업을 문닫게 할 수 있다. 어떤 소프트웨어를 사용할 때 짜증이 나거나 사용하기 어려우면 다른 것으로 옮겨갈 가능성이 크다.

고품질 코드는 일반적으로 좀 더 신뢰할 수 있고, 유지보수가 쉬우며, 버그가 적은 소프트웨어를 생산한다. 코드 품질을 높이는 것에 관한 많은 원칙들은 소프트웨어가 처음에 만들어지는 방식을 보장하는 것뿐만 아니라, 이후에 요구 사항이 진화하고 새로운 상황이 등장하더라도 그 방식을 계속 유지할 수 있도록 하는 것에 관심을 둔다. 그림 1.1은 코드 품질이 소프트웨어의 품질에 영향을 미치는 몇 가지 방법을 보여준다.

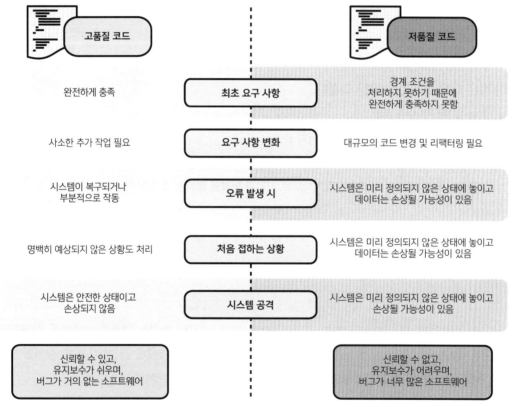

그림 1.1 **고품질의 코드는 신뢰할 수 있고, 유지보수가 쉬우며, 요구 사항을 충족하는 소프트웨어가 될 가능성을 최대한으로 높여준다. 저품질의 코드는 그 반대다.**

좋은 코드가 좋은 소프트웨어를 만들기 위한 유일한 조건은 당연히 아니지만, 중요한 조건 가운데 하나다. 세계 최고의 제품과 마케팅 팀을 확보하고, 최고의 프레임워크를 사용해 개발하고, 최고의

플랫폼에 배포한다 할지라도 결국 소프트웨어가 하는 모든 일은 누군가가 그것을 실현하기 위해 코드를 작성했기 때문에 일어나는 것이다.

엔지니어들이 코드를 작성할 때 내리는 일상적인 결정은 그것만 보면 작고 때로는 보잘것없어 보일 수도 있지만, 좋은 소프트웨어인지 그렇지 않은지는 그 모든 작은 결정들이 모여서 이루어진다. 버그가 있거나, 설정이 잘못되거나, 오류를 제대로 처리하지 않는 코드는 불안정하고 제대로 작동하지 않는 버그투성이의 소프트웨어가 되기 십상이다.

이 장에서는 고품질 코드가 달성해야 할 네 가지 목표를 살펴본다. 그다음 작성한 코드가 고품질인지 확인하기 위해 일상 업무에서 사용할 수 있는 여섯 가지 고차원 전략으로 확장한다. 이 책의 뒷부분에서는 이러한 전략을 많은 의사코드pseudocode 예제를 통해 자세히 살펴볼 것이다.

## 1.1 코드는 어떻게 소프트웨어가 되는가

코드 품질에 대해 이야기하기 전에 어떻게 코드가 소프트웨어가 되는지 간략하게 논의해보자. 소프트웨어 개발 및 배포 프로세스에 이미 익숙한 독자는 1.2절로 건너뛰어도 된다. 코드를 작성할 수는 있지만 소프트웨어 개발 분야에서 일한 적이 없는 독자들에게는 이 절에서 간략하게 살펴볼 내용이 유용할 것이다.

소프트웨어는 코드로 만들어진다. 이것은 분명하므로 언급할 필요도 없다. 소프트웨어 엔지니어로서의 경험이 없다면 코드로부터 (사용자가 사용하거나 비즈니스 관련 작업을 수행함으로써) 실제로 실행되는 소프트웨어가 되는 과정에 대해서는 확실하게 알기 어렵다.

코드는 일반적으로 엔지니어가 작성하자마자 실제로 실행되는 소프트웨어가 되는 것이 아니다. 코드가 의도한 대로 작동하고 기존의 기능이 여전히 잘 작동한다고 확신하기 위한 다양한 과정과 점검이 이루어진다. 이러한 과정을 종종 소프트웨어 개발 및 배포 프로세스라고 부른다.

이 책을 읽을 때 그 과정에 대한 자세한 지식이 필요한 것은 아니지만, 간략하게라도 이 과정을 알고 있으면 도움이 될 것이다. 먼저 몇 가지 용어를 소개하는 것이 유용하겠다.

- **코드베이스**codebase: 소프트웨어를 빌드할 수 있는 코드가 저장된 저장소repository다. 이것은 일반적으로 깃git, 서브버전subversion, 퍼포스perforce 등과 같은 형상 관리 시스템version control system에 의해 관리된다.
- **코드 제출**submitting code: 가끔 '코드 커밋committing code' 혹은 '풀 요청 병합merging a pull

request'이라고도 불린다. 개발자는 일반적으로 코드베이스를 자신의 로컬 컴퓨터에 복사하고 여기서 코드를 변경한다. 코드 변경이 끝나면 변경된 사항을 메인 코드베이스에 제출한다. 참고: 변경 사항을 작성자가 제출하지 않고 지정된 관리자가 코드베이스로 가져오도록 하는 설정도 있다.

- **코드 검토**code review: 많은 회사나 조직에서 코드를 코드베이스에 제출하기 전에 다른 엔지니어가 변경된 내용을 검토하도록 하고 있다. 이것은 원고 교정과 비슷한데 코드 검토 중에 종종 코드 작성자가 놓친 문제를 발견한다.

- **제출 전 검사**pre-submit check: 때로는 '병합 전 훅pre-merge hook', '병합 전 점검pre-merge check', '커밋 전 점검pre-commit check'이라고도 하며, 테스트가 실패하거나 코드가 컴파일되지 않을 경우 변경 사항이 코드베이스에 병합되지 않도록 차단한다.

- **배포**release: 소프트웨어는 코드베이스의 스냅숏을 기반으로 빌드된다. 다양한 품질 보증 검사 후에 실제 실행 환경에 배포된다. 코드베이스의 특정 버전을 가져와서 배포하는 프로세스를 일컬어 '배포 브랜치 만들기cutting release'라는 문구를 자주 사용한다.

- **프로덕션**production: 이 용어는 소프트웨어가 (고객에게 배송되는 것이 아니라) 서버나 시스템에 배포될 때, 테스트 환경과 같이 내부적으로 사용하는 것이 아닌 **실제 서비스되는 환경**을 가리킨다. 소프트웨어가 출시되고 비즈니스 관련 작업을 수행하면 프로덕션 환경에서 실행된다고 말한다.

코드로부터 실제 서비스되는 환경에서 실행되는 소프트웨어가 되기까지의 과정에는 많은 차이가 있지만, 주요 단계는 대개 다음과 같다.

1. 개발자가 코드베이스의 로컬 복사본을 가지고 작업하면서 코드를 변경한다.
2. 작업이 끝나면 코드 검토를 위해 변경된 코드를 가지고 병합 요청을 한다.
3. 다른 개발자가 코드를 검토하고 변경을 제안할 수 있다.
4. 작성자와 검토자가 모두 동의하면 코드가 코드베이스에 병합된다.
5. 배포는 코드베이스를 가지고 주기적으로 일어난다. 얼마나 자주 배포되는지는 조직과 팀마다 다를 수 있다(몇 분에서 몇 개월까지 다양하다).
6. 테스트에 실패하거나 코드가 컴파일되지 않으면 코드베이스에 병합되는 것을 막거나 코드가 배포되는 것을 막는다.

그림 1.2는 전형적인 소프트웨어 개발 및 배포 프로세스의 개요를 보여준다. 이 과정의 세부 사항은 회사와 팀에 따라 조금씩 다르며, 이 과정을 자동화하는 수준 역시 크게 다를 수 있다.

소프트웨어 개발과 배포 프로세스는 그 자체로 방대한 주제라는 점을 알기 바란다. 이 주제에 대해 많은 책이 쓰였다. 또한 이와 관련해서 다양한 프레임워크와 접근 방식이 존재하며, 관심 있는 독자라면 이에 관한 좀 더 많은 내용을 읽어 볼 만한 가치가 있다. 이 책의 주제는 이에 대한 것이 아니기 때문에 더 이상 자세히 다루지는 않을 것이다. 코드가 어떻게 소프트웨어가 되는지에 대해 대략적으로 이해하고 있으면 이 책을 읽는 데 충분하다.

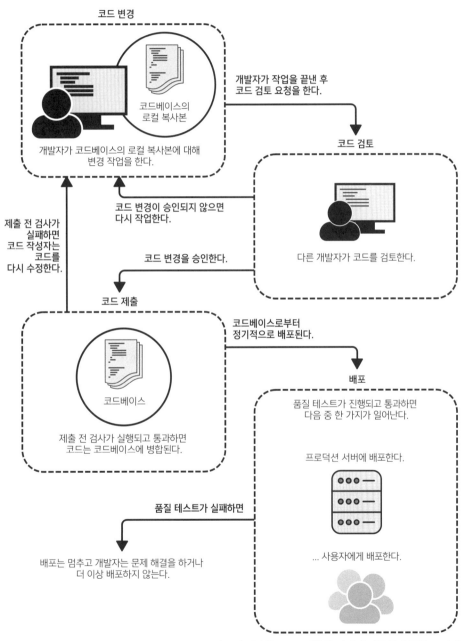

그림 1.2 전형적인 소프트웨어 개발 및 배포 프로세스의 간략한 도표. 정확한 단계와 자동화 수준은 조직과 팀에 따라 크게 다를 수 있다.

## 1.2 코드 품질의 목표

만약 차를 산다면, 아마도 품질은 최우선으로 고려하는 사항 중 하나일 것이다. 우리는 다음과 같은 차를 원한다.

- 안전하고,
- 실제로 작동하고,
- 고장 나지 않고,
- 예측 가능한 행동을 하는(우리가 브레이크 페달을 밟으면, 차는 속도를 늦춰야 한다) 차를 원한다.

자동차의 품질을 높이는 요인이 무엇인지 묻는다면, 가장 많이 듣게 될 대답은 자동차가 얼마나 잘 조립되었는가일 것이다. 이는 자동차가 잘 설계되고, 생산되기 전에 안전성과 신뢰성을 시험했으며, 정확하게 조립되었다는 것을 의미한다. 소프트웨어를 만드는 것도 이와 같다. 고품질의 소프트웨어를 만들기 위해서는 소프트웨어가 잘 구축되어야 한다. 이것이 바로 코드 품질의 진정한 목적이다.

'코드 품질'이라는 단어를 접하면 사소하고 별로 중요하지 않은 사항에 대한 세세한 충고라는 이미지가 떠오른다. 어떤 경우에는 그것이 사실이지만, 코드 품질은 사실 그런 것이 아니다. 코드 품질은 실제적인 관심 사항에 근거를 둔다. 때에 따라 사소하거나 중요한 세부 사항에 관심을 가질 수 있지만 어느 경우나 목표는 동일한데, 그것은 바로 더 나은 소프트웨어를 만드는 것이다.

그럼에도 불구하고 코드 품질은 여전히 파악하기 어려운 개념일 수 있다. 때때로 어떤 코드를 접하고 '헐~'이라고 하거나 '와, 이건 임시로 땜빵한 코드네'라고 생각할 수 있다. 또 어떤 때는 우연히 본 코드에서 '이건 훌륭한 코드네'라고 감탄할 수도 있다. 코드를 접할 때 이런 반응을 보이는 이유가 항상 분명한 것은 아니며, 때로는 근거 없는 직감일 수도 있다.

코드를 고품질 혹은 저품질로 정의하는 것은 본질적으로 주관적이고 다소 성급한 것이다. 필자의 경험상, 좀 더 객관적이 되기 위해서는 한 발짝 뒤로 물러서서 코드를 통해 정말로 달성하려는 것이 무엇인지 생각해보는 것이 유용하다는 것을 알게 됐다. 필자가 생각하기로 이러한 것을 달성하는 데 도움이 되면 그 코드는 높은 품질의 코드이고, 방해된다면 낮은 품질의 코드다.

필자는 코드를 작성할 때 다음과 같은 네 가지 상위 수준의 목표를 달성하려고 한다.

1. 작동해야 한다.
2. 작동이 멈춰서는 안 된다.

3. 변화하는 요구 사항에 적응해야 한다.

4. 이미 존재하는 기능을 또다시 구현해서는 안 된다.

다음 몇 개의 절에서 이 네 가지 목표를 좀 더 자세히 설명한다.

### 1.2.1 코드는 작동해야 한다

이것은 너무 당연해서 굳이 말할 필요는 없을 것 같지만, 어쨌든 논의해보자. 우리가 코드를 작성하는 이유는 문제를 해결하기 위함이다. 예를 들어 기능 구현, 버그 수정, 작업 수행과 같은 것이다. 코드의 첫 번째 목표는 그것이 애초 작성된 목적대로 동작해야 한다는 것이다. 코드는 우리가 해결하려고 하는 문제를 실제로 해결해야 한다. 이것은 또한 버그가 없다는 것을 의미하는데, 버그가 존재하면 코드가 제대로 작동하지 않고 문제를 완전히 해결하지 못할 가능성이 있기 때문이다.

코드가 '작동한다'라는 것을 정의할 때, 우리는 모든 요구 사항을 파악할 필요가 있다. 예를 들어 해결하려는 문제가 특별히 성능 향상에 관한 것이라면(예: 지연 시간이나 CPU 사용량 등) 코드가 그에 맞게 수행되도록 하는 것은 요구 사항의 일부를 충족하는 것이기 때문에 '코드가 작동해야 한다'라는 목표에 부합한다. 사용자 개인 정보 보호 및 보안과 같은 다른 중요한 고려 사항도 마찬가지다.

### 1.2.2 코드는 작동이 멈추면 안 된다

코드 작동은 매우 일시적일 수 있다. 오늘은 잘 돌아가지만 어떻게 해야 내일 혹은 1년 후에도 여전히 작동하게 할 수 있을까? 왜 이것을 걱정해야 하는지 의아할지도 모르겠다. 왜 코드가 갑자기 작동을 멈출까? 코드는 고립된 환경에서 홀로 실행되는 것이 아니다. 주의하지 않으면 주변 상황이 바뀌면서 동작이 멈출 수 있다.

- 코드는 다른 코드에 의존할 수 있는데, 그 코드가 수정되고 변경될 수 있다.
- 새로운 기능이 필요할 때 코드를 수정해야 할 수도 있다.
- 우리가 해결하려고 하는 문제는 시간이 지남에 따라 변경된다. 소비자 선호, 비즈니스 요구, 고려해야 할 기술 등이 바뀔 수 있다.

현재는 잘 돌아가지만 미래에 이런 것 중 하나가 변경된 경우, 제대로 동작하지 않는다면 그 코드는 별로 유용한 코드가 아니다. 당장 돌아가는 코드를 만들기는 쉽지만, 변화하는 환경과 요구 사항에도 불구하고 계속 작동하는 코드를 만드는 것은 훨씬 더 어렵다. 코드가 계속 작동하도록 보장하는 것은 소프트웨어 엔지니어가 직면하는 큰 과제 중 하나이며, 코딩의 모든 단계에서 고려해야 할 사항이다. 나중에 생각하거나 이후에 몇 가지 테스트를 추가하면 될 것이라고 가정하는 것은 효과적인 접근법이 아니다.

## 1.2.3 코드는 변경된 요구 사항에 적응할 수 있어야 한다

한 번 작성하고 다시는 수정되지 않는 코드는 거의 없다. 몇 달에서부터 보통은 몇 년, 때로는 수십 년 동안 동일한 소프트웨어를 지속적으로 개발할 수 있다. 이 과정에서 요구 사항은 계속 변한다.

- 비즈니스 환경이 변한다.
- 사용자 선호가 변한다.
- 가정이 더 이상 유효하지 않다.
- 새로운 기능이 계속 추가된다.

적응 가능한 코드를 작성하기 위해 얼마나 많은 노력을 기울여야 할지에 대해 균형 잡힌 결정을 내리는 것은 까다롭다. 한편으로는 소프트웨어의 요구 사항이 시간이 지남에 따라 변할 것이라는 사실을 알지만(그렇지 않은 경우는 극히 드물다), 또 다른 한편으로 요구 사항이 어떻게 변할 것인지는 정확히 알 수 없다. 코드나 소프트웨어가 시간이 지남에 따라 어떻게 변할지 완벽하고 정확하게 예측하는 것은 불가능하다. 하지만 어떻게 변할지 정확히 알지 못한다고 해서 변한다는 사실 자체를 완전히 무시해야 하는 것은 아니다. 이를 설명하기 위해 두 가지 극단적인 상황을 고려해보자.

- 시나리오 A: 앞으로 요구 사항이 어떻게 변할지 정확히 예측하고, 이 모든 잠재적 변화를 지원하기 위한 코드를 설계하려고 노력한다. 코드와 소프트웨어가 진화할 수 있다고 생각하는 모든 방안을 세밀하게 찾는 데 며칠 혹은 몇 주를 보낸다. 그다음 이 모든 잠재적인 미래 요구 사항을 지원하기 위한 모든 사소한 사항을 심사숙고한다. 이로 인해 개발 기간이 엄청나게 늘어날 것이다. 완성에 3개월이면 충분한 소프트웨어를 1년 이상 붙들고 있을 수 있다. 결국에는 경쟁자가 몇 달 먼저 시장에 나오고, 미래의 예측에 너무 많은 시간을 보낸 것이 잘못된 것으로 판명이 난다. 결국 시간 낭비였다.

- 시나리오 B: 요구 사항들이 변할 수 있다는 사실을 완전히 무시한다. 현재의 요구 사항을 정확히 충족시키기 위한 코드만을 작성하고, 적응력 높은 코드를 작성하기 위한 노력은 전혀 하지 않는다. 조금만 지나면 유효하지 않을 가정이 여기저기서 만들어지고, 하위 문제에 대한 모든 해결책은 분리할 수 없는 큰 코드 덩어리로 함께 묶인다. 3개월 이내에 소프트웨어의 첫 번째 버전을 출시하지만 초기 사용자의 피드백을 통해 이 소프트웨어가 성공하려면 일부 기능을 수정하고 새로운 기능을 추가해야 한다는 것이 분명해진다. 변경된 요구 사항이 많지 않음에도 코드를 작성할

때 적응성을 고려하지 않았기 때문에, 모든 것을 버리고 처음부터 다시 짜는 것만이 유일한 방법이다. 소프트웨어를 다시 작성하는 데 3개월을 더 투자하고, 요구 사항이 다시 바뀌면 그 후 다시 3개월을 써야 한다. 사용자의 요구 사항을 충족하는 소프트웨어를 만들 때쯤에는 이미 경쟁사에 뒤처진다.

시나리오 A와 시나리오 B는 서로 대립하는 두 극단을 보여준다. 두 가지 시나리오는 상당히 좋지 못한 결과를 초래하며, 소프트웨어를 만드는 효과적인 방법도 아니다. 대신 우리는 이 두 극단의 중간 어딘가에서 접근법을 찾아야 한다. 시나리오 A와 시나리오 B 사이의 스펙트럼에서 어떤 지점이 최적인지는 아무도 모른다. 그것은 진행하고 있는 프로젝트와 조직 문화에 달려 있다.

다행히 이후에 코드가 어떻게 적응해야 할지 미리 정확히 알지 못해도, 적응성 높은 코드를 작성하기 위해 채택할 수 있는 몇 가지 일반적인 기술이 있다. 이 책에서 이런 기술들을 많이 다루게 될 것이다.

## 1.2.4 코드는 이미 존재하는 기능을 중복 구현해서는 안 된다

문제를 해결하기 위해 코드를 작성할 때, 일반적으로 큰 문제를 여러 개의 작은 하위 문제로 나눈다. 예를 들어 이미지 파일을 로드하고 흑백 이미지로 변환한 다음에 다시 저장하는 경우, 우리가 해결해야 할 하위 문제는 다음과 같다.

- 파일에서 바이트 데이터를 로드한다.
- 바이트 데이터를 분석해서 이미지 형식으로 만든다.
- 이미지를 흑백으로 변환한다.
- 이미지를 다시 바이트로 변환한다.
- 바이트 데이터를 파일로 저장한다.

이 하위 문제 중 많은 것들은 이미 다른 사람이 해결한 상태다. 예를 들어 파일에서 바이트 데이터를 로드하는 것은 대부분의 프로그래밍 언어에서 지원된다. 파일 시스템과 하위 수준에서 통신하기 위한 코드를 작성하지는 않을 것이다. 마찬가지로 바이트를 분석해서 이미지로 만드는 데 사용할 수 있는 기존 라이브러리가 있을 것이다.

파일 시스템과 하위 수준의 통신 혹은 바이트 분석을 통한 이미지 생성 코드를 자신이 스스로 작성한다면 이미 존재하는 기능의 중복 구현일 뿐이다. 기존 해결책을 무시하고 자기가 다시 작성하는 대신 이미 구현된 코드를 재사용하면 좋은 몇 가지 이유가 있다.

- **시간과 노력을 절약한다.** 파일을 로드하기 위해 프로그래밍 언어에서 지원하는 기능을 사용한다면 몇 줄의 코드와 몇 분의 시간이면 충분하다. 반면에 이 기능을 자신의 코드로 다시 작성하려면 파일 시스템에 관한 수많은 표준 문서를 읽고 수천 줄의 코드를 작성해야 한다. 몇 주는 아니더라도 며칠은 족히 걸린다.

- **버그 가능성을 줄여준다.** 주어진 문제를 해결할 수 있는 기존 코드가 있다면, 그 코드는 이미 철저히 테스트했을 것이다. 또한, 실제 서비스 환경에서 이미 사용되고 있을 것이고 그 코드에 버그가 있을 가능성은 작아진다. 왜냐하면 버그가 있었다면 이미 발견되고 해결되었을 가능성이 크기 때문이다.

- **기존 전문지식을 활용한다.** 바이트 일부를 분석해서 이미지를 생성하는 코드를 관리하는 팀은 이미지 인코딩에 대한 전문가일 가능성이 크다. 만약 JPEG 인코딩의 새로운 버전이 나온다면, 그것에 대해 누구보다도 빨리 알고 자신들의 코드를 업데이트할 것이다. 코드를 재사용함으로써 우리는 그들의 전문지식과 향후 있을 업데이트를 받을 수 있다.

- **코드가 이해하기 쉽다.** 만약 표준화된 방법으로 코드 작성을 한다면 다른 개발자가 전에 그것을 접해봤을 가능성이 있다. 대부분의 개발자는 아마도 과거에 파일을 읽는 코드를 작성해 봤을 것이므로, 이와 같이 표준화된 방식으로 작성된 코드를 보면 그것이 어떻게 작동하는지 즉시 이해할 것이다. 하지만 이 일을 하기 위해 자신만의 코드를 작성한다면, 다른 개발자는 그것에 익숙하지 않을 것이고 그것이 어떻게 작동하는지 바로 파악하기는 어려울 것이다.

이미 있는 코드는 다시 작성하지 않는다는 개념은 양방향으로 적용된다. 어떤 하위 수준의 문제를 해결하기 위해 다른 개발자가 이미 코드를 작성했다면, 그것을 해결하기 위해 자신의 코드를 작성하기보다는 그들의 코드를 사용해야 한다. 마찬가지로 어떤 하위 문제를 해결하기 위해 자신이 이미 코드를 작성했다면, 다른 개발자들이 동일한 문제를 해결하기 위해 자신만의 코드를 다시 작성하지 않도록 쉽게 재사용할 수 있는 방식으로 코드를 구성해야 한다.

같은 종류의 하위 문제가 종종 반복해서 발생하기 때문에 다른 개발자와 팀 간의 코드를 공유하면 이점이 많다는 것을 금방 알게 된다.

## 1.3 코드 품질의 핵심 요소

방금 살펴본 네 가지 목표는 우리가 근본적으로 성취하고자 하는 것에 초점을 맞추는 데는 도움이 되지만, 일상적 업무로 하는 코딩 작업과 관련해서는 특별한 조언을 제공하지는 않는다. 이러한 목표에 부합하는 코드를 작성하는 데 도움이 될 보다 구체적인 전략을 파악하는 것이 유용하다. 이 책은 여섯 가지 전략을 중심으로 진행될 것이며, 필자는 이를 (과장된 용어로) '코드 품질의 여섯 가지 핵심 요소'라고 부른다. 각 요소에 대한 높은 수준의 설명부터 시작하겠지만, 이후의 장에서는 일상의 코딩 업무에 어떻게 적용할 수 있을지를 보여주는 구체적인 예를 제시할 것이다. 코드 품질의 여섯 가지 핵심 요소는 다음과 같다.

1. 코드는 읽기 쉬워야 한다.

2. 코드는 예측 가능해야 한다.

3. 코드를 오용하기 어렵게 만들라.

4. 코드를 모듈화하라.

5. 코드를 재사용 가능하고 일반화할 수 있게 작성하라.

6. 테스트가 용이한 코드를 작성하고, 제대로 테스트하라.

## 1.3.1 코드는 읽기 쉬워야 한다

다음에 나오는 텍스트를 읽어보자. 일부러 읽기 어렵게 만든 텍스트이니 이해하기 위해 너무 많은 시간을 낭비하지 말길 바란다. 머리에 들어오는 것들만 이해하면서 쭉 훑어보라.

> 그릇을 준비한다. 이것을 A라고 부르자. 냄비를 준비한다. 이것을 B라고 부르자. B에 물을 채우고 가스레인지 위에 올려라. A 안에 버터와 초콜릿을 넣는다. 버터는 100g, 초콜릿은 185g을 넣어야 하고 70% 다크 초콜릿이어야 한다. A를 B 위에 놓고, A의 내용이 녹을 때까지 거기에 두고, 다 녹으면 A를 내려놓는다. 다른 그릇 하나를 준비한다. 이것을 C라고 부르자. C에 계란, 설탕, 바닐라 에센스를 넣는데, 계란은 두 알, 설탕은 185g, 바닐라 에센스는 반 티스푼을 넣는다. C의 내용물을 섞는다. A의 내용물이 식으면 C에 넣고 섞는다. 다른 그릇을 준비한다. 이것을 D라고 부르자. D를 가지고 밀가루, 코코아 분말, 소금을 넣는데, 밀가루는 50g, 코코아 분말은 35g, 소금은 반 티스푼을 넣는다. D의 내용을 완전히 섞은 후에 체를 통해 C에 넣는다. D의 내용을 완전히 결합하기에 충분할 정도로만 섞는다. 그건 그렇고, 초콜릿 브라우니를 만들고 있는데 한 가지 잊은 것이 있다. D를 가지고 70g의 초콜릿 칩을 넣고, D의 내용물을 서로 충분히 합해질 정도로만 섞는다. 베이킹 캔을 준비한다. 이것을 E라고 부르자. 기름과 E를 베이킹 페이퍼로 연결한다. D의 내용물을 E에 넣는다. 오븐을 F라고 부르자. 참, F를 160℃로 예열해야 한다. E를 F에 20분 동안 넣은 다음 F에서 E를 꺼낸다. 몇 시간 동안 식힌다.

몇 가지 질문을 해보겠다.

- 이 텍스트는 무엇에 대한 내용인가?
- 모든 지시사항을 따라가면 어떤 결과물을 얻을 것인가?
- 어떤 성분이 얼마나 필요한가?

이 모든 질문에 대한 답을 텍스트에서 찾을 수 있겠지만 쉽지는 않다. 이 텍스트는 가독성이 낮다. 아래 항목을 포함해 텍스트를 읽기 어렵게 만드는 문제가 몇 가지 있다.

- 제목이 없으므로 전체 구절을 읽어야 한다.
- 여러 단계(혹은 하위 문제)로 설명하지 않고 있다. 대신 하나의 큰 텍스트로 제시된다.
- '용해된 버터와 초콜릿이 있는 그릇' 대신 'A'와 같은 모호한 이름으로 언급된다.
- 어떤 정보는 필요할 때 제공되지 않고 있다. 재료와 양은 분리되어 있으며 오븐에 예열이 필요하다는 중요한 사항은 마지막에 언급된다.

진절머리가 나서 텍스트 읽는 것을 중단했을지도 모르겠는데, 이 텍스트는 초콜릿 브라우니 레시피다. 초콜릿 브라우니를 실제로 만들고 싶은 경우를 대비해서 부록 A에 더 읽기 쉬운 버전이 있다.

형편없이 짜여진 코드를 읽고 무엇에 대한 것인지 알아내려고 노력하는 것은 방금 전 브라우니 레시피를 읽은 경험과 다르지 않다. 코드를 읽을 때 다음과 같은 사항을 이해하기 위해 애쓸 것이다.

- 코드가 하는 일
- 어떻게 그 일을 수행하는지
- (입력이나 상태 등) 어떤 것을 필요로 하는지
- 코드 실행 결과물

코드를 작성하고 난 후 어느 시점이 되면 다른 개발자가 그 코드를 읽고 이해해야 하는 상황이 반드시 온다. 코드가 병합되기 전에 코드 검토를 받아야 한다면, 그 일은 코드 작성 후 바로 일어날 것이다. 하지만 코드 검토를 무시하더라도, 어느 순간 누군가가 자신의 코드를 이해하려고 애쓰는 상황이 오기 마련이다. 예를 들어 요구 사항이 변경되거나 디버깅이 필요할 때 그런 상황이 올 수 있다.

코드의 가독성이 떨어진다면, 다른 개발자가 그 코드를 이해하는 데 많은 시간을 들여야 한다. 또한, 코드의 기능에 대해 잘못 이해하거나 몇 가지 중요한 세부 사항을 놓칠 가능성 역시 크다. 이런 일이 일어난다면 코드 검토 중에 버그를 발견할 가능성이 작고, 새로운 기능을 추가하기 위해 다른 사람이 코드를 수정할 때 새로운 버그가 도입될 가능성이 크다. 소프트웨어가 수행하는 모든 일은 그것을 가능하게 하는 어떤 코드에 의해 일어난다. 그 코드가 무엇을 하는지 개발자가 이해하지 못하면,

소프트웨어 전체가 제대로 작동하는 것은 거의 불가능에 가깝다. 레시피와 마찬가지로 코드도 읽을 수 있어야 한다.

2장에서는 올바른 추상화 계층을 정의하는 것이 코드의 가독성에 어떻게 도움이 되는지 살펴본다. 그리고 5장에서는 코드의 가독성을 높이는 여러 가지 구체적인 기법을 다룬다.

## 1.3.2 코드는 예측 가능해야 한다

생일에 선물을 받거나 복권에 당첨되는 것은 놀라운 일이면서 매우 기쁜 일이기도 하다. 하지만 우리가 특정한 일을 하려고 할 때 놀라게 되는 상황은 대개 부정적인 것이 많다.

배가 고파서 피자를 주문하려고 하는 상황을 상상해보자. 전화기를 꺼내 피자 가게 번호를 찾아 다이얼을 누른다. 평소와는 다르게 오랫동안 기다리다 결국 연결되고 무엇을 원하는지 묻는다.

"라지 사이즈 마르게리타 하나만 배달해주세요."

"아... 네... 주소가 어떻게 되죠?"

30분 후에 주문한 것이 배달되고 가방을 열어 배달된 음식을 확인한다(그림 1.3).

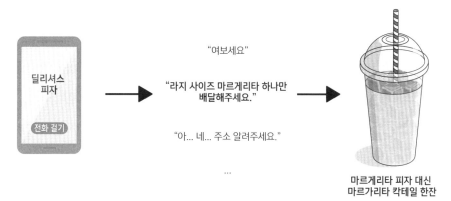

그림 1.3 피자 가게와 통화하고 주문을 제대로 했다고 생각할 수 있지만, 실제로는 멕시칸 레스토랑과 통화했기 때문에 배달된 것을 보면 놀랄 수 있다.

놀라운 일이다. 분명히 누군가가 '마르게리타'(피자의 일종)를 '마르가리타'(칵테일의 일종)로 착각했지만, 피자 가게는 칵테일을 팔지 않기 때문에 이런 일이 일어난 것은 좀 이상하다.

알고 보니 스마트 폰에서 사용하는 전화걸기 앱에 '똑똑한' 기능이 최근에 새로 추가되었기 때문이었다. 이 앱의 개발팀은 사용자가 식당에 전화를 걸 때 통화중일 경우 80%는 즉시 다른 식당에 전화를 건다는 사실을 알게 됐고, 이것을 기초로 시간을 절약해주는 편리한 기능을 추가했다. 어떤 식당으로 전화를 걸 때 통화중이면 앱은 자동으로 전화기에 저장된 다음 식당으로 전화를 연결한다.

이 경우 앱 사용자는 피자 가게와 통화했다고 생각했지만 사실은 멕시코 식당에 주문을 한 것이다. 멕시코 식당은 마르가리타 칵테일을 팔지만 마르게리타 피자는 팔지 않는다. 앱 개발자들은 좋은 의도로 사용자들의 삶을 더 편리하게 만들었다고 생각하겠지만, 사실 그들은 사용자의 예측을 벗어나는 시스템을 만들었다. 전화 통화를 할 때 무슨 일이 일어나고 있는지 판단하기 위해 우리의 두뇌는 전화에 대한 정신 모델mental model을 사용한다. 중요한 것은 어떤 번호로 전화를 걸 때 전화기 너머로 대답을 듣는다면, 전화를 건 바로 그 번호와 연결됐다고 생각하는데 이것은 우리의 두뇌 안에 저장된 전화에 대한 정신 모델 때문이다.

전화걸기 앱의 새로운 기능은 우리가 예상하지 못한 방식으로 작동한다. 전화기 너머로 음성을 듣는다면 전화를 건 바로 그 번호와 연결된다고 하는, 전화에 대해 우리가 가지고 있는 정신 모델의 가정을 깨뜨린다. 이 새로운 기능은 유용할 수도 있지만, 이 기능이 작동하는 방식은 전화에 대한 일반적인 정신 모델과 맞지 않다. 따라서 보다 좋은 방법으로 통화중일 경우 음성 메시지를 통해 전화한 번호는 통화중이고 대신 다른 식당과 연결되기를 원하는지 물어봄으로써 사용자에게 현재 무슨 일이 일어나고 있는지 분명히 알려줄 필요가 있다.

이 전화걸기 앱은 코드와 유사하다. 우리의 코드를 사용하는 다른 개발자는 이름, 데이터 유형, 일반적인 관행과 같은 단서를 사용해 코드가 입력값으로 무엇을 예상하는지, 코드가 무슨 일을 하는지, 그리고 무엇을 반환하는지에 대한 정신 모델을 구축한다. 이 정신 모델과 어긋나는 어떤 일이 코드에서 일어나면, 이로 인해 버그가 아무도 모르게 코드 내로 유입되는 일이 너무도 많이 일어난다.

피자 가게에 전화를 걸었던 예에서 예상치 못한 일이 발생했음에도 불구하고 모든 것이 잘 된 것처럼 보였다. 마르게리타를 주문했고 식당은 기꺼이 응했다. 바로잡기에는 이미 너무 늦어버린 시점에서야 자신의 의도와는 상관없이 음식 대신 칵테일이 주문됐다는 것을 알게 된다. 이런 상황은 일부 코드가 예상과는 벗어나는 일을 수행할 때 소프트웨어 시스템에서 일어나는 상황과 유사하다. 즉, 코드의 사용자는 그 코드에 의해 일어날 일을 예상하지 않고 있기 때문에 그 일이 실제로 일어날 줄 알지 못한 채 작업을 진행한다. 많은 경우에 잠시 동안은 문제가 없는 것처럼 보일 수 있다. 그러나 나중에 프로그램이 잘못된 상태에 놓이거나, 이상한 값이 사용자에게 반환되어 심각한 상황을 초래할 수 있다.

도움이 되거나 똑똑한 일을 수행하는 코드를 작성할 때, 아무리 좋은 의도를 가지고 있더라도 예상을 벗어난 동작을 수행하는 위험이 있을 수 있다. 코드가 예상에서 벗어나는 일을 한다면, 그 코드를 사용하는 개발자는 그 상황을 알지 못하거나 그 상황에 대처할 생각을 하지 못할 것이다. 이로 인해 문제의 코드와는 전혀 상관없어 보이는 부분에서 명백하게 이상한 일이 발견되기 전까지 시스템은 계속 비정상적으로 작동한다. 이런 코드는 사소한 오류를 일으킬 수도 있지만, 어떤 경우에는 중요한 데이터가 손상되는 재앙과도 같은 상황을 초래할 수도 있다. 코드가 예상을 벗어나는 일을 수행하지는 않는지 주의 깊게 살펴야 하고, 할 수 있다면 그런 코드를 작성하지 않도록 노력해야 한다.

3장에서는 코드 계약에 대한 세심한 주의가 예측 가능한 코드를 작성하는 데 도움이 되는 근본적인 기술임을 살펴본다. 4장에서는 오류를 다루는데, 코드에서 이런 오류가 제대로 전달되지 않거나 적절하게 처리되지 않으면 이 역시 예상을 벗어나는 코드가 될 수 있다. 6장에서는 이런 코드를 피하기 위한 구체적인 기술 몇 가지를 살펴본다.

### 1.3.3 코드를 오용하기 어렵게 만들라

TV 뒷면을 보면 아마 그림 1.4처럼 보이는 소켓이 있을 것이고 이외에도 케이블을 꽂을 수 있는 소켓이 여러 개 있을 것이다. 중요한 것은 소켓의 모양이 다르다는 점이다. TV 제조업체는 전원 코드를 HDMI 소켓에 꽂는 것을 불가능하도록 만든다.

그림 1.4 TV 뒷면의 소켓은 케이블을 잘못 꽂는 것을 방지하려고 일부러 다른 모양을 갖는다.

제조사가 이렇게 하지 않고 모든 소켓을 같은 모양으로 만들었다고 상상해보라. TV 뒷부분을 더듬거리다가 실수로 케이블을 잘못된 소켓에 꽂을 사람이 얼마나 많을까? 만약 누군가가 HDMI 케이블을 전원 소켓에 꽂는다면 TV는 아마 동작하지 않을 것이다. 짜증 나는 일이긴 하지만 재앙은 아니다. 하지만 누군가가 HDMI 소켓에 전원 케이블을 꽂으면 말 그대로 TV가 폭발할 수도 있다.

자신이 작성하는 코드는 종종 다른 코드에 의해 호출되는데, 이것은 TV 뒷면과 비슷하다. 자신의 코드를 작성할 때 다른 코드가 어떤 것을 '꽂기'를 기대한다. 즉, 호출할 때 인수가 입력되거나 시스템이 특정 상태에 있을 것을 예상한다. 자신이 작성한 코드에 잘못된 것들이 꽂히면, 모든 것이 폭발할 수 있다. 시스템은 작동을 멈추고, 데이터베이스가 영구적으로 손상되거나, 중요한 데이터가 손실될 수 있다. 큰 문제가 일어나지는 않더라도 코드가 작동하지 않을 가능성이 크다. 자신이 작성한 코드가 호출된 데는 이유가 있는데, 그 코드가 잘못 사용된다면 중요한 일이 수행되지 않거나, 이상하게 동작하지만 눈에 띄지 않는다는 것을 의미할 수도 있다.

코드를 오용하기 어렵거나 불가능하게 하면 코드가 작동할 뿐만 아니라 계속해서 잘 작동할 가능성을 극대화할 수 있다. 이를 위한 실용적인 방법이 많다. 3장에서는 코드 계약을 다루는데, (예상 가능한 코드 작성과 유사하게) 코드의 오용을 어렵게 만드는 데 도움이 될 수 있는 근본적인 기술이다. 7장에서는 코드를 오용하기 어렵게 만들기 위한 구체적인 기술을 다룬다.

### 1.3.4 코드를 모듈화하라

모듈화는 개체나 시스템의 구성 요소가 독립적으로 교환되거나 교체될 수 있음을 의미한다. 모듈화에 대해 설명하고 이것이 갖는 이점을 살펴보기 위해, 그림 1.5에서와 같은 두 가지 장난감을 고려해보자.

왼쪽에 있는 장난감은 모듈화가 잘 되어 있다. 머리, 팔, 손 및 다리는 장난감의 다른 부분에 영향을 주지 않으면서 독립적으로 교환하거나 교체하기 쉽다. 반대로 오른쪽 장난감은 모듈로 되어 있지 않다. 머리, 팔, 손, 다리를 쉽게 교환하거나 교체할 방법이 없다.

부품으로 나눠질 수 있는 장난감          부품으로 나눠지지 않는 장난감

그림 1.5 **부품으로 나눠질 수 있는 장난감은 쉽게 재조립할 수 있다. 꿰매서 만든 장난감은 분해한 후에 다시 만들기가 극도로 어렵다.**

(왼쪽 장난감과 같이) 모듈화된 시스템의 주요 특징 중 하나는 인터페이스가 잘 정의되어 서로 다른 구성 요소 간 상호작용하는 지점이 최소화된다는 점이다. 왼쪽 장난감에서 손을 하나의 구성 요소로 간주한다면, 이 손과 연결된 부분은 간단한 인터페이스를 통해 상호작용을 하는데, 그것은 고정 못과 이 못이 들어가는 구멍이다. 반면 오른쪽 장난감은 손과 다른 부분 사이에 믿을 수 없을 정도로 복잡한 인터페이스를 가지고 있다. 손에는 20개 이상의 실이 있고 팔은 서로 엮여 있다.

이제 우리가 해야 하는 일이 장난감을 유지보수하는 것이라고 상상해보자. 어느 날 매니저가 와서 장난감에 손가락이 있어야 한다는 새로운 요구 조건을 말했다고 하자. 어떤 장난감/시스템으로 작업하고 싶은가?

왼쪽 장난감에 대해서는 새로운 손을 디자인해서 제작할 수 있고, 이것을 기존의 손과 매우 쉽게 교체할 수 있다. 만약 매니저가 2주 후에 마음을 바꾼다면, 장난감을 이전 구성으로 되돌리는 데 아무런 문제가 없을 것이다.

오른쪽 장난감에 대해서는 가위를 꺼내서 20개 이상의 실을 잘라내고 장난감에 직접 새 손을 꿰매야 할 것이다. 그 과정에서 장난감을 손상시킬 가능성이 있고, 만약 2주 후에 매니저가 마음을 바꾼다면, 우리는 장난감을 이전 구성으로 되돌리기 위해 힘든 과정을 다시 비슷하게 겪을 것이다.

소프트웨어 시스템과 코드베이스는 이들 장난감과 매우 유사하다. 코드를 외부에 의존하지 않고 실행할 수 있는 모듈로 나누는 것이 이로울 때가 많다. 이때 두 개의 인접한 모듈 사이의 상호작용은 한 곳에서 일어나고 잘 정의된 인터페이스를 사용한다. 이렇게 하면 변화하는 요구 사항에 더 쉽게 적응할 수 있는 코드를 작성하는 데 도움이 된다. 왜냐하면 한 가지 기능을 변경한다고 해서 다른 부분까지 변경할 필요가 없기 때문이다. 모듈화된 시스템은 일반적으로 이해하기 쉽고 주론하기 쉬운데, 기능이 관리 가능한 단위로 나누어지고 기능 단위 간 상호작용이 잘 정의되고 문서화되기 때문이다. 코드가 모듈화되어 작성되면 처음에 작동이 시작되고 그 후에도 계속해서 잘 작동할 가능성이 커진다. 왜냐하면 코드가 하는 일을 개발자들이 오해할 소지가 적기 때문이다.

2장에서는 간결한 추상화 계층이 좀 더 모듈화된 코드를 작성하기 위한 근본적인 기술이라는 것을 살펴본다. 그리고 8장에서는 코드를 모듈화하기 위한 여러 가지 구체적인 기법을 논의한다.

## 1.3.5 코드를 재사용 가능하고 일반화할 수 있게 작성하라

재사용성과 일반화성은 유사하지만 약간 다른 개념이다.

- **재사용성**reusability은 어떤 문제를 해결하기 위한 무언가가 여러 가지 다른 상황에서도 사용될 수 있음을 의미한다. 핸드 드릴은 벽, 바닥 판 및 천장에 구멍을 뚫는 데 사용할 수 있기 때문에 재사용 가능한 도구다. 문제는 동일하지만(드릴로 구멍을 뚫어야 한다), 상황은 다르다(벽을 뚫는 것과 바닥을 뚫는 것과 천장을 뚫는 것).

- **일반화성**generalizability은 개념적으로는 유사하지만 서로 미묘하게 다른 문제들을 해결할 수 있음을 의미한다. 핸드 드릴은 구멍을 뚫는 데 사용될 뿐만 아니라 나사를 박을 때도 사용될 수 있어서 일반화성을 갖는다. 드릴 제조사는 무언가를 돌린다는 것은 드릴로 구멍을 뚫는 일과 나사를

돌려 넣는 일에 둘 다 적용할 수 있는 일반적인 문제라는 것을 알고 두 가지 문제를 다 해결할 수 있는 일반화된 도구를 만들었다.

드릴의 경우, 재사용성과 일반화성의 이점을 바로 인식할 수 있다. 다음과 같은 경우 네 가지 다른 도구가 필요하다고 상상해보라.

- 수평을 유지해야만 작동하는 드릴. 벽에 구멍을 뚫는 데만 유용하다.
- 90° 각도로 아래로 향해서만 작동하는 드릴. 바닥에 구멍을 뚫는 데만 유용하다.
- 90° 각도로 위로 향해서만 작동하는 드릴. 천장에 구멍을 뚫는 데만 유용하다.
- 나사를 박는 전동 스크루 드라이버

이 네 가지 도구를 다 따로 사야 한다면 돈이 많이 들고, 더 많은 도구를 가지고 다녀야 하며, 배터리는 네 배나 많이 충전해야 한다. 고맙게도 누군가가 재사용과 일반화가 가능한 드릴을 만들었고, 서로 다른 일을 해야 할 때 한 가지 도구만 있으면 된다. 여기서 핸드 드릴이 코드에 대한 또 다른 비유라는 것을 명심하기 바란다.

코드는 만들어 내는 데 시간과 노력이 필요하며, 일단 만들어지면 유지보수에 지속적인 시간과 노력이 들어간다. 코드를 작성하는 일이 위험이 없는 것은 아니다. 아무리 조심한다고 해도 코드에는 버그가 포함될 수 있고, 코드를 더 많이 작성할수록 더 많은 버그가 생길 것이다. 여기서 중요한 것은 코드베이스에서 코드 라인이 적을수록 좋다는 것이다. 전문 개발자는 코드를 작성하고 이에 대한 대가를 받는 것이기 때문에 코드 라인이 적어야 한다는 말이 이상하게 들릴 수도 있다. 하지만 실제로 우리는 코드를 많이 작성한 것에 대한 대가를 받는 것이 아니라 문제를 해결한 것에 대한 대가를 받는 것이다. 코드는 문제 해결을 위한 수단일 뿐이다. 노력을 덜 기울이면서도 문제를 해결하고, 버그로 인해 의도치 않게 다른 문제를 일으킬 가능성을 줄일 수 있다면 그것은 대단한 것이다.

코드가 재사용할 수 있고 일반화되어 있으면 우리(및 다른 사람들)는 그 코드를 코드베이스의 여러 부분에서, 그리고 하나 이상의 상황에서 사용할 수 있고, 여러 가지 문제를 해결할 수 있다. 이런 코드는 시간과 노력을 절약해주고 더 신뢰할 수 있는데, 그 이유는 실제 서비스 환경에서 이미 시도되고 테스트된 논리를 재사용하기 때문이다. 즉, 어떤 버그라 할지라도 이미 발견되고 해결되었을 가능성이 크다는 것을 의미한다.

모듈화된 코드 역시 더 높은 재사용성과 일반화성을 갖는다. 모듈화와 관련된 장은 재사용성과 일반화성에 관한 주제와 함께 진행된다. 또한, 9장에서는 코드를 보다 재사용할 수 있고 일반화하기 위한 여러 가지 기술과 고려 사항을 다룬다.

## 1.3.6 테스트가 용이한 코드를 작성하고 제대로 테스트하라

앞서 소프트웨어 개발 및 배포 다이어그램(그림 1.2)에서 보았듯이 버그와 제대로 동작하지 않는 기능을 가지고 있는 코드가 실제 서비스 환경에서 실행되지 않도록 하는 프로세스에서 테스트는 중요한 한 부분을 차지한다. 테스트는 이 프로세스에서 두 가지 핵심 사항에 대한 주된 방어 수단이 될 때가 많다(그림 1.6).

- 버그나 제대로 동작하지 않는 기능을 갖는 코드가 코드베이스에 병합되지 않도록 방지
- 버그나 제대로 동작하지 않는 기능을 갖는 코드가 배포되지 않도록 막고 서비스 환경에서 실행되지 않도록 보장

따라서 테스트는 코드가 동작하고, 멈추지 않고 계속 잘 실행하도록 보장하기 위해 필수적인 부분이다.

그림 1.6 테스트는 버그와 제대로 동작하지 않는 기능이 코드베이스로 유입될 가능성을 최소화하고, 실제 서비스 환경에 배포되지 않도록 하기 위해 반드시 필요하다.

소프트웨어 개발에서 테스트가 얼마나 중요한지는 아무리 강조해도 지나치지 않다. 독자들은 이에 대해 이미 여러 번 들어봤을 것이기 때문에, 진부한 것이라고 무시해 버리기 쉽다. 하지만 테스트는 정말 중요하다. 이 책 여러 부분에서 살펴보겠지만, 다음과 같은 이유에서다.

- 소프트웨어 시스템과 코드베이스는 너무 크고 복잡해 한 사람이 모든 세부 사항을 알 수 없고,
- (매우 똑똑한 개발자라 해도) 사람은 실수를 하는 존재다.

이는 많든 적든 사실이며, 테스트로 코드의 기능을 견고하게 만들지 않으면 이 문제들은 한꺼번에 발생할 수 있다.

코드 품질의 핵심 요소 중 이 항목은 제목에 '테스트가 용이한 코드를 작성하라'와 '제대로 테스트하라'라는 두 가지 중요한 개념이 포함되어 있다. 테스트와 테스트 용이성은 서로 관련은 있지만 고려하

는 사항이 다르다.

- **테스트**test: 이름에서 알 수 있듯이 코드 혹은 소프트웨어 전체를 테스트하는 것과 관련이 있다. 테스트는 수동이나 자동으로 수행된다. 개발자는 일반적으로 테스트 코드를 통해 '실제' 코드를 돌려보고, 모든 것이 정상적으로 작동하는지 확인하고, 이것을 자동화하기 위해 노력한다. 여러 가지 수준의 테스트가 있는데 가장 흔히 볼 수 있는 테스트는 다음과 같은 세 가지다(**이 세 가지가 모든 테스트를 나타내는 것은 아니다. 테스트를 분류하는 방법은 여러 가지가 있으며 종종 다른 이름을 사용한다**).

  - **단위 테스트**unit test: 일반적으로 개별 함수나 클래스와 같은 작은 단위의 코드를 테스트한다. 단위 테스트는 개발자가 일상 코딩에서 가장 자주 작업하는 수준의 테스트이고 이 책에서 유일하게 자세히 다룰 수 있는 수준의 테스트다.

  - **통합 테스트**integration test: 시스템은 일반적으로 여러 구성 요소, 모듈, 하위 시스템으로 구성된다. 이러한 구성 요소와 하위 시스템을 함께 연결하는 과정을 **통합**integration이라고 한다. 통합 테스트를 통해 이러한 여러 구성 요소들이 제대로 작동하고 멈추지 않고 계속 실행하는지 확인할 수 있다.

  - **종단간**end-to-end, E2E **테스트**: 이 테스트는 처음부터 끝까지 전체 소프트웨어 시스템에서 작동의 흐름(또는 워크플로우)을 테스트한다. 테스트하는 소프트웨어가 온라인 쇼핑몰이라면 웹 브라우저를 자동으로 구동하고 사용자가 구매를 완료하는 데까지 진행할 수 있는지 테스트하는 것이 E2E 테스트의 예다.

- **테스트 용이성**testability: 이것은 (테스트 코드와 반대로) 테스트 대상이 되는 '실제' 코드를 가리키며 해당 코드가 얼마나 테스트하기 적합한지를 나타낸다. 테스트 용이성은 서브시스템이나 시스템 수준에도 적용될 수 있다. 테스트 용이성은 모듈화와 깊은 관련이 있으며, 모듈화된 코드(또는 시스템)는 테스트 용이성이 더 좋다. 한 자동차 제조업체가 비상 보행자 브레이크 시스템을 개발한다고 가정해보자. 만약 이 시스템이 모듈화가 되어 있지 않다면, 이 시스템을 테스트하는 유일한 방법은 그것을 실제 차에 설치하고, 보행자가 있는 도로에서 차를 운전해서 자동차가 자동으로 멈추는지 확인하는 것이다. 이렇게 테스트를 해야 한다면, 테스트 비용이 너무 커서 시스템을 테스트할 수 있는 상황이 매우 제한된다. 자동차를 조립하고, 테스트 트랙을 임대하고, 실제 사람이 도로에서 보행자인 것처럼 하는 위험을 감수해야 한다. 반면, 비상 브레이크 시스템이 실제 자동차 밖에서 작동할 수 있는 별개의 모듈일 경우 훨씬 더 쉽게 테스트할 수 있다. 이 경우에는 보행자가 발을 내딛는 장면을 미리 녹화한 비디오로 보여주고, 브레이크 시스템을 위해 올바른 신호를 출력하는지 확인함으로써 테스트할 수 있다. 이렇게 하면 수천 개의 다양한 보행자 시나리오를 테스트하기가 매우 쉽고, 저렴하며, 안전하다.

코드의 테스트 용이성이 낮으면 제대로 테스트하는 것이 불가능할 수 있다. 현재 작성 중인 코드의 테스트 용이성을 확인하기 위해 코드를 작성하면서 '어떻게 테스트할 것인가?'를 계속 자문하는 것이 좋다. 즉, 코드를 다 작성하고 나서 테스트에 대해 생각해서는 안 된다. 테스트는 코드 작성의 모든 단계에서 필수적이고 기본적인 부분이다. 10장과 11장은 모두 테스트에 관한 것이지만, 테스트는 코드 작성에서 매우 필수적이기 때문에 이 책 전체에 걸쳐 전반적으로 다룬다.

> **NOTE** 테스트 중심 개발
>
> 테스트는 코드 작성에 매우 필수적이기 때문에 어떤 개발자들은 코드를 작성하기 전에 테스트 코드부터 작성해야 한다고 주장한다. 이는 TDD(test-driven development)가 지지하는 관행 중 하나다. 이에 대해서는 10장(10.5절)에서 자세히 논의할 것이다.

소프트웨어 테스트는 큰 주제라 솔직히 말하자면 이 책은 그 주제를 제대로 다루지 못한다. 이 책에서는 단위 테스트 코드의 중요하면서 간과하기 쉬운 몇 가지 측면만을 다룰 것인데, 단위 테스트 코드는 일상적인 코딩 작업에서 가장 유용하기 때문이다. 이 책은 소프트웨어 테스트에 대해 기본적인 내용만 다룬다는 점을 알아두기 바란다.

## 1.4 고품질 코드 작성은 일정을 지연시키는가?

이 질문에 대한 답은 단기적으로는 고품질 코드를 작성하는 데 시간이 더 걸릴 수 있다는 것이다. 높은 품질의 코드를 작성하는 것은 보통 우리 머릿속에 떠오르는 것을 바로 코딩하는 것보다 조금 더 많은 생각과 노력이 필요하다. 하지만 한번 사용하고 버릴 사소한 유틸리티성 프로그램이 아닌 좀 더 중요한 소프트웨어를 개발하고 있다면, 일반적으로 고품질 코드를 작성하는 것이 중장기적으로는 개발 시간을 단축해준다.

집에 선반을 설치하고 있다고 상상해보자. 이 작업을 위한 '적절한' 방법이 있고, 빠르면서 '임시변통' 인 방법이 있다.

- **적절한 방법**: 벽 기둥이나 벽돌과 같은 고체에 구멍을 뚫어 벽에 브래킷을 부착한다. 그다음 이 브래킷에 선반을 장착한다. 소요 시간: 30분
- **임시변통인 방법**: 접착제를 사서 선반을 벽에 붙인다. 소요 시간: 10분

선반을 장착하기 위한 임시변통 방법은 20분을 절약할 수 있을 뿐만 아니라 드릴과 스크루 드라이버를 꺼내는 노력도 줄일 수 있다. 두 가지 방법 중에서 빠른 방법을 선택한다면 무슨 일이 일어날지 생

각해보자.

벽 표면에 선반을 접착제로 붙였는데 이 표면은 아마 석고층일 것이다.[1] 석고는 튼튼하지 않고 쉽게 금이 가거나 큰 덩어리로 떨어질 수 있다. 접착제로 붙여 놓은 선반을 사용하자마자, 그 위에 있는 물건들의 무게 때문에 석고가 갈라지고, 선반이 떨어지면서 큰 석고 덩어리가 함께 떨어져 나올 것이다. 그 결과 선반을 설치한 것은 없어졌고, 석고 작업을 다시 하고, 벽을 다시 꾸며야 한다(며칠은 아니더라도 몇 시간은 걸릴 작업이다). 기적적으로 선반이 무너지지 않더라도, 빠른 방법으로 선반을 세웠기 때문에 향후에 문제가 발생할 소지가 있다. 두 가지 상황을 상상해볼 수 있다.

- 선반이 기울어져 있다(버그).
  - 브래킷을 사용하는 선반의 경우 브래킷과 선반 사이에 무언가를 고여서 작은 간격을 두면 된다. 소요 시간: 5분
  - 접착제 선반의 경우 벽에서 떼어내야 한다. 이 경우에 큰 석고 조각도 같이 떨어진다. 벽을 다시 붙인 후 선반을 다시 올려놓아야 한다. 소요 시간: 며칠은 아니더라도 몇 시간

- 방을 다시 꾸미기로 한다(새로운 요구 사항).
  - 나사를 빼서 브래킷 선반을 내릴 수 있다. 방을 꾸미고 나서 선반을 다시 올려놓는다. 선반 관련 작업에 걸리는 시간: 15분
  - 접착제 선반의 경우, 선반을 그대로 두기로 했다면 페인트가 떨어지거나 테두리가 흐트러질 위험이 있다. 아니면 벽에서 선반을 뜯어내고 석고 작업을 다시 해야 한다. 지저분한 장식 작업을 하든지 아니면 몇 시간 혹은 며칠을 소모하면서 벽을 다시 칠하는 것 중 하나를 선택해야 한다.

무슨 말인지 이해했을 것으로 생각한다. 처음에는 접착제를 사용하는 것이 제대로 하는 것처럼 보이고, 브래킷을 씌운 선반을 설치하는 것은 20분을 불필요하게 낭비하는 것 같지만, 장기적으로는 브래킷을 사용하는 방법이 많은 시간과 번거로움을 덜어줄 가능성이 크다. 나중에 방을 다시 꾸며야 할 경우, 임시변통인 해결책으로 시작하면 더 많은 일을 또 다른 임시변통으로 할 수밖에 없다는 것도 살펴봤다. 예를 들어 방을 다시 꾸밀 때 선반을 내려 놓는 대신 선반 주위에 페인트칠을 하거나 벽지를 붙이는 등의 일 말이다.

코드 작성도 이와 매우 유사하다. 코드 품질을 고려하지 않고 먼저 떠오르는 대로 코딩하면 처음에

---

[1] 옮긴이 저자는 여기서 집의 내벽에 선반을 설치하는 예를 사용하고 있는데, 일반적인 미국의 가정집이나 아파트는 목조로 되어 있고, 내벽과 천장은 목조 위에 석고를 바르고 그 위에 페인트를 칠해 완성한다.

는 시간을 절약할 수 있다. 그러나 이런 코드는 머지않아 취약하고 복잡한 코드베이스로 귀결될 것이며, 점점 더 이해하기 어렵고 추론할 수 없는 코드가 된다. 새로운 기능을 추가하거나 버그를 수정하는 것이 점점 더 어려워지고 시간도 더 많이 걸리는데, 작동하지 않는 코드를 처리하고 재설계해야 하기 때문이다.

'서두르지 않으면 더 빠르다'라는 말이 있다. 이 문구는 우리의 삶에서 무언가를 충분히 생각하거나 적절하게 하지 않고 너무 성급하게 행동하면 오히려 전반적인 속도가 늦어지는 실수를 초래할 때가 많다는 사실을 말해준다. '서두르지 않으면 더 빠르다'라는 말은 고품질 코드를 작성하는 것이 왜 시간을 절약하는 길인지를 한 문장으로 잘 요약해준다. 서두른다고 빨리할 수 있다고 착각하지 말자.

## 요약

- 좋은 소프트웨어를 만들려면 고품질 코드를 작성해야 한다.
- 실제 서비스 환경에서 실행되는 소프트웨어가 되기 전에 코드는 일반적으로 여러 단계의 검사와 테스트를 통과해야 한다(때로는 수동, 때로는 자동화를 통해).
- 버그나 제대로 동작하지 않는 기능이 사용자에게 제공되거나 비즈니스에 중요한 시스템에서 실행되는 것을 이러한 검사를 통해 막을 수 있다.
- 테스트는 코드를 작성하는 모든 단계에서 고려하는 것이 좋다. 코드를 다 작성하고 난 후에 고려하는 것이 아니다.
- 고품질 코드를 작성하면 처음에는 시간이 오래 걸리지만, 중장기적으로는 개발 시간이 단축되는 경우가 많다.

CHAPTER 2

# 추상화 계층

**이 장에서는 다음과 같은 내용을 다룬다.**

- 깔끔한 추상화 계층을 통해 문제를 하위 문제로 세분화하는 방법
- 추상화 계층이 코드 품질의 요소를 달성하는 데 어떻게 도움이 되는지
- API 및 구현 세부 사항
- 함수, 클래스 및 인터페이스를 사용해 코드를 추상화 계층으로 나누는 방법

코드 작성의 목적은 문제 해결이다. '사용자들이 사진을 공유할 수 있는 기능이 필요하다'와 같은 상위 수준의 문제부터, '두 숫자를 더하는 코드가 필요하다'와 같은 하위 수준의 문제까지 내려올 수 있다. 스스로 의식하지는 못하지만 상위 수준의 문제를 풀 때 우리는 보통 문제를 여러 개의 작은 하위 문제들로 나눈다. '사용자가 사진을 공유할 수 있는 시스템이 필요하다'라고 적시된 문제의 이면에는 사진 저장, 사진과 사용자의 연결, 사진 보여주기와 같은 하위 문제를 해결해야 한다는 의미가 들어 있다.

문제와 하위 문제를 어떻게 해결하는가도 중요하지만 그것들을 해결하는 코드를 어떻게 구성하는가도 중요하다. 예를 들어 모든 기능을 하나의 거대한 함수나 클래스로 구현할 것인가, 아니면 여러 개의 함수나 클래스로 나눠야 하는가? 나눠야 한다면 어떻게 나눠야 하는가?

코드를 구성하는 방법은 코드 품질의 기본적인 측면 중 하나이며, 코드를 잘 구성한다는 것은 간결한 **추상화 계층**layers of abstraction을 만드는 것으로 귀결될 때가 많다. 이 장에서는 이것이 무엇을 의

미하는지 설명하고, 문제를 추상화 계층으로 나누고, 나눠진 추상화 계층을 반영하도록 코드를 구성하는 방법을 살펴볼 것이다. 또한, 이렇게 할 때 어떻게 가독성, 모듈성, 재사용성, 일반화성 및 테스트 용이성이 크게 개선되는지를 살펴본다.

이 장과 다음 장에서는 논의하는 주제를 설명하기 위해 의사코드 예제가 많이 나온다. 이 예제 코드를 자세히 살펴보기 전에, 잠시 지면을 할애해 이 책에서 사용하는 의사코드가 어떻게 널null값을 다루는지 설명하고자 한다. 이 내용은 의사코드 예제를 이해하기 위해 중요하다. 2.1절은 이에 대해 설명하고 2.2절은 본 장의 주요 주제를 다룬다.

## 2.1 널값 및 의사코드 규약

코딩 예제를 살펴보기 전에, 이 책의 의사코드 예제에서 어떻게 널값을 다루는지 설명하겠다.

많은 프로그래밍 언어에는 값(또는 참조/포인터)이 없다는 개념을 가지고 있다. 이 개념을 표현하기 위해 프로그래밍 언어는 널null값을 사용한다. 이 널값은 믿을 수 없을 정도로 유용하면서 동시에 믿을 수 없을 정도로 문제가 많은 양극단의 역사를 가지고 있다.

* 값이 제공되지 않거나 함수가 원하는 결과를 반환할 수 없는 경우가 자주 발생하기 때문에 '값이 없다' 또는 '부재한다'는 이 개념은 유용하다.
* 값이 널일 수 있거나 혹은 널이면 안 되는 경우가 항상 명백한 것은 아니라서 문제가 발생한다. 또한, 개발자들은 변수에 액세스하기 전에 널값인지 확인하는 것을 자주 잊어버린다. 이 경우 오류가 발생하는 경우가 많다. NullPointerException, NullReferenceException, Cannot read property of null과 같은 에러를 본 적이 있을 것이고 실제 자신이 기억하는 것보다 많이 접했을 것이다.

널값이 문제의 소지가 많기 때문에 어떤 사람은 널값을 사용하지 말아야 한다고 주장하고, 적어도 함수가 널값을 반환하지 않아야 한다고 조언한다. 널값 문제를 피하기 위해서는 이렇게 하는 것이 확실하게 도움이 되지만, 실제 코드를 작성할 때 이 조언대로 하려면 많은 연습이 필요하다.

다행스럽게도 최근 몇 년 동안 **널 안전성**null safety 혹은 **보이드 안전성**void safety에 대한 생각이 점점 더 많은 추진력을 얻고 있다. 이렇게 하면 널값이 가능한 변수나 반환값을 그에 맞게 표시해야 하고 컴파일러는 반드시 널값 여부 확인을 할 수밖에 없도록 만든다.

최근 몇 년간 새로 등장한 중요한 언어들 대부분은 널 안전성을 지원한다. 또한 C#과 같은 언어는 최신 버전에서 선택적으로 사용할 수 있으며, 심지어 자바에서도 이것을 사용할 수 있는 방법이 있다.

사용 중인 언어가 널 안전성을 지원한다면 사용하는 것이 좋다.

사용 중인 언어가 널 안전성을 지원하지 않는다면, 널값을 사용하는 대신 옵셔널Optional 타입을 사용하는 것이 좋다. 자바Java, 러스트Rust (옵셔널이 아닌 옵션Option 으로 부름) 및 C++을 포함한 많은 언어가 이것을 지원한다(부록 B에서 설명하지만 C++에서는 고려해야 할 미묘한 차이가 있다). 표준 기능으로 지원하지 않는 언어에서도 타사 유틸리티를 통해 지원되는 경우가 많다.

이 책에서 사용되는 의사코드는 널 안전성이 있다고 가정한다. 기본적으로 변수, 함수의 매개변수 및 반환 유형은 모두 널값을 가질 수 없다. 그러나 데이터 유형 이름의 끝에 '?' 기호가 붙어 있으면 널값을 가질 수 있다는 의미이고 이때는 널값 여부를 확인하지 않고서는 사용할 수 없도록 컴파일러가 강제한다. 아래 코드는 널 안전성을 사용하는 예를 보여준다.

```
Element? getFifthElement(List<Element> elements) {      ◄──  'Element?'에서 '?'는 이 함수의 반환값이
  if (elements.size() < 5) {                                  널값일 수 있음을 나타낸다.
    return null;                ◄──  값을 얻을 수 없는 경우에는
  }                                  널값을 반환한다.
  return elements[4];
}
```

아래 코드는 사용 중인 언어가 널 안전성을 지원하지 않는 경우 Optional 타입을 사용하여 이 함수를 다시 작성한 코드다.

```
Optional<Element> getFifthElement(List<Element> elements) {      ◄──  반환값의 타입은
  if (elements.size() < 5) {                                          Optional Element다.
    return Optional.empty();        ◄──  Optional.empty()가
  }                                     널값 대신 반환된다.
  return Optional.of(elements[4]);
}
```

널 안전성 및 Optional 타입에 대해 자세히 알고 싶은 경우 부록 B에서 이에 대해 자세히 설명하니 참고하기 바란다.

## 2.2 왜 추상화 계층을 만드는가?

코드 작성은 복잡한 문제를 계속해서 더 작은 하위 문제로 세분화하는 작업이다. 이것을 설명하기 위해 사용자의 어떤 장치에서 실행되면서 서버에 메시지를 보내는 코드를 작성한다고 가정해보자. 아

마도 예제 2.1과 같은 코드를 작성할 수 있을 것이다. 코드가 얼마나 단순한지 보라. 단 세 줄이고 다음과 같은 네 가지 간단한 개념만 다루면 된다.

- 서버의 URL
- 연결
- 메시지 문자열 보내기
- 연결 닫기

예제 2.1 **서버에 메시지 보내기**

```
HttpConnection connection =
    HttpConnection.connect("http://example.com/server");
connection.send("Hello server");
connection.close();
```

높은 층위에서는 이것이 꽤 간단한 문제처럼 보이고, 실제로 그것에 대한 해결책도 꽤 간단해 보인다. 그러나 이것이 간단한 문제가 아니라는 것은 분명히 알 수 있다. 클라이언트 장치에서 서버로 'Hello server'라는 문자열을 보내는 데는 다음과 같은 엄청나게 복잡한 일이 일어난다.

- 전송할 수 있는 형식으로 문자열 직렬화
- HTTP 프로토콜의 모든 복잡한 동작
- TCP 연결
- 사용자의 장치가 와이파이 혹은 셀룰러 네트워크에 연결되어 있는지 여부 확인
- 데이터를 라디오 신호로 변조
- 데이터 전송 오류 및 수정

이 예는 서버에 메시지를 보내야 한다는 상위 수준의 문제가 있다. 그러나 이를 위해 (위에서 나열한 것 등) 해결해야 할 하위 문제가 많다. 다행스럽게도 다른 개발자들이 이 모든 하위 문제를 이미 해결했다. 문제를 해결했을 뿐만 아니라 그것들을 인식할 필요도 없게 만들었다.

하나의 문제가 있을 때 이 문제와 하위 문제에 대한 해결책이 일련의 층을 형성하고 있는 것으로 생각할 수 있다. 최상위 계층에서는 HTTP 프로토콜이 어떻게 구현되는지 알 필요도 없이 서버에 메시지를 보내는 것에만 신경을 쓰면서 코드를 작성할 수 있다. 이와 비슷하게 HTTP 프로토콜을 구현하기 위한 코드를 작성한 엔지니어는 데이터가 무선 신호에 변조되는 방법에 대해 아무것도 몰라도 문제가 없었을 것이다. HttpConnection 코드를 구현한 개발자는 물리적인 데이터 전송을 추상적인 개

념으로 생각할 수 있었고, 우리 역시 HTTP 연결을 추상적인 개념으로 생각할 수 있다. 이것을 **추상화 계층**layers of abstraction이라고 한다. 그림 2.1은 서버에 메시지를 보내는 것과 관련해 추상화 계층의 일부를 보여준다.

서버에 메시지를 보내는 코드가 실제로 실행될 때 발생하는 엄청난 복잡성과 비교할 때 얼마나 간단한지 다시 한번 생각해볼 필요가 있다.

- 코드는 단지 3줄밖에 안된다.
- 네 가지의 간단한 개념만 다룬다.
  - 서버의 URL
  - 연결
  - 메시지 문자열 보내기
  - 연결 닫기

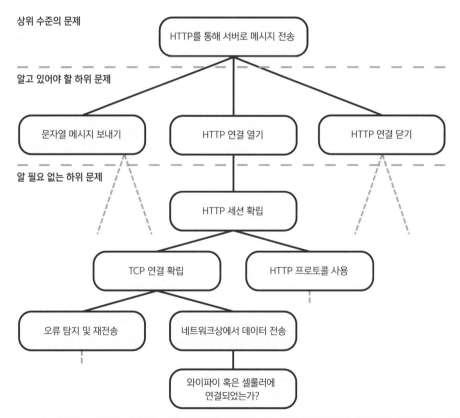

그림 2.1 서버에 메시지를 보낼 때, 다른 개발자가 이미 작성한 하위 문제에 대한 해결책을 재사용할 수 있다. 간결한 추상화 계층은 상위 수준의 문제를 해결하기 위해 몇 가지 개념만 알면 된다는 것을 의미한다.

좀 더 일반적으로 말해서 어떤 문제를 하위 문제로 계속해서 나누어 내려가면서 추상화 계층을 만든다면, 같은 층위 내에서는 쉽게 이해할 수 있는 몇 개의 개념만을 다루기 때문에 개별 코드는 특별히 복잡해 보이지 않을 것이다. 소프트웨어 엔지니어로서 문제를 해결할 때 이것이 목표가 되어야 한다. 비록 문제가 엄청나게 복잡할지라도 하위 문제들을 식별하고 올바른 추상화 계층을 만듦으로써 그 복잡한 문제를 쉽게 다룰 수 있다.

## 2.2.1 추상화 계층 및 코드 품질의 핵심 요소

깨끗하고 뚜렷한 추상화 계층을 구축하면 1장에서 살펴봤던 코드 품질의 네 가지 핵심 요소를 달성할 수 있다. 그 이유는 다음과 같다.

### 가독성

개발자들이 코드베이스에 있는 코드의 모든 세부 사항을 이해하는 것은 불가능하지만 몇 가지 높은 계층의 추상화를 이해하고 사용하기는 상당히 쉽다. 깨끗하고 뚜렷한 추상화 계층을 만드는 것은 개발자가 한 번에 한두 개 정도의 계층과 몇 개의 개념만 다루면 된다는 것을 의미한다. 따라서 코드의 가독성이 크게 향상된다.

### 모듈화

추상화 계층이 하위 문제에 대한 해결책을 깔끔하게 나누고 구현 세부 사항이 외부로 노출되지 않도록 보장할 때, 다른 계층이나 코드의 일부에 영향을 미치지 않고 계층 내에서만 구현을 변경하기가 매우 쉬워진다. HttpConnection 예에서 물리적 데이터 전송을 처리하는 시스템은 모듈화되어 있을 가능성이 크다. 사용자가 와이파이를 사용하는 경우 한 모듈이 사용되고, 셀룰러 네트워크에 있는 경우 다른 모듈이 사용된다. 상위 수준의 코드에서는 이러한 다양한 상황에 대처하기 위해 어떤 특별한 작업을 수행할 필요가 없다.

### 재사용성 및 일반화성

하위 문제에 대한 해결책이 간결한 추상화 계층으로 제시되면 해당 하위 문제에 대한 해결책을 재사용하기가 쉬워진다. 그리고 문제가 적절하게 추상적인 하위 문제로 세분화된다면, 해결책은 여러 가지 다른 상황에서 유용하게 일반화될 가능성이 크다. HttpConnection 예에서 TCP/IP 및 네트워크 연결을 처리하는 시스템의 대부분은 웹소켓WebSockets과 같은 다른 유형의 연결에 필요한 하위 문제를 해결하는 데도 사용될 수 있다.

**테스트 용이성**

어떤 집을 사려고 하는데 그 집이 구조적으로 튼튼하다는 것을 확인하고 싶을 때, 집의 외관만 보고 '네, 집처럼 보이네요. 제가 살게요'라고 말하지는 않을 것이다. 측량사를 시켜서 기초가 내려앉지는 않았는지, 벽에 금이 가지는 않았는지, 목재 구조물이 썩지 않았는지 확인할 것이다. 마찬가지로 신뢰할 수 있는 코드를 작성하고자 한다면, 각 하위 문제에 대한 해결책이 견고하고 제대로 작동하는지 확인해야 한다. 코드가 추상화 계층으로 깨끗하게 분할되면 각 하위 문제에 대한 해결책을 완벽하게 테스트하는 것이 훨씬 쉬워진다.

## 2.3 코드의 계층

실제로 추상화 계층을 생성하는 방법은 코드를 서로 다른 단위로 분할하여 단위 간의 의존 관계를 보여주는 의존성 그래프를 생성하는 것이다(그림 2.2). 대부분의 프로그래밍 언어는 코드를 다른 단위로 나누기 위해 몇 가지 언어 요소를 자유롭게 사용할 수 있다. 대체적으로 그 요소는 다음과 같다.

- 함수
- 클래스(및 구조체나 믹스인과 같이 클래스와 비슷한 요소도 가능)
- 인터페이스(또는 이와 동일한 요소)
- 패키지, 네임스페이스, 모듈
  - 하나도 빠짐없도록 하기 위해 이것을 언급하지만 실제로 이 항목은 다루지 않을 것이다. 왜냐하면 이러한 상위 수준의 코드 구조는 대개 조직 및 시스템 설계 고려 사항에 의해 규정되고 그에 관한 내용은 이 책의 범위를 벗어나기 때문이다.

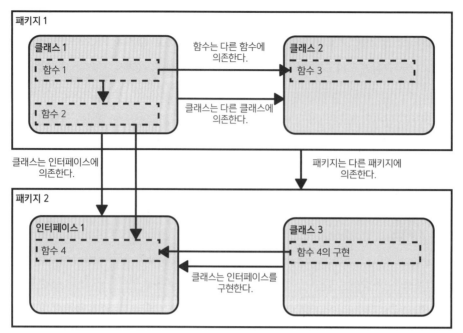

**그림 2.2 코드의 단위는 다른 단위에 의존하는데 이로 인해 의존성 그래프가 형성된다.**

다음에 나오는 절에서는 함수, 클래스, 인터페이스를 사용해 코드를 추상화 계층으로 나누기 위한 최상의 방법을 살펴볼 것이다.

### 2.3.1 API 및 구현 세부 사항

코드를 작성할 때 고려해야 할 측면이 두 가지 있다.

- 코드를 호출할 때 볼 수 있는 내용:
  - 퍼블릭 클래스, 인터페이스 및 함수(메서드)
  - 이름, 입력 매개변수 및 반환 유형이 표현하고자 하는 개념
  - 코드 호출 시 코드를 올바르게 사용하기 위해 알아야 하는 추가 정보(예: 호출 순서)
- 코드를 호출할 때 볼 수 없는 내용: 구현 세부 사항

**서비스**service를 구축하거나 호출하는 등의 작업을 해본 적이 있다면 **애플리케이션 프로그래밍 인터페이스**application programming interface, API라는 용어에 익숙할 것이다. API는 서비스를 사용할 때 알아야 할 것들에 대한 개념을 형식화하고, 서비스의 모든 구현 세부 사항은 이 API 뒤에 감춘다.

우리가 작성한 코드를 다른 코드들이 사용할 수 있도록 미니 API를 노출하는 것으로 생각하면 유용

할 때가 있다. 개발자들은 종종 이렇게 하는데, 그들은 클래스, 인터페이스, 함수들을 'API 노출'이라고 말하곤 한다. 그림 2.3은 클래스의 다양한 측면을 어떻게 공개 API의 일부와 구현 세부 사항으로 나눌 수 있는지 예시를 보여준다.

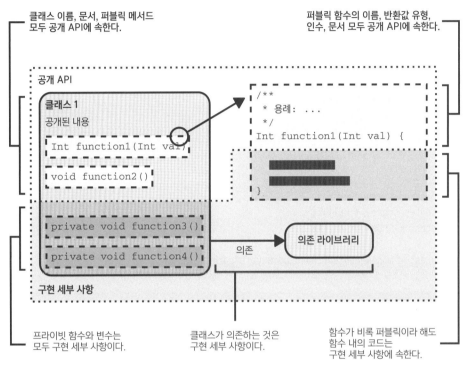

그림 2.3 어떤 코드를 호출하는 쪽에서 그 코드에 대해 알고 있는 사항을 공개 API라고 생각할 수 있다. API로 공개되지 않은 내용은 구현 세부 사항이다.

API는 호출하는 쪽에 공개할 개념만 정의하면 되고 그 이외의 모든 것은 구현 세부 사항이기 때문에 코드를 API의 관점에서 생각하면 추상화 계층을 명확하게 만드는 데 도움이 된다. 코드의 일부를 작성하거나 수정할 때, (입력 매개변수, 반환 유형, 퍼블릭 함수를 통해) API에 이 수정 사항에 대한 구현 세부 정보가 새어 나간다면 추상화 계층이 명확하게 구분되어 이루어진 것이 아니다.

이 책의 여러 군데에서 'API로 노출하는 코드'라는 개념을 사용할 텐데 코드가 제공하는 추상화 계층을 언급하기 위한 유용하고 간결한 방법이기 때문이다.

## 2.3.2 함수

어떤 로직을 새로운 함수로 구현하면 대부분 유익하다. 각 함수에 포함된 코드가 하나의 잘 써진 짧은 문장처럼 읽히면 이상적이다. 예를 통해 살펴보자. 예제 2.2는 너무 많은 작업을 하는 함수를 보여준다. 이 함수는 차량 소유자의 주소를 조회하고, 주소가 발견되면 문자를 보낸다. 이 함수는 문자를 보내기 위한 함수 호출과 소유자의 주소를 찾기 위한 자세한 논리를 모두 포함하고 있다. 너무 많은 개념을 동시에 다루기 때문에 코드가 이해하기 어렵다. 또한 단일 함수 내에서 너무 많은 작업을 수행하면 깊이 중첩된 if 문과 같이 코드를 이해하기 어렵게 만드는 문제가 발생할 수 있다는 점도 예제 2.2에서 확인할 수 있다(5장에서는 이에 관해 더 자세히 다룬다).

예제 2.2 **너무 많은 일을 하는 함수**

```
SentConfirmation? sendOwnerALetter(
    Vehicle vehicle, Letter letter) {
  Address? ownersAddress = null;
  if (vehicle.hasBeenScraped()) {
    ownersAddress = SCRAPYARD_ADDRESS;          ┐
  } else {                                       │
    Purchase? mostRecentPurchase =               │
        vehicle.getMostRecentPurchase();         │ 소유자의 주소를
    if (mostRecentPurchase == null) {            │ 찾기 위한
      ownersAddress = SHOWROOM_ADDRESS;          │ 자세한 로직
    } else {                                     │
      ownersAddress = mostRecentPurchase.getBuyersAddress(); │
    }                                            │
  }                                              ┘
  if (ownersAddress == null) {                   ┐
    return null;                                 │ 조건부로 편지를 보내는 로직
  }                                              │
  return sendLetter(ownersAddress, letter);      ┘
}
```

sendOwnerALetter() 함수를 한 문장으로 표현한다면 '소유자의 주소(차량이 폐기된 경우 폐차장 주소, 차량이 아직 판매되지 않은 경우 전시장 주소, 그렇지 않으면 차량의 마지막 구매자의 주소)를 찾아 편지 한 통을 보내라'가 될 것이다. 이 문장은 여러 가지 다른 개념을 한 번에 말하고 있기 때문에 좋은 문장이라고 할 수 없다. 문장이 많은 수의 단어로 쓰였다는 것은 제대로 이해하기 위해 여러 번 읽어봐야 한다는 것을 의미한다.

'차량 소유자의 주소를 찾아보고, 만약 발견되면, 그 주소로 편지를 보내라'라는 문장으로 표현할 수 있는 함수라면 훨씬 더 좋을 것이다. 함수가 하는 일을 다음 중 하나로 제한하면 이해하기 쉽고 단순한 문장으로 표현되는 함수를 작성하기 위한 좋은 전략이 될 수 있다.

• 단일 업무 수행
• 잘 명명된 다른 함수를 호출해서 더 복잡한 동작 구성

이 두 가지 사항이 정확하고 과학적인 것은 아니다. '단일 업무'라는 것이 해석하기 나름이고, 다른 함수를 호출해서 더 복잡한 동작을 구성할 때에도 여전히 (if 문이나 for 루프와 같이) 약간의 제어 흐름이 필요하기 때문이다. 일단 함수를 작성했으면 작성된 코드를 문장으로 만들어보면 좋다. 문장을 만들기 어렵거나 너무 어색하면 함수가 너무 길다는 것을 의미하고 더 작은 함수로 나누는 것이 유익할 것이다.

예제 2.2의 sendOwnerALetter()는 좋은 문장으로 표현되지 않고, 방금 언급한 전략을 따르지 않는다는 점도 분명하다. 이 함수는 두 가지 작업, 즉 차량 소유자의 주소를 찾고 편지 보내기를 요청하는 작업을 수행한다. 그러나 다른 함수를 사용해 이 기능을 구현하지 않고, 차량 소유자의 주소를 찾기 위한 자세한 로직을 함수 자신이 직접 구현하고 있다.

더 나은 접근법은 소유자의 주소를 찾는 로직을 다른 함수로 구현하는 것이다. 이렇게 하면 sendOwnerALetter() 함수는 보다 이상적인 문장으로 표현할 수 있다. 예제 2.3은 이렇게 별도의 함수로 구현된 코드를 보여준다. 이렇게 변경한 후에 코드를 읽으면 주어진 하위 문제를 어떻게 해결하는지 쉽게 이해할 수 있다.

1. 차량 소유사의 주소를 찾는다.
2. 주소를 찾은 경우 차량 소유자에게 편지를 보낸다.

예제 2.3과 같은 코드의 또 다른 이점은 소유자의 주소를 찾는 로직을 쉽게 재사용할 수 있다는 점이다. 예를 들어 추후에 편지를 보내는 대신 차량 소유자의 주소를 보여달라는 요청이 있을 수 있다. 이 기능을 구현하는 개발자는 getOwnersAddress() 기능을 같은 클래스 내에서 재사용하거나 헬퍼helper 클래스로 옮기고 퍼블릭 메서드로 변경할 수 있다.

예제 2.3 **더 작은 함수**

```
SentConfirmation? sendOwnerALetter(Vehicle vehicle, Letter letter) {
  Address? ownersAddress = getOwnersAddress(vehicle);       ◀──  소유자의 주소를
  if (ownersAddress == null) {                                    찾는다.
    return null;
  }                                             주소가 발견되면
  return sendLetter(ownersAddress, letter);     소유자에게 편지를 보낸다.
}

private Address? getOwnersAddress(Vehicle vehicle) {      ◀──  소유자의 주소를 찾기 위한 함수다.
  if (vehicle.hasBeenScraped()) {                               재사용이 쉽다.
    return SCRAPYARD_ADDRESS;
  }
  Purchase? mostRecentPurchase = vehicle.getMostRecentPurchase();
```

```
  if (mostRecentPurchase == null) {
    return SHOWROOM_ADDRESS;
  }
  return mostRecentPurchase.getBuyersAddress();
}
```

함수를 작게 만들고 수행하는 작업을 명확하게 하면 코드의 가독성과 재사용성이 높아진다. 코드를 마구 작성하다 보면 너무 길어서 읽을 수 없는 함수가 되기 쉽다. 따라서 코드 작성을 일단 마치고 코드 검토를 요청하기 전에 자신이 작성한 코드를 비판적으로 다시 한번 살펴보는 것이 좋다. 함수를 한 문장으로 표현하기 어렵게 구현했다면 로직의 일부를 잘 명명된 헬퍼 함수로 분리하는 것을 고려해봐야 한다.

### 2.3.3 클래스

개발자들은 단일 클래스의 이상적인 크기에 대해 논의하고 다음과 같은 많은 이론과 경험 법칙을 제시한다.

* **줄 수**number of lines : 때때로 '한 클래스는 코드 300줄을 넘지 않아야 한다'와 같은 가이드라인을 접하는 경우가 있다.
  - 300줄보다 긴 클래스는 너무 많은 개념을 다루므로 분리해야 한다는 것은 (항상은 아니지만) 아주 많은 경우에 사실이다. 그렇다고 해서 이 경험칙rule of thumb이 300줄 이하의 클래스는 무조건 적절한 크기임을 뜻하지는 않는다. 이것은 어떤 것이 잘못되었을지도 모른다는 경고의 역할만 할 뿐, 어떤 것이 옳다는 보장은 아니다. 그러므로 이와 같은 규칙은 실제로 사용하기에는 상당히 제한적이다.
* **응집력**cohesion[1]: 이것은 한 클래스 내의 모든 요소들이 얼마나 잘 속해 있는지를 보여주는 척도로, 좋은 클래스는 매우 응집력이 강하다. 어떤 것들이 어떻게 결속되어 있는지 분류할 수 있는 방식이 많이 있는데 다음은 이에 대한 몇 가지 예다.
  - **순차적 응집력**: 이것은 한 요소의 출력이 다른 요소에 대한 입력으로 필요할 때 발생한다. 실제적인 예는 신선한 커피 한 잔을 만드는 과정일 것이다. 원두를 갈기 전에는 커피를 추출할 수 없다. 원두를 갈아내는 과정의 산출물은 커피를 추출하는 과정에 투입된다. 그러므로 우리는 갈고grinding 추출하는brewing 것 사이에 서로 응집력이 있다고 결론지을 수 있다.

---

1  응집력을 소프트웨어 구조를 평가하기 위한 척도로 처음 사용한 것은 래리 콘스탄틴(Larry L. Constantine)으로서 1960년대에 도입했고 그 후 1970년대에 웨인 스티븐스(Wayne P. Stevens), 글렌포드 마이어스(Glenford J. Meyers), 래리 콘스탄틴에 의해 확장됐다.

- **기능적 응집력**: 이것은 몇 가지 요소들이 모여서 하나의 일을 성취하는 데 기여할 때 발생한다. **하나의 일**single task이 무엇인가에 대한 정의는 매우 주관적일 수 있지만, 실제 생활에서 예를 찾자면 케이크를 만들기 위해 필요한 모든 장비를 부엌의 전용 서랍에 보관하는 것이 될 수 있다. 반죽을 섞을 그릇, 나무 숟가락, 그리고 케이크 통은 케이크를 만들기 위해 모두 필요하며 함께 있어야 한다.

• **관심사의 분리** separation of concerns [2]: 이것은 시스템이 각각 별개의 문제(또는 관심사)를 다루는 개별 구성 요소로 분리되어야 한다고 주장하는 설계 원칙이다. 이것의 실제적인 예는 게임 콘솔이 TV와 동일한 제품으로 함께 묶이지 않고, TV와 분리되는 방식에서 찾아볼 수 있다. 게임기는 게임을 실행하는 것과 관련이 있고, TV는 동영상을 표시하는 것과 관련이 있다. 이렇게 두 가지가 분리되면 상황에 맞게 구성할 수 있다. 작은 아파트에 사는 사람은 게임기를 살 때 작은 TV를 위한 공간만 있는 반면, 더 넓은 공간을 가진 사람은 292인치 벽걸이 TV에 게임기를 꽂고 싶어 할 수도 있다. 이렇게 두 가지 항목이 분리되어 있으면 다른 항목을 업그레이드할 필요 없이 한 항목을 업그레이드할 수 있다. 더 새롭고 더 빠른 게임기가 출시되더라도 TV를 새로 다시 살 필요가 없다.

응집력과 관심사의 분리에 대해 생각할 때는 서로 관련된 여러 가지 사항을 **하나의 사항**으로 간주하는 것을 어느 수준에서 해야 유용할지 결정해야 한다. 이것은 매우 주관적일 수 있기 때문에 종종 보기보다 까다로울 수 있다. 어떤 사람에게는 원두를 갈고 커피를 추출하는 것을 하나로 묶는 것이 매우 합리적이지만, 요리를 위해 향신료를 갈고 싶어 하는 다른 사람에게는 이렇게 묶는 것이 매우 도움이 되지 않는 것으로 비춰질 수 있다. 왜냐하면 향신료를 갈고 나서 그걸 우려내지는 않을 것이기 때문이다.

필자는 이런 경험칙을 전혀 알지 못하거나 '클래스는 응집력이 있어야 하고 한 가지 일에만 관심을 가져야 한다'와 같은 말에 동의하지 않는 개발자들은 별로 만나보지 못했다. 하지만 이 조언을 알고 있음에도 불구하고 많은 개발자가 여전히 너무 큰 클래스를 작성한다. 단일 클래스 내에 얼마나 많은 다른 개념이 들어가 있는지, 그리고 어떤 로직이 재사용이나 재구성에 적합한지에 대해 개발자가 신중하게 생각하지 않으면 클래스는 종종 너무 커진다. 이런 문제는 클래스가 처음 작성될 때부터 일어날 수도 있고, 시간이 지남에 따라 클래스가 조금씩 커지면서 일어날 수도 있다. 따라서 기존 코드를 수정할 때나 완전히 새로운 코드를 작성할 때 클래스가 너무 커지는 것은 아닌지 주의해야 한다.

---

2    관심사의 분리(separation of concerns)라는 용어는 에츠허르 데이크스트라(Edsger W. Dijkstra)가 1970년대에 만들었다고 일반적으로 알려져 있다.

'한 클래스는 오직 한 가지 일에만 관심을 가져야 한다' 혹은 '클래스는 응집력이 있어야 한다'와 같은 경험칙은 개발자들이 더 높은 품질의 코드를 작성하기 위해 존재한다. 하지만 우리가 근본적으로 성취하려고 하는 것에 대해서도 신중하게 생각할 필요가 있다. 코드 계층 및 클래스 생성과 관련해 1장에서 정의한 네 가지 핵심 요소는 우리가 달성하고자 하는 바를 설명한다.

- **코드 가독성**: 단일 클래스에 담겨 있는 개념이 많을수록 해당 클래스의 가독성은 저하된다. 인간의 뇌는 의식적으로 많은 것을 동시에 생각하는 데 능숙하지 못하다. 자신이 작성한 코드를 다른 개발자가 읽을 때 인지적 부담을 많이 줄수록 시간은 더 오래 걸릴 것이고, 코드를 잘못 이해할 가능성은 더 커진다.

- **코드 모듈화**: 클래스 및 인터페이스의 사용은 코드 모듈화를 위한 좋은 방법 중 하나다. 하위 문제에 대한 해결책이 하나의 클래스로 구현되어 있고, 다른 클래스와의 상호작용은 잘 준비된 몇 가지 퍼블릭 함수를 통해서만 이루어진다면, 그 하위 문제에 대한 해결책의 구현을 다른 클래스로 교체할 필요가 있을 때 이것을 쉽게 할 수 있다.

- **코드 재사용성 및 일반화**: 어떤 문제를 해결할 때 두 가지 하위 문제를 해결해야 하는 경우, 나중에 다른 누군가가 그 하위 문제 중 하나를 해결해야 하는 상황이 올 가능성이 꽤 높다. 두 하위 문제에 대한 해결책을 한 클래스로 묶어 놓으면 다른 누군가가 이미 구현된 한 가지 해결책을 재사용할 기회가 줄어든다.

- **테스트 용이성 및 적절한 테스트**: 이전 절에서 주택 비유를 사용했는데, 주택을 구매하기 전에 주택의 외형뿐만 아니라 주택의 모든 부분의 건전성을 확인해야 한다. 마찬가지로 로직이 여러 클래스로 나누어지면 각 부분을 적절하게 테스트하기가 훨씬 쉬워진다.

그림 2.4는 클래스가 커지면 어떻게 네 가지 핵심 요소와 반대되는 결과를 얻게 되는지 보여준다.

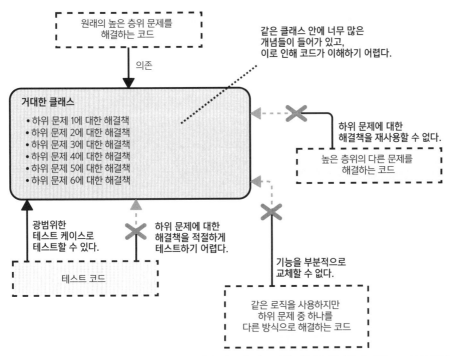

**그림 2.4** 코드를 적절한 크기의 클래스로 쪼개지 않으면 너무 많은 개념을 한꺼번에 다루고, 가독성이 떨어지며 모듈화가 덜 이루어지고, 재사용과 일반화가 어렵고, 테스트하기도 어려워진다.

이러한 핵심 요소가 어떻게 클래스를 구성하는 데 도움이 되는지 코드를 통해 살펴보자. 예제 2.4 코드는 텍스트를 요약하는 클래스를 보여준다. 텍스트 요약을 위해 이 코드는 먼저 텍스트를 단락으로 나누고, 중요도가 낮다고 판단되는 단락을 누락한다. 텍스트 요약이라는 문제를 풀 때 이 클래스의 작성자는 하위 문제를 풀어야 한다. 여러 함수로 나누어 추상화 계층을 만들었지만 여전히 하나의 클래스가 모든 것을 다 가지고 있다. 이것은 추상화 계층들 사이의 분리가 그다지 뚜렷하지 않다는 것을 의미한다.

예제 2.4 **너무 큰 클래스**

```
class TextSummarizer {
  ...

  String summarizeText(String text) {
    return splitIntoParagraphs(text)
        .filter(paragraph -> calculateImportance(paragraph) >=
            IMPORTANCE_THRESHOLD)
        .join("\n\n");
  }

  private Double calculateImportance(String paragraph) {
```

```
    List<String> nouns = extractImportantNouns(paragraph);
    List<String> verbs = extractImportantVerbs(paragraph);
    List<String> adjectives = extractImportantAdjectives(paragraph);
    ... a complicated equation ...
    return importanceScore;
  }

  private List<String> extractImportantNouns(String text) { ... }
  private List<String> extractImportantVerbs(String text) { ... }
  private List<String> extractImportantAdjectives(String text) { ... }

  private List<String> splitIntoParagraphs(String text) {
    List<String> paragraphs = [];
    Int? start = detectParagraphStartOffset(text, 0);
    while (start != null) {
      Int? end = detectParagraphEndOffset(text, start);
      if (end == null) {
        break;
      }
      paragraphs.add(text.subString(start, end));
      start = detectParagraphStartOffset(text, end);
    }
    return paragraphs;
  }

  private Int? detectParagraphStartOffset(
      String text, Int fromOffset) { ... }

  private Int? detectParagraphEndOffset(
      String text, Int fromOffset) { ... }
}
```

이 클래스를 작성한 사람과 이야기를 나눈다면, 이 클래스는 단지 한 가지 일, 즉 텍스트를 요약하는 것에만 관련이 있다고 주장할 것이다. 높은 층위에서 보자면 어느 정도 맞는 말이다. 하지만 이 클래스는 여러 하위 문제를 해결하는 코드를 가지고 있다.

- 텍스트를 단락으로 분할
- 텍스트 문자열의 중요도 점수 계산
  - 이 하위 문제는 또다시 중요한 명사, 동사, 형용사를 찾는 하위 문제로 나뉜다.

위와 같은 사실에 기초해 어떤 개발자는 이렇게 반박할지도 모른다. "아니요. 이 클래스는 여러 가지 다른 것들에 관련되어 있습니다. 이 클래스는 나누어져야 합니다." 이 시나리오에서 두 개발자는 클래스가 응집력이 있어야 한다는 개념에는 동의한다. 하지만 관련 하위 문제를 해결하는 것이 원래 문제와는 다른 관심사인지 아니면 본질적으로 원래 문제의 일부분으로 간주하여야 하는지에 대해서는 의견이 다르다. 이 클래스가 분리되어야 할지 판단하기 위해서는 이 클래스가 어떻게 네 가지 핵심 요소에 반하여 작성되어 있는지 살펴보는 것이 더 나을 수도 있다. 이렇게 하면 다음과 같은 경우를 근거로 앞의 예제 코드의 클래스는 저품질 코드라는 결론을 내릴 수 있다(그림 2.5 역시 이에 대해 설명한다).

- **코드를 읽을 수 없다.** 이 코드를 처음에 읽어보면 텍스트를 단락으로 나누고, 중요한 명사와 같은 것들을 추출하고, 중요도 점수를 계산하는 등의 여러 가지 다른 개념이 구현되어 있다. 이들 중 어떤 개념이 하위 문제를 해결하는 데 필요한지 파악하는 데 시간이 걸린다.

- **코드가 특별히 모듈화되어 있지 않다.** 따라서 코드를 재구성하거나 수정하는 것이 어렵다. 이 알고리즘은 텍스트를 요약하기 위한 매우 단순한 방법이고, 시간이 흐르면서 개발자들은 이 부분을 개선하고자 할 것이다. 하지만 이 코드는 호출하는 코드를 수정하지 않고도 새로운 방식을 시도할 수 있도록 코드를 재구성하기가 어렵다. 예를 들어 중요도 점수를 계산하는 부분을 새로 변경하기 쉽도록 코드가 모듈화되어 있다면 더 좋을 것이다.

- **코드를 재사용할 수 없다.** 다른 문제를 해결할 때 여기서 해결된 하위 문제와 동일한 하위 문제를 해결해야 할 수도 있다. 텍스트에 포함된 단락 수를 세는 기능을 만들어야 한다면, splitInto Paragraphs() 함수를 재사용할 수 있다면 좋을 것이다. 하지만 현재로서는 이 함수를 재사용할 수 없고, 이 하위 문제를 다시 중복해서 해결해야 할 것이다. 그렇지 않으면 TextSummarizer 클래스를 리팩터링해야 한다. splitIntoParagraphs() 함수를 퍼블릭으로 만들면 될 것 같지만, 이것은 좋은 생각이 아니다. 왜냐하면 이렇게 하게 되면 관련이 없어 보이는 개념이 Text Summarizer 클래스의 공개 API에 추가되기 때문이다. 또한, 이 메서드가 퍼블릭으로 변경되면 다른 외부 코드가 이 함수를 사용하기 시작할 것이고 이후에 TextSummarizer 클래스 내에서 이 함수를 수정하는 것이 어려운 상황이 될 수도 있다.

- **코드를 일반화할 수 없다.** 전체 해결책은 입력으로 주어지는 텍스트가 일반 텍스트라고 가정한다. 하지만 가까운 미래에 웹 페이지를 요약해야 할지도 모르는데, 이 경우에는 입력 텍스트가 HTML의 일부일 수 있다. 코드가 좀 더 모듈화되어 있다면, 텍스트를 단락으로 나누는 부분을 HTML을 단락으로 나누는 것으로 대체할 수 있을 것이다.

- **코드를 제대로 테스트하기 어렵다.** 해결하려는 많은 하위 문제들은 실제로 해결책이 상당히 복잡하다. 텍스트를 단락으로 나누는 것은 상당히 어려운 문제처럼 보이고, 중요도 점수를 계산하는 것은 특히 어려운 알고리즘이다. 현재 테스트할 수 있는 것은 summarizeText() 함수를 통한 전반적인 동작뿐이고, summarizeText()를 호출하는 것만으로는 중요도를 계산하는 코드의 모든 복잡한

사항을 제대로 테스트하기는 어렵다. 올바르게 테스트할 수 있도록 calculateImportance()와 같은 다른 함수를 퍼블릭으로 만들 수도 있지만, 이렇게 하면 TextSummarizer의 공개 API가 복잡해질 수 있다. '테스트를 위해 퍼블릭으로 함'이라는 주석문을 덧붙일 수 있지만, 이는 다른 개발자의 인지 부담을 가중할 뿐이다.

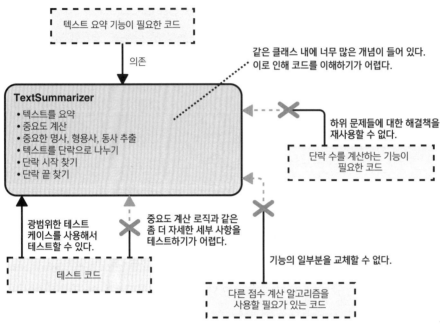

그림 2.5 TextSummarizer 클래스는 너무 많은 개념을 담고 있기 때문에 가독성, 모듈화, 재사용성, 일반화, 테스트 용이성이 낮다.

TextSummarizer 클래스는 너무 크고 너무 많은 개념을 처리하므로 코드 품질이 낮다. 다음 절에서는 이 코드를 개선할 수 있는 방법을 살펴본다.

**코드 개선 방법**

앞선 예제 코드는 각 하위 문제에 대한 해결책을 자체 클래스로 분할하여 개선할 수 있으며 아래 예제 코드에 나와 있다. 하위 문제를 해결하기 위한 클래스는 생성자의 매개변수를 통해 TextSummarizer 클래스에 제공된다. 이 패턴은 **의존성 주입**dependency injection으로 알려져 있으며 8장에서 더 자세히 다룬다.

예제 2.5 **각 개념에 대한 별도의 클래스**

```
class TextSummarizer {
  private final ParagraphFinder paragraphFinder;
  private final TextImportanceScorer importanceScorer;

  TextSummarizer(
      ParagraphFinder paragraphFinder,
      TextImportanceScorer importanceScorer) {
    this.paragraphFinder = paragraphFinder;
    this.importanceScorer = importanceScorer;
  }

  static TextSummarizer createDefault() {
    return new TextSummarizer(
        new ParagraphFinder(),
        new TextImportanceScorer());
  }

  String summarizeText(String text) {
    return paragraphFinder.find(text)
        .filter(paragraph ->
            importanceScorer.isImportant(paragraph))
        .join("\n\n");
  }
}

class ParagraphFinder {
  List<String> find(String text) {
    List<String> paragraphs = [];
    Int? start = detectParagraphStartOffset(text, 0);
    while (start != null) {
      Int? end = detectParagraphEndOffset(text, start);
      if (end == null) {
        break;
      }
      paragraphs.add(text.subString(start, end));
      start = detectParagraphStartOffset(text, end);
    }
    return paragraphs;
  }

  private Int? detectParagraphStartOffset(
      String text, Int fromOffset) { ... }

  private Int? detectParagraphEndOffset(
      String text, Int fromOffset) { ... }
}

class TextImportanceScorer {
```

클래스의 생성자를 통해 이 클래스가 의존하는 클래스의 인스턴스가 주입된다. 이것을 의존성 주입이라고 한다.

이 클래스를 사용할 때 기본 인스턴스를 생성하기 위한 정적 팩토리 함수

하위 문제에 대한 해결책이 각자 다른 클래스로 나누어져 있다.

```
...
Boolean isImportant(String text) {
  return calculateImportance(text) >=
      IMPORTANCE_THRESHOLD;
}

private Double calculateImportance(String text) {
  List<String> nouns = extractImportantNouns(text);
  List<String> verbs = extractImportantVerbs(text);
  List<String> adjectives = extractImportantAdjectives(text);
  ... a complicated equation ...
  return importanceScore;
}

private List<String> extractImportantNouns(String text) { ... }
private List<String> extractImportantVerbs(String text) { ... }
private List<String> extractImportantAdjectives(String text) { ... }
}
```

이 코드를 읽기 위해서는 각 클래스마다 몇 개의 개념만 파악하면 되므로 코드의 가독성이 훨씬 좋아졌다고 할 수 있다. TextSummarizer 클래스를 살펴보면 몇 초 만에 높은 층위의 알고리즘을 구성하는 모든 개념과 단계를 알 수 있다.

- 단락을 찾는다.

- 중요하지 않은 것은 걸러낸다.

- 남아 있는 단락을 연결한다.

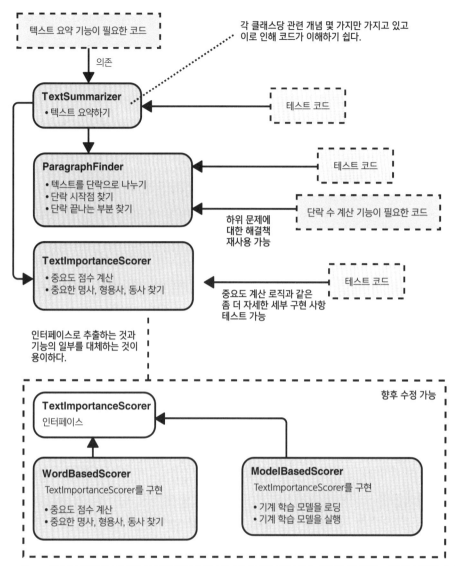

그림 2.6 **코드를 적절한 크기의 추상화 계층으로 나누면 한 번에 몇 가지 개념만 처리하는 코드를 만들 수 있다. 이를 통해 코드는 보다 더 읽기 쉽고, 모듈화되며, 재사용 가능하고, 일반화할 수 있고, 테스트가 쉬워진다.**

이 세 가지 단계가 우리가 알고 싶은 전부라면, 여기서 끝난다. 더 이상 할 것이 없다. 점수가 어떻게 계산되는지는 관심 없지만, 단락을 어떻게 찾는지 알고 싶다면 ParagraphFinder 클래스를 통해 하위 문제가 어떻게 해결되는지 빠르게 파악할 수 있다.

그림 2.6에서 볼 수 있듯이 그 밖에도 여러 가지 이점이 있다.

- **코드가 좀 더 모듈화되고 재구성할 수 있게 됐다.** 단락의 중요도를 계산하는 다른 방법을 시도하고

자 하면 `TextImportanceScorer`라는 인터페이스를 만들고 이 인터페이스를 구현하는 다른 클래스를 만들면 간단해진다. 이 문제는 다음 절에서 논의하겠다.

- **코드의 재사용성이 좀 더 높아졌다.** 다른 문제를 해결할 때 `ParagraphFinder` 클래스를 재사용해야 한다면, 이제는 그것이 쉬워졌다.
- **코드의 테스트 용이성이 좀 더 높아졌다.** 각 하위 문제 클래스에 대해 포괄적이고 집중적인 테스트를 작성하기가 쉽다.

너무 많은 일을 하는 거대한 클래스를 코드베이스에서 흔히 볼 수 있는데, 이렇게 하면 앞에서 설명했듯이 코드 품질의 저하로 이어질 때가 많다. 클래스 구조를 설계할 때 코드 품질의 네 가지 핵심 요소를 충족하는지 신중하게 생각하면 좋다. 시간이 지남에 따라 클래스가 조금씩 늘어나다가 너무 커질 수 있으므로 기존 클래스를 수정할 때나 새로운 클래스를 작성할 때 이러한 요소를 고려하는 것이 도움이 된다. 코드를 적절한 크기의 클래스로 세분화하는 것은 추상화 계층을 잘 만들기 위한 가장 효과적인 도구이기 때문에 이를 위한 시간과 노력을 들일 만한 가치가 충분히 있다.

### 2.3.4 인터페이스

계층 사이를 뚜렷이 구분하고 구현 세부 사항이 계층 사이에 유출되지 않도록 하기 위해 사용할 수 있는 한 가지 접근법은 어떤 함수를 외부로 노출할 것인지를 인터페이스를 통해 결정하는 것이다. 그 다음 이 인터페이스에 정의된 대로 클래스가 해당 계층에 대한 코드를 구현한다. 이보다 위에 있는 계층은 인터페이스에 의존할 뿐 로직을 구현하는 구체적인 클래스에 의존하지 않는다.

하나의 추상화 계층에 대해 두 가지 이상의 다른 방식으로 구현을 하거나 향후 다르게 구현할 것으로 예상되는 경우 인터페이스를 정의하는 것이 좋다. 이전 절에서 살펴본 텍스트 요약 예제 코드를 생각해보자. 여기서 중요한 하위 문제 한 가지는 단락을 텍스트 요약에 포함할지 아니면 생략할지 결정하기 위해 단락에 중요도 점수를 매기는 것이다. 원래 코드는 단락의 중요도를 계산하기 위해 단어의 중요성을 고려하는 단순한 방법을 사용한다.

보다 강력한 접근법은 기계 학습을 사용하는 것인데, 단락이 중요한지 결정하는 모델을 학습할 수 있다. 이 방법은 아마도 실험해보고 싶은 것일 수도 있고, 먼저 개발 모드에서 사용해보고 선택적 베타로 출시할 수도 있다. 기존 논리를 모델 기반 접근 방식으로 대체하려는 것이 아니라 두 가지 접근 방식 중 하나로 코드를 구성하는 방법이 필요하다.

이를 위한 좋은 방법 중 하나는 `TextImportanceScorer` 클래스를 인터페이스로 추출한 다음 이 하위 문제를 해결하기 위한 각각의 접근 방식을 서로 다른 클래스로 구현하는 것이다. `TextSummarizer`

클래스는 TextImportanceScorer 인터페이스에만 의존할 뿐 구체적인 구현 클래스에는 의존하지 않는다. 그림 2.7은 서로 다른 클래스와 인터페이스 간의 의존성 측면에서 이것을 보여준다.

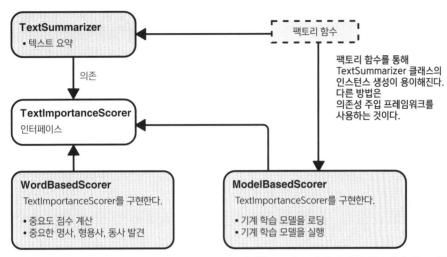

그림 2.7 추상화 계층을 나타내기 위한 인터페이스를 정의함으로써 주어진 하위 문제를 해결하는 구현 클래스를 쉽게 교체할 수 있다. 따라서 코드가 모듈화되고 설정 가능하다.

다음 예제 코드는 새로운 인터페이스 및 구현 클래스를 보여준다.

예제 2.6 인터페이스 및 구현 클래스

```
interface TextImportanceScorer {              TextImportanceScorer는
  Boolean isImportant(String text);          클래스가 아니고
}                                            인터페이스다.

                                                              원래의 TextImportanceScorer
class WordBasedScorer implements TextImportanceScorer {        클래스는 이름이 변경되고
  ...                                                          새로운 인터페이스를 구현한다.
  override Boolean isImportant(String text) {   'override'라고 표시된 함수는
    return calculateImportance(text) >=        인터페이스에 정의된 함수를
        IMPORTANCE_THRESHOLD;                  구현한다는 의미다.
  }

  private Double calculateImportance(String text) {
    List<String> nouns = extractImportantNouns(text);
    List<String> verbs = extractImportantVerbs(text);
    List<String> adjectives = extractImportantAdjectives(text);
    ... a complicated equation ...
    return importanceScore;
  }

  private List<String> extractImportantNouns(String text) { ... }
```

```
  private List<String> extractImportantVerbs(String text) { ... }
  private List<String> extractImportantAdjectives(String text) { ... }
}

class ModelBasedScorer implements TextImportanceScorer {   ◄───   새로운 모델 기반 점수 계산 클래스도
  private final TextPredictionModel model;                          TextImportantScorer 인터페이스를
  ...                                                               구현한다.

  static ModelBasedScorer create() {
    return new ModelBasedScorer(
        TextPredictionModel.load(MODEL_FILE));
  }

  override Boolean isImportant(String text) {
    return model.predict(text) >=
        MODEL_THRESHOLD;
  }
}
```

이제 TextSummarizer가 두 가지 팩토리 함수 중 하나를 사용하여 WordBasedScorer 또는 ModelBased
Scorer를 사용하도록 구성할 수 있다. 다음 예제 코드는 TextSummarizer 클래스의 인스턴스를 만
들기 위한 두 가지 팩토리 함수를 보여준다.

예제 2.7 **팩토리 함수**

```
TextSummarizer createWordBasedSummarizer() {
  return new TextSummarizer(
      new ParagraphFinder(), new WordBasedScorer());
}

TextSummarizer createModelBasedSummarizer() {
  return new TextSummarizer(
      new ParagraphFinder(), ModelBasedScorer.create());
}
```

추상화 계층을 깔끔하게 구현하는 코드를 만드는 데 있어 인터페이스는 매우 유용한 도구다. 주어진
하위 문제에 대해 둘 이상의 서로 다른 구체적인 구현이 가능하고 이들 구현 클래스 사이에 전환이
필요할 때는 추상화 계층을 나타내는 인터페이스를 정의하는 것이 가장 좋다. 이를 통해 코드를 더
욱 모듈화할 수 있고 재설정도 훨씬 쉽게 할 수 있다.

### 모든 것을 위한 인터페이스?

주어진 추상화 계층에 대해 한 가지 구현만 있고 향후에 다른 구현을 추가할 계획이 없더라도 여전히

인터페이스를 통해 추상화 계층을 표현해야 하는가는 여러분과 여러분의 팀이 결정할 사안이다. 몇몇 소프트웨어 공학 철학은 이 상황에서도 여전히 인터페이스를 사용할 것을 권고한다. 이 권고를 따라 인터페이스 뒤로 TextSummarizer 클래스를 숨긴다면, 예제 2.8과 같은 코드가 될 것이다. 이 경우 상위 코드 계층은 TextSummarizer라는 인터페이스에 의존할 뿐, TextSummarizerImpl 구현 클래스에 직접 의존하지 않는다.

예제 2.8 **하나의 인터페이스 및 단일 구현**

```
interface TextSummarizer {
  String summarizeText(String text);          ◄──  이 추상화 계층의 사용자는
}                                                  인터페이스에서 정의된 함수만 볼 수 있다.


class TextSummarizerImpl implements TextSummarizer {   ◄──  TextSummarizerImpl은
  . . .                                                     TextSummarizer 인터페이스를
                                                            구현하는 유일한 클래스다.
  override String summarizeText(String text) {
    return paragraphFinder.find(text)
        .filter(paragraph ->
            importanceScorer.isImportant(paragraph))
      .join("\n\n");
  }
}
```

TextSummarizer의 구현은 단 하나뿐이며, 향후 다르게 구현할 필요가 있을지 현재는 알 수 없더라도 이 접근 방식은 몇 가지 장점이 있다.

- **퍼블릭 API를 매우 명확하게 보여준다**: 이 계층에서 사용해야 하는 기능과 사용하지 말아야 하는 기능에 대해 혼동할 일이 없다. 개발자가 TextSummarizerImpl 클래스에 새 퍼블릭 함수를 추가하더라도 상위 계층은 TextSummarizer 인터페이스에만 의존하기 때문에 이 함수는 그 상위 계층에 노출되지 않는다.

- **한 가지 구현만 필요하다고 잘못 추측한 것일 수 있다**: 원래 코드를 작성할 때는 또 다른 구현이 필요하지 않을 것이라고 확신하더라도 한두 달 후에는 이러한 가정이 잘못된 것으로 판명될 수 있다. 단지 몇 개의 단락을 생략하는 것으로 텍스트를 요약하는 것이 그다지 효과적이지 않다는 것을 깨닫고, 완전히 다른 방식으로 텍스트를 요약하는 알고리즘을 실험하기로 할 수도 있다.

- **테스트를 쉽게 할 수 있다**: 예를 들어 구현 클래스가 특별히 복잡하거나 네트워크 I/O에 의존하는 작업을 수행한다면 테스트 중에 목mock이나 페이크 객체로 대체할 수 있다. 이렇게 하려면 사용 중인 프로그래밍 언어에 따라 반드시 인터페이스를 정의해야 할 수도 있다.

- **같은 클래스로 두 가지 하위 문제를 해결할 수 있다**: 한 클래스가 두 개 이상의 서로 다른 추상화 계층에 구현을 제공할 수도 있다. 예를 들어 `LinkedList` 구현 클래스는 `List` 및 `Queue` 인터페이스를 모두 구현한다. 즉, 어떤 상황에서는 큐의 구현 클래스가 되고 다른 상황에서는 리스트의 구현 클래스로 사용될 수 있다. 이렇게 하면 코드의 일반화 가능성을 크게 높일 수 있다.

반면, 인터페이스를 정의할 때 다음과 같은 단점도 역시 존재한다.

- **더 많은 작업이 필요하다**: 인터페이스를 정의하려면 코드를 더 작성해야 한다(파일도 새로 필요할 것이다).

- **코드가 복잡해질 수 있다**: 다른 개발자가 코드를 이해하려고 할 때, 논리를 탐색하는 것이 어려울 수 있다. 어떤 하위 문제가 어떻게 해결되고 있는지 이해하기를 원한다면, 단지 하위 계층을 구현하는 클래스로 직접 이동하는 대신, 인터페이스로 먼저 이동한 다음 그 인터페이스를 구현하는 구체적인 클래스를 찾아야 한다.[3]

필자의 개인적인 경험으로 볼 때 모든 클래스에 인터페이스를 붙이는 극단적인 입장의 코드는 종종 통제가 불가능하고, 불필요하게 복잡해지며, 이해와 수정이 어렵다. 인터페이스를 사용할 경우 그 장점이 확실한 상황에서는 인터페이스를 사용하되, 인터페이스만을 위한 인터페이스를 작성해서는 안 된다. 그럼에도 깨끗하고 뚜렷한 추상화 계층을 만드는 데 집중하는 것은 여전히 중요하다. 인터페이스를 정의하지 않더라도 클래스에서 어떤 함수를 퍼블릭으로 노출할지 매우 신중하게 생각해야 하며 구현 세부 사항이 유출되지 않도록 해야 한다. 일반적으로 클래스를 작성하거나 수정할 때마다 나중에 필요한 경우 인터페이스를 붙이는 것이 어려워지지 않도록 코드를 작성해야 한다.

### 2.3.5 층이 너무 얇아질 때

코드를 별개의 계층으로 세분화하면 장점이 많지만 다음과 같은 추가 비용이 발생한다.

- 클래스를 정의하거나 의존성을 새 파일로 임포트하려고 반복적으로 사용하는 코드boilerplate code로 인해 코드의 양이 늘어난다.

- 로직의 이해를 위해 파일이나 클래스를 따라갈 때 더 많은 노력이 필요하다.

- 인터페이스 뒤에 계층을 숨기게 되면 어떤 상황에서 어떤 구현이 사용되는지 파악하는 데 더 많은 노력이 필요하다. 이로 인해 로직을 이해하거나 디버깅하는 것이 더 어려워질 수 있다.

---

3  [옮긴이] 사용하는 IDE에 따라 구현 클래스로 바로 이동할 수 있다. 예를 들어 인텔리제이 아이디어(IntelliJ IDEA)에는 인터페이스나 구현 클래스로 바로 이동할 수 있는 기능이 있다(https://www.jetbrains.com/idea/).

코드를 서로 다른 계층으로 분할해서 얻는 장점과 비교하면 이 비용이 상당히 낮은 것이지만, 분할을 위한 분할은 의미가 없다는 것을 명심해야 한다. 비용이 이익보다 더 큰 시점이 올 수 있으므로 상식에 맞게 적용하는 것이 좋다.

예제 2.9는 이전에 본 ParagraphFinder 클래스를 시작과 종료 오프셋 파인더 클래스로 나누고 이 클래스들을 하나의 공통 인터페이스 뒤에 둠으로써 좀 더 많은 계층을 갖는 코드를 보여준다. ParagraphStartOffsetDetector 및 ParagraphEndOffSetDetector 클래스가 ParagraphFinder 이외의 다른 곳에서 사용될 가능성은 별로 없기 때문에 이 코드의 계층이 너무 얇아졌다. 즉, 불필요하게 계층을 너무 잘게 쪼갰다.

예제 2.9 **너무 얇은 코드 계층**

```
class ParagraphFinder {
  private final OffsetDetector startDetector;
  private final OffsetDetector endDetector;
  ...

  List<String> find(String text) {
    List<String> paragraphs = [];
    Int? start = startDetector.detectOffset(text, 0);
    while (start != null) {
      Int? end = endDetector.detectOffset(text, start);
      if (end == null) {
        break;
      }
      paragraphs.add(text.subString(start, end));
      start = startDetector.detectOffset(text, end);
    }
    return paragraphs;
  }
}

interface OffsetDetector {
  Int? detectOffset(String text, Int fromOffset);
}

class ParagraphStartOffsetDetector implements OffsetDetector {
  override Int? detectOffset(String text, Int fromOffset) { ... }
}

class ParagraphEndOffsetDetector implements OffsetDetector {
  override Int? detectOffset(String text, Int fromOffset) { ... }
}
```

ParagraphFinder 클래스를 다른 곳에서 사용할 가능성이 있다 하더라도, ParagraphStartOffset Detector는 사용하면서 ParagraphEndOffsetDetector는 사용하지 않는 경우를 상상하기는 어렵다. 왜냐하면 이 구현 클래스들은 단락의 시작과 끝을 감지하는 방법에 대해 서로 밀접하게 연관되어 있기 때문이다.

코드 계층의 규모를 올바르게 결정하는 것은 중요하다. 코드베이스에 의미 있는 추상화 계층이 없으면 전혀 관리할 수 없는 코드가 된다. 계층이 있더라도 각 계층이 너무 크면 쪼개져야 할 여러 추상화가 한 계층으로 병합되어 결국은 모듈화되지 않고, 재사용할 수 없으며, 가독성이 낮은 코드가 된다. 반면 계층을 너무 얇게 만들면 단일 계층으로 만들어도 될 것을 둘로 분해한 것이고, 이것은 불필요한 복잡성을 초래할 수 있다. 또한, 인접한 계층들이 원래 되어야 하는 대로 잘 분리되지 않았음을 의미할 수도 있다. 일반적으로 너무 많은 일을 하는 계층은 너무 적은 일을 하는 계층보다 더 문제가 될 수 있다. 따라서 어떤 것이 더 나을지 확실하지 않다면, 너무 많은 계층을 남용하는 결과를 가져오더라도 계층을 여러 개로 나누는 것이 한 계층 안에 모든 코드를 집어넣는 것보다는 낫다.

앞서 클래스를 통해 살펴봤던 것처럼 계층이 너무 두꺼운지 여부를 결정해주는 단 하나의 규칙이나 조언은 존재하지 않는다. 왜냐하면 계층을 몇 개로 나눌지는 해결하려고 하는 실제 현실의 문제에 달려 있기 때문이다. 최선의 조언은 자신이 만든 계층이 코드의 가독성을 높이고, 재사용할 수 있고, 일반화할 수 있으며, 모듈화되고, 테스트를 용이하게 하는지를 스스로 판단하고 신중하게 생각해보는 것이다. 수십 년의 경험을 가진 개발자라 할지라도 추상화 계층을 올바르게 만들기 위해 코드베이스로 병합하기 전에 코드의 설계와 재작업을 여러 번 반복해야 할 수도 있다는 점을 잊지 말자.

## 2.4 마이크로서비스는 어떤가?

마이크로서비스 아키텍처에서는 개별 문제에 대한 해결책이 단지 단일 프로그램으로 컴파일되는 라이브러리 수준이 아니라 독립적으로 실행되는 서비스로 배포된다. 즉, 시스템이 여러 개의 소규모 프로그램으로 분할되어 특정 작업만 전문적으로 수행한다. 이런 소규모 프로그램은 API를 통해 원격으로 호출할 수 있는 전용 서비스로 배포된다. 마이크로서비스는 여러 가지 이점을 가지고 있으며 최근 몇 년간 점점 더 인기를 끌고 있다. 이러한 아키텍처는 현재 많은 조직과 팀에서 가야 할 방향으로 고정되고 있다.

마이크로서비스를 사용할 때 코드 구조를 만들고 코드에 추상화 계층을 만드는 것은 중요하지 않다는 주장을 듣게 될 수도 있다. 그 이유는 마이크로서비스 자체가 간결한 추상화 계층을 제공하기 때문이고, 내부의 코드가 어떻게 구성되고 나눠지는지는 중요하지 않다는 것이다. 마이크로서비스는 일반적으로 꽤 간결한 추상화 계층을 제공하는 것이 사실이지만, 대개 크기와 범위를 기준으로 마이크로서비스를 나누기 때문에 여전히 그 내부에서 적절한 추상화 계층을 고려하는 것이 유용하다.

이를 설명하기 위해 독자가 현재 온라인 소매업체에서 재고를 확인하고 수정하는 마이크로서비스의 개발과 유지보수를 담당하는 팀에 속해 있다고 가정해보자. 이 마이크로서비스는 다음 상황이 발생하면 호출된다.

- 제품이 새로 창고에 도착한다.
- 사용자에게 그 제품을 보여주기 위해 프런트엔드에서 제품의 재고가 있는지 확인한다.
- 고객이 제품을 구매한다.

명목상 이 마이크로서비스는 재고 수준 관리라는 한 가지 일만 한다. 그러나 이 '한 가지'를 수행하기 위해 해결해야 할 하위 문제가 많다는 것을 바로 알 수 있다.

- 재고 항목의 개념, 즉 실제로 추적하고 있는 것이 무엇인지 다루는 일
- 재고가 있는 창고 및 위치가 여러 군데일 때 처리하는 방법
- 재고가 있는 제품이라도 창고로부터 고객의 배송 주소까지의 거리에 따라 한 국가의 고객에겐 재고가 있을 수 있지만, 다른 국가의 고객에겐 재고가 없을 수 있다는 개념
- 실제 재고 수준 데이터가 저장된 데이터베이스와의 인터페이스
- 데이터베이스에 저장된 값의 해석

문제를 해결할 때 하위 문제로 나누는 방법에 대해 이전에 언급했던 모든 내용이 마이크로서비스에도 여전히 적용된다. 예를 들어 특정 고객에 대해 어떤 품목이 재고가 있는지를 결정하는 것은 다음과 같은 하위 문제를 포함한다.

- 고객의 범위 내에 있는 창고 결정
- 이 범위 내에 있는 창고로부터 항목의 재고를 찾기 위해 데이터 저장소에 질의
- 데이터베이스에서 반환되는 데이터 형식 해석
- 서비스 호출자에게 결과를 반환

게다가 다른 개발자들도 이 논리를 일부 재사용하고 싶어 할 가능성이 크다. 회사 내에는 회사가 어떤 품목의 생산을 중단해야 할지, 재고를 더 많이 보유해야 할지, 특별 행사를 진행해야 할지 결정하기 위해 분석 및 추세를 추적하는 다른 팀이 있을 수 있다. 효율성 및 시간 지연의 이유로 이 팀은 해

당 마이크로서비스를 호출하는 대신 파이프라인을 사용하여 재고 데이터베이스를 직접 검색할 수 있다. 하지만 데이터베이스에서 반환된 데이터를 해석하기 위한 노력이 여전히 필요할 수 있으므로 이 부분에 대한 코드를 재사용할 수 있다면 다른 팀에게 도움이 된다.

마이크로서비스는 시스템을 분리하여 보다 모듈화할 수 있는 매우 좋은 방법이지만, 서비스를 구현하기 위해 여러 하위 문제를 해결해야 한다는 사실은 바뀌지 않는다. 올바른 추상화 및 코드 계층을 만드는 것은 여전히 중요하다.

## 요약

* 코드를 깨끗하고 뚜렷한 추상화 계층으로 세분화하면 가독성, 모듈화, 재사용, 일반화 및 테스트 용이성이 향상된다.
* 특정 언어에 국한된 기능뿐만 아니라 함수, 클래스 및 인터페이스를 사용하여 코드를 추상화 계층으로 나눌 수 있다.
* 코드를 추상화 계층으로 분류하는 방법을 결정하려면 해결 중인 문제에 대한 판단과 지식을 사용해야 한다.
* 너무 비대한 계층 때문에 발생하는 문제는 너무 얇은 계층 때문에 발생하는 문제보다 더 심각하다. 확실하지 않은 경우에는 남용의 위험에도 불구하고 계층을 얇게 만드는 것이 좋다.

# 3

# 다른 개발자와 코드 계약

**이 장에서는 다음과 같은 내용을 다룬다.**

- 다른 개발자들이 코드와 어떻게 상호작용하는지
- 코드 계약과 코드 계약의 세부 조항
- 세부 조항을 최소화하는 것이 어떻게 오용과 예측을 벗어나는 코드를 예방하는 데 도움이 되는지
- 세부 조항을 피할 수 없다면 체크와 어서션을 어떻게 사용할 수 있는가?

소프트웨어를 작성하고 유지보수하는 일은 대개 팀 단위에서 수행하는 작업이다. 소프트웨어를 만드는 회사는 일반적으로 개발자를 여러 명 고용한다. 두세 명으로 이루어진 팀이 하나의 소프트웨어에 대해 작업하는 경우도 있고, 수백 가지 다른 제품에 대해 수천 명의 개발자가 작업할 수도 있다. 정확한 숫자는 중요하지 않다. 요점은 자신이 작성한 코드를 다른 개발자가 작업해야 하고, 반대로 다른 개발자가 작업한 코드를 자신이 작업해야 할 때도 있다.

1장에서 소개한 코드 품질의 핵심 요소 가운데 '예측 가능한 코드를 작성하라'와 '코드를 오용하기 어렵게 만들라'라는 두 가지 원칙이 있었다. 이 원칙은 개발자들이 다른 사람이 작성한 코드와 상호작용할 때 일어날 수 있는 일(그리고 잘못될 수 있는 일)과 관련이 있다. 이 장에서는 코드의 중요한 세부 사항을 다른 개발자에게 전달하기 위한 여러 가지 기법에 대해 논의하는데, 어떤 기법은 다른 기법보다 더 신뢰할 수 있다. 그다음 코드 계약 및 숨겨진 세부 조항small print의 개념을 사용해서 이 내용을 형식화한다. 이 장의 마지막 두 절에서는 오용과 오해를 쉽게 유발하는 코드의 실제 사례를 살펴

보고 코드를 개선하는 방법을 논의한다. 6장과 7장은 이 장의 내용을 바탕으로 더 구체적인 사례를 제시한다.

## 3.1 자신의 코드와 다른 개발자의 코드

만약 여러분이 팀의 일원으로 코드를 작성한다면 여러분이 작성한 코드는 다른 개발자들이 작성한 코드를 바탕으로 만들어질 것이고, 다른 개발자들은 여러분의 코드 위에 또 다른 계층을 쌓을 것이다. 여러 가지 하위 문제를 해결하고 그 하위 문제들을 간결한 추상화 계층으로 분리했다면, 다른 개발자들은 여러분이 전혀 생각지 못한 완전히 다른 문제에서 여러분이 작성한 하위 문제 해결 코드를 재사용할 수 있다.

예를 들어 설명해보자. 사용자가 기사를 찾고 읽을 수 있는 온라인 잡지를 운영하는 회사에서 일하고 있다고 생각해보자. 사용자가 읽을거리를 찾을 때 기사를 요약해서 보여주기 위해 텍스트 요약 기능을 구현하는 것이 자신의 업무로 할당됐다고 하자. 이 업무를 하려면 결국은 앞 장에서 본 코드, 즉 TextSummarizer 클래스와 이와 관련된 클래스들을 작성해야 할 것이다(정확한 코드를 기억하지 못하거나 그 장을 건너뛰었더라도, 걱정할 필요는 없다). 그림 3.1은 여러분이 작성한 텍스트 요약 코드가 어떻게 소프트웨어에 사용될 수 있는지를 보여준다. 자신이 작성한 코드는 다른 개발자들이 작성한 코드에 의존하고, 다른 개발자들 역시 더 높은 수준의 문제를 해결하기 위해 여러분이 작성한 코드에 의존한다. 또한 여러 가지 다른 기능을 위해 여러분이 작성한 코드가 재사용되고 있음을 알 수 있다. 처음에 기사 요약에만 사용할 것으로 예상했을지 모르지만, 다른 개발자들은 코멘트를 요약하고 기사를 읽은 시간을 추정하기 위해 여러분의 코드를 재사용한다.

또 다른 중요한 점은 요구 사항이 항상 변한다는 점이다. 우선순위가 변경되고, 새로운 기능이 추가되어야 하며 시스템은 때로 새로운 기술 환경으로 옮겨져야 한다. 이것은 코드와 소프트웨어도 항상 변한다는 것을 의미한다. 그림 3.1은 어느 한순간의 상태를 보여주는 스냅숏이다. 1년, 심지어 몇 달이 지나도 이와 동일할 가능성은 거의 없다.

개발자들이 코드베이스에 계속해서 수정을 가하면 그 코드베이스는 활동이 활발하게 일어나는 코드베이스가 된다. 활발하고 바쁜 장소가 그렇듯이 뭔가 깨지기 쉬운 것이 거기에 있다면 금방 망가질 것이다. 대규모 파티를 열 때 근사한 유리그릇을 꺼내지 않고, 경기장의 장벽을 금속으로 만들고 땅에 볼트로 고정하는 데는 다 이유가 있다. 부서지기 쉬운 물건은 바쁜 장소에 둘 수 없다.

다른 개발자들이 활발하게 코드를 변경하더라도 코드의 품질이 유지되려면 코드가 튼튼하고 사용하기 쉬워야 한다. 고품질 코드를 작성할 때 가장 중요한 고려 사항 중 하나는 다른 개발자가 변경하거나 코드와 상호작용할 때 발생할 수 있는 문제는 없는지, 또 발생한다면 그 문제를 어떻게 완화할 수 있을지를 이해하고 선제적으로 조치하는 것이다. 문자 그대로 1인 개발자 회사에서 일하지 않는 한 다른 개발자들을 고려하지 않고는 고품질의 코드를 작성할 수 없다.

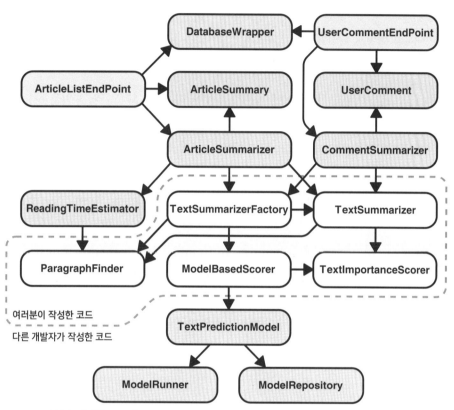

그림 3.1 자신이 작성한 코드가 독립적으로 존재하는 경우는 거의 없다. 다른 개발자들이 작성한 코드에 의존할 것이고, 다른 엔지니어들 또한 여러분의 코드에 의존하는 코드를 작성할 것이다.

코드를 작성할 때 다음 세 가지를 고려하는 것이 유용하다(다음 세 절에서 더 자세히 살펴볼 것이다).

- 자신에게 명백하다고 해서 다른 사람에게도 명백한 것은 아니다.
- 다른 개발자는 무의식중에 여러분의 코드를 망가뜨릴 수 있다.
- 시간이 지남에 따라 자신의 코드를 기억하지 못한다.

### 3.1.1 자신에게 분명하다고 해서 다른 사람에게도 분명한 것은 아니다

코드를 작성하기 시작하면 해결하려는 문제에 대해 생각하면서 몇 시간 혹은 며칠을 보낸다. 설계,

사용자 경험 테스트, 제품 피드백, 오류 보고서의 여러 단계를 거칠 수도 있다. 자신의 로직에 너무 익숙해서 모든 것이 분명해 보이기 때문에 어떤 것이 왜 그런 방식인지, 문제를 왜 그 방식으로 해결하고 있는지에 대해서는 거의 생각하지 않아도 될 것이다.

하지만 어느 시점에 이르면 다른 개발자가 여러분이 작성한 코드와 상호작용하거나, 여러분의 코드를 변경하거나, 여러분의 코드가 의존하고 있는 코드를 변경해야 할 수도 있다는 것을 기억해야 한다. 그들은 그 문제를 이해하고 어떻게 해결할지에 대해 생각할 수 있는 시간을 아직 충분히 갖지 못한 상태다. 여러분이 코드를 작성할 당시에 너무도 분명해 보였던 것들이 그들에게는 분명하지 않을 것이다.

이것을 항상 고려하고 코드가 어떻게 사용되어야 하는지, 무엇을 하는지, 그리고 왜 그 일을 하고 있는지 설명하는 것이 유용하다. 이 장과 다음 장에서 배우게 될 테지만, 이것이 주석문을 많이 작성해야 한다는 의미는 아니다. 코드를 이해하기 쉽고 코드 자체로 설명이 되게 하는 것이 좋은 방법이다.

### 3.1.2 다른 개발자는 무의식중에 여러분의 코드를 망가뜨릴 수 있다

다른 개발자가 무의식중에 여러분의 코드를 망가뜨릴 수도 있다는 가정은 지나치게 냉소적으로 보일 수도 있는데, 방금 전에 살펴본 것처럼 여러분이 작성한 코드는 독립적으로 존재하지 않는다. 여러 가지 다른 코드에 의존할 것이고, 그 코드는 또다시 훨씬 더 많은 다른 코드에 의존할 것이다. 그리고 여러분이 작성한 코드에 의존하는 코드 역시 아마도 많을 것이다. 다른 개발자가 기능을 추가하고, 리팩터링하고 수정함에 따라 이들 코드는 계속 변한다. 따라서 여러분이 작성한 코드는 다른 코드로부터 전혀 영향을 받지 않은 채 독립적으로 있는 것이 아니라, 끊임없이 변화하는 코드 위에 놓여 있고, 여러분의 코드를 기반으로 계속해서 변화하는 코드 역시 끊임없이 작성된다.

여러분의 코드는 자신에게 가장 중요할지 모르지만 회사의 다른 개발자들은 아마 그것에 대해 잘 알지 못할 것이고, 그들이 여러분의 코드를 접할 때 그 코드가 왜 존재하는지 혹은 무슨 일을 수행하는지에 대한 사전 지식을 가지고 있지 않을 수 있다. 이 경우 다른 개발자가 의도치 않게 잘 실행되던 코드를 작동하지 않게 하거나 오용하는 방식으로 코드를 추가하거나 수정할 가능성이 크다.

1장에서 살펴봤듯이 개발자들은 일반적으로 자신의 로컬 컴퓨터에 코드베이스의 복사본을 다운로드하고 코드 수정을 한 후에 원래의 코드베이스에 코드 병합을 한다. 코드가 컴파일되지 않거나 테스트가 실패하면 변경된 내용은 병합할 수 없다. 다른 개발자의 코드 변경으로 인해 여러분 자신의 코드가 작동하지 않거나 오용하는 결과를 가져온다면, 그 코드는 이 문제가 해결되기 전까지 코드베이스에 병합되면 안 된다. 이를 위해 신뢰할 만한 방법으로는 두 가지가 있는데, 무언가 문제가 있을 때 코드 컴파일이 중지되거나 테스트가 실패하도록 만드는 것이다. 코드에 문제가 생겼을 때 이 두 가지 중 하나가 일어나도록 하는 것이 고품질 코드의 작성과 관련된 많은 고려 사항들이 궁극적으로 이루고자 하는 것이다.

### 3.1.3 시간이 지나면 자신의 코드를 기억하지 못한다

코드의 세부 사항이 지금은 마음속에서 너무나 신선하고 또한 가장 중요한 것으로 여겨지기 때문에 그것들을 결코 잊을 수 없으리라 생각한다. 하지만 시간이 지나면 그것들이 더 이상 신선하지 않고, 잊히기 시작한다. 1년 후에 새로운 기능을 추가해야 하거나, 자신의 코드에서 발견된 버그를 해결해야 한다면 자신이 작성한 코드임에도 불구하고 그 코드의 자세한 내용을 더 이상 기억하지 못할 수 있다.

자신에게는 분명한데 다른 사람에게는 분명하지 않을 수 있다는 것, 혹은 다른 사람들이 무의식중에 자신의 코드를 작동하지 않게 만드는 것과 관련해 살펴본 모든 내용이 어느 순간 자신에게 적용된다. 1~2년 전에 작성한 코드를 다시 들여다보는 일은 다른 사람이 작성한 코드를 보는 것과 크게 다르지 않다. 배경지식이 거의 없거나 전혀 없는 사람에게도 자신의 코드가 이해하기 쉬워야 하고, 잘 작동하던 코드에 버그가 발생하는 것이 어려워야 한다. 이렇게 하는 것은 다른 사람에게 호의를 베푸는 것이기도 하지만 미래의 자신에게도 유익한 일이다.

## 3.2 여러분이 작성한 코드의 사용법을 다른 사람들은 어떻게 아는가?

다른 개발자가 여러분의 코드를 사용하거나 여러분의 코드에 의존하는 코드를 수정할 때, 그들은 여러분의 코드를 어떻게 사용해야 하는지 그 코드가 무슨 일을 하는지 파악해야 한다. 구체적으로 그들은 다음과 같은 사항을 이해할 필요가 있다.

- 여러 가지 상황에서 어떤 함수를 호출해야 하는지
- 클래스가 무엇을 나타내는지 그리고 언제 사용되어야 하는지
- 어떤 값을 인수로 사용해야 하는지
- 코드가 수행하는 동작이 무엇인지
- 어떤 값을 반환하는지

앞에서 살펴본 것처럼 자신이 작성한 코드라도 1년 후에는 자세한 내용을 잊어버릴 가능성이 크다. 따라서 이 책에 쓰인 모든 내용을 위해 미래의 자신은 본질적으로 다른 개발자라고 간주해야 한다.

여러분이 작성한 코드를 어떻게 사용해야 하는지 알아내기 위해 다른 개발자가 할 수 있는 일은 다음과 같다.

- 함수, 클래스, 열거형 등의 이름을 살펴본다.
- 함수와 생성자의 매개변수 유형 또는 반환값의 유형 같은 데이터 유형을 살펴본다.
- 함수/클래스 수준의 문서나 주석문을 읽어본다.
- 직접 와서 묻거나 채팅/이메일을 통해 문의한다.
- 여러분이 작성한 함수와 클래스의 자세한 구현 코드를 읽는다.

다음 하위 절에서 살펴보겠지만, 이 중 처음 세 가지만이 실제로 사용할 만하고, 그중에서도 이름과 데이터 유형을 확인하는 것이 문서를 읽는 것보다 더 신뢰할 만하다.

### 3.2.1 이름 확인

이름을 살펴보는 것은 개발자들이 새로운 코드의 사용 방법을 알아내기 위해 실제로 사용하는 주된 방법 중 하나다. 패키지, 클래스, 함수의 이름을 책의 목차라고 생각할 수 있다. 이 이름들을 살펴보는 것은 하위 문제를 해결할 코드를 찾기 위한 편리하고 빠른 방법이다. 코드를 사용할 때 이름을 무시하기는 매우 어렵다. removeEntry()라는 이름의 함수는 addEntry()라는 이름의 함수와 혼동할 수 없다.

따라서 자신의 코드를 다른 개발자가 어떻게 사용해야 하는지에 대해 가장 잘 전달할 수 있는 방법 중 하나는 이름을 잘 짓는 것이다.

### 3.2.2 데이터 유형 확인

제대로만 한다면 데이터 유형을 확인하는 것 역시 다른 개발자로 하여금 자신의 코드를 올바르게 사용하도록 하기 위한 매우 신뢰할 만한 방법이다. 컴파일이 필요한 정적 유형의 언어에서는 데이터 유형을 인식하고 올바르게 사용해야 한다. 그렇지 않으면 코드가 컴파일되지 않는다. 따라서 유형 시스템을 사용하는 언어로 코드를 작성하는 것은 다른 개발자가 코드를 오용하거나 오작동할 수 없도록 하기 위한 좋은 방법 중 하나다.

### 3.2.3 문서 읽기

코드를 사용하는 방법에 관한 문서는 두 가지 이상의 형태로 존재할 수 있으며 다음을 포함한다.

- 함수 및 클래스 수준의 비공식적인 주석문
- 자바독<sub>JavaDoc</sub>과 같은 좀 더 공식적인 코드 내 문서
- 외부 문서(README.md, 웹 페이지, 지침 문서 등)

이 모든 것이 매우 유용하지만 다른 개발자가 코드를 올바르게 사용하도록 하기 위한 방법으로 어느 정도까지만 신뢰할 수 있다.

- 다른 개발자가 이 문서들을 읽을 것이라는 보장이 없으며 실제로 읽지 않을 때가 많다.
- 설령 읽더라도 잘못 해석할 수 있다. 다른 개발자들이 익숙하지 않은 용어를 사용할 수도 있고, 코드가 해결하려는 문제에 관해 다른 개발자들이 가지고 있을 지식의 수준이나 정도에 대해 잘못된 가정을 바탕으로 문서를 작성할 수도 있다.
- 문서의 업데이트가 제대로 안 될 수 있다. 개발자가 코드를 변경할 때마다 문서를 업데이트해야 하는데 이것을 잊어버리면 코드에 대한 문서의 내용이 더 이상 유효하지 않게 된다.

### 3.2.4 직접 물어보기

팀으로 일하면 코드를 사용하는 방법에 대해 다른 개발자들이 질문해 오는 경우가 종종 있는데, 코드를 작성한 지 얼마되지 않았다면 이 접근법이 상당히 효과적일 수 있다. 그러나 코드의 사용법을 설명하기에는 다음과 같은 이유로 신뢰하기 어려운 방법이다.

- 코드를 많이 작성할수록 질문에 답하는 데 더 많은 시간을 써야 할 것이다. 결국에는 이 모든 질문에 답하기 위해 하루 중 몇 시간을 써야 할 수도 있다.
- 코드 작성자가 2주간 휴가를 간다면 코드에 대해 물어볼 사람이 없다.
- 1년이 지나면 자기 자신도 그 코드를 기억하지 못한다. 그래서 실제로는 이런 접근법은 어느 정도 제한된 기간 동안만 효과가 있다.
- 코드를 작성한 사람이 회사를 떠날 수도 있는데, 이 경우에는 코드를 사용하는 방법에 대한 지식이 사라져 버린다.

### 3.2.5 코드를 살펴보는 것

코드 사용 방법에 대한 가장 확실한 답을 얻을 수 있는 방법은 코드의 자세한 구현 세부 사항을 살펴보는 것이다. 하지만 이 접근법은 실용적이지도 않고 코드의 양이 많으면 효과를 얻기 힘들다. 다른 개발자가 여러분의 코드를 사용하기로 한다면, 그것은 아마도 그들이 의존하고 있는 수많은 코드들 중 하나일 것이다. 그들이 의존하는 모든 코드의 구현 세부 사항을 살펴봐야 한다면, 어떤 기능을

구현할 때마다 수천 줄의 코드를 읽어야 할 것이다.

만일 코드베이스에 작업하는 모든 개발자가 '내 코드의 사용 방법을 이해하고 싶으면 코드 안에서 어떻게 구현됐는지 읽어보면 되지 뭐'라는 자세를 갖는다면 상황은 더 악화될 수 있다. 한 의존 코드는 또다시 다른 코드에 의존하기 때문에 이런 상황에서는 일부 또는 모든 하위 의존 코드의 구현 세부 사항을 읽어야 할 것이고, 이런 하위 의존 라이브러리의 수가 족히 수백 개는 될 것이다. 오래지 않아 모든 개발자들은 적당한 크기의 기능을 구현하려고 해도 수십만 줄의 코드를 읽어야 할 수도 있다.

추상화 계층을 만드는 데 있어 요점은 개발자가 한 번에 몇 가지 개념만 처리해야 하고, 그 문제가 어떻게 해결되었는지 정확히 알지 못하더라도 하위 문제에 대한 해결책을 사용할 수 있어야 한다는 것이다. 코드를 사용하는 방법을 알기 위해 개발자가 구현 세부 사항을 읽어야 한다면 이는 분명히 추상화 계층의 많은 이점을 부정하는 것이 된다.

## 3.3 코드 계약

**계약에 의한 프로그래밍**programming by contract 또는 **계약에 의한 디자인**design by contract[1]이라는 용어를 접해 본 적이 있을 것이다. 이 원칙은 이전 절에서 논의한 개념들 중 일부를 공식화하는 원칙으로 다른 사람들이 어떻게 코드를 사용할지, 그리고 코드가 무엇을 할 것으로 기대할 수 있는지에 대한 것이다. 이 철학에서는 서로 다른 코드 간의 상호작용을 마치 계약처럼 생각한다. 어떤 코드를 호출하는 코드는 특정 요건을 충족해야 하며 호출되는 코드는 원하는 값을 반환하거나 일부 상태를 수정한다. 모든 것이 이 계약에서 정의되기 때문에 분명하지 않은 것이 없고 예상과 다르게 실행되는 것도 없다.

코드의 계약에 대한 용어를 다음과 같은 세 가지 범주로 나누면 유용하다.

- **선결 조건**precondition : 코드를 호출하기 전에 사실이어야 하는 것, 예를 들어 시스템이 어떤 상태에 있어야 하는지, 코드에 어떤 입력을 공급해야 하는지와 같은 사항

- **사후 조건**postcondition : 코드가 호출된 후에 사실이어야 하는 것, 예를 들어 시스템이 새로운 상태에 놓인다든지 반환되는 값과 같은 사항

- **불변 사항**invariant : 코드가 호출되기 전과 후에 시스템 상태를 비교해서 변경되지 않아야 하는 사항

---

1 계약에 의한 디자인이라는 용어는 1980년대에 버트랜드 마이어(Bertrand Meyer)에 의해 처음 도입되었으며 에펠(Eiffel) 프로그래밍 언어와 방법론의 중심 특징이다.

의도적으로 계약에 의한 프로그래밍을 하지 않고 이 용어에 대해 한 번도 들어본 적이 없다 해도, 여러분이 작성하는 코드는 어떤 종류의 계약을 맺는 것이라고 봐도 무방하다. 입력 매개변수가 있는 함수를 작성하거나, 값을 반환하거나, 어떤 상태를 수정하면 이것은 계약을 생성한 것이 되는데, 그 이유는 코드를 호출하는 사람에게 무언가를 설정하거나 입력(선결 조건)을 제공해야 할 요건을 부여하고, 호출 결과 일어날 일 혹은 반환될 값(사후 조건)에 대한 기대를 갖게 하기 때문이다.

개발자가 계약의 일부 혹은 모든 조건을 알지 못하면 코드 계약에 문제가 발생한다. 코드를 작성할 때, 만들어지는 계약의 내용이 무엇일지 그리고 어떻게 하면 코드를 사용하는 사람이 계약을 파악하고 따라갈 수 있을지에 대해 생각하는 것이 중요하다.

### 3.3.1 계약의 세부 조항

실제 생활에서 계약은 아주 명백한 항목과 깨알같이 작은 글씨로 되어 있어 꼼꼼하게 읽지 않는 한 분명하게 알 수 없는 항목이 섞여 있기 마련이다. 사람들은 자신들이 맺는 모든 계약서에 담겨 있는 세부 조항을 다 읽어야 한다고 알고는 있지만, 대부분의 사람은 실제로 그렇게 하지 않는다. 여러분은 모든 약관의 모든 문장을 주의 깊게 읽는가?

명백한 사항과 숨겨진 세부 조항을 전기 스쿠터 렌털앱 계약의 예로 살펴보자. 회원 가입을 하고 신용카드 번호를 입력한 후, 사용자로부터 가까운 곳에 있는 스쿠터를 찾아 주면, 예약할 것이고, 타고 나면 렌털이 끝난다. 스쿠터를 예약하는 화면은 그림 3.2와 같다. 예약 버튼을 클릭하면 렌털 계약이 성립된다.

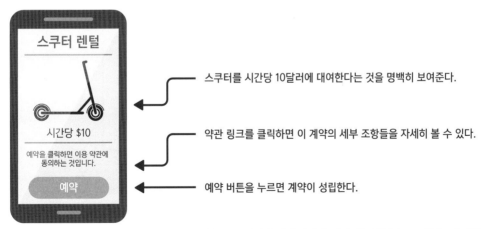

그림 3.2 앱을 이용해 전기 스쿠터를 빌리는 것은 계약 체결의 실제 사례다. 대여하는 물품과 그 비용은 이 계약에서 명백하게 드러나 있는 항목이다.

이 계약은 명백한 사항과 세부 조항으로 나눌 수 있다.

* 명백한 사항

    - 전기 스쿠터를 빌린다.
    - 임대료는 시간당 10달러이다.

* 계약의 세부 조항. 약관 링크를 클릭한 후에 세부 조항을 읽어 본다면(그림 3.3), 다음과 같은 내용을 확인할 수 있다.

    - 충돌 사고 시 수리 비용을 지불해야 한다.
    - 시 경계를 넘어서면 100달러의 벌금이 부과된다.
    - 스쿠터를 시속 30마일(약 48km) 이상으로 빠르게 운행하면 스쿠터의 모터에 손상이 가므로 300달러의 벌금이 부과된다. 스쿠터에는 속도 제한 장치가 없어 이 속도를 초과하기가 쉬우므로 사용자는 속도를 확인하고 시속 30마일 이상 가지 않도록 하는 책임이 있다.

세부 조항의 처음 두 가지 항목은 그다지 놀랍지 않다. 이 정도는 충분히 예상할 수 있는 내용이다. 반면, 시속 30마일로 달리지 말아야 한다는 세 번째 항목은 대부분의 사람이 미처 생각하지 못했던 내용일 가능성이 크다. 세부 조항을 주의 깊게 읽지 않거나 이에 관해 알지 못하면 뜻밖에도 무거운 벌금을 물게 될 수 있다.

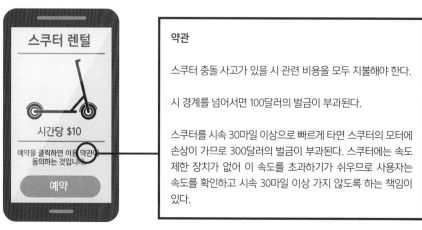

그림 3.3 **계약서에는 일반적으로 약관의 조건 사항과 같은 세부 항목이 포함되어 있다.**

이와 비슷하게 코드에서 계약을 정의할 때도 명확한 부분과 세부 조항이 있다.

* 계약의 명확한 부분

    - **함수와 클래스 이름**: 호출하는 쪽에서 이것을 모르면 코드를 사용할 수 없다.

- **인자 유형**: 호출하는 쪽에서 인자의 유형을 잘못 사용하면 코드는 컴파일조차 되지 않는다.
- **반환 유형**: 호출하는 쪽에서 함수의 반환 유형을 알아야 한다. 이 유형과 일치하지 않는 유형을 사용하면 코드는 컴파일되지 않는다.
- **검사 예외**checked exception[2](언어에서 지원하는 경우에 한해): 호출하는 코드가 이것을 처리하지 않으면 코드는 컴파일되지 않는다.

- 세부 조항
  - **주석문과 문서**: 실제 계약의 세부 조항에 대해 그럴듯이 꼼꼼하게 모두 다 읽어봐야 하는 것임에도 실제로는 잘 읽지 않는다. 개발자는 이 사실을 실용적인 관점에서 봐야 한다.
  - **비검사 예외**unchecked exception[3]: 주석문에 이 예외가 나열되어 있다면 이것은 세부 조항이다. 어떤 때는 심지어 세부 조항에도 나와 있지 않을 수도 있다. 예를 들어 몇 계층 아래에서 함수가 비검사 예외를 생성하지만 이 함수의 작성자가 문서에서 그것을 언급하는 것을 잊어버리는 경우다.

코드 계약에서 조건을 명백하게 하는 것이 세부 조항을 사용하는 것보다 훨씬 낫다. 사람들은 세부 조항을 읽지 않는 경우가 매우 많으며, 심지어 읽더라도 그것을 대충 훑어보기 때문에 잘못 이해할 수 있다. 그리고 앞부분에서 논의한 바와 같이 문서화는 업데이트가 제때 되지 않기 때문에 세부 조항이 항상 정확한 것도 아니다.

### 3.3.2 세부 조항에 너무 의존하지 말라

주석문과 문서의 형태로 된 세부 조항은 간과하고 넘어갈 때가 많기 때문에 다른 개발자들이 해당 코드를 사용할 때 모든 세부 조항을 다 알지 못할 가능성이 크다. 따라서 코드 계약을 전달할 때 세부 조항을 사용하는 것은 신뢰할 만한 방법이 아니다. 세부 조항에 너무 많이 의존하면 오용하기 쉬운 취약한 코드가 될 가능성이 크고, 예상과 다르게 동작하기 쉽다. 1장에서 설명했듯이 이 두 가지는 모두 고품질 코드의 적이다.

세부 조항에 의존하는 것을 피할 수 없는 경우도 있다. 어떤 문제들은 항상 주의 사항이 있고 이것을 설명해야 한다. 또는 어쩔 수 없이 다른 사람이 작성한 저품질의 코드에 의존해야 할 때도 있는데, 이 경우 자신의 코드는 약간 이상하게 동작할 수밖에 없다. 이 때는 이런 상황을 설명하는 문서화된 세부 조항이 필요하고, 다른 개발자들이 이 문서를 읽도록 해야 한다. 하지만 문서화의 중요성

---

2  [옮긴이] 검사 예외는 자바에만 있는 예외고, 4.3.2에서 자세히 다룬다.
3  [옮긴이] 프로그래밍 언어에서 일반적으로 예외라고 하면 비검사 예외를 의미하고 4.3.3에서 자세히 다룬다.

에도 불구하고 다른 개발자들이 그것을 읽지 않을 가능성이 크거나, 시간이 흐르면서 업데이트가 안될 가능성이 크기 때문에 문서화는 아주 이상적인 방법은 아니다. 5장에서는 주석문과 문서에 대해좀 더 자세히 논의할 것이다. 명확하지 않을 수도 있는 사항들을 문서화하는 것은 일반적으로 좋은생각이지만, 너무 많이 의존하지 않는 것이 최선의 방법이다. 코드 계약의 분명한 항목을 통해 코드에 관해 명확하게 설명하는 것이 가능하다면 그렇게 하는 것이 더 바람직할 때가 많다.

이를 설명하고자 다음 예제 코드(예제 3.1)는 클래스가 일부 사용자 설정을 로드하고 액세스할 수 있는 코드를 보여준다. 이 코드는 클래스를 어떻게 사용해야 하는지에 대한 계약을 정의하지만 이 클래스를 사용하려면 모든 세부 조항을 알아야 한다. 클래스를 생성한 후, 일부 설정을 로드하는 함수를호출하고, 그다음 초기화 함수를 호출해야 한다. 이 모든 일이 올바른 순서로 이루어지지 않는다면이 클래스는 잘못된 상태에 놓이게 된다.

예제 3.1 세부 조항이 많은 코드

```
class UserSettings {

    UserSettings() { ... }

    // 이 함수를 사용해 설정이 올바르게 로드되기 전까지는 다른 어떤 함수도
    // 호출해서는 안된다.
    // 설정이 성공적으로 로드되면 참을 반환한다.
    Boolean loadSettings(File location) { ... }

    // init()은 다른 함수 호출 이전에 호출해야 하지만
    // loadSettings() 함수 호출 이후에만 호출해야 한다.
    void init() { ... }

    // 사용자가 선택한 UI의 색상을 반환한다.
    // 선택된 색상이 없거나, 설정이 로드되지 않거나, 초기화되지 않은 상태면
    // 널을 반환한다.
    Color? getUiColor() { ... }
}
```

이와 같은 문서는 코드 계약의 세부 조항에 해당한다.

널 반환값은 두 가지 중 하나를 의미하는데, 사용자가 색상을 선택하지 않았거나 클래스가 완전히 초기화되지 못했음이다.

위 예제 코드의 계약을 자세히 살펴보자.

• 명확한 부분
  - 클래스의 이름은 UserSettings이다. 따라서 분명히 사용자 설정을 포함하고 있을 것이다.
  - getUiColor()는 사용자가 선택한 UI 색상을 반환할 것이라는 점이 거의 확실하다. 색상 또는 널을 반환한다. 주석문을 읽지 않으면 널이 무엇을 의미하는지 모호하지만 사용자가 색상을 선택하지 않았다는 것을 의미하는 것으로 생각한다면 타당한 추측일 것이다.

- loadSettings()은 파일 객체를 매개변수로 받고 불리언값을 반환한다. 주석문을 읽지 않고도 이 반환값이 참이면 성공을 나타내고, 거짓이면 실패를 나타낸다는 것을 알 수 있다.
- 세부 조항
  - 이 클래스는 매우 구체적인 순서로 함수 호출이 이뤄져야 한다. 첫 번째 loadSettings()을 호출해야 한다. 이 함수가 성공적으로 수행된 경우에 init()이 호출되어야 하고, 그제야 이 클래스를 사용할 수 있다.
  - loadSettings()이 거짓false을 반환하면, 이 클래스의 다른 함수들을 호출하면 안 된다.
  - getUiColor()이 널값을 반환하면 이것은 사용자가 색상을 선택하지 않았거나 클래스가 아직 설정되지 않았음을 의미한다.

이 클래스의 계약은 바람직하지 않다. 이 클래스를 사용하는 개발자가 모든 세부 조항, 즉 주석문을 주의 깊게 읽지 않으면 이 클래스를 올바르게 설정하지 못할 가능성이 크다. 클래스가 제대로 설정되지 못한 경우 그 사실이 분명하지 않을 수도 있다. 왜냐하면 getUiColor()가 널값의 의미를 이중으로 가지고 있기 때문이다(주석문을 읽지 않는 한 이것을 알 수 없다).

이것이 어떻게 문제가 될 수 있는지 논의하기 위해 예제 3.2의 코드를 살펴보자. setUiColor() 함수를 호출하기 전에 userSetting이 올바르게 설정되지 않더라도 프로그램은 계속 동작할 것이고, 모호하더라도 무언가를 수행하지만 여기에는 분명히 버그가 발생한다. 즉, 사용자가 선택한 UI 색상이 존재하더라도 이것이 무시된다.

예제 3.2 **잠재적인 버그가 있는 코드**

```
void setUiColor(UserSettings userSettings) {
  Color? chosenColor = userSettings.getUiColor();
  if (chosenColor == null) {
    ui.setColor(DEFAULT_UI_COLOR);          ← getUiColor()가 널값을 반환하면 기본 색상을 사용한다.
    return;                                     이것은 사용자가 색상을 선택하지 않았거나
  }                                             UserSettings 클래스가 유효하지 못한 상태에 있을 때
  ui.setColor(chosenColor);                     일어날 수 있다.
}
```

그림 3.4는 이 코드에서 설정이 잘못 이루어져서 잠재적으로 버그를 발생시킬 수 있는 모든 방법을 열거한다. 현재 이러한 오용을 완화할 수 있는 방법은 세부 조항밖에 없는데, 이미 살펴본 바와 같이 세부 조항은 일반적으로 코드 계약을 전달하기 위해 신뢰할 만한 방법이 아니다. 현재와 같은 코드는 버그가 스며들 가능성이 크다.

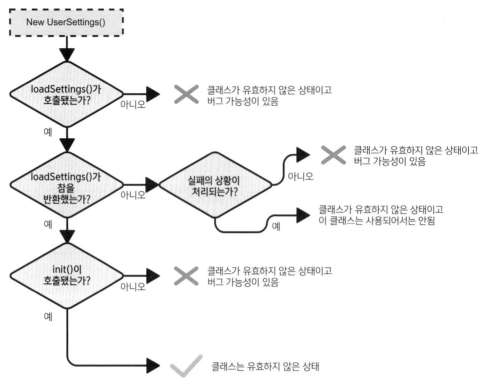

그림 3.4 **코드를 오용할 수 있는 방법이 많을수록 실제로 오용되고 소프트웨어에 버그가 있을 가능성이 크다.**

## 세부 조항을 제거하는 방법

세부 조항은 너무 쉽게 간과되기 때문에 다른 사람들이 그것을 읽어볼 것이라고 기대하기 어렵다는 것을 이미 살펴봤다. 앞서 본 스쿠터의 실제 계약의 예에서 시속 30마일이 넘는 속도로 달리는 것이 불가능하게 만들어 놓는다면 더 좋을 것이다. 스쿠터 회사는 속도 제한기를 스쿠터에 장착할 수 있어 속도가 시속 30마일에 도달할 때마다 모터가 전원 공급을 중단하고 속도가 떨어지면 다시 전원 공급을 시작할 수 있다. 스쿠터 제조사가 이렇게 만들었다면, 30마일 속도 제한에 대한 세부 조항이 필요 없고, 스쿠터 모터가 손상되는 문제도 완전히 근절될 것이다.

코드에도 이와 동일한 원리를 적용할 수 있다. 다른 개발자가 코드를 올바르게 사용하기 위해 세부 조항에 의존하기보다 잘못된 일을 하는 것을 처음부터 불가능하게 만드는 것이 좋다. 코드 계약의 세부 조항에 있는 어떤 항목에 대해 발생 자체가 불가능하도록 (또는 적어도 실수할 가능성이 없도록 하는) 명백한 항목으로 바꾸는 것이 가능한 경우가 있다. 코드가 어떤 상태에 들어갈 수 있는지 혹은 입력이나 반환으로 어떤 데이터 유형을 취할 수 있는지 신중하게 생각해보면 이렇게 변경하는 것이 가능할 때가 있다. 코드가 오용되거나 잘못 설정되면 컴파일조차 되지 않도록 하는 것이 목표다.

UserSettings 클래스는 정적 팩토리factory 함수를 사용해 초기화가 완전히 이루어진 인스턴스를 얻는 것만 가능하도록 수정할 수 있다. 달리 말하면, UserSettings 인스턴스를 사용하는 모든 코드는 초기화가 이미 완전히 실행된 인스턴스를 갖는다. 다음 예제 코드(예제 3.3)에서 UserSettings 클래스는 다음과 같은 방식으로 변경된다.

- create()라는 정적 팩토리 함수가 추가된다. 이 함수는 설정값 로딩 및 초기화 작업을 처리하고 유효한 상태에 있는 클래스의 인스턴스만 반환한다.

- 이 클래스의 외부에서 create() 함수를 사용하도록 강제하기 위해 생성자는 프라이빗으로 설정된다.

- 클래스 외부에서 loadSettings() 및 init() 함수를 호출하지 못하도록 프라이빗으로 변경되는데, 그렇지 않으면 클래스의 인스턴스를 잘못된 상태로 만들 수 있다.

- 클래스의 인스턴스가 유효한 상태에 있는 것이 보장되기 때문에 getUiColor() 함수가 널값을 반환하면 이는 사용자가 색상을 제공하지 않았다는 것을 의미한다.

예제 3.3 **세부 조항이 거의 없는 코드**

```
class UserSettings {

  private UserSettings() { ... }          생성자는 프라이빗이고 이로 인해
                                          이 코드를 사용하는 다른 개발자는
                                          생성자 대신 create()를 사용할 수밖에 없다.

  static UserSettings? create(File location) {        UserSettings 클래스의 인스턴스를 만들기 위한
    UserSettings settings = new UserSettings();        유일한 방법은 이 함수를 호출하는 것이다.
    if (!settings.loadSettings(location)) {
      return null;          설정값을 로딩하는 것이 실패하면 널값을 반환한다.
    }                       이렇게 함으로써 누구도 유효하지 않은 상태의 인스턴스를 가질 수 없다.
    settings.init();
    return settings;
  }

  private Boolean loadSettings(File location) { ... }       클래스의 상태를 변경하는 함수는
                                                           다 프라이빗이다.
  private void init() { ... }

  // 사용자가 선택한 UI 색상을 반환한다. 색상을 선택하지 않은 경우에는
  // 널을 반환한다.
  Color? getUiColor() { ... }          반환되는 값이 널이면 사용자가 색상을
}                                      선택하지 않았다는 의미만을 갖는다.
```

이렇게 변경하면 UserSettings 클래스의 계약에서 거의 모든 숨겨진 세부 조항을 성공적으로 제거하고, 잘못된 상태에서 클래스의 인스턴스를 만드는 것이 불가능해진다. 숨겨진 세부 조항 중 남은 것은 getUiColor()이 널값을 반환할 때 무엇을 의미하는지 설명하는 것이지만, 이조차도 필요하지 않다. 왜냐하면 대부분의 사용자는 아마도 널값의 의미를 추측할 수 있고, 더 이상 클래스가 잘못된 상태에 있다는 것을 나타내지 않기 때문이다.

그림 3.5는 이렇게 변경된 클래스를 어떻게 사용할 수 있는지, 특히 잘못된 상태의 클래스 인스턴스를 생성하는 것이 어떻게 불가능한지를 보여준다. 이런 방식에 이미 어느 정도 익숙한 독자라면, 여기에서 사용된 기법이 어떤 **상태**state나 **가변성**mutability이 클래스 외부로 노출되는 것을 없앤다는 점을 알아챘을 것이다.

> **NOTE** 상태와 가변성?
>
> **상태**나 **가변성**이라는 용어가 생소하다면, 이 책의 마지막 부분까지 읽고 나면 익숙해질 것이다. 코드 품질을 향상하기 위한 많은 방법은 이 두 가지를 최소화하는 것과 관련 있다. 객체의 상태는 객체가 담고 있는 어떤 값이나 데이터를 말한다. 객체를 만든 후 이러한 객체의 상태를 수정할 수 있으면 이 객체는 **가변적**(mutable)이라 한다. 반대로 객체를 생성한 후에 상태를 변경할 수 없다면, 이 객체는 **불변적**(immutable)이라고 한다. 이것에 관해서는 7장에서 자세히 논의한다.

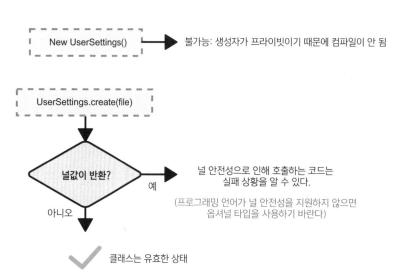

그림 3.5 **코드를 오용하는 것이 불가능하면 다른 개발자들이 그 코드를 사용할 때 버그가 침투할 가능성이 훨씬 낮아진다.**

UserSettings 클래스가 여전히 완벽하지 않다는 점을 언급할 필요가 있다. 예를 들어 설정을 로드하는 것이 실패할 경우 널값을 반환하면 코드를 디버깅할 수 없다. 실패한 이유에 대한 오류 정보가 있으면 유용하다. 다음 장에서는 오류를 처리하는 방법을 살펴보고 널값을 반환하는 대신 사용할 수 있는 다양한 대안을 살펴본다.

이 절의 예제 코드는 세부 조항으로 인해 오용하기 쉽고, 예측을 벗어나는 코드 작성이 가능하다는 것을 보여주기 위한 하나의 예에 불과하다. 코드에 숨겨진 세부 조항이 많을수록 오류가 손쉽게 발생할 수 있는 방법이 많다. 이에 대해서는 다음 장에서 살펴본다.

## 3.4 체크 및 어서션

컴파일러를 사용하여 코드 계약을 확인하는 것에 대한 대안으로 런타임 검사를 사용할 수 있다. 이 방법은 일반적으로 컴파일 타임 확인만큼 강력하지 않은데, 왜냐하면 코드 계약 위반의 발견이 코드를 실행하는 동안 발생하는 문제에 대한 테스트(또는 사용자)에 의존하기 때문이다. 이는 애당초 계약 위반을 논리적으로 불가능하게 만드는 컴파일 타임 확인과는 대조적이다.

그럼에도 불구하고 컴파일러를 사용하여 계약을 강제할 수 있는 실질적인 방법이 없는 상황이 더러 있다. 이러한 경우 런타임 검사를 통해 계약을 확인하는 것이 아예 계약을 확인하지 않는 것보다 낫다.

### 3.4.1 체크

코드 계약 조건을 확인하기 위한 일반적인 방법은 체크check를 사용하는 것이다. 이것은 코드 계약이 준수되었는지(입력 매개변수에 대한 제약 조건 또는 수행해야 할 설정에 대한 제약 등) 확인하기 위한 추가적인 로직이며, 준수되지 않을 경우 체크는 실패를 유발하는 오류(또는 이와 유사한 것)를 생성하는데, 이 실패는 명백해서 놓치고 넘어가는 것이 불가능하다(체크는 **신속한 실패**failing fast 와 밀접한 관련이 있는데 이에 대해서는 다음 장에서 논의한다).

전기 스쿠터의 비유로 계속 설명하자면, 체크를 추가하는 것은 스쿠터의 펌웨어에 안전장치를 추가하는 것과 비슷하다. 운전자가 시속 30마일로 달리면 이 안전장치로 인해 스쿠터가 완전히 정지된다. 그다음 운전자는 스쿠터를 세우고 하드 리셋 버튼을 찾아 스쿠터가 재부팅되기를 기다려야 한다. 이것은 모터가 손상되는 것을 막아 주긴 하지만 스쿠터를 갑자기 멈추기 때문에 이로 인해 운전자가 짜증이 날 수도 있고, 최악의 경우 혼잡한 도로에서 차량 흐름 중에 있는데 갑자기 스쿠터가 멈춘다면 위험한 상황을 초래할 수 있다. 그렇더라도 이렇게 하는 것이 모터를 손상시키고 300달러의 벌금을 내는 것보다 나을지 모른다. 하지만 이것보다는 속도 제한 장치를 사용하는 것이 애초에 나쁜 상황이 일어나는 것을 불가능하게 만들기 때문에 최상의 방법이다.

체크는 시행 중인 계약 조건에 따라 다음과 같은 범주로 구분된다.

- **전제 조건 검사**: 예를 들어 입력 인수가 올바르거나, 초기화가 수행되었거나, 일부 코드를 실행하기 전에 시스템이 유효한 상태인지 확인하는 경우
- **사후 상태 검사**: 예를 들어 반환값이 올바르거나 일부 코드를 실행한 후 시스템이 유효한 상태인지 확인하는 경우

UserSettings 클래스가 잘못 설정되는 것을 아예 불가능하게 함으로써 오류를 줄일 수 있음을 앞서 살펴봤다. 다른 방법은 전제 조건 검사를 사용하는 것이다. 이것을 사용해 클래스를 작성한다면 코드는 다음 예제와 같다.

예제 3.4 **계약 시행을 위한 체크 사용**

```
class UserSettings {

  UserSettings() { ... }



  // 이 함수를 사용해 설정이 올바르게 로드되기 전까지는 다른 어떤 함수도
  // 호출해서는 안된다.
  // 설정이 성공적으로 로드되면 참을 반환한다.
  bool loadSettings(File location) { ... }

  // init()은 다른 함수 호출 이전에 호출해야 하지만
  // loadSettings() 함수 호출 이후에만 호출해야 한다.
  void init() {
    if (!haveSettingsBeenLoaded()) {
      throw new StateException("Settings not loaded");
    }
    ...
  }

  // 사용자가 선택한 UI의 색상을 반환한다.
  // 선택된 색상이 없으면 널을 반환한다.
  Color? getUiColor() {
    if (!hasBeenInitialized()) {
      throw new StateException("Settings not initialized");
    }
    ...
  }
}
```

클래스가 유효하지 않은 방법으로 사용되면 예외가 발생한다.

이 코드는 버그가 아무도 모르게 발생하는 것을 방지함으로써 세부 조항이 많았던 원래의 코드를 개선하는데, 설정이 성공적으로 로드되지 않은 경우에는 로드 실패가 발생한다. 하지만 이것은 오용을 아예 불가능하게 만든 해결책보다는 이상적이지는 않다.

> **NOTE** 프로그래밍 언어에서 체크
>
> 예제 3.4는 StateException을 사용하여 사용자 맞춤형으로 전제 조건 검사를 구현한다. 일부 언어에서는 체크를 언어 자체에서 제공하기 때문에 구문적으로 더 낫지만, 체크를 제공하지 않는 다른 언어는 좀 더 수동적인 접근 방식이나 타사 라이브러리를 사용해야 한다. 체크를 사용하기로 결정했다면 사용하는 언어로 체크를 구현하는 가장 좋은 방법을 찾아봐야 한다.

체크를 사용할 때 기대하는 것은 코드가 오용되면 고객에게 배포되거나 실제 프로덕션에서 서비스되기 전에 개발 단계나 테스트 단계에서 발견되고 수정되는 것이다. 이것은 프로그램이 아무도 눈치채지 못하게 유효하지 못한 상태로 들어가 이상한 버그가 발견되지만, 처음에는 명백하게 파악되지 않는 상황보다는 낫다. 그러나 체크의 효과가 보장되는 것은 아니다.

- 테스트하기가 불분명한 상황에서만 확인 중인 조건이 위반된다면(또는 퍼즈 테스트가 시뮬레이션 되지 않는 경우), 코드가 배포되고 사용자가 사용하기 전까지 버그가 노출되지 않을 수 있다.
- 체크가 잘 작동해서 실패가 명백함에도 불구하고 아무도 알아차리지 못할 위험이 있다. 예외가 일어나더라도 시스템이 작동을 완전히 멈추지 않도록 하기 위해 프로그램의 상위 수준에서 예외가 처리되고 오류의 자세한 사항이 로그에 기록될 수 있다. 개발자가 이 로그들을 신경 쓰지 않는다면, 오류가 발생할 때 아무도 알아차리지 못한다. 이런 일이 일어나면 개발과 관련해 팀의 실행 지침(또는 예외 처리)에 심각한 문제가 있음을 시사한다. 불행히도 이런 문제는 필요 이상으로 자주 발생한다.

경우에 따라 코드 계약에서 세부 조항을 피할 수 없으며, 이때는 계약이 준수되는지 확인하기 위해 체크를 추가하는 것이 좋다. 하지만 가능하다면 처음부터 세부 조항은 피하는 것이 바람직하다. 코드에 체크가 많이 있으면 세부 조항을 없애는 것에 대해 고려해봐야 한다는 신호일지도 모른다.

퍼즈 테스트(fuzz test)는 코드나 소프트웨어의 버그나 잘못된 설정을 드러낼 수 있는 입력값을 생성해 테스트를 수행하는 테스트의 한 종류다. 예를 들어 사용자가 제공한 문자열 값을 입력으로 사용하는 소프트웨어가 있다면 퍼즈 테스트는 많은 임의의 문자열을 생성하고 이 값들을 입력으로 사용해 장애나 예외가 발생하는지 확인할 수 있다. 예를 들어 특정 문자가 포함된 문자열이 프로그램의 작동을 멈추게 한다면, 퍼즈 테스트를 통해 이를 발견할 수 있기를 기대한다.

퍼즈 테스트를 사용하는 경우, 체크(또는 어서션, 다음 절 참고)를 함께 사용하면 잘못된 설정이나 버그를 발견할 가능성을 높이는 데 도움이 된다. 왜냐하면 퍼즈 테스트는 오류나 예외 발생에 의존하며 이것만으로는 단순히 이상한 동작을 초래하는 미묘한 버그를 발견할 수 없기 때문이다.

## 3.4.2 어서션

많은 언어에서 **어서션**assertion을 언어 차원에서 지원한다. 어서션은 코드 계약을 준수하도록 강제하기 위한 방법이라는 점에서 체크와 매우 유사하다. 코드가 개발 모드에서 컴파일 되거나 테스트가 실행될 때, 어서션은 체크와 거의 같은 방식으로 동작한다. 조건이 위반되면 오류가 명백하게 보이거나 예외가 발생한다. 어서션과 체크 사이의 주요 차이점은 배포를 위해 빌드할 때 어서션은 보통 컴파일에서 제외된다는 점이며, 이는 코드가 실제 서비스 환경에서 사용될 때 실패를 명백하게 보여주지 않는다는 것을 의미한다. 코드를 배포할 때 컴파일하지 않는 이유는 다음과 같다.

- **성능 향상을 위해**: 조건이 위반되는지 확인하려면 CPU 사이클이 필요하다. 코드에서 어서션이 많으면 소프트웨어의 전반적인 성능이 눈에 띄게 저하될 수 있다.
- **코드 오류 발생률을 낮추기 위해**: 이것이 유효한 동기인지 아닌지는 특정 응용 프로그램에 달려 있다. 이로 인해 버그가 눈에 띄지 않을 가능성이 증가하지만 버그 발생 가능성 방지보다 고가용성이 더 중요한 시스템이라면 배포 시에 컴파일에서 제외하는 것은 적절한 절충이 될 수 있다.

코드의 배포를 위한 빌드에서도 어서션을 사용할 수 있는 방법이 있으며 많은 개발팀이 이렇게 한다. 이 경우 어서션은 체크와 다르지 않고, 다만 어떤 종류의 오류나 예외를 발생시킬 수 있는지에 대한 일부 세부 사항이 조금 다를 뿐이다.

UserSettings 클래스의 작성자가 체크 대신 어서션을 사용한다면 getUiColor() 함수는 다음 예제 코드와 같다.

예제 3.5 **계약 시행을 위한 어서션 사용**

```
class UserSettings {
  ...

  // 사용자가 선택한 UI의 색상을 반환한다.
  // 선택한 색상이 없으면 널을 반환한다.
  Color? getUiColor() {
    assert(hasBeenInitialized(), "UserSettings가 초기화되지 않음");  ◄──── 클래스가 유효하지 않은
    ...                                                                    방식으로 사용되면
  }                                                                        어서션은 에러나 예외를
}                                                                          발생한다.
```

체크에 대해 언급했던 사항은 어서션에도 해당된다. 코드 계약에 세부 조항이 있을 때 어서션을 사용하면 좋다. 하지만 애초에 세부 조항을 피하는 것이 더 바람직하다.

## 요약

- 코드베이스는 계속 변하고 일반적으로 여러 개발자에 의해 변경된다.

- 다른 개발자가 어떻게 코드를 해석하고 오용할 수 있을지 생각해보고, 이러한 가능성을 최소화하거나 오용이 불가능하게 만드는 방식으로 코드를 작성하는 것이 유용하다.

- 코드를 작성할 때 일종의 코드 계약이 항상 만들어진다. 여기에는 명백한 항목이나 세부 조항과 같은 내용이 포함될 수 있다.

- 코드 계약의 세부 조항은 다른 개발자가 계약을 준수하도록 하기 위한 방법이지만 신뢰할만한 방법은 아니다. 보통 더 나은 접근법은 명백한 항목으로 계약의 내용을 전달하는 것이다.

- 일반적으로 컴파일러를 사용하여 계약을 확인하는 것이 가장 신뢰할 수 있는 방법이다. 이것이 가능하지 않을 때, 체크나 어서션을 사용하여 실행 시간에 계약을 확인할 수 있다.

# CHAPTER 4

# 오류

**이 장에서는 다음과 같은 내용을 다룬다.**

- 시스템이 복구할 수 있는 오류와 복구할 수 없는 오류의 구분
- 신속하게 실패하고 분명하게 실패함
- 오류를 전달하기 위한 다양한 기법과 선택을 위한 고려 사항

코드가 실행되는 환경은 불완전하다. 사용자가 잘못된 입력을 제공하고, 외부 시스템이 다운되며, 자신이 작성한 코드와 다른 개발자가 작성한 코드가 종종 버그를 가질 수 있다. 이런 점을 감안할 때 오류는 불가피하다. 모든 것이 잘못될 수 있고 잘못될 것이기 때문에 오류 사례를 신중하게 생각하지 않고는 견고하고 신뢰성 높은 코드를 작성할 수 없다. 오류에 대해 생각할 때 소프트웨어가 작동을 계속할 수 있는 오류와 작동을 계속할 합리적인 방법이 없는 오류로 구분하는 것이 유용할 때가 많다. 이 장에서는 이러한 차이점을 먼저 살펴본 후에 오류가 눈에 띄지 않게 발생하지 않도록 하고, 적절하게 처리되도록 하기 위해 사용할 수 있는 기술을 논의한다.

오류에 대해서, 특히 어떻게 알리고 대처해야 하는지는 논의해봐야 골치만 아픈 복잡한 문제다. 코드가 오류를 어떻게 전달하고 처리해야 하는지에 관해 많은 소프트웨어 엔지니어들과 프로그래밍 언어 설계자들이 의견을 달리한다(때로는 자신들의 의견을 강하게 주장하기도 한다). 이 장의 후반부는 이와 관련된 주요 기술과 그것들을 둘러싼 논쟁에 대해 상당히 폭넓게 다룰 것이다. 하지만 주의할 점이 있는데, 오류 처리는 범위도 넓고 다소 첨예한 대립을 보이는 주제이다 보니, 이 장은 상대적으로 길다.

# 4.1 복구 가능성

소프트웨어에 대해 생각할 때, 특정 오류가 발생한 경우 복구할 수 있는 현실적인 방법이 있는지 생각해야 하는 경우가 많다. 이번 절에서는 복구할 수 있는 오류와 복구할 수 없는 오류가 무슨 의미인지 설명한다. 그다음 이러한 구별이 상황에 따라 어떻게 달라지는지 살펴본다. 즉, 오류가 발생했을 때 무엇을 할 것인지 결정하기 위해서는 자신의 코드가 어떻게 사용될지 신중하게 생각해야 한다.

## 4.1.1 복구 가능한 오류

많은 소프트웨어 오류는 치명적이지 않으며, 오류가 발생하더라도 사용자는 알아채지 못하도록 적절하게 처리한다면 작동을 계속할 수 있는 합리적인 방법이 있다. 한 가지 예로 사용자가 잘못된 입력(예: 잘못된 전화번호)을 제공하는 경우가 있다. 유효하지 않은 전화번호를 입력할 때 (저장되지 않은 작업을 잃어버리면서) 전체 시스템이 작동을 멈춘다면 훌륭한 사용자 경험은 아니다. 대신 사용자에게 전화번호가 유효하지 않다는 오류 메시지를 제공하고 올바른 번호를 입력하도록 요청하는 것이 더 낫다.

잘못된 사용자 입력 외에도 복구 가능한 오류의 예는 다음과 같다.

- **네트워크 오류**: 자신의 코드가 의존하는 서비스에 연결할 수 없는 경우 몇 초 동안 기다렸다가 다시 시도하거나, 그 코드가 사용자의 장치에서 실행되는 경우라면 사용자에게 네트워크 연결을 확인하도록 요청하는 것이 최상이다.
- **중요하지 않은 작업 오류**: 예를 들어 서비스 사용에 대한 어떤 통계를 기록하는 부분에서 오류가 발생한다면 실행을 계속해도 무방할 것이다.

일반적으로 시스템 외부의 무언가에 의해 야기되는 오류에 대해서는 대부분 시스템 전체가 표나지 않고 적절하게 처리하기 위해 노력해야 한다. 왜냐하면 이런 오류는 일어날 것이라고 적극적으로 예상해야 하는 오류이기 때문인데 예를 들어 외부 시스템과 네트워크가 다운되고 파일이 손상되며 사용자(또는 해커)가 잘못된 입력을 제공하는 경우다.

여기서 시스템 전체를 지칭한다는 점에 유의하기 바란다. 잠시 후에 살펴보겠지만 낮은 층위의 코드에서 오류를 시도하고 복구하는 것은 장점이 별로 없고, 오류 처리 방법을 알고 있는 더 높은 층위의 코드로 오류를 전송해야 하는 경우가 많다.

## 4.1.2 복구할 수 없는 오류

오류가 발생하고 시스템이 오류를 복구할 수 있는 합리적인 방법이 없을 때가 있다. 이러한 현상은 프로그래밍 오류 때문에 발생할 때가 많은데 이 경우는 개발자가 코드의 어느 부분에서 '뭔가를 망쳐놓은 것이다'. 예를 들어 다음과 같다.

- 코드와 함께 추가되어야 하는 리소스가 없다.
- 다음 예와 같이 어떤 코드가 다른 코드를 잘못 사용한다.
  - 잘못된 입력 인수로 호출
  - 일부 필요한 상태를 사전에 초기화하지 않음

오류를 복구할 수 있는 방법이 없다면, 유일하게 코드가 할 수 있는 합리적인 방법은 피해를 최소화하고 개발자가 문제를 발견하고 해결할 가능성을 최대화하는 것이다. 4.2절에서 살펴볼 **신속한 실패**failing fast라는 개념과 **요란한 실패**failing loudly라는 개념은 바로 이에 대한 것이다.

## 4.1.3 호출하는 쪽에서만 오류 복구 가능 여부를 알 때가 많다

대부분의 오류는 한 코드가 다른 코드를 호출할 때 발생한다. 따라서 오류 상황을 처리할 때는 다른 코드가 자신이 작성한 코드를 호출하는 것과 관련해 다음과 같은 사항을 신중하게 고려해야 한다.

- 오류로부터 복구하기를 호출하는 쪽에서 원하는가?
- 만약 그렇다면 오류를 처리할 필요가 있다는 것을 호출하는 쪽에서는 어떻게 알 수 있을까?

코드는 종종 재사용되고 여러 곳에서 호출된다. 간결한 추상화 계층을 만들고자 한다면 일반적으로 코드의 잠재적 호출자에 대한 가정을 가능한 한 하지 않는 것이 좋다. 함수를 작성하거나 수정하는 시점에 오류로부터 복구할 수 있는지 혹은 복구해야 하는지 여부를 항상 알 수 있는 것은 아니기 때문이다.

이를 설명하기 위해 예제 4.1 코드를 살펴보자. 예제 4.1에 있는 클래스는 문자열로부터 전화번호를 추출하는 함수가 있다. 문자열이 유효하지 않은 전화번호인 경우 오류가 발생하지만 이 함수를 호출하는 코드(및 프로그램 전체)는 이 오류로부터 정말로 복구할 수 있는가?

예제 4.1 **전화 번호 분석**

```
class PhoneNumber {
  ...
  static PhoneNumber parse(String number) {
    if (!isValidPhoneNumber(number)) {
      ... 에러를 처리하기 위한 코드 ...          ◄────  프로그램이
    }                                                복구할 수 있는가?
    ...
  }
  ...
}
```

이 함수가 어떻게 사용되고 있으며 어디에서 호출되는지 알지 못한다면 프로그램이 이 오류를 복구할 수 있는지에 대한 질문에 답을 할 수 없다.

함수를 호출할 때 잘못된 전화번호를 하드 코드로 넣어놨다면 이는 프로그래밍 오류다. 이것은 복구할 수 있는 오류가 아닐 가능성이 크다. 모든 통화를 본사로 리디렉션하는 콜포워딩 소프트웨어에서 이 기능이 사용되고 있다고 가정하면 프로그램이 이를 복구할 수 있는 방법은 없다.

```
PhoneNumber getHeadOfficeNumber() {
  return PhoneNumber.parse("01234typo56789");
}
```

반대로 사용자가 전화번호를 입력하고 (아래 코드와 같이) 이 값을 인수로 이 함수를 호출한다면 입력이 잘못된 전화번호는 프로그램이 복구할 수 있고, 복구해야 하는 오류다. 전화번호가 잘못되었음을 알리는 오류 메시지를 UI에 표시하는 것이 최상일 것이다.

```
PhoneNumber getUserPhoneNumber(UserInput input) {
  return PhoneNumber.parse(input.getPhoneNumber());
}
```

유효하지 않은 전화번호에 대해 프로그램이 복구할 수 있는지 여부는 오직 PhoneNumber.parse() 함수를 호출하는 코드만이 알 수 있다. 이와 같이 복구가 필요하거나 가능한 상황에서는 Phone Number.parse()와 같은 함수의 작성자는 전화번호가 유효하지 않을 때 함수의 호출자는 이 오류로부터 복구하기를 원한다고 가정해야 한다.

보다 일반적으로 다음 중 하나라도 해당되는 경우, 함수에 제공된 값으로 인해 발생하는 오류는 호출하는 쪽에서 복구하고자 하는 것으로 간주해야 한다.

- 함수가 어디서 호출될지 그리고 호출 시 제공되는 값이 어디서 올지 정확한(완전한) 지식이 없다.
- 코드가 미래에 재사용될 가능성이 아주 희박하다. 재사용이 된다면 코드가 어디에서 호출되고 값이 어디서 오는지에 대한 가정이 의미가 없어질 수 있음을 뜻한다.

이것의 유일한 예외는 특정 입력이 무효라는 점이 코드 계약을 통해 명확하고, 호출하는 쪽에서 함수를 호출하기 전에 입력을 검증하는 쉽고 분명한 방법을 가지고 있는 경우이다. 예를 들어 (마이너스 인덱스를 지원하지 않는 언어로 작성된) 코드에서 마이너스 인덱스를 통해 리스트의 원소를 가져오려고 하는 경우를 가정해보자. 마이너스 인덱스가 유효하지 않다는 것은 분명하고, 호출하는 쪽 코드는 인덱스가 마이너스일 수 있는 위험이 있는 경우 함수를 호출하기 전에 쉽고 분명하게 이에 관해 확인할 수 있다. 이와 같은 상황에서는 프로그래밍 오류라고 가정하고 복구할 수 없는 오류로 간주할 수 있다. 하지만 자신의 코드가 어떻게 사용되어야 하는지에 대해 스스로에게는 명백해 보일 수 있을지라도 다른 사람들에게는 분명하지 않을 수도 있다는 점을 이해해야 한다. 특정 입력이 유효하지 않다는 사실이 코드 계약의 세부 조항에 깊이 감추어져 있다면 다른 개발자가 이를 놓칠 가능성이 크다.

호출하는 쪽에서 오류로부터 복구하기를 원할 것이라고 판단하는 것은 좋은 일이지만, 오류가 발생할 수 있다는 것조차 인식하지 못한다면 그것을 제대로 처리하지 못할 것이다. 다음 절에서는 이에 대해 자세히 설명한다.

### 4.1.4 호출하는 쪽에서 복구하고자 하는 오류에 대해 인지하도록 하라

다른 코드가 자신의 코드를 호출할 경우, 호출 시 오류가 발생한다는 것을 사전에 알 수 있는 실질적인 방법이 없는 경우가 많다. 예를 들어 무엇이 유효한 전화번호인지 결정하는 것은 꽤 복잡한 문제일 수 있다. '01234typo56789'는 유효하지 않을 수 있지만 '1-800-I-LOVE-CODE'는 유효한 번호일 수 있고, 이는 유효한 전화번호를 결정하는 규칙이 복잡하다는 것을 의미한다.

예제 4.2에서 동일한 코드를 반복해서 보여주는 이전 전화번호 예에서 PhoneNumber 클래스는 전화번호와 관련된 여러 가지 사항을 처리하기 위한 추상화 계층을 제공한다. 이 클래스를 사용하는 코드는 유효한 전화번호인지 여부를 결정하는 규칙의 구현 세부 사항과 그에 따른 복잡성을 알 필요가 없다. 호출하는 쪽에서 PhoneNumber.parse()를 호출할 때 유효한 값만 사용할 것이라고 예상하는 것은 합리적이지 않다. 왜냐하면 전화번호 클래스는 전체적으로 전화번호가 유효한지 결정하는 규칙에 대해 호출하는 쪽에서 걱정할 필요가 없도록 하기 위한 것이기 때문이다.

예제 4.2 **전화번호 분석**

```
class PhoneNumber {          ◄───── 전화번호에 대한 추상화 계층
  ...
  static PhoneNumber parse(String number) {
    if (!isValidPhoneNumber(number)) {
      ... some code to handle the error ...
    }
    ...
  }
  ...
}
```

또한 PhoneNumber.parse()를 호출하는 사람은 전화번호 형식에 대한 전문적인 지식이 없기 때문에 잘못된 형식의 전화번호가 있다는 생각조차 못 할 수 있고, 그 생각을 하더라도 이 시점에서 유효성 검사가 이루어질 것이라고 예상하지 못할 수 있다. 대신 예를 들어 전화번호를 누를 때 전화번호 유효성 검사를 할 것이라고 예상할지 모른다.

따라서 PhoneNumber.parse() 함수의 작성자는 이 함수에서 오류가 발생할 수 있다는 가능성을 호출하는 쪽에서 확실하게 인지하도록 해야 한다. 그렇지 않으면 이 함수를 호출하는 개발자가 오류를 처리하는 코드를 작성하지 않은 상태에서 오류가 발생하는 경우 개발자의 예상과는 다른 결과를 초래할 수 있다. 이로 인해 사용자가 버그를 마주하거나 중요한 비즈니스 로직에서 오류가 발생할 수 있다. 4.3절과 4.5절에서는 함수에서 오류가 발생할 수 있다는 점을 함수를 호출하는 쪽에 어떻게 확실하게 알릴 수 있을지에 대해 자세히 살펴본다.

## 4.2 견고성 vs 실패

오류가 발생할 때, 다음 중 하나를 선택해야 한다.

- 실패, 더 높은 코드 계층이 오류를 처리하게 하거나 전체 프로그램의 작동을 멈추게 한다.
- 오류를 처리하고 계속 진행한다.

오류가 있더라도 처리하고 계속 진행하면 더 견고한 코드라고 볼 수 있지만, 오류가 감지되지 않고 이상한 일이 발생하기 시작한다는 의미도 될 수 있다. 이 절에서는 견고성보다는 실패가 많은 경우에 있어 최선인 이유와 적절한 수준의 로직에서 견고성도 가질 수 있는 방법에 대해 설명한다.

## 4.2.1 신속하게 실패하라

희귀한 야생 송로버섯을 캐서 고급 레스토랑에 파는 사업을 하고 있다고 상상해보자. 송로버섯을 캐기 위해 송로버섯 냄새를 잘 맡는 개를 사려고 한다면 두 가지 방법이 있다.

1. 송로버섯을 발견하자마자 멈춰서 짖도록 훈련받은 개. 개가 짖을 때마다 우리는 개의 코가 어디를 가리키는지 확인하고, 그곳을 캐보면 짠하고 송로버섯이 나올 것이다.
2. 송로버섯을 발견한 후 침묵을 지키며 무작위로 10미터 이상 걷다가 짖기 시작하는 개

이 개들 중 어느 것을 선택해야 할까? 코드에서 버그를 찾는 것은 개를 데리고 송로버섯을 찾는 것과 같다. 개가 송로버섯 냄새를 맡고 짖기 시작하는 것처럼 코드도 어느 순간에 우리에게 짖기 시작한다. 코드가 이상하게 작동하거나 오류를 발생하는 것이 바로 코드가 우리에게 짖는 것이다. 코드가 어디에서 잘못된 동작을 하는지 파악하거나 혹은 스택 트레이스stack trace에서 코드 줄 번호를 보면 어디에서 코드가 짖기 시작했는지 알 수 있다. 하지만 버그의 실제 발생 지점과 별로 상관없는 곳에서 짖어댄다면 이것은 문제 해결에 별로 도움이 되지 않는다.

신속하게 실패하기failing fast는 가능한 한 문제의 실제 발생 지점으로부터 가까운 곳에서 오류를 나타내는 것이다. 복구할 수 있는 오류의 경우 호출하는 쪽에서 오류로부터 훌륭하고 안전하게 복구할 수 있는 기회를 최대한으로 제공하고, 복구할 수 없는 오류의 경우 개발자가 문제를 신속하게 파악하고 해결할 수 있는 기회를 최대한 제공한다. 두 경우 모두 소프트웨어가 의도치 않게 잠재적으로 위험한 상태가 되는 것을 방지한다.

이에 대한 일반적인 예는 잘못된 인수로 함수를 호출하는 경우다. 실패의 신속한 표시는 그 함수가 잘못된 입력과 함께 호출되는 즉시 오류를 발생시키는 것을 의미하며, 이는 잘못된 값임에도 불구하고 계속 실행해 코드의 다른 곳에서 문제를 일으키는 상황과는 반대된다.

그림 4.1은 코드가 신속하게 실패하지 않을 경우 발생할 수 있는 상황을 보여준다. 오류가 실제 발생한 위치로부터 멀리 떨어진 곳에서 나타나고, 오류를 발견하기 위해 역방향으로 코드를 찾는 노력을 상당히 많이 기울여야 한다.

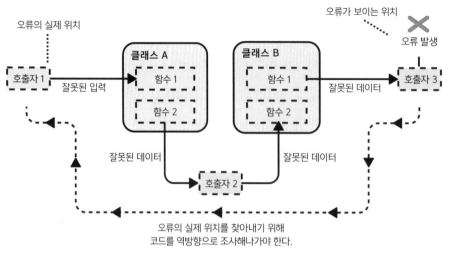

그림 4.1 **오류가 발생했을 때 신속하게 실패하지 않으면, 오류는 실제 위치에서 멀리 떨어진 코드에서 나타날 수 있다. 이렇게 되면 문제를 추적하고 해결하기 위해 상당한 노력이 필요할 수 있다.**

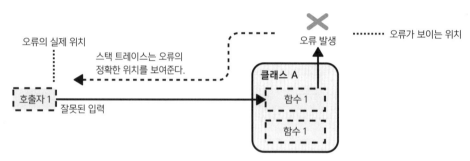

그림 4.2 **오류가 발생했을 때 코드가 신속하게 실패하면, 대개의 경우 오류의 정확한 위치가 즉시 확인된다.**

이와는 대조적으로 그림 4.2는 신속하게 실패하면 상황을 상당히 개선할 수 있음을 보여준다. 실패가 신속하게 이뤄지면, 오류는 실제 위치 근처에서 나타나며 스택 트레이스는 종종 해당 오류의 위치에 대한 정확한 코드 위치를 제공한다.

이렇게 발생하자마자 바로 실패나 오류를 보여주지 않으면 문제가 발생할 때 디버그하기 어려울 뿐만 아니라, 코드가 제대로 작동하지 않거나 잠재적으로 문제를 일으킬 수 있다. 예를 들어 손상된 데이터가 데이터베이스에 저장되고 있음에도 불구하고 버그는 몇 달 후에야 발견될 수 있으며, 이 버그로 인해 이미 많은 중요한 데이터가 영구히 파괴됐을 수도 있다.

개와 송로버섯의 예와 같이 코드가 문제의 근원에 최대한 가까워서 실패를 보여준다면 훨씬 더 유용할 것이다. 복구할 수 없는 오류의 경우에는 다음 절에서 설명하는 것처럼 코드가 실제로 짖을 뿐만 아니라 크게 짖는지도 확인해야 한다. 이것은 **요란한 실패**failing loudly로 알려져 있다.

## 4.2.2 요란하게 실패하라

프로그램이 복구할 수 없는 오류가 발생하면 프로그래밍 오류나 개발자의 실수로 인한 버그일 가능성이 크다. 누구나 소프트웨어에서 이런 버그가 일어나지 않기를 원하고, 일어나면 곧바로 버그를 고치기를 바라지만, 버그가 있다는 사실을 알지 못하면 고칠 수 있는 방법이 없다.

요란한 실패는 간단히 말하자면 오류가 발생하는데도 불구하고 아무도 모르는 상황을 막고자 하는 것이다. 이를 위한 가장 명백한(그리고 강압적인) 방법은 예외(또는 이와 유사한 것)를 발생해 프로그램이 중단되게 하는 것이다. 다른 방법은 오류 메시지를 기록하는 것인데 개발자가 얼마나 부지런하게 로그를 확인하는지, 혹은 로그에 방해되는 다른 메시지가 얼마나 있는지에 따라 오류 메시지가 무시될 수도 있다. 코드가 사용자의 장치에서 실행 중인 경우 서버에 오류 메시지를 보내 발생한 일을 기록할 수 있다(물론 사용자에게 승인을 받았을 경우).

코드가 실패할 때 신속하고, 요란하게 오류를 나타내면 개발 도중이나 테스트하는 동안에 버그가 발견될 가능성이 크다. 그렇지 않더라도 배포된 후에 오류 보고를 보기 시작할 것이고 보고 내용으로부터 버그가 발생한 위치를 정확히 알 수 있는 이점이 있다.

## 4.2.3 복구 가능성의 범위

복구할 수 있는 또는 복구할 수 없는 범위는 달라질 수 있다. 예를 들어 클라이언트의 요청을 처리하는 서버 내에서 실행되는 코드를 작성하는 경우 개별 요청을 처리하는 도중 버그가 있는 코드 경로를 실행해 오류가 일어날 수 있다. 그 요청을 처리하는 범위 내에서 복구할 수 있는 합리적인 방법은 없지만, 시스템 전체가 작동을 멈추는 것은 막을 수 있다. 이 경우에 오류는 해당 요청 범위 내에서 복구할 수 없지만, 서버 전체적으로는 복구할 수 있다.

일반적으로 소프트웨어를 견고하게 작성하는 것이 좋다. 한 번의 잘못된 요청으로 인해 전체 서버의 동작이 멈추는 것은 바람직하지 않다. 그러나 오류를 알아차리지 못한 채 시스템이 계속 동작하지 않도록 하는 것 또한 중요하기 때문에 코드가 요란하게 실패해야 한다. 이 두 목표는 양립하지 못할 때가 많다. 가장 요란스럽게 실패하는 것은 프로그램이 멈추도록 하는 것이지만, 이것은 분명 소프트웨어를 견고하지 못하게 만든다.

이에 대한 해결책은 프로그래밍 오류가 발견되면 개발자가 이를 알아차릴 수 있도록 프로그래밍 오류를 기록하고 모니터링하는 것이다. 상세 오류 정보를 기록하여 개발자가 발생한 일을 디버그할 수 있게 해주고, 오류 발생률이 너무 높아지면 개발자에게 알림 메시지를 보내는 것이 이에 해당한다(그림 4.3은 이것을 보여준다).

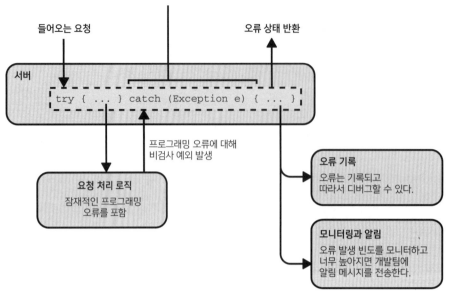

서버 전체가 동작을 멈추지 않도록 예외 발생

들어오는 요청

오류 상태 반환

서버

```
try { ... } catch (Exception e) { ... }
```

프로그래밍 오류에 대해
비검사 예외 발생

요청 처리 로직

잠재적인 프로그래밍
오류를 포함

오류 기록

오류는 기록되고
따라서 디버그할 수 있다.

모니터링과 알림

오류 발생 빈도를 모니터하고
너무 높아지면 개발팀에
알림 메시지를 전송한다.

그림 4.3 단일 요청을 처리할 때 서버에서 프로그래밍 오류가 발생할 수 있다. 요청은 독립 이벤트이므로 이 경우 전체 서버가 멈추지 않는 것이 최상이다. 이 오류는 단일 요청 범위 내에서는 복구할 수 없지만, 서버 차원에서는 전체적으로 복구할 수 있다.

> **NOTE** 서버 프레임워크
>
> 대부분의 서버 프레임워크에는 개별 요청에 대한 오류를 격리하고 특정 유형의 오류를 다른 오류 응답 및 처리에 매핑할 수 있는 기능이 내장되어 있다. 따라서 개발자가 직접 try-catch 문장을 작성해야 할 가능성은 작지만, 개념적으로 이와 유사한 일이 서버 프레임워크 내부에서 일어난다.

프로그램의 더 높은 계층으로 신호를 보내는 대신 모든 유형의 오류를 기록하는 것은 극도로 주의해야 한다. 프로그램에는 오류를 로그로 기록하기에 적당한 장소가 있다. 예를 들어 높은 계층에 있는 코드의 진입점이나 프로그램의 다른 부분과는 독립적이거나 다른 부분에는 영향을 별로 미치지 않는 로직 분기점과 같은 곳이다. 다음 절에서 살펴보겠지만 오류를 전달하는 대신 기록만 하면 오류가 숨겨져 문제가 발생할 수 있다.

## 4.2.4 오류를 숨기지 않음

앞서 살펴본 것처럼 전체 소프트웨어의 동작을 멈추지 않도록 하기 위해 코드의 독립적이거나 중요하지 않은 부분을 분리하면 견고한 시스템을 구축할 수 있다. 이것은 조심스럽게, 조금씩, 상당히 높은 계층의 코드에서 이루어져야 한다. 독립적이지 않거나, 중요하거나, 낮은 계층에서 오류가 발생함에도 불구하고 계속 진행하면 소프트웨어가 의도한 대로 작동하지 않는 경우가 많다. 오류가 적절히 기록되거나 보고되지 않으면 개발팀이 문제를 인식하지 못할 수 있다.

어떤 때는 실수를 숨기고 아무 일도 없었던 것처럼 동작하도록 코드를 작성하고 싶은 마음이 생길 수 있다. 이렇게 하면 코드가 훨씬 더 단순해지고 번거로운 오류 처리를 피할 수 있지만, 좋은 생각은 아니다. 오류를 숨기는 것은 복구할 수 있는 오류와 복구할 수 없는 오류 모두에 문제를 일으킨다.

* 호출하는 쪽에서 복구하고자 할 수도 있는 오류를 숨기면, 호출하는 쪽에서 오류로부터 복구할 수 있는 기회를 없애는 것이다. 정확하고 의미 있는 오류 메시지를 표시하거나 다른 동작을 하는 대신, 잘못된 일이 일어날 수 있음을 전혀 알지 못하게 되고, 이것은 곧 소프트웨어가 의도한 대로 작동하지 않을 가능성이 크다는 것을 의미한다.

* 복구할 수 없는 오류를 숨기면 프로그래밍 오류가 감춰진다. 앞에서 신속하게 실패하는 것과 요란하게 실패하는 것에 대해 살펴봤듯이, 이러한 오류들은 개발팀이 알아야만 고칠 수 있다. 그것들을 숨긴다는 것은 개발팀이 그 오류에 대해 전혀 알지 못할 수도 있다는 것을 의미하며, 버그는 꽤 오랫동안 알아차리지 못한 채 그대로 남아 있을 수 있다.

* 이 두 경우 모두 에러가 발생하면 일반적으로 호출하는 쪽에서 예측한 대로 코드가 실행되지 않는다는 것을 의미한다. 오류를 감추면 호출하는 쪽에서는 모든 것이 잘 작동하고 있다고 가정하지만 실제로 코드는 제대로 동작을 못할 것이다. 잘못된 정보를 출력하거나 일부 데이터를 손상시키거나 마침내 작동이 멈출 수 있다.

뒤에 나올 몇몇 하위 절에서는 오류가 발생했다는 사실을 숨길 수 있는 몇 가지 방법을 다룬다. 이러한 기술 중 일부는 다른 상황에서 유용하지만 오류 처리에 있어서는 일반적으로 모두 바람직하지 않다.

### 기본값 반환

오류가 발생하고 함수가 원하는 값을 반환할 수 없는 경우 기본값을 반환하는 것이 간단하고 쉬운 해결책처럼 보일 때가 있다. 이것과 비교해보면 적절한 에러 전달과 처리를 위해 코드를 추가하는 것은 많은 노력이 드는 것처럼 보일 수 있다. 기본값의 문제점은 오류가 발생했다는 사실을 숨긴다는 것인데, 이는 코드를 호출하는 쪽에서 모든 것이 정상인 것처럼 계속 진행한다는 것을 의미한다.

예제 4.3에는 고객 계좌의 잔액을 조회하는 코드가 포함되어 있다. 계정의 데이터 저장소에 액세스하는 동안 오류가 발생하면 함수는 기본값 0을 반환한다. 기본값 0을 반환하면 오류가 발생했다는 사실을 숨길 뿐만 아니라 고객의 잔액이 실제로 0인 경우와 구별할 수 없다. 잔액이 10,000달러인 고객이 어느 날 로그인했더니 잔액이 0으로 표시된 것을 본다면 아마 기겁할 것이다. 호출하는 코드가 오류를 전달받고, 0을 보여주는 대신 '죄송합니다. 지금 이 정보에 액세스할 수 없습니다'라는 오류 메시지를 보여주면 더 나을 것이다.

예제 4.3 **기본값 반환**

```
class AccountManager {
  private final AccountStore accountStore;
  ...

  Double getAccountBalanceUsd(Int customerId) {
    AccountResult result = accountStore.lookup(customerId);
    if (!result.success()) {
      return 0.0;          ◀──  오류가 발생하면
    }                           기본값 0이 반환된다.
    return result.getAccount().getBalanceUsd();
  }
}
```

코드에 기본값을 두는 것이 유용한 경우가 있을 수 있지만, 오류를 처리할 때는 대부분의 경우 적합하지 않다. 잘못된 데이터로 시스템이 제대로 작동하지 못하게 만들고 오류가 나중에 이상한 방식으로 나타날 수 있기 때문에 신속한 실패와 요란한 실패의 원리를 위반하는 것이다.

**널 객체 패턴**

널 객체는 개념적으로 기본값과 유사하지만 이것을 더 확장해서 더 복잡한 객체(클래스 등)를 다룬다. 널 객체는 실제 반환값처럼 보이지만 모든 멤버 함수는 아무것도 하지 않거나 의미 없는 기본값을 반환한다.

널 객체 패턴의 예는 빈 리스트의 반환과 같은 간단한 것부터 전체 클래스의 구현과 같은 복잡한 것까지 다양할 수 있다. 여기서는 빈 리스트의 예만 살펴보겠다.

예제 4.4 코드는 고객의 미지급 송장을 모두 조회하는 함수를 포함하고 있다. InvoiceStore에 대한 질의가 실패하면 함수는 빈 리스트를 반환한다. 이것은 버그로 이어지기 쉽다. 지불이 안 된 송장으로 인해 이 고객은 수천 달러의 미결제액이 있음에도 불구하고 감사 실행 당일 InvoiceStore가 다운된다면, 함수를 호출하는 쪽에서 해당 고객은 미지불된 송장이 없다고 생각한다.

예제 4.4 **빈 목록 반환**

```
class InvoiceManager {
  private final InvoiceStore invoiceStore;
  ...
```

```
List<Invoice> getUnpaidInvoices(Int customerId) {
  InvoiceResult result = invoiceStore.query(customerId);
  if (!result.success()) {
    return [];        ◀─── 오류가 발생하면
  }                        빈 리스트를 반환한다.
  return result
      .getInvoices()
      .filter(invoice -> !invoice.isPaid());
  }
}
```

널 객체 패턴은 6장에서 더 자세히 다룬다. 디자인 패턴에 관한 한 이것은 양날의 검이다. 널 객체 패턴을 사용하는 것이 꽤 유용한 경우가 있지만, 앞의 예에서 알 수 있듯이 오류 처리에 사용하는 것은 바람직하지 않다.

### 아무것도 하지 않음

코드가 무언가를 반환하지 않고 단지 어떤 작업을 수행하는 경우, 문제가 발생할 때 가능한 한 가지 옵션은 오류가 발생했다는 신호를 보내지 않는 것이다. 호출하는 쪽에서는 코드에서 작업이 의도대로 완료되었다고 가정하기 때문에 일반적으로 이렇게 하는 것은 바람직하시 않다. 이것은 코드가 하는 일에 대해 개발자가 가지고 있는 정신 모델과 코드가 실제로 수행하는 것 사이의 불일치를 일으킬 가능성이 매우 높다. 이로 인해 소프트웨어에서 예상과 벗어나는 동작과 버그가 발생할 수 있다.

예제 4.5는 MutableInvoice에 항목을 추가하는 코드를 보여준다. 추가될 품목의 가격이 Mutable Invoice에 들어 있는 항목의 통화와 다르면 오류이기 때문에 인보이스에 추가되지 않는다. 하지만 이 코드는 그 경우에 오류가 발생했고 항목이 추가되지 않았음을 알리지 않는다. addItem() 함수를 호출하는 쪽에서는 해당 항목이 송장에 추가될 것이라고 예상하기 때문에 버그가 발생할 가능성이 매우 높다.

예제 4.5 **오류 발생 시 아무것도 하지 않음**

```
class MutableInvoice {
  ...
  void addItem(InvoiceItem item) {
    if (item.getPrice().getCurrency() !=
        this.getCurrency()) {
      return;     ◀─── 통화가 일치하지 않으면
    }                  함수는 되돌아간다.
    this.items.add(item);
  }
  ...
}
```

4.2 견고성 vs 실패 91

방금 살펴본 시나리오는 오류 신호를 보내지 않는 예다. 또 다른 시나리오는 다른 코드가 전달하는 오류를 적극적으로 억제하는 코드다. 예제 4.6은 이에 대한 코드다. `emailService.sendPlainText()`를 호출해서 이메일을 전송할 때 오류가 발생하면 `EmailException`이 발생할 수 있다. 이 예외가 발생하면 코드는 이를 억제하고 호출하는 쪽에 실패에 대한 신호를 보내지 않는다. 이로 인해 소프트웨어에 버그가 일어날 가능성이 매우 높으며, 이 함수의 호출자는 이메일이 전송되지 않은 경우에도 전송된 것으로 가정할 것이다.

예제 4.6 **예외 억제**

```java
class InvoiceSender {
  private final EmailService emailService;
  ...

  void emailInvoice(String emailAddress, Invoice invoice) {
    try {
      emailService.sendPlainText(
          emailAddress,
          InvoiceFormat.plainText(invoice));
    } catch (EmailException e) { }          ◄── EmailException이 발생하지만
  }                                             무시된다.
}
```

오류가 발생할 때 이 오류를 기록하면(예제 4.7) 약간 개선된 것이긴 하지만 여전히 예제 4.6과 비슷하게 바람직하지 않은 코드다. 개발자가 로그를 확인하면 적어도 이러한 오류를 알아차릴 수 있어서 이 코드는 약간 개선된 코드라고 할 수 있다. 그러나 여전히 호출하는 쪽에 오류를 숨기고 있어서 이메일이 실제로 발송되지 않는 경우에도 발송되었다고 가정할 수 있다.

예제 4.7 **예외 탐지 및 오류 기록**

```java
class InvoiceSender {
  private final EmailService emailService;
  ...

  void emailInvoice(String emailAddress, Invoice invoice) {
    try {
      emailService.sendPlainText(
          emailAddress,
          InvoiceFormat.plainText(invoice));
    } catch (EmailException e) {
      logger.logError(e);          ◄── EmailException이
    }                                  기록된다.
  }
}
```

기록되는 내용에 주의해야 한다

예제 4.7에 있는 코드에서 또 하나의 불안한 점은 EmailException에 이메일 주소와 같은 사용자의 개인 정보가 포함될 가능성인데, 이 경우에는 특정 데이터 처리 정책의 적용을 받을 수 있다. 해당 이메일 주소를 오류 로그에 기록하면 해당 데이터 처리 정책에 위반될 수 있다.

예에서 알 수 있듯이 오류를 숨기는 것은 바람직하지 않다. 어떤 회사의 코드베이스에 앞의 예제와 같은 코드가 있다면, 그 회사는 수많은 미지급 송장과 재정적으로 불건전한 대차대조표를 갖게 될 것이다. 오류를 숨기면 실제적인(때로는 심각한) 결과가 발생할 수 있다. 오류가 발생하면 알리는 것이 좋으며, 다음 절에서는 이 작업을 수행하는 방법에 대해 설명한다.

## 4.3 오류 전달 방법

오류가 발생하면 일반적으로 더 높은 계층으로 오류를 알려야 한다. 오류로부터 복구할 수 없는 경우 이는 일반적으로 프로그램의 훨씬 더 높은 계층에서 실행을 중지하고, 오류를 기록하거나 전체 프로그램의 실행을 종료하는 것을 의미한다. 오류로부터의 복구가 잠재적으로 가능한 경우, 일반적으로 즉시 호출하는 쪽(또는 호출 체인에서 한두 수준 위의 호출자)에 오류를 알려 정상적으로 처리할 수 있도록 해야 한다.

이 작업을 수행하는 방법은 여러 가지가 있으며, 사용하는 언어가 지원하는 오류 처리 기능에 따라 가능한 방법이 달라진다. 오류를 알리는 방법은 크게 두 가지 종류로 나뉜다.

- **명시적 방법**: 코드를 직접 호출한 쪽에서 오류가 발생할 수 있음을 인지할 수밖에 없도록 한다. 그것을 처리하든, 이전 호출자에게 전달하든, 아니면 그냥 무시하든 간에 어떻게 처리할지는 호출하는 쪽에 달려 있다. 하지만 무엇을 하든 그것은 적극적인 선택의 결과다. 오류가 발생할 가능성이 코드 계약의 명확한 부분에 나타나 있기 때문에 오류를 모르고 넘어갈 수 있는 방법은 거의 없다.
- **암시적 방법**: 코드를 호출하는 쪽에 오류를 알리지만, 호출하는 쪽에서 그 오류를 신경 쓰지 않아도 된다. 오류가 발생할 수 있음을 알기 위해서는 문서나 코드를 읽는 등의 적극적인 노력이 필요하다. 문서에 오류가 언급되어 있다면 코드 계약의 숨겨진 세부 조항이다. 가끔 오류가 여기서조차 언급되지 않을 때도 있는데, 이 경우엔 오류가 계약 내용에 전혀 없는 것이 된다.

강조하자면, 이 범주는 코드를 사용하는 개발자의 관점에서 오류 발생 가능성이 명시적인지 혹은 암시적인지를 말하는 것이다. 이것은 오류가 결국 요란하게 실패할지 아니면 조용히 실패할지에 대한 것이 아니다. 호출하는 쪽에서 (명시적인 기법을 통해) 알아야 할 경우를 인지하게끔 하거나 (암묵적 기법을 통해) 할 수 있는 것이 아무것도 없는 상황이라면 이런 상황을 처리해야 하는 부담에서 벗어나게 하는 것이다. 표 4.1에 명시적 그리고 암묵적인 오류 전달 기법의 몇 가지 예가 나열되어 있다.

표 4.1 **명시적 및 암묵적인 오류 전달 기법**

| | 명시적 오류 전달 기법 | 암시적 오류 전달 기법 |
|---|---|---|
| **코드 계약에서의 위치** | 명확한 부분 | 세부 조항 혹은 아예 없음 |
| **호출하는 쪽에서 오류 발생 가능성에 대해 아는가?** | 그렇다. | 알 수도 있고 모를 수도 있다. |
| **기법의 예** | 검사 예외<br>널 반환 유형(널 안전성의 경우)<br>옵셔널 반환 유형<br>리절트 반환 유형<br>아웃컴 반환 유형(반환값 확인이 필수인 경우)<br>스위프트 오류 | 비검사 예외<br>매직값 반환(피해야 한다)<br>프로미스 또는 퓨처<br>어서션<br>체크(구현에 따라 달라짐)<br>패닉 |

다음 하위 절에서는 표 4.1에 열거된 기법 중 일부를 살펴볼 텐데, 사용 방법에 대한 예와 해당 기법이 왜 명시적 혹은 암묵적인지 이유를 설명한다.

## 4.3.1 요약: 예외

많은 프로그래밍 언어들은 예외라는 개념을 가지고 있다. 이것은 코드에서 오류나 예외적인 상황이 발생한 경우 이를 전달하기 위한 방법으로 고안되었다. 예외가 발생할 때 콜 스택을 거슬러 올라가는데 예외를 처리하는 코드를 만나거나, 더 이상 올라갈 콜 스택이 없을 때까지 그렇게 한다. 더 이상 올라갈 콜 스택이 없는 경우에는 오류 메시지를 출력하고 프로그램이 종료된다.

예외는 일반적으로 충분한 기능을 가진 클래스로 구현된다. 보통 프로그래밍 언어는 즉시 사용할 수 있는 예외에 대한 클래스를 제공하지만 개발자들은 자신의 요구 사항에 따른 맞춤형 예외 처리를 위해 오류에 대한 정보를 자유롭게 정의하고 캡슐화할 수 있다.

자바는 **검사 예외**checked exception와 **비검사 예외**unchecked exception의 개념을 모두 가지고 있다. 예외를 지원하는 대부분의 주요 언어는 비검사 예외만 가지고 있으므로 자바 이외의 거의 모든 언어에서 예외라는 용어는 일반적으로 비검사 예외를 의미한다.

## 4.3.2 명시적 방법: 검사 예외

컴파일러는 검사 예외에 대해 호출하는 쪽에서 예외를 인지하도록 강제적으로 조치하는데, 호출하는 쪽에서는 예외 처리를 위한 코드를 작성하거나 자신의 함수 시그니처에 해당 예외 발생을 선언해야 한다. 따라서 검사 예외를 사용하는 것은 오류를 전달하기 위한 명시적인 방법이다.

### 검사 예외를 사용한 오류 전달

서로 다른 오류 전달 기법을 설명하고 비교하기 위해, 제곱근을 계산하는 함수를 예로 사용해보자. 이 함수의 입력값으로 음수가 제공된다면, 이것은 어떻게든 알려야 하는 오류다. 대부분의 프로그래밍 언어에는 제곱근을 계산하는 함수가 이미 내장되어 있기 때문에 실제로 이런 함수를 작성할 일은 없을 것이다. 하지만 이 함수는 오류 전달 기법을 설명하기 위한 간단하고 좋은 예다.

예제 4.8은 이 함수에 음수가 입력으로 들어오면 NegativeNumberException이라는 검사 예외를 발생시키는 경우를 보여준다. 자바에서 Exception 클래스를 확장하면 확장된 클래스는 검사 예외가 되는데 이에 대한 자바 코드가 예제 4.8에 나와 있다. NegativeNumberException은 오류를 전달할 뿐만 아니라 오류를 초래한 값도 멤버 변수로 가질 수 있는데 이 경우 디버깅에 도움이 된다. gctSquarcRoot() 함수의 시그니처에는 throws NegativeNumberException이 포함되이 있고 이것은 이 함수가 검사 예외를 발생시킬 수 있다는 것을 의미한다. throws NegativeNumberException이 없으면 코드가 컴파일되지 않는다.

예제 4.8 **검사 예외 발생**

```
class NegativeNumberException extends Exception {      ◁── 검사 예외의 구체적 유형임을
  private final Double erroneousNumber;            ◁───     나타내는 클래스

  NegativeNumberException(Double erroneousNumber) {
    this.erroneousNumber = erroneousNumber;              오류를 유발한 숫자를 캡슐화해서
  }                                                      추가 정보를 제공

  Double getErroneousNumber() {
    return erroneousNumber;
  }
}

Double getSquareRoot(Double value)                    함수는 검사 예외를 발생시킬 수 있음을
    throws NegativeNumberException {      ◁───         선언해야 한다.
  if (value < 0.0) {
    throw new NegativeNumberException(value);   ◁──  오류가 있을 시
  }                                                 검사 예외를 발생시킨다.
  return Math.sqrt(value);
}
```

### 검사 예외 처리

getSquareRoot() 함수를 호출하는 코드는 NegativeNumberException 예외를 처리하거나 함수 시그니처에 이 예외를 발생시킬 수 있음을 표시해야 한다.

예제 4.9 코드의 함수는 getSquareRoot()를 호출하고 그 결과를 UI에 표시한다. 이 함수는 NegativeNumberException이 발생하면 이 예외를 포착하고 오류를 유발한 숫자를 설명하는 메시지를 표시한다.

예제 4.9 **검사 예외의 포착**

```
void displaySquareRoot() {
  Double value = ui.getInputNumber();
  try {
    ui.setOutput("Square root is: " + getSquareRoot(value));   ◄──── 예외를 발생시키면
  } catch (NegativeNumberException e) {                               이 예외를 포착한다.
    ui.setError("Can't get square root of negative number: " +
        e.getErroneousNumber());   ◄──── 예외 객체 안에 들어 있는
  }                                        오류에 대한 정보를 표시한다.
}
```

displaySquareRoot() 함수가 NegativeNumberException을 포착하지 않는 경우에는 이 함수의 시그니처에 이 예외가 발생할 수 있음을 선언해야 한다(다음 예제 코드는 이에 대해 보여준다). 이 경우에는 이 예외가 발생하는 경우의 처리를 자신이 하지 않고 displaySquareRoot() 함수를 호출하는 코드에게 맡기는 것이 된다.

예제 4.10 **검사 예외를 포착하지 않음**

```
void displaySquareRoot() throws NegativeNumberException {   ◄──── NegativeNumberException이
  Double value = ui.getInputNumber();                             displaySquareRoot() 함수의
  ui.setOutput("Square root is: " + getSquareRoot(value));        시그니처에 선언되어 있다.
}
```

displaySquareRoot() 함수가 NegativeNumberException 예외를 포착하지도 않고, 자신의 함수 시그니처에 선언하지도 않으면 코드는 컴파일되지 않는다. 호출하는 쪽에서는 어떤 형태로든 해당 오류를 강제적인 방식으로 인지할 수밖에 없기 때문에 검사 예외는 오류를 전달하는 명시적 방법이 된다.

### 4.3.3 암시적 방법: 비검사 예외

비검사 예외를 사용하면 다른 개발자들은 코드가 이 예외를 발생시킬 수 있다는 사실을 전혀 모를 수 있다. 이 경우에는 함수에서 어떤 예외를 발생시키는지 문서화하는 것이 바람직하지만 개발자가 문서화하는 것을 잊어버릴 때가 있다. 설사 문서화를 하더라도 이것은 코드 계약의 세부 조항이다. 앞에서 살펴본 것처럼 세부 조항은 코드 계약 내용을 전달하는 데 있어 신뢰할 만한 방법이 아닐 때가 많다. 따라서 비검사 예외는 오류가 발생할 수 있다는 것을 호출하는 쪽에서 인지하리라는 보장이 없기 때문에 오류를 암시적으로 알리는 방법이다.

#### 비검사 예외를 사용한 오류 전달

예제 4.11 코드는 getSquareRoot() 함수와 NegativeNumberException을 보여주지만 이전 하위 절의 예제 코드와는 달리 NegativeNumberException이 비검사 예외로 변경되었다. 앞서 언급한 바와 같이 대부분의 언어에서 예외는 비검사 예외지만 자바에서는 RuntimeException 클래스를 확장하는 예외 클래스는 비검사 예외이고 이에 대한 자바 코드가 예제 4.11에 나와 있다. 이제 getSquareRoot() 함수는 예외를 발생시킬 수 있음을 선언할 필요가 없다. 이 함수에 대한 문서에 NegativeNumberException에 대해 언급할 수 있는데 권장사항이지 강제사항은 아니다.

예제 4.11 **비검사 예외 발생**

```java
class NegativeNumberException extends RuntimeException {   ◁  비검사 예외의 구체적인 유형임을
  private final Double erroneousNumber;                        나타내는 클래스

  NegativeNumberException(Double erroneousNumber) {
    this.erroneousNumber = erroneousNumber;
  }

  Double getErroneousNumber() {
    return erroneousNumber;
  }
}

/**
 * @throws NegativeNumberException 값이 음수일 경우    ◁   어떤 종류의 비검사 예외가 발생할 수 있는지
 */                                                        문서화하는 것이 권장된다
Double getSquareRoot(Double value) {                       (하지만 강제 사항은 아니다).
  if (value < 0.0) {
    throw new NegativeNumberException(value);        ◁   오류에 대해
  }                                                       비검사 예외를 발생시킨다.
  return Math.sqrt(value);
}
```

**비검사 예외 처리**

getSquareRoot() 함수를 호출하는 다른 함수는 NegativeNumberException에 대해 이전 예와 동일한 방식으로 예외를 포착하고 처리할 수 있다(다음 예제 코드에서 반복).

예제 4.12 **비검사 예외 처리**

```
void displaySquareRoot() {
  Double value = ui.getInputNumber();
  try {
    ui.setOutput("Square root is: " + getSquareRoot(value));
  } catch (NegativeNumberException e) {
    ui.setError("Can't get square root of negative number: " +
        e.getErroneousNumber());
  }
}
```

getSquareRoot()가 NegativeNumberException 예외를 발생시키면 이 예외를 포착하고 처리한다.

중요한 것은 getSquareRoot()를 호출하는 함수가 예외를 확인하고 처리하지 않아도 된다는 점이다. 예외를 포착해서 처리하지 않는 경우 자체 함수 시그니처에 선언하지 않아도 되고 심지어 문서화하지 하지 않아도 된다. 예제 4.13 코드는 NegativeNumberException을 처리하거나 선언하지 않는 displaySquareRoot() 함수를 보여준다. NegativeNumberException 예외는 비검사 예외이기 때문에 이 코드는 문제없이 컴파일된다. getSquareRoot()가 NegativeNumberException 예외를 발생시키면, 이 예외를 처리하는 코드를 만날 때까지 계속 올라가거나, 끝까지 그 코드가 없으면 프로그램이 종료된다.

예제 4.13 **비검사 예외를 처리하지 않음**

```
void displaySquareRoot() {
  Double value = ui.getInputNumber();
  ui.setOutput("Square root is: " + getSquareRoot(value));
}
```

이 코드에서 알 수 있듯이 비검사 예외를 발생시키는 함수를 호출하는 쪽에서는 예외가 발생할 수 있다는 사실을 전혀 몰라도 된다. 이로 인해 비검사 예외는 오류를 암시적으로 전달하는 방법이다.

### 4.3.4 명시적 방법: 널값이 가능한 반환 유형

함수에서 널값을 반환하는 것은 특정값을 계산하거나 얻는 것이 불가능함을 나타내기 위한 효과적이고 간단한 방법이다. 사용 중인 언어가 널 안전성을 지원하는 경우 널값이 반환될 수 있다는 것을 호출하는 쪽에서 강제적으로 인지하고, 그에 따라 처리할 수밖에 없다. 따라서 (널 안전성을 지원할 때) 널

값이 가능한 반환 유형을 사용하는 것은 오류를 전달하기 위한 명시적인 방법이다.

널 안전성을 지원하지 않는 언어를 사용하는 경우 옵셔널 반환 유형을 사용하는 것이 좋다. 이에 관해서는 2장에서 살펴봤으며, 옵셔널에 대한 자세한 내용은 이 책의 부록 B에서 확인할 수 있다.

### 널값을 이용한 오류 전달

예제 4.14 코드는 getSquareRoot() 함수를 보여주는데 입력값이 음수일 경우 널값을 반환하도록 수정되었다. 널값을 반환할 때의 한 가지 문제점은 오류가 발생한 이유에 대한 정보를 제공하지 않기 때문에 널값이 의미하는 바를 설명하기 위해 주석문이나 문서를 추가해야 한다.

예제 4.14 **널값 반환**

```
// 제공되는 값이 음수이면 널을 반환한다.
Double? getSquareRoot(Double value) {          ◀─── 언제 널값이 반환되는지
  if (value < 0.0) {                                설명하는 주석문
    return null;          ◀─── 오류가 발생하면
  }                            널값이 반환된다.       'Double?'에서
  return Math.sqrt(value);                           ?는 널값이 반환될 수
}                                                    있음을 나타낸다.
```

### 널값 처리

이 책에서 사용하는 의사코드는 널 안전성을 지원하기 때문에 호출하는 쪽에서 getSquareRoot()에 의해 반환된 값을 사용하기 전에 널인지 반드시 확인해야 한다. 다음 예제 코드는 displaySquareRoot() 함수를 보여주는데 이번에는 널값이 가능한 반환 유형을 처리한다.

예제 4.15 **널 처리**

```
void displaySquareRoot() {
  Double? squareRoot = getSquareRoot(ui.getInputNumber());
  if (squareRoot == null) {                                    getSquareRoot()의 반환값이
    ui.setError("Can't get square root of a negative number");  널값인지 확인해야 한다.
  } else {
    ui.setOutput("Square root is: " + squareRoot);
  }
}
```

호출하는 쪽에서 널값 여부를 강제로 확인해야 한다는 것은 엄밀히 말해서 사실이 아니다. 반환되는 값을 널이 아닌 값으로 타입 변환을 할 수 있으며, 이것은 여전히 적극적인 결정이다. 타입 변환 시 값이 널인 경우를 처리할 수밖에 없다.

## 4.3.5 명시적 방법: 리절트 반환 유형

널값이나 옵셔널 타입을 반환할 때의 문제 중 하나는 오류 정보를 전달할 수 없다는 것이다. 호출자에게 값을 얻을 수 없음을 알릴 뿐만 아니라 값을 얻을 수 없는 이유까지 알려주면 유용하다. 이러한 경우에는 리절트result 유형을 사용하는 것이 적절할 수 있다.

스위프트Swift, 러스트Rust, F#과 같은 언어들은 리절트 유형을 지원하고 사용하기 쉽도록 편한 구문을 제공한다. 어떤 프로그래밍 언어에서도 자신만의 리절트 유형을 만들 수 있지만, 프로그래밍 언어에서 기본적으로 지원되는 구문 없이는 이들을 사용하는 것이 조금 번거로울 수 있다.

예제 4.16 코드는 리절트 유형을 지원하지 않는 언어에서 이것을 정의하는 방법에 대한 기본적인 예를 보여준다.

예제 4.16 **간단한 리절트 유형**

```java
class Result<V, E> {                                    // 제네릭/템플릿 유형이 사용되기 때문에
  private final Optional<V> value;                      // 이 클래스는 어떤 유형의 값이나
  private final Optional<E> error;                      // 오류에 대해서도 사용할 수 있다.

  private Result(Optional<V> value, Optional<E> error) {  // 생성자는 프라이빗이기 때문에
    this.value = value;                                   // 호출하는 쪽에서
    this.error = error;                                   // 정적 팩토리 함수를 쓸 수밖에 없다.
  }

  static Result<V, E> ofValue(V value) {                // 정적 팩토리 함수.
    return new Result(Optional.of(value), Optional.empty());  // 이 클래스는 값이나 오류 중
  }                                                     // 한 가지로만 인스턴스를
                                                        // 만들 수 있고 둘 다 가능한
  static Result<V, E> ofError(E error) {                // 인스턴스는 생성할 수 없다.
    return new Result(Optional.empty(), Optional.of(error));
  }

  Boolean hasError() {
    return error.isPresent();
  }

  V getValue() {
    return value.get();
  }

  E getError() {
    return error.get();
  }
}
```

(언어 자체에서 지원하지 않기 때문에) 자신만의 리절트 유형을 정의한다면, 이것이 제대로 사용될지 여부는 다른 개발자가 리절트 유형을 사용하는 방법에 얼마나 익숙해지는가에 달려있다. 이전에 리절트 유형을 접해본 적이 없는 개발자가 부지런하게 이 코드를 재빨리 파악하더라도 getValue()를 호출하기 전에 hasError() 함수를 통해 오류를 확인하지 않는다면 리절트 유형이 무용지물이 된다.

언어가 리절트 유형을 지원하거나 혹은 (자신만의 리절트 유형을 정의할 때) 다른 개발자들이 그 유형에 익숙하다고 가정하면, 리절트 유형을 반환 유형으로 사용하는 것은 오류가 발생할 수 있다는 점을 분명히 하는 것이 된다. 따라서 리절트 반환 유형을 사용하는 것은 오류를 알리는 명시적인 방법이다.

### 리절트 유형을 이용한 전달

예제 4.17 코드에서 getSquareRoot() 함수는 리절트 유형을 반환하도록 수정되었다. Negative NumberError는 사용자 정의 오류이며 getSquareRoot()의 반환 유형을 보면 이 오류가 잠재적으로 발생할 수 있음을 의미한다. NegativeNumberError는 오류에 대한 추가 정보, 즉 오류를 일으킨 잘못된 값을 가지고 있다.

예제 4.17 **리절트 유형 반환**

```
class NegativeNumberError extends Error {          ◄── 오류의 구체적 유형을
  private final Double erroneousNumber;                 나타내는 클래스

  NegativeNumberError(Double erroneousNumber) {    ◄── 추가 정보, 즉 오류를
    this.erroneousNumber = erroneousNumber;             유발한 값을 갖는다.
  }

  Double getErroneousNumber() {
    return erroneousNumber;
  }
}
                                                        리절트 유형을 통해
                                                        NegativeNumberError가
                                                        발생할 수 있다는 것을
                                                        알 수 있다.
Result<Double, NegativeNumberError> getSquareRoot(Double value) {  ◄──
  if (value < 0.0) {
```

```
    return Result.ofError(new NegativeNumberError(value));    ◀──  오류가 발생하면
  }                                                                 오류 리절트가 반환된다.
  return Result.ofValue(Math.sqrt(value));    ◀──  함수의 결괏값은
}                                                     리절트 유형에 들어 있다.
```

### 리절트 처리

getSquareRoot() 함수를 호출하는 개발자는 이 함수가 반환하는 값이 리절트 유형이라는 것을 명백히 알 수 있다. 리절트 유형을 사용하는 것이 익숙하다고 가정하면, 오류가 발생했는지 확인하기 위해 먼저 hasError()를 호출해야 하고, 오류가 발생하지 않았다는 것을 확인하고 나면 getValue()를 호출하여 결괏값을 얻을 수 있다는 것을 알 것이다. 오류가 발생한 경우라면 반환된 객체의 getError()를 호출해서 세부 정보를 얻을 수 있다. 다음 예제는 이것을 보여준다.

예제 4.18 **리절트 유형 반환**

```
void displaySquareRoot() {
  Result<Double, NegativeNumberError> squareRoot =            squareRoot 결괏값은
      getSquareRoot(ui.getInputNumber());                      오류를 확인해야 한다.
  if (squareRoot.hasError()) {    ◀──
    ui.setError("Can't get square root of a negative number: " +
        squareRoot.getError().getErroneousNumber());    ◀──  자세한 오류 정보를
  } else {                                                     사용자에게 보여준다.
    ui.setOutput("Square root is: " + squareRoot.getValue());
  }
}
```

---

**좀 더 좋은 구문**

리절트 유형을 지원하는 프로그래밍 언어는 예제 4.18에서 보이는 것보다 더 간결한 구문을 갖는다. 또한, 자신만의 리절트 유형을 구현할 때 헬퍼 함수를 추가해서 좀 더 나은 제어 흐름을 만들 수도 있는데, 예를 들어 러스트의 and_then() 함수가 있다(http://mng.bz/Jv5P).

---

## 4.3.6 명시적 방법: 아웃컴 반환 유형

어떤 함수들은 값을 반환하기보다는 단지 무언가를 수행하고 값을 반환하지는 않는다. 어떤 일을 하는 동안 오류가 발생할 수 있고 그것을 호출한 쪽에 알리고자 한다면, 함수가 수행한 동작의 결과를 나타내는 값을 반환하도록 함수를 수정하는 것이 한 가지 방법이 될 수 있다. 잠시 후 살펴보겠지만 아웃컴 반환 유형을 반환할 때 호출하는 쪽에서 반환값을 강제적으로 확인해야 한다면 이것은 오류를 알리는 명백한 방법이다.

## 아웃컴을 이용한 오류 전달

예제 4.19는 채널에 메시지를 보내는 코드를 보여준다. 메시지는 채널이 열려 있는 경우에만 보낼 수 있다. 채널이 열리지 않으면 오류다. sendMessage() 함수는 불리언값을 반환함으로써 오류가 발생했음을 전달한다. 메시지가 전송되면 참을, 오류가 발생하면 거짓을 반환한다.

예제 4.19 **아웃컴 반환**

```
Boolean sendMessage(Channel channel, String message) {    ◀── 이 함수는 불리언값을
  if (channel.isOpen()) {                                      반환한다.
    channel.send(message);
    return true;      ◀── 메시지가 전송되면
  }                       참을 반환한다.
  return false;       ◀── 오류가 발생하면
}                        거짓을 반환한다.
```

좀 더 복잡한 시나리오를 구현해야 한다면, 단순한 불리언보다 더 정교한 아웃컴 유형을 사용하는 것이 더 적절할 수 있다. 가능한 결과 상태가 두 개 이상 있거나, 참과 거짓이 무엇을 의미하는지 분명하지 않은 경우에 열거형을 사용하면 유용하다. 더 자세한 정보가 필요하다면 이것을 캡슐화하기 위해 전체 클래스를 정의하는 것도 또 다른 방법이다.

## 아웃컴 처리

불리언값을 반환 유형으로 사용하는 예에서 결과를 처리하는 것은 아주 간단하다. 함수 호출은 If-else 문에 두고 각 분기에 적절한 처리 로직을 두면 된다. 다음 예제는 채널에서 'hello' 메시지를 보내고 메시지가 전송되었는지 여부를 UI에 보여주는 코드다.

예제 4.20 **아웃컴 처리**

```
void sayHello(Channel channel) {
  if (sendMessage(channel, "hello")) {    ◀── 성공한 경우 처리
    ui.setOutput("Hello sent");
  } else {
    ui.setError("Unable to send hello");
  }                                       ◀── 실패한 경우 처리
}
```

## 아웃컴이 무시되지 않도록 보장

아웃컴 반환 유형에 대한 문제점 중 하나는 호출하는 쪽에서 반환값을 무시하거나 함수가 값을 반환한다는 사실조차 인식 못 할 수 있다는 점이다. 이로 인해 아웃컴 반환 유형은 오류를 알리는 명시적 방법으로서 한계가 있다. 다음 예제는 이에 대해 호출하는 쪽의 코드를 보여준다. 코드는

sendMessage()로부터의 결과 반환값을 완전히 무시하고, 그 결과 실제로는 메시지가 전송되지 않은 경우에도 사용자에게 메시지가 전송되었다고 알려준다.

예제 4.21 **아웃컴 무시**

```
void sayHello(Channel channel) {
  sendMessage(channel, "hello");
  ui.setOutput("Hello sent");          성과 반환값이 무시된다.
}
```

일부 언어에서는 호출하는 쪽에서 함수의 반환값을 무시하면 컴파일러가 경고를 생성하도록 함수를 표시할 수 있다. 이름과 사용법은 언어마다 다르지만 몇 가지 예는 다음과 같다.

* 자바의 `CheckReturnValue` 애너테이션(javax.annotation 패키지)
* C#의 `MustUseReturnValue` 애너테이션(https://www.jetbrains.com/help/resharper)
* C++의 `[[nodiscard]]` 속성

만약 sendMessage() 함수가 이들 중 하나로 표시되었다면, 예제 4.21 코드에 대해서 개발자가 알아차릴 수 있도록 컴파일러는 경고 메시지를 보여줄 것이다. 다음 예제는 `@CheckReturnValue` 애너테이션을 SendMessage() 함수에 표시한 코드를 보여준다.

예제 4.22 **CheckReturnValue 애너테이션을 사용**

```
@CheckReturnValue                                      호출하는 쪽에서 함수의 반환값을
Boolean sendMessage(Channel channel, String message) {   무시하면 안 된다는 것을 나타낸다.
  ...
}
```

예제 4.21 코드의 작성자는 컴파일러 경고를 알아차리고 아웃컴을 처리한 이전 버전(다음 예제에서 반복해서 보여줌)과 같은 코드로 수정할 것이다.

예제 4.23 **반환값의 강제적 확인**

```
void sayHello(Channel channel) {
  if (sendMessage(channel, "hello")) {      성공한 경우 처리
    ui.setOutput("Hello sent");
  } else {
    ui.setError("Unable to send hello");
  }                                         실패한 경우 처리
}
```

## 4.3.7 암시적 방법: 프로미스 또는 퓨처

비동기적으로 실행하는 코드를 작성할 때 **프로미스**promise나 **퓨처**future(혹은 이와 동등한 개념)를 반환하는 함수를 작성하는 것이 일반적이다. (전부는 아니지만) 많은 언어에서 프로미스나 퓨처는 오류 상태도 전달할 수 있다.

프로미스나 퓨처를 사용할 때 일반적으로 오류 처리를 강제로 해야 하는 것은 아니고, 해당 함수에 대한 코드 계약의 세부 조항을 잘 알지 못하면 오류 처리 코드를 추가로 작성해야 한다는 것을 모를 수 있다. 따라서 프로미스나 퓨처를 사용한 오류 전달은 암시적인 방법이다.

---

### 비동기적?

동기적 프로세스는 작업을 한 번에 하나씩 순차적으로 수행하는 것을 의미한다. 이전 작업이 완전히 완료되기 전까지는 다음 작업이 시작되지 않는다. 케이크를 만들 때 케이크 반죽을 섞은 후에야 오븐에서 케이크를 구울 수 있다. 이것은 동기적 프로세스의 일례다. 반죽을 먼저 섞는 작업이 완료되기 전까지는 케이크를 굽는 작업을 할 수 없다.

비동기적 프로세스는 다른 작업이 끝나기를 기다리는 동안 다른 작업을 수행할 수 있다는 것을 의미한다. 케이크를 오븐에서 굽는 동안, 케이크 위에 올릴 크림을 만들 수도 있다. 이것은 비동기 프로세스의 일례. 케이크가 다 구워질 때까지 기다리지 않고도 크림을 만들 수 있다.

(응답을 반환하는 서버처럼) 코드가 어떤 일이 일어나기를 기다려야 할 때 비동기적으로 작성하는 것이 일반적이다. 서버로부터 응답을 기다리는 동안 코드는 다른 작업을 수행할 수 있다.

대부분의 프로그래밍 언어는 비동기적으로 코드를 실행하는 방법을 제공한다. 정확히 어떻게 하는지는 언어마다 다르기 때문에 자신이 사용하는 언어에 대해 그 내용을 찾아볼 가치가 있다. 다음 코드 예제에서 사용하는 비동기 함수와 프로미스는 자바스크립트와 비슷하다. 이것에 아직 익숙하지 않고 더 자세한 내용을 알고 싶다면 예제와 함께 설명이 잘되어 있는 async function 문서(http://mng.bz/w0wW)를 참고하기 바란다.

---

### 프로미스을 이용한 전달

예제 4.24 코드에는 getSquareRoot() 함수가 프로미스를 반환하고 실행하기 전에 1초를 기다리는 비동기 함수로 작성되어 있다(이런 코드를 실제로 누가 무슨 이유로 작성할 것인지는 독자의 상상력에 맡기겠다). 함수 안에서 오류가 발생하면 프로미스는 **거부**rejected된다. 그렇지 않으면 프로미스는 반환값과 함께 **이행**fulfilled될 것이다.

예제 4.24 **비동기 함수**

```
class NegativeNumberError extends Error {            ◀──  특정 유형의 오류임을
  ...                                                      나타내는 클래스
}

                                                         async는 이 함수가
                                                         비동기적임을 표시한다.
Promise<Double> getSquareRoot(Double value) async {  ◀──
  await Timer.wait(Duration.ofSeconds(1));           ◀──  실제 실행하기 전
  if (value < 0.0) {                                      1초를 기다린다.
    throw new NegativeNumberError(value);            ◀──  함수 내에서 오류를 발생하고
  }                                                       프로미스는 거부된다.
  return Math.sqrt(value);                           ◀──  값을 반환하면
}                                                         프로미스는 이행된다.
```

**프로미스 처리**

예제 4.25 코드는 getSquareRoot()의 비동기 버전을 호출하는 displaySquareRoot() 함수를 보여 준다. getSquareRoot()에 의해 반환된 프로미스는 콜백을 설정하는 데 사용할 수 있는 두 가지 멤버 함수를 가지고 있다. then() 함수는 프로미스가 이행되면 호출되는 콜백 기능을 설정하기 위해 사용하고, catch() 함수는 프로미스가 거부되면 호출되는 콜백을 설정하기 위해 사용한다.

예제 4.25 **프로미스의 사용**

```
void displaySquareRoot() {
  getSquareRoot(ui.getInputNumber())
      .then(squareRoot ->
          ui.setOutput("Square root is: " + squareRoot))    ┐  then() 콜백은 프로미스가
                                                            ┘  이행되면 호출된다.
      .catch(error ->
          ui.setError("An error occurred: " + error.toString())); ┐  catch() 콜백은 프로미스가
}                                                                  ┘  거부되면 호출된다.
```

**왜 프로미스는 암묵적인 오류 전달 기법인가**

오류가 발생하고 프로미스가 거부될 수 있음을 알려면 프로미스를 생성하는 함수의 세부 조항이나 구현 세부 사항을 확인해야 한다. 이 내용을 모르면 프로미스의 사용자는 잠재적인 오류 상태를 쉽게 알 수 없으며, then() 함수를 통해서만 콜백을 제공할 것이다. catch() 함수를 통해 콜백이 제공되지 않으면, 오류는 일부 상위 수준의 오류 처리 코드에 의해 포착되거나 완전히 눈에 띄지 않을 수 있다(언어와 설정에 따라 달라짐).

프로미스와 퓨처는 비동기 함수로부터 값을 반환하는 훌륭한 방법이다. 그러나 호출하는 쪽에서는 잠재적인 오류 시나리오를 완전히 알지 못하기 때문에 프로미스나 퓨처를 사용하는 것은 오류를 알리는 암시적인 방법이 된다.

**프로미스를 명시적으로 만들기**

프로미스나 퓨처를 반환할 때 명시적 오류 전달 기법으로 사용하려면, 리절트 유형의 프로미스를 반환하는 것이 한 가지 방법일 수 있다. 이렇게 하면 getSquareRoot() 기능은 다음 예제 코드와 같을 것이다. 이것은 유용한 기술이지만, 코드가 복잡해지기 때문에 모든 사람이 다 이렇게 사용하고자 하지는 않을 것이다.

예제 4.26 **리절트 유형 프로미스**

```
Promise<Result<Double, NegativeNumberError>> getSquareRoot(        ◀─── 반환 유형이
    Double value) async {                                                상당히 복잡하다.
  await Timer.wait(Duration.ofSeconds(1));
  if (value < 0.0) {
    return Result.ofError(new NegativeNumberError(value));
  }
  return Result.ofValue(Math.sqrt(value));
}
```

## 4.3.8 암시적 방법: 매직값 반환

**매직값**Magic value(또는 오류 코드)은 함수의 정상적인 반환 유형에 적합하지만 특별한 의미를 부여하는 값이다. 매직값이 반환될 수 있다는 것을 알려면 문서나 코드를 읽어야 한다. 따라서 이것은 암시적 오류 전달 기법이다.

매직값을 사용하여 오류를 알리는 일반적인 방법은 –1을 반환하는 것이다. 다음 예제는 이에 대한 getSquareRoot() 함수를 보여준다.

예제 4.27 **매직값 반환**

```
// 음숫값이 입력으로 제공되면 -1을 반환한다.        ◀─── 함수가 -1을 반환할 수 있음을
Double getSquareRoot(Double value) {                    알리는 주석문
  if (value < 0.0) {
    return -1.0;          ◀─── 오류가 발생하면
  }                            -1이 반환된다.
  return Math.sqrt(value);
}
```

매직값은 코드 계약의 명백한 부분을 통해 호출하는 쪽에 알릴 수 없어서 예상을 벗어나는 결과를 가져올 수도 있고 버그로 이어질 수 있다. 매직값이 일으킬 수 있는 문제들은 6장에서 자세히 살펴보기 때문에 여기서는 자세히 논의하지 않는다. 그러나 이 장에서 기억해야 할 중요한 점은 매직값은 오류를 알리는 좋은 방법이 아니라는 것이다.

## 4.4 복구할 수 없는 오류의 전달

현실적으로 복구할 가능성이 없는 오류가 발생하면 신속하게 실패하고, 요란하게 실패하는 것이 최상의 방법이다. 이를 달성하기 위한 몇 가지 일반적인 방법은 다음과 같다.

- 비검사 예외를 발생
- 프로그램이 **패닉** panic이 되도록(패닉을 지원하는 언어를 사용하는 경우)
- 체크나 어서션의 사용(3장에서 다룬 바와 같이)

이러한 경우 프로그램(또는 복구 불가능한 범위 내에서)이 종료되는데, 이는 개발자들이 뭔가 잘못되었음을 알아차린다는 것을 의미하고, 생성된 오류 메시지는 대개 스택 트레이스stack trace나 줄 번호를 제공하여 오류가 발생한 위치를 명확하게 알려준다.

(앞서 언급한) 암시적인 기술을 사용하면 오류 시나리오를 확인하거나 처리하기 위한 코드를 호출 체인의 상위에 있는 모든 호출자가 다 작성할 필요는 없다. 오류를 복구할 방법이 없을 때는 이것이 합리적이다. 왜냐하면 이 경우 자신을 호출한 쪽에 오류를 전달하는 것 외에는 할 수 있는 방법이 없기 때문이다.

## 4.5 호출하는 쪽에서 복구하기를 원할 수도 있는 오류의 전달

호출하는 쪽에서 복구하기를 원할 수도 있는 오류를 전달하고자 할 때, 이에 대한 모범 사례와 관련해 소프트웨어 엔지니어(그리고 프로그래밍 언어 설계자) 사이에서 일치된 의견이 없으므로 흥미로운 주제다. 이와 관련해 비검사 예외와 명시적 오류 전달 기법(검사 예외, 널 안전성, 옵셔널 유형, 리절트 유형 등) 중 어느 것을 사용해야 하는지에 대한 논쟁이 있다. 이 두 가지 측면 모두 타당한 주장과 반론이 있으며, 이 절에서 이에 관해 요약해보겠다.

그 전에 먼저 기억해야 할 점은 여러분과 여러분의 팀이 동의한 철학이 다른 어떤 주장보다도 중요하다는 점이다. 최악의 상황은 팀의 절반은 오류 전달 및 처리에 관해 한쪽의 관행을 따르는 코드를 작성하고, 나머지 절반은 완전히 다른 관행을 따르는 것이다. 이런 경우에는 코드가 서로 상호작용해야 할 때마다 악몽과 같은 상황을 맞이할 것이다.

제시된 바와 같이 다음에 소개하는 주장들은 모 아니면 도인 것처럼 들릴 수 있지만, 다른 개발자와 이에 관해 이야기를 나눈다면 오류 전달과 처리에 대한 그들의 의견 차이가 아주 미세하다는 것을 알 수 있을 것이다.

| NOTE | 구현 세부 사항 노출 |
|---|---|

호출하는 쪽에서 복구하기를 원하는 오류에 대한 또 다른 고려 사항은 호출하는 쪽에서 전달받은 오류를 처리하기 위해 굳이 호출하는 코드의 구현 세부 사항을 알 필요가 없다는 것이다. 이에 관해서는 8장(8.6과 8.7)에서 모듈화의 맥락에서 살펴볼 것이다.

### 4.5.1 비검사 예외를 사용해야 한다는 주장

잠재적으로 복구할 수 있는 오류에도 불구하고 비검사 예외를 사용하는 것이 더 나은 이유에 대한 일반적인 주장은 다음과 같다.

**코드 구조 개선**

대부분의 오류 처리가 코드의 상위 계층에서 이루어질 수 있기 때문에 (명시적인 기술을 사용하는 대신) 비검사 예외를 발생시키면 코드 구조를 개선할 수 있다고 주장하는 개발자들이 있다. 오류가 높은 계층까지 거슬러 올라오면서 전달되고, 그 사이에 있는 코드는 오류 처리를 할 필요가 없다. 그림 4.4는 이것을 보여준다.

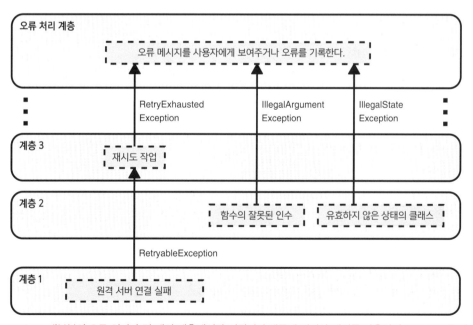

그림 4.4 **대부분의 오류 처리가 몇 개의 계층에서만 이뤄지기 때문에 비검사 예외를 사용하면 코드 구조를 개선할 수 있다고 주장하는 개발자들이 있다.**

중간에 있는 계층은 (특정 작업을 다시 시도하는 등) 원한다면 예외 중 일부를 처리할 수 있지만, 그렇지 않으면 오류가 최상위 오류 처리 계층으로 전달된다. 사용자 응용 프로그램이라면 오류 처리 계층은 오류 메시지를 UI에 표시할 수 있다. 서버나 백엔드 프로세스라면 오류 메시지가 기록될 수 있다. 이 접근법의 핵심 장점은 오류를 처리하는 로직이 코드 전체에 퍼지지 않고 별도로 몇 개의 계층에만 있다는 점이다.

### 개발자들이 무엇을 할 것인지에 대해서 실용적이어야 함

일부에서는 개발자들이 너무 많은 명시적 오류 전달(반환 유형 및 검사 예외)을 접하면 결국 잘못된 일을 한다고 주장한다. 예를 들어 예외를 포착하고도 무시한다거나, 널이 가능한 유형을 확인도 하지 않고 널이 불가능한 유형으로 변환을 하는 것이다.

이를 설명하기 위해 예제 4.28과 같은 코드가 코드베이스 어딘가에 존재한다고 상상해보자. 이 예제 코드는 온도를 데이터 로거에 기록하고, 이것은 다시 InMemoryDataStore를 사용하여 로그 데이터를 저장한다. 이 코드는 오류를 일으킬 수 있는 것이 없기 때문에 오류 전달이나 처리 기술이 필요하지 않다.

예제 4.28 **오류가 없는 초기 코드**

```
class TemperatureLogger {
  private final Thermometer thermometer;
  private final DataLogger dataLogger;
  ...

  void logCurrentTemperature() {
    dataLogger.logDataPoint(
        Instant.now(),
        thermometer.getTemperature());
  }
}

class DataLogger {
  private final InMemoryDataStore dataStore;
  ...

  void logDataPoint(Instant time, Double value) {
    dataStore.store(new DataPoint(time.toMillis(), value));
  }
}
```

메모리에 값을 저장하는 대신 디스크에 저장하여 로그 데이터를 영구적으로 유지할 수 있도록 Data Logger 클래스를 수정하는 요청을 개발자가 받았다고 가정해보자. 개발자는 InMemoryDataStore 클래스를 DiskDataStore 클래스로 교환한다. 이때 디스크에 쓰기가 실패할 수 있으므로 오류가 발생할 수 있다. 명시적인 오류 신호 기법을 사용하는 경우 오류를 처리하거나 호출 체인을 따라 이전 호출자에게 명시적으로 오류를 전달해야 한다.

이 시나리오에서는 DiskDataStore.store()에서 검사 예외 IOException를 발생시키는 것을 통해 이 방식을 보여주겠지만, 원리적으로는 다른 명시적 오류 신호 기법도 동일하다. IOException은 검사 예외이기 때문에 예외 처리를 하거나 그렇지 않으면 DataLogger.logDataPoint() 함수의 시그니처에 표시해야 한다. DataLogger.logDataPoint() 함수 내에서 이러한 오류를 처리할 수 있는 합리적인 방법은 없지만, 함수 시그니처에 추가하면 이 함수를 호출하는 모든 코드를 수정하고 그보다 더 위 계층의 코드까지도 수정해야 할 수도 있다. 이렇게 할 경우 작업의 양이 너무 많기 때문에 개발자는 여기에서 오류를 숨기고 아래 예제와 같은 코드를 작성할지도 모른다.

예제 4.29 **검사 예외 숨기기**

```
class DataLogger {
  private final DiskDataStore dataStore;
  ...

  void logDataPoint(Instant time, Double value) {
    try {
      dataStore.store(new DataPoint(time.toMillis(), value));
    } catch (IOException e) {}          ◁── IOException 오류가
  }                                          호출자에게 숨겨진다.
}
```

이 장에서 앞서 언급한 바와 같이, 오류를 숨기는 것은 결코 좋은 생각이 아니다. 이제 DataLogger. logDataPoint() 함수는 자신이 수행해야 할 기능을 항상 수행하지는 않게끔 변경됐다. 이 함수를 호출할 때 데이터가 저장되지 않을 수도 있지만, 호출하는 쪽에서는 이 사실을 알지 못한다. 명시적인 오류 전달 방식을 사용하면 코드의 계층을 올라가면서 오류를 반복적으로 전달하고 이를 처리하는 일련의 작업이 필요한데, 이런 번거로운 작업 대신 개발자는 편의를 도모하고 잘못된 작업을 하고 싶은 마음이 들 수 있다. 비검사 예외의 사용에 찬성하기 위해 자주 표현되는 주장 중 하나가 이 문제에 대해 실용적으로 접근해야 한다는 주장이다.

## 4.5.2 명시적 기법을 사용해야 한다는 주장

잠재적으로 복구할 수 있는 오류에 대해 명시적인 오류 전달 기술을 사용하는 것이 더 나은 이유에 대한 주장은 일반적으로 다음과 같다.

### 매끄러운 오류 처리

비검사 예외를 사용한다면 모든 오류를 매끄럽게 처리할 수 있는 단일 계층을 갖기가 어렵다. 예를 들어 사용자 입력이 잘못되면 해당 입력 필드 바로 옆에 오류 메시지를 보여주는 것이 타당하다. 입력을 처리하는 코드를 작성하는 엔지니어가 오류 시나리오를 알지 못하고 더 높은 수준으로 전달되도록 내버려 둔다면, 이는 사용자 친화적이지 않은 오류 메시지를 UI에 표시할 수 있다.

(반환 유형이나 검사 예외를 사용하여) 호출하는 쪽에 잠재적 오류를 강제적으로 인식하도록 하면 이러한 오류를 좀 더 매끄럽게 처리할 가능성이 커진다. 암시적인 방식을 사용하면 개발자는 오류가 일어날 수 있다는 것을 알지 못하는데 하물며 그것을 어떻게 처리할 수 있을까?

### 실수로 오류를 무시할 수 없다

어떤 호출자의 경우에는 실제로 오류를 처리해야 하는 경우가 있을 수 있다. 비검사 예외가 사용되면 적극적인 의사 결정이 들어갈 여지는 줄어들고 대신 기본적으로 잘못된 일(오류를 처리하지 않는 일)이 일어나기 쉽다. 이는 개발자(및 코드 검토자)가 특정 오류가 발생할 수 있다는 사실을 완전히 알지 못하기 때문이다.

만약 반환 타입이나 검사 예외와 같이 보다 더 명시적인 오류 전달 방식을 사용한다 해도, 개발자들은 여전히 잘못된 일을 할 수 있다(가령 예외를 포착하지만 무시해버린다). 하지만 이렇게 하는 것은 적극적인 노력이 필요하고 눈에 띄는 위반 사항이다. 따라서 이런 상황은 코드 검수 시 명확하게 드러나게 되고, 이런 잘못된 코드를 차단할 가능성이 커진다. 좀 더 명확한 오류 전달 방식을 사용하면 잘못된 일이 기본적으로 혹은 실수로 인해 일어나지 않는다.

그림 4.5는 비검사 예외와 검사 예외를 사용하는 경우 변경된 코드가 검토자에게 어떻게 보이는지를 대조해서 보여준다. 비검사 예외를 사용할 경우 코드에서 나쁜 일이 발생한다는 사실이 분명하게 드러나지 않지만, 검사 예외를 사용할 경우는 이 점이 아주 명백하게 드러난다. 다른 명시적 오류 전달 기법(예: `@CheckReturnValue` 애너테이션으로 강제되는 결과 반환 유형)은 개발자의 위반 사항이 코드 변경 시에도 이와 비슷하게 분명하게 나타나도록 해준다.

```
class TemperatureLogger {
    private final Thermometer thermometer;
    private final DataLogger dataLogger;
    ...

    void startLogging() {
        Timer.schedule(
            logCurrentTemperature,
            Duration.ofMinutes(1));
    }

+   void logCurrentTemperature() {
+       dataLogger.logDataPoint(
+           Instant.now(),
            thermometer.getTemperature());
    }
}

class DataLogger {
    ...

    /**
     * @throws UncheckedIOException if
     * saving data point fails.
     */
    void logDataPoint(
        Instant time,
        Double value) { ... }
}
```

UncheckedIOException이 처리되지 않았지만
새로운 코드는 명백히 잘못된 코드가 아니다.

```
class TemperatureLogger {
    private final Thermometer thermometer;
    private final DataLogger dataLogger;
    ...

    void startLogging() {
        Timer.schedule(
            logCurrentTemperature,
            Duration.ofMinutes(1));
    }

+   void logCurrentTemperature() {
+       try {
+           dataLogger.logDataPoint(
+               Instant.now(),
+               thermometer.getTemperature());
+       } catch (IOException e) {
+           logError(e);
+       }
    }
}

class DataLogger {
    ...

    void logDataPoint(
        Instant time,
        Double value) throws IOException
        { ... }
}
```

IOException이 적절하게 처리되지 않았지만
새로운 코드로부터 이 사실이 명백하게 보이고
코드를 검수할 때 쉽게 눈에 띈다.

Timer.schedule()은 새로운 스레드를 시작하기 때문에
스케줄된 코드에서 발생하는 어떠한 예외도
이 계층 이상으로 올라가지는 않는다.

그림 4.5 명시적 오류 전달 기법을 사용할 때, 오류를 적절히 처리하지 않으면 종종 고의적이고 노골적인 위반이 발생할 수 있다. 반대로 비검사 예외를 사용하면 오류가 제대로 처리되지 않았다는 사실을 코드에서 알 수 없다.

## 개발자들이 무엇을 할 것인지에 대해서 실용적이어야 함

개발자들이 오류 처리를 너무 많이 해야 되서 잘못되게 처리한다는 주장은 비검사 예외의 사용을 반박하는 것에도 적용할 수 있다. 비검사 예외가 코드베이스 전반에 걸쳐 제대로 문서화된다는 보장이 없고, 개인적인 경험에 비추어 보면 문서화되지 않는 경우가 많다. 이는 종종 어떤 코드가 어떤 예외를 발생시킬 것인지 확실하게 알지 못한다는 것을 의미하고, 이로 인해 예외를 처리하는 것이 당황스러운 두더지 잡기 게임이 될 수 있다.

예제 4.30 코드는 데이터 파일이 유효한지 확인하는 함수를 보여준다. 이 작업을 수행하기 위해 파일이 잘못되었음을 나타내는 예외가 발생하는지 확인한다. `DataFile.parse()`는 여러 가지의 비검사 예외를 발생시킨다. `isDataFileValid()` 함수의 작성자는 아래 코드에서 볼 수 있듯이 이 중에서 세 가지의 비검사 예외를 처리한다.

예제 4.30 **여러 유형의 비검사 예외 처리**

```
Boolean isDataFileValid(byte[] fileContents) {
  try {
    DataFile.parse(fileContents);        ◄──  문서화되지 않고 비검사 예외를
    return true;                              여러 개 발생시킬 수 있다.
  } catch (InvalidEncodingException ¦
           ParseException ¦                    세 가지의 비검사 예외를
           UnrecognizedDataKeyException e) {    처리한다.
    return false;
  }
}
```

코드를 배포한 후 `isDataFileValid()` 함수의 작성자는 시스템이 자주 작동을 멈춘다는 보고를 접한다. 그 이유를 조사해보니 `DataRangeException`이라는 또 다른 종류의 문서화되지 않은 비검사 예외로 인해 장애가 발생한다는 사실을 알게 된다. 이 시점에서 코드 작성자는 이러한 모든 비검사 예외들을 처리하기 위해 두더지 잡기 게임을 하는 것에 지쳐서 모든 종류의 예외를 나타내는 일반적인 예외로 처리하고 말기로 결정할 수 있다. 다음 예제는 이 상황을 보여준다.

```
Boolean isDataFileValid(byte[] fileContents) {
  try {
    DataFile.parse(fileContents);
    return true;
  } catch (Exception e) {     ◄───┐  모든 종류의 예외를
    return false;                  │  처리한다.
  }
}
```

이 코드에서와 같이 모든 예외를 다 아우르는 예외를 처리하는 것은 바람직하지 않다. 이렇게 하면 프로그램이 현실적으로 복구할 수 없는 많은 오류를 포함하여 거의 모든 유형의 오류가 숨겨진다. 어쩌면 심각한 프로그래밍 오류가 숨겨질 수도 있다. 이것은 `DataFile.parse()` 함수의 버그일 수도 있고, `ClassNotFoundException`과 같은 심각한 소프트웨어 구성 오류일 수도 있다. 어느 쪽이든 이러한 프로그래밍 오류는 이제 전혀 눈에 띄지 않을 것이고, 소프트웨어는 조용하고 이상한 방식으로 실패할 수 있다.

예제 4.31의 코드와 같은 위반 사항은 상당히 노골적이므로 코드 검토 중에 발견되고 수정되어야 한다. 그러나 코드 검토 프로세스가 이와 같은 위반을 탐지할 만큼 충분히 강력하지 않다면, 비검사 예외를 사용하든 명시적인 오류 전달 처리 방식을 사용하든 어느 경우라도 문제가 있을 수 있다는 것을 알아야 한다. 진짜 문제는 개발자들이 일을 허술하게 하고 이것을 걸러낼 강력한 과정이 없다는 점이다.

---

### 표준 예외 유형 고수

이러한 두더지 잡기 게임식의 예외 처리를 피하기 위해 비검사 예외를 사용하는 개발자가 선호하는 방식은 ArgumentException이나 StateException과 같은 표준 예외 유형 혹은 그것들의 서브 클래스를 사용하는 것이다. 다른 개발자들은 이런 표준 예외들이 발생할 것이라고 예측하고 이것들을 적절하게 처리함으로써 신경 써야 할 예외의 종류가 줄어든다.

하지만 서로 다른 오류 시나리오를 구별하는 기능을 제한할 수 있다는 단점이 있다. StateException을 초래한 원인이 여러 가지인데 그중 어떤 것은 호출자가 복구하려는 것일 수 있지만, 다른 것은 그렇지 않을 수 있다. 지금까지 다룬 내용을 통해 알 수 있듯이 오류 전달과 처리에 대한 내용은 완전무결한 과학의 영역이 아니고 어떤 방법을 사용하든지 고려해야 할 장단점이 있다.

### 4.5.3 필자의 의견: 명시적 방식을 사용하라

호출하는 쪽에서 복구하기를 원할 수도 있는 오류에 대해 비검사 예외를 사용하지 않는 것이 최상이라는 것이 필자의 의견이다. 필자의 경험상 비검사 예외의 사용은 코드베이스 전반에 걸쳐 완전히 문서화되는 경우가 매우 드물며, 이것이 의미하는 바는 해당 함수에 대해 발생 가능한 오류와 이에 대한 처리를 어떻게 해야 하는지 개발자가 확실하게 알기란 거의 불가능하다는 것이다.

호출하는 쪽에서 미리 알고 있었더라면 복구하기를 원할 수도 있는 오류에 대해 비검사 예외를 발생하고 이를 문서화하지도 않은 채 사용하는 경우 너무 많은 버그와 작동 실패가 일어나는 것을 경험했다. 따라서 호출하는 쪽에서 복구하기를 원할 가능성이 있다면 명시적 오류 전달 방식을 사용하는 것을 개인적으로 선호한다.

이 절에서 이미 논의한 바와 같이 이 접근 방식에 몇 가지 단점이 있지만, 개인적인 경험에 비추어 보면 이러한 종류의 오류에 대해 비검사 예외를 사용하면 오히려 심각한 문제가 더 많았다. 앞서 언급했듯이 더 바람직하지 않은 상황은 팀 내에서 각자 개발자들이 서로 다른 접근 방식을 사용하는 것이다. 따라서 팀원들이 오류 전달에 대한 철학에 동의하고 그것을 따르는 것이 가장 바람직하다.

## 4.6 컴파일러 경고를 무시하지 말라

3장에서는 코드가 잘못되거나 오용되면 컴파일러 오류가 일어나도록 하는 몇 가지 기술을 살펴봤다. 컴파일러 오류뿐만 아니라 대부분의 컴파일러는 경고 메시지도 출력한다. 컴파일러 경고는 어떤 식으로든 코드가 의심스러우면 표시를 하는데, 이것은 버그에 대한 조기 경고일 수 있다. 이러한 경고에 주의를 기울이면 코드베이스에 병합되기 훨씬 전에 코드로부터 프로그래밍 오류를 발견하고 제거할 수 있다.

이를 설명하기 위해 예제 4.32 코드를 살펴보자. 이 예제 코드는 사용자에 대한 정보를 저장하는 클래스를 보여준다. 이 클래스는 getDisplayName() 함수가 사용자의 표시 이름이 아닌 실제 이름을 잘못 반환하는 버그를 가지고 있다.

예제 4.32 **컴파일러 경고를 유발하는 코드**

```
class UserInfo {
  private final String realName;
  private final String displayName;

  UserInfo(String realName, String displayName) {
    this.realName = realName;
```

```
      this.displayName = displayName;
  }

  String getRealName() {
    return realName;
  }

  String getDisplayName() {
    return realName;      ◄──  사용자의 실제 이름이
  }                            잘못 반환된다.
}
```

이 코드는 컴파일되지만 컴파일러는 '경고: 프라이빗 멤버 'UserInfo.displayName'은 할당된 값을 읽는 경우가 전혀 없기 때문에 없애도 된다'라는 경고를 보여줄 것이다. 이 경고를 무시하면 이 버그에 대해 모를 수 있다. 테스트가 이 버그를 발견할 수 있기를 바랄 수도 있지만, 테스트를 통해 발견되지 않는다면 이것은 사실 사용자의 개인 정보를 좋지 않은 방식으로 침해하는 꽤 심각한 버그가 될 수 있다.

대부분의 컴파일러는 경고를 오류로 여기고 코드가 컴파일되지 않도록 설정할 수 있다. 이렇게 하는 것이 다소 과장되고 엄격해 보일 수 있지만, 개발자들이 경고를 알아차리고 그에 따라 행동하도록 강제하기 때문에 실제로는 매우 유용하다.

경고가 실제로 걱정할 것이 아닌 경우에는 일반적으로 (모든 경고를 해제할 필요 없이) 특정 경고만 억제할 수 있는 방법이 있다. 예를 들어 UserInfo 클래스에 사용되지 않는 변수가 있는 타당한 이유가 있는 경우 경고가 표시되지 않게 할 수 있다. 다음 예제는 이에 관해 보여준다.

예제 4.33 **컴파일러 경고 표시 억제**

```
class UserInfo {
  private final String realName;

  // 실제 이름을 사용하지 않도록 마이그레이션 작업중이라 displayName이 지금은
  // 사용되지 않는다. 이것은 곧 사용할 것을 대비해 만들어 놓은 변수다.
  // 마이그레이션에 대한 상세한 내용은 이슈 #7462를 참고하라.
  @Suppress("unused")
  private final String displayName;      ◄──  이 필드에 대한 경고 메시지가 있더라도
                                              컴파일러는 출력하지 않는다.
  UserInfo(String realName, String displayName) {
    this.realName = realName;
    this.displayName = displayName;
  }
```

```
    String getRealName() {
      return realName;
    }

    String getDisplayName() {
      return realName;
    }
  }
```

컴파일러 경고를 중요하지 않은 것으로 치부하고 싶은 마음이 들 수 있다. 결국 코드는 여전히 컴파일되기 때문에 치명적인 문제는 없다고 가정하기 쉽다. 경고는 단지 경고일 뿐이지만 종종 코드에 문제가 있다는 신호일 수 있으며, 어떤 상황에서는 심각한 버그가 될 수 있다. 앞의 예가 보여주듯이 컴파일러 경고를 알아차리고 조치를 취하는 것이 좋다. 모든 이슈는 수정되었거나 정당한 이유가 있는 경우 유효한 설명과 함께 명시적으로 억제하기 때문에 코드를 컴파일할 때 경고가 없는 것이 이상적이다.

## 요약

- 오류에는 크게 두 가지 종류가 있다.
    - 시스템이 복구할 수 있는 오류
    - 시스템이 복구할 수 없는 오류
- 해당 코드에 의해 생성된 오류로부터 복구할 수 있는지 여부를 해당 코드를 호출하는 쪽에서만 알 수 있는 경우가 많다.
- 에러가 발생하면 신속하게 실패하는 것이 좋고, 에러를 복구할 수 없는 경우에는 요란하게 실패하는 것이 바람직하다.
- 오류를 숨기는 것은 바람직하지 않을 때가 많으며, 오류가 발생했다는 신호를 보내는 것이 바람직하다.
- 오류 전달 기법은 두 가지 범주로 나눌 수 있다.
    - 명시적 방법: 코드 계약의 명확한 부분. 호출하는 쪽에서는 오류가 발생할 수 있음을 인지한다.
    - 암시적 방법: 코드 계약의 세부 조항을 통해 오류에 대한 설명이 제공되거나 전혀 설명이 없을 수도 있다. 오류가 발생할 수 있다는 것을 호출하는 쪽에서 반드시 인지하는 것은 아니다.
- 복구할 수 없는 오류에 대해서는 암시적 오류 전달 기법을 사용해야 한다.

- 잠재적으로 복구할 수 있는 오류에 대해서는
  - 명시적 혹은 암시적 기법 중 어느 것을 사용할지에 대해서는 개발자들 사이에서도 일치되는 의견이 없다.
  - 필자의 의견으로는 명시적인 기법이 사용되어야 한다.
- 컴파일러 경고는 종종 코드에 문제가 있을 때 이에 대해 표시해준다. 이 경고에 주의를 기울이는 것이 바람직하다.

PART

# II

## 실전

1장에서는 다소 거창하게 명명한 '코드 품질의 여섯 가지 핵심'에 대해 살펴봤다. 이것은 고품질의 코드를 작성하기 위해 도움이 되는 몇 가지 높은 층위에서의 전략을 제공한다. 2부에서는 이들 중 처음 다섯 가지를 좀 더 실용적인 방법으로 자세히 살펴본다.

2부의 각 장은 코드 품질의 한 요소씩 초점을 맞추고 있으며, 장 내의 각 절은 특정한 고려 사항이나 기법을 보여준다. 일반적인 패턴은 먼저 코드에서 문제가 될 수 있는 일반적인 방법을 보여준 다음 특정 기술을 사용하여 상황을 개선하는 방법을 보여준다. 장 내의 각 절은 상대적으로 독립적으로 구성되어 있으며, 특정 개념이나 고려 사항을 다른 개발자에게 설명하고자 할 때 유용한 참고 문헌이 될 것으로 희망한다(예를 들자면 코드 검토 도중).

각 장에 수록된 주제가 전부는 아니다. 예를 들어 7장에서는 코드를 오용하기 어렵게 만드는 여섯 가지 특정 주제를 논의한다. 이것은 코드를 오용하기 어렵게 만들기 위해 이 여섯 가지만 고려하면 충분하다는 것을 의미하지 않는다. 이 여섯 가지 항목의 이면을 이해함으로써 1부에서 배운 이론적인 것들과 결합하여 어떤 상황에서든 우리를 가이드해 줄 수 있는 폭넓은 판단력을 기르는 것이 목적이다.

PART II

# In practice

CHAPTER

# 5

# 가독성 높은 코드를
# 작성하라

**이번 장에서는 다음과 같은 내용을 다룬다.**

- 코드가 그 자체로 설명이 되도록 하기 위한 방법
- 다른 사람들에게 코드의 세부적 내용을 명확하게 함
- 언어의 기능을 사용할 때 그에 합당한 이유를 가져야 함

가독성은 본질적으로 주관적인 것이며 그것이 정확히 무엇을 의미하는지 확실하게 정의하기는 어렵다. 가독성의 핵심은 개발자가 코드의 기능을 빠르고 정확하게 이해할 수 있도록 하는 것이다. 실제로 이렇게 하려면 다른 사람의 관점에서 보았을 때, 코드가 혼란스럽거나 잘못 해석될 수 있는지를 상상하고 공감해야 할 때가 많다.

이번 장에서는 코드를 보다 쉽게 읽을 수 있도록 하기 위한 가장 일반적이고 효과적인 기법의 확실한 토대를 제공한다. 그러나 실제 상황이 다르고 저마다의 고려 사항이 있기 때문에 상식의 사용과 적절한 판단이 필수적임을 기억해야 한다.

## 5.1 서술형 명칭 사용

이름은 사물을 고유하게 식별하기 위해 필요하지만 무엇인지에 대해 간단한 설명을 할 때도 많다. **토스터**라는 단어는 부엌에 있는 가전제품을 고유하게 식별하면서 그것이 무엇을 하는지도 많은 힌트를

준다. 즉, 그것은 무언가를 굽는 것이다. 만약 토스터를 토스터라고 부르는 대신 '객체 A'라고 부르자고 주장한다면 '객체 A'가 정확히 무엇이고 무엇을 하는지 기억하기는 쉽지 않을 것이다.

코드에서 이름을 지을 때도 같은 원리가 적용된다. 클래스, 함수, 변수와 같은 것들을 고유하게 식별하기 위해 이름이 필요하다. 하지만 이름을 붙이는 것은 그것이 스스로 설명되는 방식으로 언급함으로써 읽기 쉬운 코드 작성을 위한 기회이기도 하다.

### 5.1.1 서술적이지 않은 이름은 코드를 읽기 어렵게 만든다

예제 5.1은 이름을 짓는 데 있어 서술적인 이름을 짓기 위한 어떠한 노력도 기울이지 않을 때, 코드가 어떻게 보일지 보여주는 다소 극단적인 예다. 20~30초 동안 코드를 살펴보고 이 코드가 무슨 일을 하는지 파악하는 것이 얼마나 어려운지 확인해보라.

예제 5.1 **서술적이지 않은 이름**

```
class T {
  Set<String> pns = new Set();
  Int s = 0;
  ...
  Boolean f(String n) {
    return pns.contains(n);
  }

  Int getS() {
    return s;
  }
}

Int? s(List<T> ts, String n) {
  for (T t in ts) {
    if (t.f(n)) {
      return t.getS();
    }
  }
  return null;
}
```

만약 이 코드가 무엇을 하는지 설명하라는 요청을 받는다면 뭐라고 답하겠는가? 다음에 나올 내용을 미리 읽지 않았다면 이 코드가 무엇을 하는지, 코드에 있는 문자열, 정수, 클래스가 어떤 개념을 나타내는지 전혀 모를 것이다.

## 5.1.2 주석문으로 서술적인 이름을 대체할 수 없다

이를 개선할 수 있는 한 가지 방법은 주석문과 문서를 추가하는 것이다. 작성자가 이 작업을 수행했다면 코드는 예제 5.2와 같을 것이다. 이것은 조금 개선된 코드지만, 여전히 다음과 같은 많은 문제가 있다.

- 코드가 훨씬 더 복잡해보인다. 작성자와 다른 개발자는 코드뿐만 아니라 주석문과 문서도 유지보수해야 한다.
- 개발자는 코드를 이해하기 위해 파일을 계속해서 위아래로 스크롤해야 한다. 코드를 파악할 때 getS() 함수를 보고 변수 s의 용도를 잊어버린 경우, s가 무엇인지 설명하는 주석을 찾기 위해 파일 맨 위로 스크롤해야 한다. T 클래스가 수백 줄의 길이라면, 이것은 꽤 번거로운 일이다.
- 함수 s()의 내용을 확인할 때 클래스 T를 살펴보지 않는 한 t.f(n)와 같은 호출이 무엇을 하는지 또는 무엇이 반환되는지 알기 어렵다.

예제 5.2 **서술적인 이름 대신 주석문 사용**

```
/** 팀을 나타낸다. */
class T {
  Set<String> pns = new Set(); // 팀에 속한 선수의 이름
  Int s = 0; // 팀의 점수
  …
  /**
   * @param n 플레이어의 이름
   * @return true 플레이어가 팀에 속해 있는 경우
   */
  Boolean f(String n) {
    return pns.contains(n);
  }

  /**
   * @return 팀의 점수
   */
  Int getS() {
    return s;
  }
}

/**
 * @param ts 모든 팀의 리스트
 * @param n 플레이어의 이름
 * @return 플레이어가 속해 있는 팀의 점수
 */
Int? s(List<T> ts, String n) {
```

```
  for (T t in ts) {
    if (t.f(n)) {
      return t.getS();
    }
  }
  return null;
}
```

예제 5.2에서 매개변수 및 반환 유형을 주석문으로 설명하는 것은 다른 개발자가 코드 사용 방법을 이해하는 데 도움이 될 수 있다. 하지만 서술적인 이름을 붙이는 대신 주석문을 사용하면 안 된다. 5.2절에서는 주석문과 문서화의 사용에 대해 더 자세히 다룬다.

### 5.1.3 해결책: 서술적인 이름 짓기

서술적인 이름을 사용하면 조금 전에 살펴본 이해하기 어려운 코드가 갑자기 이해하기 쉬운 코드로 바뀐다. 다음 예제는 이전 코드가 서술적인 이름을 사용했을 때 어떻게 되는지 보여준다.

예제 5.3 **서술적인 이름**

```
class Team {
  Set<String> playerNames = new Set();
  Int score = 0;
  ...
  Boolean containsPlayer(String playerName) {
    return playerNames.contains(playerName);
  }

  Int getScore() {
    return score;
  }
}

Int? getTeamScoreForPlayer(List<Team> teams, String playerName) {
  for (Team team in teams) {
    if (team.containsPlayer(playerName)) {
      return team.getScore();
    }
  }
  return null;
}
```

코드는 이제 훨씬 더 이해하기 쉽다.

- 이제 변수, 함수 및 클래스가 별도로 설명할 필요가 없이 자명하다.
- 코드를 따로 떼어내 보면 더 의미가 있다. `team.containsPlayer(playName)`과 같은 호출이 무엇을 하는지 무슨 값을 반환하는지 Team 클래스를 확인하지 않더라도 분명하게 알 수 있다. 이전에는 이 함수 호출이 `t.f(n)`이었기 때문에 변경된 코드에서는 가독성이 크게 향상되었다.

또한, 이 코드는 주석문을 사용한 경우보다 덜 지저분하고 개발자가 주석문까지 관리할 필요 없이 코드에만 집중할 수 있다.

## 5.2 주석문의 적절한 사용

코드 내에서 주석문이나 문서화는 다음과 같은 다양한 목적을 수행할 수 있다.

- 코드가 **무엇**을 하는지 설명
- 코드가 **왜** 그 일을 하는지 설명
- 사용 지침 등 기타 정보 제공

이번 절에서는 이 중 처음 두 가지, 즉 무엇을 하는지, 왜 하는지를 설명하기 위해 주석문을 사용하는 것에 관해 중점적으로 설명한다. 사용 지침과 같은 기타 정보는 일반적으로 코드 계약의 일부를 구성하며 3장에서 논의했다.

클래스와 같이 큰 단위의 코드가 무엇을 하는지 요약하는 높은 수준에서의 주석문은 유용하다. 그러나 하위 수준에서 한 줄 한 줄 코드가 무엇을 하는지 설명하는 주석문은 가독성을 높이기 위한 효과적인 방법이 아니다.

서술적인 이름으로 잘 작성된 코드는 그 자체로 줄 단위에서 무엇을 하는지 설명한다. 코드의 기능을 설명하기 위해 낮은 층위의 주석문을 많이 추가해야 한다면, 이것은 코드 자체의 가독성이 떨어진다는 신호다. 반면에 코드가 왜 그 일을 하는지에 대한 이유나 배경을 설명하는 주석문은 유용할 때가 많은데, 코드만으로는 이를 명확히 할 수 없기 때문이다.

이번 절에서는 주석문의 사용 방법과 시기에 대한 일반적인 지침을 제공하지만 이것이 반드시 따라야 할 엄격한 규칙은 아니다. 어떻게 해야 이해하기 쉽고 유지보수하기 쉬운 코드를 작성할 수 있을지는 상식적으로 생각하면 된다. 어렵고 복잡한 비트 논리를 쓸 수밖에 없다거나, 코드를 최적화하기 위해 몇 가지 번뜩이는 트릭을 반드시 사용해야 한다면, 낮은 층위에서 코드가 무엇을 하는지 설명하는 주석문이 유용할 것이다.

## 5.2.1 중복된 주석문은 유해할 수 있다

예제 5.4의 코드에서는 성과 이름을 마침표로 연결해서 ID를 생성한다. 주석문을 사용해서 코드가 하는 일을 설명하지만 코드 자체로 설명이 되기 때문에 이 주석문은 쓸모가 없다.

예제 5.4 **코드가 수행하는 작업을 설명하는 주석문**

```
String generateId(String firstName, String lastName) {
  // "{이름}.{성}"의 형태로 ID를 생성한다.
  return firstName + "." + lastName;
}
```

이런 불필요한 주석문은 다음과 같은 이유로 인해 단지 쓸모없는 것 이상으로 더 나쁠 수 있다.

- 개발자는 주석문을 유지보수해야 한다. 코드를 변경하면 주석문 역시 수정해야 한다.

- 코드를 지저분하게 만든다. 모든 코드 줄이 이와 같은 관련 주석을 가지고 있다고 상상해보라. 100줄의 코드를 읽으려면 100줄의 코드와 100개의 주석문을 읽어야 한다. 이런 주석문은 추가적인 정보를 제공하지 않기 때문에 개발자의 시간만 낭비할 뿐이다.

이 코드에서는 주석문을 지우고 코드가 그 자체로 설명하도록 하는 것이 더 좋다.

## 5.2.2 주석문으로 가독성 높은 코드를 대체할 수 없다

예제 5.5는 이전 예제 코드와 동일하게 마침표를 사용하여 성과 이름을 결합함으로써 ID를 생성한다. 하지만 이번에는 이름과 성이 배열의 첫 번째와 두 번째 요소로 주어지기 때문에 코드 자체만 보면 이에 대한 것을 알 수 없다. 따라서 이 코드에는 이에 대해 설명하는 주석문이 있다. 여기에서 코드 자체로 명확하지 않기 때문에 주석문이 유용한 것처럼 보이지만, 진짜 문제는 코드가 읽기 쉽도록 작성되지 않았다는 점이다.

예제 5.5 **주석문이 있는 이해하기 어려운 코드**

```
String generateId(String[] data) {
    // data[0]는 유저의 이름이고 data[1]은 성이다.
    // "{이름}.{성}"의 형태로 ID를 생성한다.
    return data[0] + "." + data[1];
}
```

코드 자체가 가독성이 높지 않기 때문에 주석문이 필요하지만 더 나은 접근법은 가독성이 좋은 코드를 작성하는 것이다. 이 시나리오에서는 잘 명명된 헬퍼 함수를 사용하면 가독성 높은 코드를 쉽게 작성할 수 있다. 다음 예제 코드는 이것을 보여준다.

예제 5.6 **가독성이 더 좋아진 코드**

```
String generateId(String[] data) {
    return firstName(data) + "." + lastName(data);
}

String firstName(String[] data) {
    return data[0];
}

String lastName(String[] data) {
    return data[1];
}
```

코드 자체로 설명이 되도록 코드를 작성하면 유지 및 관리의 과도한 비용을 줄이고, 주석문의 내용이 업데이트되지 않거나 잘못될 가능성을 없애주기 때문에 주석문을 사용하는 것보다 더 선호될 때가 많다.

### 5.2.3 주석문은 코드의 이유를 설명하는 데 유용하다

코드가 그 일을 **왜** 수행하는지는 코드 자체로는 설명하기 어렵다. 특정 코드가 존재하는 이유나 어떤 일을 수행하는 목적은 코드를 파악하고자 하는 다른 개발자가 알 수 없는 배경 상황이나 지식과 관련 있을 수 있다. 이러한 배경 상황이나 지식이 코드를 이해하거나 안전하게 수정하기 위해 중요한 경우 주석문은 매우 유용하다. 다음과 같은 경우에는 주석문을 사용해 코드가 존재하는 이유를 설명하면 좋다.

- 제품 또는 비즈니스 의사 결정
- 이상하고 명확하지 않은 버그에 대한 해결책

- 의존하는 코드의 예상을 벗어나는 동작에 대처

예제 5.7은 사용자의 ID를 얻는 함수가 포함되어 있다. 이 함수는 사용자가 언제 가입했는지에 따라 두 가지 다른 방법으로 ID를 생성한다. 코드만으로는 그렇게 하는 이유가 분명하지 않을 것이므로 주석문을 사용하여 설명한다. 이를 통해 다른 개발자가 코드를 혼동하는 것을 방지하고, 이 코드를 수정해야 할 경우 어떤 고려 사항이 적용되는지 알 수 있다.

**예제 5.7** **코드가 존재하는 이유를 설명하는 주석문**

```
class User {
  private final Int username;
  private final String firstName;
  private final String lastName;
  private final Version signupVersion;
  ...

  String getUserId() {
    if (signupVersion.isOlderThan("2.0")) {
      // (v2.0 이전에 등록한) 레거시 유저는 이름으로 ID가 부여된다.
      // 자세한 내용은 #4218 이슈를 보라.
      return firstName.toLowerCase() + "." +
          lastName.toLowerCase();
    }
    // (v2.0 이후로 등록한) 새 유저는 username으로 ID가 부여된다.
    return username;
  }
  ...
}
```

어떤 코드가 왜 존재하는지 이유를 설명하는 주석문

이것은 코드를 약간 지저분하게 만들지만, 이로 인해 얻는 이점이 더 크다. 주석문 없이 코드만으로는 혼란을 일으킬 수 있다.

## 5.2.4 주석문은 유용한 상위 수준의 요약 정보를 제공할 수 있다

코드가 무슨 일을 하는지 설명하는 주석문과 문서는 마치 책을 읽을 때 줄거리와 같다.

- 책을 읽으려고 하는데 모든 페이지의 모든 단락 앞에 한 문장짜리 줄거리가 있다면 꽤 성가시고 읽기 어려운 책이 될 것이다. 코드가 무엇을 하는지 설명하는 하위 수준의 주석문은 마치 이와 같아서 가독성이 오히려 떨어진다.

- 반면에 책의 뒤표지나 각 장의 시작 부분에 내용을 간략하게 요약해서 보여주면 매우 유용할 수 있다. 독자는 그 책이나 해당 장의 내용이 자신에게 유용한지 혹은 흥미로운지 빠르게 확인할 수

있다. 클래스가 하는 일을 요약한 상위 수준의 주석문은 마치 이와 같다. 다른 개발자는 그 클래스가 그들에게 유용한지 혹은 그것이 어떤 영향을 미칠지 쉽게 가늠해볼 수 있다.

코드 기능에 대한 상위 수준에서의 개략적인 문서는 다음과 같은 경우에 유용하다.

- 클래스가 수행하는 작업 및 다른 개발자가 알고 있어야 할 중요한 세부 사항을 개괄적으로 설명하는 문서
- 함수에 대한 입력 매개변수 또는 기능을 설명하는 문서
- 함수의 반환값이 무엇을 나타내는지 설명하는 문서

3장에서 설명했던 내용도 기억하는 것이 좋다. 문서가 중요하지만 개발자들이 읽지 않는 경우가 많다는 사실에 현실적으로 대처해야 한다. 따라서 예측대로 실행되고 오용을 방지하는 코드를 작성하려고 할 때, 문서나 주석문에 너무 많이 의존하지 않는 것이 바람직하다(6장 및 7장에서는 이를 위한 보다 효과적인 기술을 다룰 것이다).

예제 5.8은 User 클래스가 전체적으로 수행하는 작업을 요약하기 위해 주석문을 사용하는 방법을 보여준다. 이것은 '스트리밍 서비스'의 사용자와 관련이 있고 잠재적으로 데이터베이스와 동기화되지 않을 수 있다는 사실과 같은 몇 가지 유용한 상위 수준의 정보를 제공한다.

예제 5.8 **클래스에 대한 상위 수준의 문서화**

```
/**
 * 스트리밍 서비스의 유저에 대한 자세한 사항을 갖는다.
 *
 * 이 클래스는 데이터베이스에 직접 연결하지 않는다. 대신 메모리에 저장된 값으로
 * 생성된다. 따라서 이 클래스가 생성된 이후에 데이터베이스에서 이뤄진 변경 사항을
 * 반영하지 않을 수 있다.
 */
class User {
  ...
}
```

주석과 문서화는 코드만으로는 전달할 수 없는 세부 사항을 설명하거나 코드가 큰 단위에서 하는 일을 요약하는 데 유용하다. 단점으로는 이런 주석문과 문서도 유지 및 보수가 필요하고 내용이 제때 업데이트되지 않으면 코드와 맞지 않게 되고 코드가 지저분해질 수 있다. 따라서 주석과 문서화를 효과적으로 사용하기 위해서는 이런 장단점 사이에서 균형 잡힌 접근법이 필요하다.

## 5.3 코드 줄 수를 고정하지 말라

일반적으로 코드베이스의 코드 줄 수는 적을수록 좋다. 코드는 일반적으로 어느 정도의 지속적인 유지보수를 필요로 하며 코드의 줄이 많다는 것은 코드가 지나치게 복잡하거나, 기존 코드를 재사용하지 않고 있다는 신호일 수 있다. 또한, 코드 줄이 많으면 읽어야 할 코드의 양이 늘어나기 때문에 개발자의 인지 부하가 증가할 수 있다.

어떤 개발자들은 때로 이것을 극단적으로 받아들여 코드의 줄 수를 최소화하는 것이 코드 품질에 있어 가장 중요하다고 주장한다. 이른바 코드 품질을 개선했더니 3줄이면 끝날 코드가 10줄로 늘어나 코드가 더 나빠졌다는 불만이 간혹 제기된다.

그러나 코드 줄 수는 우리가 실제로 신경 쓰는 것들을 간접적으로 측정해줄 뿐이다. 대부분의 간접 측정이 그렇듯이 유용한 지침 원칙이긴 하지만 반드시 지켜야 할 엄격한 규칙은 아니라는 점을 기억해야 한다. 우리가 정말로 신경 쓰는 것은 코드에 대해 다음과 같은 사항들을 확실하게 하는 것이다.

- 이해하기 쉽다.
- 오해하기 어렵다.
- 실수로 작동이 안 되게 만들기가 어렵다.

모든 코드 라인이 동일한 것은 아니다. 매우 이해하기 어려운 코드 한 줄은 같은 일을 하는 이해하기 쉬운 코드 10 줄(또는 심지어 20 줄)에 비해 코드 품질을 쉽게 낮출 수 있다. 다음 두 하위 절에서 예를 통해 이를 살펴보자.

### 5.3.1 간결하지만 이해하기 어려운 코드는 피하라

코드의 줄 수가 얼마나 적으면 가독성이 떨어지는지 논의하기 위해 예제 5.9를 살펴보자. 이 예제 코드는 16비트 ID가 유효한지 확인하는 함수를 보여준다. 코드를 살펴본 후 자문해보라. 유효한 ID의 기준이 무엇인지 즉시 알 수 있는가? 대부분의 개발자들은 이 질문에 '아니오'라고 답할 것이다.

예제 5.9 **간결하지만 이해하기 어려운 코드**

```
Boolean isIdValid(UInt16 id) {
  return countSetBits(id & 0x7FFF) % 2 == ((id & 0x8000) >> 15);
}
```

이 코드는 패리티 비트를 검사하는데, 이는 데이터를 전송할 때 사용되는 오류 감지를 위한 값이다. 16비트 ID는 하위 15비트에 저장된 값과 최상위 1비트에 저장된 패리티 비트를 포함한다. 패리티 비트는 15비트 값으로 설정된 비트 수가 짝수인지 홀수인지를 나타낸다.

예제 5.9의 코드는 이해하기 어렵고 코드 자체로 설명이 되지도 않는다. 이 코드는 간결하지만 다음과 같이 많은 가정과 복잡성을 가지고 있다.

- ID의 하위 15비트에 값이 포함되어 있다.
- ID의 최상위 비트는 패리티 비트이다.
- 15비트로 표현된 값이 짝수인 경우 패리티 비트는 0이다.
- 15비트로 표현된 값이 홀수인 경우 패리티 비트는 1이다.
- 0x7FF는 하위 15비트를 위한 비트 마스크다.
- 0x8000은 최상위 비트에 대한 비트 마스크다.

이 모든 세부 사항과 가정을 매우 간결한 단 한 줄의 코드로 압축할 때 다음과 같은 문제가 있다.

- 다른 개발자는 이 단 한 줄의 코드에서 이 모든 세부 사항과 가정을 도출하기 위해 많은 노력을 기울여야 한다. 이로 인해 그들의 시간이 낭비되고, 또한 코드를 오해하고 코드를 수정할 때 작동하지 않게 될 가능성이 커진다.
- 이런 가정은 다른 코드에서 이루어진 가정과 일치해야 한다. 이 ID를 인코딩하는 코드가 다른 곳에 있다고 하자. 이 코드에서 패리티 비트를 (예를 들어) 최상위 비트가 아닌 최하위 비트로 사용하도록 코드를 수정하면, 예제 5.9의 코드는 올바르게 작동하지 않는다. 패리티 비트의 위치를 하위 문제로 만들어 이것을 로직의 유일한 최종 원천single source of truth으로 재사용하는 것이 더 나을 것이다.

예제 5.9의 코드는 간결하지만 거의 이해할 수 없다. 여러 개발자는 이 코드가 무엇을 하는지 이해하려고 많은 시간을 낭비할 가능성이 크다. 또한, 이 코드가 전제하고 있는 명확하지 않고 문서화되지 않은 많은 가정으로 인해 코드 수정에 상당히 취약하고, 수정된 코드가 제대로 동작하지 않기가 쉽다.

### 5.3.2 해결책: 더 많은 줄이 필요하더라도 가독성 높은 코드를 작성하라

더 많은 줄의 코드를 작성해서 ID 인코딩 및 패리티 비트에 대한 가정과 세부 사항이 코드를 읽는 누구에게나 더 명백해진다면 그렇게 하는 것이 훨씬 더 좋다. 예제 5.10은 어떻게 예제 5.9의 코드를 읽기 쉽게 만들 수 있는지를 보여준다. 이 코드에서는 잘 명명된 헬퍼 함수와 상수를 정의한다. 이로 인해 코드가 훨씬 더 이해하기 쉽고 하위 문제에 대한 해결책을 재사용할 수 있지만, 코드의 양은 더 많아진다.

```
Boolean isIdValid(UInt16 id) {
  return extractEncodedParity(id) ==
      calculateParity(getIdValue(id));
}

private const UInt16 PARITY_BIT_INDEX = 15;
private const UInt16 PARITY_BIT_MASK = (1 << PARITY_BIT_INDEX);
private const UInt16 VALUE_BIT_MASK = ~PARITY_BIT_MASK;

private UInt16 getIdValue(UInt16 id) {
  return id & VALUE_BIT_MASK;
}

private UInt16 extractEncodedParity(UInt16 id) {
  return (id & PARITY_BIT_MASK) >> PARITY_BIT_INDEX;
}

// 패리티 비트는 1인 비트의 수가 짝수이면 0이고
// 홀수이면 1이다.
private UInt16 calculateParity(UInt16 value) {
  return countSetBits(value) % 2;
}
```

코드의 줄 수가 많다는 것은 기존 코드를 재사용하지 않거나 무언가를 필요 이상으로 복잡하게 만들고 있다는 경고 신호가 될 수 있다. 따라서 추가되는 코드의 줄 수를 주시하는 것이 일반적으로는 바람직하다. 그러나 이것보다 더 중요한 것은 코드가 이해하기 쉬워야 하고, 어떤 상황에서도 잘 동작하며, 문제가 되는 동작을 할 가능성은 없는지 확인하는 것이다. 이것을 효과적으로 하기 위해 더 많은 코드가 필요하다면 그것은 문제가 되지 않는다.

## 5.4 일관된 코딩 스타일을 고수하라

문법적으로 올바른 문장을 쓰려면 지켜야 할 규칙들이 있다. 이에 더해 잘 읽히는 문장을 쓰기 위해 따라야 할 문체에 관한 지침들도 있다.

예를 들어 **서비스형 소프트웨어**software as a service에 대해 글을 쓰고 있다고 가정해보자. 일반적으로 a나 as와 같은 단어가 약자에 포함되면 대문자가 아닌 소문자를 사용하여 약칭한다. 따라서 **서비스형 소프트웨어**의 가장 친숙한 약자는 SaaS이다. 하지만 약자를 SAAS라고 쓴다면, 그 글을 읽는 다른 사람들은 서비스형 소프트웨어가 아닌 다른 어떤 것을 언급하고 있는지 궁금해할 것이다. 왜냐하면 SAAS는 **서비스형 소프트웨어** Software as a Service를 축약하는 용어로 생각하지 않기 때문이다.

코드도 마찬가지다. 프로그래밍 언어의 구문과 컴파일러는 (문법 규칙처럼) 허용되는 것을 규정하지만 개발자가 코드를 작성함에 따라 어떤 스타일로 작성할지는 상당히 자유롭다.

## 5.4.1 일관적이지 않은 코딩 스타일은 혼동을 일으킬 수 있다

예제 5.11 코드는 사용자 그룹 간의 대화를 관리하기 위한 클래스를 보여준다. 이 클래스는 여러 그룹 채팅을 동시에 관리하는 서버 내에서 사용된다. 클래스에는 end() 함수가 포함되어 있으며, 이 함수가 호출되면 해당 채팅의 모든 사용자 연결을 끊고 채팅을 종료한다.

코드 작성 시 클래스 이름은 일반적으로 첫 글자를 대문자로 시작하는 **파스칼 케이스** PascalCase 로 작성되는 반면 변수 이름은 첫 글자를 소문자로 시작하는 **카멜 케이스** camelCase 로 작성된다. 따라서 전체 클래스 정의를 확인하지 않고도 connectionManager가 GroupChat 클래스 내의 인스턴스 변수라고 확실하게 가정할 수 있다. 따라서 connectionManager.terminateAll()은 주어진 채팅에 대한 연결을 종료하고 서버가 관리하는 다른 채팅은 영향을 받지 않을 것이다.

예제 5.11 **일관성 없는 명명 스타일**

```
class GroupChat {
  ...

  end() {
    connectionManager.terminateAll();    ◄──    connectionManager는
  }                                              인스턴스 변수라고 가정한다.
}
```

불행하게도 우리의 가정은 잘못됐고, 이 코드는 작동하지 않는다. connectionManager는 인스턴스 변수가 아니라 클래스 이름이고 terminateAll()은 그 클래스의 정적 함수다. connectionManager. terminateAll()은 GroupChat 클래스의 특정 인스턴스와 관련된 연결만 종료하는 것이 아니고 서버가 관리하는 모든 채팅에 대한 연결을 종료한다. 다음 예제 코드는 connectionManager 클래스를 보여준다.

```
class connectionManager {
  ...
  static terminateAll() {    ◄─────┐
    ...                    서버가 현재 유지하고 있는
  }                        모든 연결을 종료한다.
}
```

connectionManager 클래스가 표준 명명 규칙을 따라 ConnectionManager라는 이름으로 작성
됐더라면 이 버그는 발견되었을 것이다(그리고 수정됐을 것이다). 이 명명 규칙을 따르지 않음으로써
connectionManager 클래스를 사용할 때 인스턴스 변수라고 오해하기 쉽고, 이로 인해 눈에 띄지 않
는 심각한 버그를 초래할 수 있다.

## 5.4.2 해결책: 스타일 가이드를 채택하고 따르라

앞에서 언급했듯이 일반적인 코딩 스타일 규칙에 의하면 클래스 이름은 파스칼 케이스로, 변수 이
름은 카멜 케이스로 작성해야 한다. 이 규약을 따른다면 connectionManager 클래스는 Connection
Manager로 명명되어야 한다. 이렇게 명명한다면 이전 절의 코드는 예제 5.13과 같을 것이다. 이제
ConnectionManager는 GroupChat 클래스 내에서 인스턴스 변수가 아닌 클래스라는 것을 분명하게
알 수 있다. 또한, ConnectionManager.terminateAll()과 같은 호출은 서비스 전체의 상태를 변경
하며 서버의 다른 부분에 영향을 미칠 가능성이 있다는 점도 명백해졌다.

예제 5.13 **일관된 명명 스타일**

```
class GroupChat {
  ...

  end() {                              ConnectionManager는 인스턴스 변수가 아니라
    ConnectionManager.terminateAll();  클래스라는 것이 명백하다.
  }                              ◄───────┘
}
```

이것은 일관된 코딩 스타일을 따라 코드를 작성하면 가독성이 좋아지고 버그를 예방하는 데 도움이
된다는 것을 보여주는 하나의 사례일 뿐이다. 코딩 스타일은 명명법 이상의 많은 측면을 다루는데 다
음과 같다.

* 언어의 특정 기능 사용
* 코드 들여쓰기

- 패키지 및 디렉터리 구조화

- 코드 문서화 방법

대부분의 조직과 팀들은 개발자들이 따라야 할 코딩 스타일 가이드를 이미 가지고 있을 것이기 때문에 어떤 스타일을 채택해야 할지 여러분이 고민할 필요는 없을 것이다. 팀이 요구하는 스타일 가이드를 읽고 파악한 후에 그대로 따르면 된다.

여러분의 팀에 아직 스타일 가이드가 없어서 하나를 정하고 싶다면, 이미 공개되고 제안된 것 중에서 채택할 수 있는 것들이 많다. 예를 들어 구글은 여러 언어에 대한 스타일 가이드를 제시하고 있다 (https://google.github.io/styleguide/).

팀이나 조직 전체가 같은 코딩 스타일을 따르면, 그것은 마치 모두가 같은 언어를 유창하게 말하는 것과 비슷하다. 서로 오해할 위험이 크게 줄어들고, 이로 인해 버그가 줄어들고, 혼란스러운 코드를 이해하는 데 낭비하는 시간이 줄어든다.

---

### 린터(linter)

스타일 가이드를 따르지 않은 코드를 찾아 알려주는 도구도 있다. 이런 도구를 린터라고 부르고 일반적으로 사용하는 언어에 따라 다르다. 일부 린터는 스타일 가이드 위반을 확인하는 것 이상의 많은 것을 하며 오류가 발생하거나 알려져 있는 나쁜 관행을 따라 작성된 코드가 있다면 이에 대해 경고할 수도 있다.

린터는 일반적으로 아주 간단한 문제만 잡기 때문에 처음부터 좋은 코드를 작성하는 것을 대체할 수는 없다. 하지만 린터는 코드를 개선하기 위한 빠르고 쉬운 방법이다.

---

## 5.5 깊이 중첩된 코드를 피하라

일반적으로 코드는 다음과 같이 서로 중첩되는 블록으로 구성된다.

- 함수가 호출되면 그 함수가 실행되는 코드가 하나의 블록이 된다.

- if 문의 조건이 참일 때 실행되는 코드는 하나의 블록이 된다.

- for 루프의 각 반복 시 실행되는 코드는 하나의 블록이 된다.

그림 5.1은 (if 문이나 for 루프와 같은) 제어 흐름 논리가 어떻게 서로 내포된 코드 블록을 만들어 내는지 보여준다. 일반적으로 주어진 논리를 코드로 구성하는 방법은 여러 가지가 있다. 많은 코드 블록이 중첩된 형태가 있는가 하면, 중첩이 거의 없는 구조도 있다. 코드의 구조가 가독성에 어떤 영향을

미칠지 고려하는 것은 중요하다.

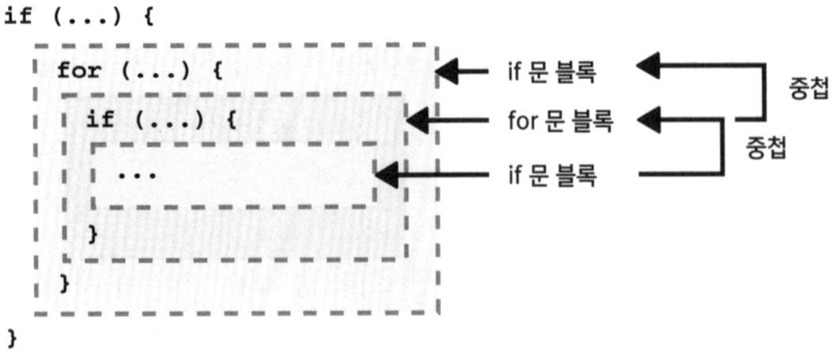

그림 5.1 (if 문이나 for 루프와 같은) 제어 흐름 논리는 종종 서로 내포된 코드 블록을 만든다.

## 5.5.1 깊이 중첩된 코드는 읽기 어려울 수 있다

예제 5.14는 차량 소유자의 주소를 찾아주는 함수를 보여준다. 이 코드는 여러 겹으로 중첩된 몇 개의 if 문을 포함하고 있다. 이로 인해 이 코드는 상당히 읽기 어려운데 그 이유는 우선 눈으로 따라가기가 어렵고, 특정 값이 반환되는 시점을 파악하기 위해 밀집된 모든 if-else 논리를 탐색해야 하기 때문이다.

예제 5.14 **깊이 중첩된 if 문**

```
Address? getOwnersAddress(Vehicle vehicle) {
  if (vehicle.hasBeenScraped()) {
    return SCRAPYARD_ADDRESS;
  } else {
    Purchase? mostRecentPurchase =
        vehicle.getMostRecentPurchase();
    if (mostRecentPurchase == null) {
      return SHOWROOM_ADDRESS;
    } else {
      Buyer? buyer = mostRecentPurchase.getBuyer();
      if (buyer != null) {
        return buyer.getAddress();
      }
    }
  }
  return null;
}
```

다른 if 문에 중첩되어 있는 if 문

이 라인을 실행하는 경우를 생각하기가 쉽지 않다.

인간의 눈은 각 코드 라인의 중첩 수준이 정확히 어느 정도인지 추적하는 데 능숙하지 않다. 이로 인해 코드를 읽을 때, 다른 논리가 실행되는 때를 정확히 이해하기 어렵다. 중첩이 깊어지면 가독성이 떨어지기 때문에 중첩을 최소화하도록 코드를 구성하는 것이 바람직하다.

## 5.5.2 해결책: 중첩을 최소화하기 위한 구조 변경

앞의 예와 같은 함수를 가지고 있을 때, 여러 겹으로 중첩된 if 문을 피하기 위해 논리를 재구성하는 것이 쉬울 때가 많다. 예제 5.15 코드는 이 함수를 어떻게 if 문의 중첩 없이 작성할 수 있는지를 보여준다. 이 코드는 눈이 따라가기 쉽고, 논리는 좀 더 여유 있고 이해하기 쉽게 표현되어 있어서 가독성이 좋다.

예제 5.15 **중첩이 최소화된 코드**

```
Address? getOwnersAddress(Vehicle vehicle) {
  if (vehicle.hasBeenScraped()) {
    return SCRAPYARD_ADDRESS;
  }
  Purchase? mostRecentPurchase =
      vehicle.getMostRecentPurchase();
  if (mostRecentPurchase == null) {
    return SHOWROOM_ADDRESS;
  }
  Buyer? buyer = mostRecentPurchase.getBuyer();
  if (buyer != null) {
    return buyer.getAddress();
  }
  return null;
}
```

중첩된 모든 블록에 반환문이 있을 때, 중첩을 피하기 위해 논리를 재배치하는 것이 일반적으로 아주 쉽다. 그러나 중첩된 블록에 반환문이 없다면, 그것은 대개 함수가 너무 많은 일을 하고 있다는 신호다. 다음 하위 절에서는 이것에 대해 다룬다.

## 5.5.3 중첩은 너무 많은 일을 한 결과물이다

예제 5.16은 너무 많은 일을 하는 함수를 보여주는데 차량 소유자의 주소를 찾고, 그 주소를 이용해 편지를 보내는 두 가지 논리를 수행한다. 이 때문에 앞에서 살펴본 해결책을 적용하기가 간단하지 않다. 함수에서 일찍 반환되어 돌아오게 되면 편지 발송하는 일을 수행하지 못하기 때문이다.

예제 5.16 **너무 많은 일을 하는 함수**

```
SentConfirmation? sendOwnerALetter(
    Vehicle vehicle, Letter letter) {
```

```
Address? ownersAddress = null;
if (vehicle.hasBeenScraped()) {
  ownersAddress = SCRAPYARD_ADDRESS;
} else {
  Purchase? mostRecentPurchase =
      vehicle.getMostRecentPurchase();
  if (mostRecentPurchase == null) {
    ownersAddress = SHOWROOM_ADDRESS;
  } else {
    Buyer? buyer = mostRecentPurchase.getBuyer();
    if (buyer != null) {
      ownersAddress = buyer.getAddress();
    }
  }
}
if (ownersAddress == null) {
  return null;
}
return sendLetter(ownersAddress, letter);
}
```

주소를 찾은 결과를 갖는
가변 변수

다른 if 문에
중첩되어 있는 if 문

주소를 이용하는 논리

이 코드의 진짜 문제점은 함수가 너무 많은 일을 한다는 것이다. 주소를 찾기 위한 자세한 로직과 편지를 보내는 로직이 하나의 함수에 다 포함되어 있다. 이 함수를 더 작은 함수로 나누면 문제를 해결할 수 있는데, 다음 하위 절에서 살펴본다.

### 5.5.4 해결책: 더 작은 함수로 분리

이전 하위 절의 코드에서 차량 소유자의 주소를 찾는 일을 다른 함수를 통해 수행하면 코드를 개선할 수 있다. 이렇게 하면 이번 절에서 앞서 살펴본 중첩을 피하기 위한 방안을 적용해 if 문의 중첩을 쉽게 제거할 수 있다. 다음 예제는 이렇게 중첩이 제거된 코드를 보여준다.

예제 5.17 **더 작은 함수**

```
SentConfirmation? sendOwnerALetter(
    Vehicle vehicle, Letter letter) {
  Address? ownersAddress = getOwnersAddress(vehicle);
  if (ownersAddress != null) {
    return sendLetter(ownersAddress, letter);
  }
  return null;
}

Address? getOwnersAddress(Vehicle vehicle) {
  if (vehicle.hasBeenScraped()) {
```

차량 소유자의 주소를
별도의 함수를 통해
찾는 로직

```
      return SCRAPYARD_ADDRESS;
    }
    Purchase? mostRecentPurchase = vehicle.getMostRecentPurchase();
    if (mostRecentPurchase == null) {
      return SHOWROOM_ADDRESS;                              ◄─┐
    }                                              중첩된 if 문이 제거됨
    Buyer? buyer = mostRecentPurchase.getBuyer();            │
    if (buyer == null) {                           ◄─────────┘
      return null;
    }
    return buyer.getAddress();
  }
```

2장에서는 하나의 함수가 너무 많은 일을 하면 추상화 계층이 나빠진다는 점을 살펴봤다. 따라서 중첩이 없더라도 많은 일을 한꺼번에 하는 함수를 더 작은 함수로 나누는 것은 여전히 바람직하다. 많은 일을 하는 코드에 중첩마저 많을 때, 이 함수를 쪼개는 것은 두 배로 중요해진다. 왜냐하면 중첩을 제거하기 위해서는 나누는 작업을 먼저 해야 하기 때문이다.

## 5.6 함수 호출도 가독성이 있어야 한다

어떤 함수의 이름이 잘 명명되면 그 함수가 무슨 일을 하는지 분명하지만 이름이 잘 지어졌더라도 함수의 인수가 무엇을 위한 것이고, 무슨 역할을 하는지 명확하지 않다면 함수 호출 자체가 이해되지 않을 수 있다.

> **NOTE** 많은 함수 인수
>
> 함수 호출은 인수의 개수가 늘어나면 이해하기 힘들어진다. 함수나 생성자가 많은 수의 매개변수를 가지고 있으면 이것은 보다 근본적인 문제를 나타내는 것일 수 있다. 예를 들어 추상화 계층을 적절하게 정의하지 않았거나 코드가 충분히 모듈화되지 않았음을 의미할 수 있다. 2장에서는 추상화 계층을 논의하고, 8장에서는 모듈화에 대해 자세히 다룬다.

### 5.6.1 매개변수는 이해하기 어려울 수 있다

다음은 메시지를 보내는 함수를 호출하는 코드이다. 함수의 인수가 무엇을 나타내는지 분명하지 않다. "hello"는 아마도 메시지일 것이라고 추측할 수 있지만, 1이나 true는 무엇을 의미하는지 알기 어렵다.

```
sendMessage("hello", 1, true);
```

sendMessage()에서 1과 true가 무엇을 의미하는지 알려면 함수 정의를 살펴봐야 한다. 함수 정의를 확인하면, 1은 메시지 우선순위를 나타내고 true는 메시지의 전송이 실패할 경우 다시 전송을 시도한다는 의미라는 것을 알 수 있다.

```
void sendMessage(String message, Int priority, Boolean allowRetry) {
    ...
}
```

함수 호출 시 각 인수의 값이 무엇을 의미하는지 알려면 함수 정의를 확인해봐야 한다. 함수 정의가 완전히 다른 파일에 있거나, 수백 줄 떨어져 있다면 이것은 상당히 힘든 작업일 수 있다. 주어진 코드가 무엇을 하는지 알아내기 위해 다른 파일이나 많은 줄을 확인해야 한다면, 그 코드는 가독성이 떨어진다. 이를 개선할 수 있는 몇 가지 방법이 있으며, 다음에 나올 하위 절에서 이 해결책 중 몇 가지를 살펴본다.

## 5.6.2 해결책: 명명된 매개변수 사용

명명된 매개변수는 점점 더 많은 언어, 특히 최근에 나온 언어에서 지원되고 있다. 함수 호출에서 명명된 인수를 사용할 때, 인수 목록 내의 위치가 아닌 이름으로 일치하는 매개변수를 찾는다. 명명된 인수를 사용한다면, 함수 정의를 확인하지 않고도 sendMessage() 함수에 대한 호출은 쉽게 이해할 수 있다.

```
sendMessage(message: "hello", priority: 1, allowRetry: true);
```

안타깝지만 모든 언어가 명명된 매개변수를 지원하는 것은 아니므로, 이 방법은 이 기능을 지원하는 프로그래밍 언어에만 해당된다. 그럼에도 불구하고 때때로 명명된 매개변수인 것처럼 만들 수 있는 방법이 있다. 이것은 **객체 구조 분해**object destructuring를 사용하는 타입스크립트TypeScript 및 다른 형태의 자바스크립트에서 흔히 볼 수 있다. 예제 5.18 코드는 타입스크립트로 sendMessage() 함수를 작성할 때 객체 구조 분해를 어떻게 사용할 수 있는지 보여준다. 함수는 SendMessageParams 유형의 단일 객체를 매개변수로 허용하지만 이 객체는 즉시 매개변수의 속성으로 구조 분해되고 함수 내에서 이 속성을 직접 읽을 수 있다.

예제 5.18 **타입스크립트에서 객체 구조 분해**

```typescript
interface SendMessageParams {          ◀── 함수의 매개변수의 유형을 정의하는
  message: string,                          인터페이스
  priority: number,
  allowRetry: boolean,
}
                                                      함수의 매개변수는
                                                      즉시 각 속성으로
                                                      분해된다.
async function sendMessage(
    {message, priority, allowRetry} : SendMessageParams) {  ◀──
  const outcome = await XhrWrapper.send(
      END_POINT, message, priority);     ◀── 분해된 객체의 속성은
  if (outcome.failed() && allowRetry) {      직접 사용할 수 있다.
    ...
  }
}
```

다음 코드는 sendMessage() 함수 호출이 어떻게 이루어지는지 보여준다. 함수는 객체와 함께 호출되는데, 이것은 각 값이 속성 이름과 관련되어 있음을 의미한다. 이렇게 하면 명명된 매개변수와 거의 같은 기능을 수행한다.

```typescript
sendMessage({
  message: 'hello',
  priority: 1,         ◀── 인수의 이름이
  allowRetry: true,        각 값과 연관되어 있다.
});
```

객체 구조 분해를 이용해 명명된 매개변수와 같은 효과를 얻는 것은 (다른 형태의 자바스크립트를 포함해서) 타입스크립트에서 비교적 흔하기 때문에, 약간의 번거로움이 있지만 이 기법은 다른 개발자들에게 익숙할 것이다. 그 밖의 언어에서도 명명된 인수와 비슷한 효과를 얻을 수 있는 방법이 있지만, 다른 개발자가 익숙하지 않은 기능을 사용하면 문제를 해결하기보다는 더 많은 문제를 일으킬 수도 있음을 유의해야 한다.

### 5.6.3 해결책: 서술적 유형 사용

사용하는 프로그래밍 언어의 명명된 매개변수 지원 여부와 상관없이 함수를 정의할 때 좀 더 서술적인 유형을 사용하는 것이 바람직하다. 이번 절의 시작 부분에서 살펴본 시나리오(다음 코드에서 반복)에서 sendMessage() 함수의 작성자는 우선순위를 나타내기 위해 정수를 사용했고, 재시도 허용 여부를 나타내기 위해 불리언값을 사용했다.

```
void sendMessage(String message, Int priority, Boolean allowRetry) {
  ...
}
```

정수와 불리언은 상황에 따라 어떤 종류의 값이라도 의미할 수 있기 때문에 그 자체로는 서술적이지 않다. 다른 방안으로는 sendMessage() 함수를 작성할 때 특정 유형을 만들어 그 매개변수들이 나타내는 바를 설명하는 것이다. 예제 5.19는 이를 위한 두 가지 방법을 보여준다.

- **클래스**: 메시지의 우선순위를 클래스로 표현한다.
- **열거형**: 재시도 정책은 불리언 대신 두 가지 옵션이 있는 열거형을 사용한다.

예제 5.19 **함수 호출에서의 서술적 유형**
```
class MessagePriority {
  ...
  MessagePriority(Int priority) { ... }
  ...
}

enum RetryPolicy {
  ALLOW_RETRY,
  DISALLOW_RETRY
}

void sendMessage(
    String message,
    MessagePriority priority,
    RetryPolicy retryPolicy) {
  ...
}
```

아래 코드에서 볼 수 있듯이 이 함수에 대한 호출은 함수 정의를 알지 못해도 이해하기 쉽다.

```
sendMessage("hello", new MessagePriority(1), RetryPolicy.ALLOW_RETRY);
```

## 5.6.4 때로는 훌륭한 해결책이 없다

함수를 호출하는 라인의 가독성을 높여주는 특별한 방법이 없을 때가 있다. 이것을 설명하기 위해 2차원 경계 상자를 나타내기 위한 클래스가 필요하다고 가정해보자. 예제 5.20 코드와 같은 BoundingBox 클래스를 작성할 수 있을 것이다. 이 클래스의 생성자는 상자의 모서리 위치를 나타내는 4개의 정숫값을 매개변수로 받는다.

예제 5.20 **경계 박스 클래스**

```
class BoundingBox {
  ...
  BoundingBox(Int top, Int right, Int bottom, Int left) {
    ...
  }
}
```

사용하는 프로그래밍 언어가 명명된 매개변수를 지원하지 않는다면, 이 생성자에 대한 호출은 각 숫자가 무엇을 나타내는지에 대한 힌트 없이 일련의 숫자만 보여주기 때문에 이해하기가 쉽지 않다. 모든 인수는 정수이기 때문에 개발자가 인수의 순서를 혼동하고, 완전히 엉망인 순서로 호출을 해도 여전히 컴파일이 잘되는 코드를 작성하기가 매우 쉽다. 다음 코드는 BoundingBox 생성자를 호출하는 예를 보여준다.

```
BoundingBox box = new BoundingBox(10, 50, 20, 5);
```

이 경우는 특별히 만족스러운 해결책이 없으며, 여기서 최선의 방법은 생성자를 호출할 때 각각의 인수가 무엇인지 설명하기 위해 인라인 주석문을 사용하는 것이다. 이렇게 한다면 생성자 호출은 아래와 같을 것이다.

```
BoundingBox box = new BoundingBox(
    /* top= */ 10,
    /* right= */ 50,
    /* bottom= */ 20,
    /* left= */ 5);
```

인라인 주석문은 분명히 생성자 호출 코드의 가독성을 높인다. 하지만 이렇게 코드를 작성할 때 실수를 하지 않아야 하고, 이런 주석문을 최신 상태로 계속 유지해야 하므로 그다지 만족스러운 해결책은 아니다. 한편으로는 이러한 인라인 주석문을 사용하지 말아야 한다는 주장도 있다. 왜냐하면 주석문이 더 이상 맞지 않을 위험이 있기 때문이다. 최신 내용으로 바뀌지 않은 주석문은 주석문이 아예 없는 것보다 더 나쁘다.

세터_setter_ 함수를 추가하거나 (7장에서 살펴볼) 빌더 패턴과 같은 것을 사용하는 것이 대안이 될 수 있지만, 두 방법 모두 값이 누락된 채 인스턴스가 만들어질 수 있기 때문에 코드가 쉽게 오용될 수 있는 단점이 있다. 코드가 올바른지 확인하기 위해 (컴파일 타임 확인 대신) 런타임 확인을 통해 이런 오용을 방지해야 할 것이다.

### 5.6.5 IDE는 어떤가?

어떤 통합 개발 환경integrated development environment, IDE은 백그라운 작업을 통해 함수 정의를 미리 찾아놓는다. 그다음 함수의 매개변수 이름을 표시해준다. 그림 5.2는 이 기능을 보여준다.

**실제 코드**
```
sendMessage("hello", 1, true);
```

**IDE가 보여주는 코드**
```
sendMessage( message: "hello" priority: 1, allowRetry: true);
```
그림 5.2 IDE에 따라 함수 호출을 보다 쉽게 하기 위해 함수의 매개변수를 보여주기도 한다.

코드를 편집할 때 이 방법이 대단히 유용하지만 코드의 가독성을 위해 이 기능에 의존하지 않는 것이 좋다. 모든 개발자가 이런 기능을 제공하는 IDE를 사용하고 있는 것도 아니고, 이런 기능이 아예 없는 도구, 예를 들어 코드베이스 탐색 도구, 병합 도구, 코드 검토 도구와 같은 도구는 IDE 도움 없이 코드 그 자체만 봐야 하기 때문이다.

## 5.7 설명되지 않은 값을 사용하지 말라

하드 코드로 작성된 값이 필요한 경우가 많이 있는데, 몇 가지 일반적인 예는 다음과 같다.

- 한 수량을 다른 수량으로 변환할 때 사용하는 계수
- 작업이 실패할 경우 재시도의 최대 횟수와 같이 조정 가능한 파라미터 값
- 어떤 값이 채워질 수 있는 템플릿을 나타내는 문자열

하드 코드로 작성된 모든 값에는 두 가지 중요한 정보가 있다.

- 값이 무엇인지: 컴퓨터가 코드를 실행할 때 이 값을 알아야 한다.
- 값이 무엇을 의미하는지: 개발자가 코드를 이해하려면 값의 의미를 알아야 한다. 이 정보가 없으면 코드를 이해할 수 없다.

값은 당연히 존재한다. 그렇지 않으면 컴파일되지 않거나 작동하지 않을 것이기 때문에 그 점은 명백하다. 하지만 그 값이 실제로 무엇을 의미하는지 다른 개발자들이 명확히 이해하도록 하는 것은 잊어버리기 쉽다.

## 5.7.1 설명되지 않은 값은 혼란스러울 수 있다

예제 5.21 코드는 차량을 나타내는 클래스의 몇 가지 함수를 보여준다. 함수 getKineticEnergyJ() 는 차량의 무게와 속도를 바탕으로 차량의 현재 운동 에너지를 줄(J) 단위로 계산한다. 차량의 무게는 미국톤[1]으로 저장되고 속도는 시간당 마일(MPH)로 저장된다. 운동에너지를 줄 단위로 계산하는 방정식($1/2 \cdot m \cdot v^2$)에서 질량은 킬로그램(kg)으로 속도는 초당 미터(m/s)로 나타내기 때문에 getKineticEnergyJ()는 두 개의 변환 계수를 포함한다. 하지만 이 계수가 의미하는 바가 코드에서 분명하지 않다. 운동에너지 방정식에 익숙하지 않은 사람은 이 상수가 무엇을 나타내는지 모를 것이다.

예제 5.21 Vehicle 클래스

```
class Vehicle {
  ...

  Double getMassUsTon() { ... }

  Double getSpeedMph() { ... }

  // 차량의 현재 운동에너지를 줄 단위로 반환한다.
  Double getKineticEnergyJ() {
    return 0.5 *
        getMassUsTon() * 907.1847 *      ◁── 미국톤/킬로그램 변환 계수에 대한
        Math.pow(getSpeedMph() * 0.44704, 2);   설명이 없다.
  }                                      ◁── 시간당 마일/초당 미터 변환 계수에 대한
}                                            설명이 없다.
```

위 예제 코드와 같이 설명이 없는 값은 다른 개발자들이 그 값이 왜 거기에 있고, 무슨 일을 하는지 이해하지 못하기 때문에 코드의 가독성을 떨어트린다. 개발자가 자신도 이해하지 못하는 코드를 수정하면 코드가 작동하지 않게 될 가능성이 커진다.

다른 개발자가 getMassUsTon() 함수를 없애고 질량을 킬로그램으로 반환하는 getMassKg() 함수로 대체하는 걸로 Vehicle 클래스를 수정한다고 가정해보자. 이 새로운 함수를 호출하려면 getKineticEnergyJ() 내에서 getMassUsTon()을 호출하는 부분을 수정해야 한다. 그러나 907.1847이라는 값이 미국톤을 킬로그램으로 변환하기 위한 계수라는 것을 이해하지 못하기 때문에 이것도 같이 제거해야 함을 깨닫지 못할 수 있다. 이렇게 수정되면 getKineticEnergyJ() 함수는 올바르게 동작하지 않을 것이다.

---

1 　옮긴이 미국에서 쓰는 무게의 단위로 1미국톤은 1파운드의 2000배로 약 907.2kg에 해당한다.

```
...
  // 차량의 현재 운동에너지를 줄 단위로 반환한다.
  Double getKineticEnergyJ() {
    return 0.5 *
        getMassKg() * 907.1847 *        ◄─────────  907.1847이 없어지지 않고 남아있으므로
        Math.pow(getSpeedMph() * 0.44704, 2);       이 함수는 잘못된 값을 반환한다.
  }
...
```

코드에 설명되지 않은 값이 있으면 혼란을 초래하고 이로 인해 버그가 발생할 수 있다. **그 값이 무엇을 의미하는지**를 다른 개발자들에게 명확하게 해주는 것이 중요하다. 다음 두 하위 절에서는 이것을 위한 방법을 소개한다.

## 5.7.2 해결책: 잘 명명된 상수를 사용하라

값을 설명하기 위해 할 수 있는 한 가지 간단한 방법은 상수를 정의하고 상수 이름을 통해 값을 설명하는 것이다. 코드에서 값을 직접 사용하는 대신 상수를 사용하면 이것은 곧 상수 이름이 코드를 설명한다는 것을 의미한다. 다음 예제 코드는 값을 상수로 표현하는 경우 getKineticEnergyJ() 함수와 Vehicle 클래스가 어떻게 되는지 보여준다.

예제 5.22 **잘 명명된 상수**

```
class Vehicle {
  private const Double KILOGRAMS_PER_US_TON = 907.1847;        ┐ 상수 정의
  private const Double METERS_PER_SECOND_PER_MPH = 0.44704;    ┘
  ...

  // 차량의 현재 운동에너지를 줄 단위로 반환한다.
  Double getKineticEnergyJ() {
    return 0.5 *
        getMassUsTon() * KILOGRAMS_PER_US_TON *              ┐ 코드 내에서 상수의 사용
        Math.pow(getSpeedMph() * METERS_PER_SECOND_PER_MPH, 2);  ┘
  }
}
```

코드는 이제 가독성이 훨씬 더 좋아졌고, 다른 개발자가 미국톤 대신 킬로그램을 사용하도록 Vehicle 클래스를 수정한다면 질량에 KILOGRAMS_PER_US_TON을 곱하는 것이 더 이상 필요 없다는 것을 확실하게 알 것이다.

### 5.7.3 해결책: 잘 명명된 함수를 사용하라

잘 명명된 상수를 사용하는 것의 대안으로 잘 명명된 함수를 사용할 수 있다. 코드의 가독성을 높이기 위해 함수를 사용할 수 있는 방법은 두 가지가 있다.

- 상수를 반환하는 공급자 함수provider function
- 변환을 수행하는 헬퍼 함수helper function

**공급자 함수**

이것은 개념적으로 상수를 사용하는 것과 거의 동일하며, 단지 약간 다른 방식으로 이루어진다. 다음 예제 코드는 getKineticEnergyJ() 함수와 함께 변환 계수를 제공하기 위한 또 다른 두 가지 함수 kilogramsPerUsTon() 및 metersPerSecondPerMph()를 보여준다.

예제 5.23 **값을 제공하는 잘 명명된 함수**

```
class Vehicle {
  ...
  // 차량의 현재 운동에너지를 줄 단위로 반환한다.
  Double getKineticEnergyJ() {
    return 0.5 *
        getMassUsTon() * kilogramsPerUsTon() *          공급자 함수 호출
        Math.pow(getSpeedMph() * metersPerSecondPerMph(), 2);
  }

  private static Double kilogramsPerUsTon() {
    return 907.1847;                                     공급자 함수
  }

  private static Double metersPerSecondPerMph() {
    return 0.44704;
  }
}
```

**헬퍼 함수**

공급자 함수를 사용하는 것의 대안으로는 수량의 변환을 하위 문제로 만들어 이 기능을 전문적으로 수행하는 함수를 작성하는 것이다. 수량 변환 시 사용되는 계수가 있다는 사실은 함수를 호출하는 쪽에서 몰라도 되는 구현 세부 사항이다. 다음 예제 코드는 getKineticEnergyJ() 함수와 변환 하위 문제를 해결하기 위해 추가된 함수 usTonsToKilograms() 및 mphToMetersPerSecond()를 보여준다.

```
class Vehicle {
  ...
  // 차량의 현재 운동에너지를 줄 단위로 반환한다.
  Double getKineticEnergyJ() {
    return 0.5 *
        usTonsToKilograms(getMassUsTon()) *            ──── 헬퍼 함수 호출
        Math.pow(mphToMetersPerSecond(getSpeedMph()), 2);
  }

  private static Double usTonsToKilograms(Double usTons) {  ◄─┐
    return usTons * 907.1847;
  }
                                                              │  헬퍼 함수
  private static Double mphToMetersPerSecond(Double mph) {  ◄─┘
    return mph * 0.44704;
  }
}
```

앞의 예제 코드로부터 알 수 있듯이 코드 안에 설명되지 않은 값이 없도록 하기 위한 세 가지 방법이 있다. 일반적으로 상수나 함수를 통해 값을 표현하거나 처리하는 것은 추가 작업이 거의 필요하지 않으면서도 가독성을 크게 높일 수 있다.

마지막으로 여러분이 정의한 값이나 헬퍼 함수를 다른 개발자들이 재사용할 것인지 고려해볼 만한 가치가 있다. 그럴 가능성이 있다면 현재 사용 중인 클래스보다는 별도의 유틸리티 클래스에 두는 것이 좋다.

## 5.8 익명 함수를 적절하게 사용하라

**익명 함수**anonymous function는 이름이 없는 함수이며, 일반적으로 코드 내의 필요한 지점에서 인라인으로 정의된다. 익명 함수를 정의하기 위한 구문은 언어마다 서로 다르다. 예제 5.25는 코멘트가 존재하는 모든 피드백을 가져오는 함수를 보여주는데, 익명 함수를 사용하여 List.filter() 함수를 호출한다. 코드의 완전성을 위해 예제 코드에는 리스트 클래스의 filter() 함수도 같이 나와 있다. List.filter()는 함수를 매개변수로 하고 이 함수를 호출할 때 원하면 익명 함수를 제공할 수 있다.

예제 5.25 **익명 함수를 인수로 사용**

```
class List<T> {
  ...
  List<T> filter(Function<T, Boolean> retainIf) {  ◄──  함수를 인수로 받는다.
```

```
    ...
  }
}

List<Feedback> getUsefulFeedback(List<Feedback> allFeedback) {
  return allFeedback
      .filter(feedback -> !feedback.getComment().isEmpty());
}
```

인라인 익명 함수로
Lister.filter()를 호출

대부분의 주류 프로그래밍 언어는 어떤 형태로든 익명 함수를 지원한다. 간단하고 자명한 것에 익명 함수를 사용하면 코드의 가독성을 높여 주지만, 복잡하거나 자명하지 않은 것 혹은 재사용해야 하는 것에 사용하면 문제가 될 수 있다. 뒤따르는 하위 절에서 그 이유를 설명한다.

---

**함수형 프로그래밍**

익명 함수와 매개변수에 함수를 사용하는 기법은 함수형 프로그래밍, 특히 람다 표현과 관련되어 있다. 함수형 프로그래밍은 논리를 표현할 때 상태를 수정하는 명령문으로 하지 않고 함수에 대한 호출이나 참조로 표현하는 패러다임이다. '순수한' 함수형 프로그래밍 언어도 많다. 이 책의 내용을 순수한 함수형 프로그래밍 언어에 적용하기는 어렵다. 그럼에도 불구하고 그 언어들 대부분은 다양한 상황에서 작성할 수 있는 함수 스타일의 코드를 허용한다.

함수형 프로그래밍에 대해 자세히 알고 싶다면 https://mng.bz/qewE에 자세히 설명되어 있다.

---

### 5.8.1 익명 함수는 간단한 로직에 좋다

방금 살펴본 코드는 (아래 코드에서 반복) 익명 함수를 사용하여 코멘트를 하나 이상 가지고 있는 피드백을 가져온다. 이것은 단 하나의 문장이면 충분하고, 해결하려는 문제는 간단하기 때문에 이 코드는 매우 이해하기 쉽고 단순 명료하다.

```
List<Feedback> getUsefulFeedback(List<Feedback> allFeedback) {
  return allFeedback
      .filter(feedback -> !feedback.getComment().isEmpty());
}
```

코멘트가 존재하는지
확인하는 익명 함수

이런 경우에는 익명 함수로 표현하려는 논리는 단순하고 자명하기 때문에 익명 함수를 사용하는 것이 괜찮다. 다른 방법으로는 피드백에 코멘트가 있는지 확인하는 명명 함수를 정의하는 것이다. 예제 5.26은 익명 함수 대신 명명 함수를 사용하는 경우 코드가 어떻게 되는지 보여준다. 명명 함수를 정의하려면 반복적으로 사용하는 코드boilerplate code가 많이 필요하며 개발자에 따라 이런 함수는 가독성이 떨어진다고 생각할 수 있다.

예제 5.26 **명명 함수를 인수로 사용**

```
List<Feedback> getUsefulFeedback(List<Feedback> allFeedback) {
  return allFeedback.filter(hasNonEmptyComment);        ◄──── 명명 함수를
}                                                              인수로 사용

private Boolean hasNonEmptyComment(Feedback feedback) {  ◄────
  return !feedback.getComment().isEmpty();                      명명 함수
}
```

> NOTE 간단한 논리라도 예제 5.26의 코드와 같이 명명 함수를 정의하는 것이 코드 재사용성 관점에서 유용
> 할 때가 있다. 누군가 다른 데서도 피드백에 코멘트가 있는지 확인하는 기능이 필요하다면 익명 함수보
> 다는 명명 함수를 작성하는 것이 더 나을 수 있다.

## 5.8.2 익명 함수는 가독성이 떨어질 수 있다

이 책의 앞부분과 이번 장의 앞부분에서 다룬 바와 같이 함수의 이름은 그 함수가 무엇을 하는지 간결하게 요약해주기 때문에 코드의 가독성을 높이는 데 매우 유용하다. 익명 함수는 정의상 이름이 없기 때문에 그 익명 함수 코드를 읽는 사람에게 어떠한 것도 제공하지 않는다. 그것이 얼마나 간단한 것이든 간에 익명 함수의 내용이 자명하지 않다면 코드의 가독성은 떨어지기 마련이다.

예제 5.27은 16비트 ID 목록에서 유효한 ID만 반환하는 함수를 보여준다. ID의 형식은 패리티 비트와 결합된 15비트 값이며, 0이 아니고 패리티 비트가 올바르면 ID는 유효한 것으로 간주한다. 패리티 비트를 확인하는 논리는 익명 함수로 표현되어 있는데, 여기서 패리티 비트를 확인한다는 점이 자명하게 드러나지 않는다. 이것은 곧 코드의 가독성이 떨어진다는 것을 의미한다.

예제 5.27 **의미가 자명하지 않은 익명 함수**

```
List<UInt16> getValidIds(List<UInt16> ids) {
  return ids
    .filter(id -> id != 0)
    .filter(id -> countSetBits(id & 0x7FFF) % 2 ==     ┐ 패리티 비트를 확인하는 익명 함수
      ((id & 0x8000) >> 15));                          ┘
}
```

이 코드는 이번 장 앞부분에서 살펴봤던 것처럼 간단하지만 이해하기 어려운 코드다. 이런 논리는 대부분의 개발자들이 이해하기 어렵기 때문에 설명이 필요하다. 그리고 익명 함수는 그 안에 있는 코드 이상의 어떤 설명도 제공하지 않으므로 이런 경우에는 익명 함수를 쓰는 것이 반드시 좋은 방법이 아닐 수도 있다.

### 5.8.3 해결책: 대신 명명 함수를 사용하라

이전 예에서 getValidIds() 함수를 읽는 사람은 유효한 ID를 얻기 위한 높은 수준에서의 세부 사항만 알고 싶어 할 것이다. 이를 위해서는 유효한 ID가 되기 위한 두 가지 개념적 조건만 인식하면 된다.

- 0이 아니다.
- 패리티 비트가 정확하다.

ID가 유효하거나 혹은 유효하지 않은 이유를 높은 수준에서 이해하기 위해서는 비트 연산과 같은 하위 수준의 개념 때문에 어려움을 겪도록 해서는 안 된다. 패리티 비트를 확인하는 구현 세부 사항을 별도의 명명 함수로 빼내는 것이 좋다.

예제 5.28은 이렇게 할 경우의 코드를 보여준다. 이렇게 함으로써 getValidIds() 함수는 가독성이 대단히 높아졌다. 이 코드를 읽는 사람은 0이 아닌 ID를 필터링한 후 패리티 비트가 올바른 ID만 필터링한다는 것을 즉시 이해할 수 있다. 패리티 비트의 세부 사항을 이해하고 싶다면 헬퍼 함수를 확인하면 되지만, getValidIds() 함수를 이해하기 위해 이런 복잡한 세부 사항을 이해하려고 더 이상 애쓰지 않아도 된다. 명명 함수를 사용하는 또 다른 이점은 패리티 비트를 확인하는 논리를 재사용하기가 쉽다는 점이다.

예제 5.28 **명명 함수 사용**

```
List<UInt16> getValidIds(List<UInt16> ids) {
  return ids
      .filter(id -> id != 0)
      .filter(isParityBitCorrect);        ← 명명 함수를
}                                           인수로 사용

private Boolean isParityBitCorrect(UInt16 id) {   ← 패리티 비트를 확인하기 위한
  ...                                               명명 함수
}
```

3장에서 보았듯이 코드에서 이름을 확인하는 것은 개발자가 코드를 이해하기 위해 사용하는 주요 방법 중 하나다. 익명 대신 명명을 사용하는 것의 단점은 더 많은 코드를 작성해야 한다는 것이다. 반면에 익명 함수는 명명 함수 작성 시 항상 사용해야만 하는 문장을 작성하지 않아도 되기 때문에 코드를 줄이는 데는 뛰어나지만, 함수에 더 이상 이름이 없다는 단점이 있다. 간단하고 자명한 논리는 익명 함수를 써도 일반적으로 괜찮지만, 복잡한 논리는 명명 함수를 쓰는 것이 이점이 더 많다.

## 5.8.4 익명 함수가 길면 문제가 될 수 있다

개인적인 경험에 비추어 보면 개발자들은 가끔 **함수형 스타일**의 프로그래밍과 인라인 익명 함수를 같은 것으로 생각한다. 함수형 스타일의 프로그래밍을 사용하면 코드의 가독성이 좋아지고 코드를 더 견고하게 만드는 이점이 있다. 앞의 예에서 알 수 있듯이 명명 함수를 사용하여 함수 스타일의 코드를 쉽게 작성할 수 있다. 함수 스타일을 채택한다고 해서 반드시 인라인 익명 함수를 사용해야 하는 것은 아니다.

2장에서 함수는 읽고, 이해하고, 재사용하기 쉽도록 작고 간결하게 작성하는 것이 중요하다는 것을 살펴봤다. 함수형 스타일 코드를 작성할 때, 일부 개발자들은 이 점을 잊어버린 채 너무 많은 논리와 때로는 다른 익명 함수들을 중첩해서 가지고 있는 거대한 익명 함수를 생성한다. 익명 함수가 두세 줄 이상으로 늘어나기 시작할 때, 여러 개의 명명 함수로 분리하면 코드의 가독성이 좋아진다.

이를 설명하기 위해 예제 5.29는 UI에 피드백 목록을 표시하는 코드를 보여준다. buildFeedback ListItems() 함수는 매우 긴 인라인 익명 함수를 포함하고 있다. 이 익명 함수는 그 안에 또 다른 익명 함수가 포함되어 있다. 많은 중첩과 들여쓰기 그리고 빽빽하게 채워진 로직으로 인해 이 코드는 이해하기 어렵다. 특히, UI에 실제로 어떤 정보가 표시되는지 파악하기가 상당히 어렵다. 코드를 모두 읽어보면 UI에 제목, 피드백 주석, 일부 카테고리가 표시되는 것을 알 수 있지만 이를 파악하기가 쉽지 않다.

예제 5.29 **긴 익명 함수**

```
void displayFeedback(List<Feedback> allFeedback) {
  ui.getFeedbackWidget().setItems(
      buildFeedbackListItems(allFeedback));
}

private List<ListItem> buildFeedbackListItems(
    List<Feedback> allFeedback) {
  return allFeedback.map(feedback ->        ◀── List.map() 이 익명 함수를
    new ListItem(                              인수로 호출
```

```
          title: new TextBox(
            text: feedback.getTitle(),
            options: new TextOptions(weight: TextWeight.BOLD),     ← 타이틀이 표시된다.
          ),
          body: new Column(
            children: [
              new TextBox(                                          코멘트가 표시된다.
                text: feedback.getComment(),        ←
                border: new Border(style: BorderStyle.DASHED),
              ),
              new Row(                                              두 번째 익명 함수가
                children: feedback.getCategories().map(category ->  ← 첫 번째 익명 함수 안에 중첩
                  new TextBox(
                    text: category.getLabel(),        ←             카테고리가 표시된다.
                    options: new TextOptions(style: TextStyle.ITALIC),
                  ),
                ),
              ),
            ],
          ),
        )
      );
    }
```

예제 5.29의 코드에서 볼 수 있는 많은 문제가 오롯이 익명 함수 때문이라고는 할 수 없다. 이 모든 코드를 하나의 거대한 명명 함수로 작성한다고 해도 코드는 여전히 엉망일 것이기 때문이다. 진짜 문제는 이 함수가 너무 많은 일을 한다는 것인데, 익명 함수의 사용으로 인해 코드가 더 나빠진 것일 뿐이지 익명 함수를 사용한 것이 문제의 유일한 원인은 아니다. 이 코드를 더 작은 명명 함수로 나누면 가독성이 훨씬 더 좋아질 것이다.

### 5.8.5 해결책: 긴 익명 함수를 여러 개의 명명 함수로 나누라

예제 5.30은 이전에 살펴본 buildProductListItems() 함수를 몇 개의 잘 명명된 헬퍼 함수로 나누면 어떻게 되는지 보여준다. 코드는 더 길어졌지만 훨씬 더 이해하기 쉽다. 중요한 것은 다른 개발자가 buildFeedbackItem() 함수를 읽을 때 UI에 표시되는 정보가 피드백의 타이틀, 코멘트, 카테고리라는 것을 즉시 알 수 있다는 점이다.

```
private List<ListItem> buildFeedbackListItems(
    List<Feedback> allFeedback) {
  return allFeedback.map(buildFeedbackItem);              ◄──── List.map()이 명명 함수를
}                                                                인수로 호출

private ListItem buildFeedbackItem(Feedback feedback) {
  return new ListItem(
    title: buildTitle(feedback.getTitle()),              ◄────
    body: new Column(                                           타이틀이 표시된다.
      children: [
        buildCommentText(feedback.getComment()),         ◄──── 코멘트가 표시된다.
        buildCategories(feedback.getCategories()),
      ],                                                        카테고리가 표시된다.
    ),
  );
}

private TextBox buildTitle(String title) {
  return new TextBox(
    text: title,
    options: new TextOptions(weight: TextWeight.BOLD),
  );
}

private TextBox buildCommentText(String comment) {
  return new TextBox(
    text: comment,
    border: new Border(style: BorderStyle.DASHED),
  );
}

private Row buildCategories(List<Category> categories) {
  return new Row(
    children: categories.map(buildCategory),            ◄──── List.map()이 명명 함수를
  );                                                           인수로 호출
}

private TextBox buildCategory(Category category) {
  return new TextBox(
    text: category.getLabel(),
    options: new TextOptions(style: TextStyle.ITALIC),
  );
}
```

한꺼번에 너무 많은 일을 하는 큰 함수를 분리하는 것은 코드의 가독성을 (그리고 재사용성 및 모듈화까지도) 개선하기 위한 좋은 방법이다. 함수형 스타일의 코드를 작성할 때 이 점을 잊지 말아야 한다. 익명 함수가 길어지고 복잡해지면, 로직을 더 작은 단위의 명명 함수로 작성해야 한다.

## 5.9 프로그래밍 언어의 새로운 기능을 적절하게 사용하라

사람들은 반짝반짝 윤이 나는 새로운 것을 좋아하는데 개발자들도 별반 다르지 않다. 많은 프로그래밍 언어들이 여전히 활발하게 개발되고 있으며, 때때로 프로그래밍 언어 설계자들은 멋지고, 새롭고, 빛나는 기능을 추가한다. 이 경우 개발자들은 이 새로운 기능을 활용하기를 원한다.

프로그래밍 언어 설계자는 새로운 기능을 추가하기 전에 매우 신중하게 생각하기 때문에 새로운 기능으로 인해 코드의 가독성이 높아지거나 코드가 더 견고해지는 경우가 많이 있을 수 있다. 새로운 기능으로 인해 코드가 개선되기 때문에 개발자들이 이런 기능을 사용하는 것에 흥분하는 것은 좋은 일이다. 하지만 프로그래밍 언어의 그런 새로운 기능을 사용하고 싶은 마음이 간절히 들 때, 그것이 정말로 그 일에 가장 적합한 도구인지 솔직하게 생각해봐야 한다.

### 5.9.1 새 기능은 코드를 개선할 수 있다

자바 8이 스트림을 도입했을 때 많은 개발자는 흥분했는데, 이것을 통해 훨씬 더 간결한 함수형 스타일의 코드 작성이 가능했기 때문이다. 스트림이 어떻게 코드를 개선할 수 있는지에 대한 예시를 위해 다음 예제 5.31을 살펴보자. 예제 코드 5.31은 문자열 리스트를 받아서 빈 것은 걸러내는 작업을 수행하는 함수가 전통적인 자바 코드로 어떻게 작성되는지 보여준다.

예제 5.31 **전통적인 자바 코드로 작성된 리스트 필터링**

```
List<String> getNonEmptyStrings(List<String> strings) {
  List<String> nonEmptyStrings = new ArrayList<>();
  for (String str : strings) {
    if (!str.isEmpty()) {
      nonEmptyStrings.add(str);
    }
  }
  return nonEmptyStrings;
}
```

이 코드를 스트림을 사용해 작성하면 더 간결하고 이해하기 쉬운 코드가 된다. 다음 예제 코드는 스트림과 필터를 사용하여 동일한 기능을 구현하는 방법을 보여준다.

```
List<String> getNonEmptyStrings(List<String> strings) {
  return strings
      .stream()
      .filter(str -> !str.isEmpty())
      .collect(toList());
}
```

코드가 읽기 쉽고 간결해졌기 때문에 스트림을 잘 사용한 것처럼 보인다. 무언가를 직접 만드는 대신 언어에서 제공하는 기능을 사용하면 코드가 최적화되어 효율적이고 버그가 없을 가능성이 커진다. 일반적으로 코드의 품질을 개선한다면 언어가 제공하는 기능을 사용하는 것이 좋다(그러나 다음 두 하위 절을 참조하라).

## 5.9.2 불분명한 기능은 혼동을 일으킬 수 있다

프로그래밍 언어에서 제공하는 기능이 확실한 이점을 가지고 있다 하더라도 해당 기능이 다른 개발 자에게 얼마나 잘 알려져 있는지 고려할 필요가 있다. 이를 위해서는 일반적으로 현재의 구체적인 상황과 궁극적으로 누가 코드를 유지보수할지에 대한 고민이 필요하다.

규모가 크지 않은 자바 코드를 유지보수하고 있고, 다른 개발자가 자바 스트림에 익숙하지 않다면 스트림을 사용하지 않는 것이 좋을 수도 있다. 이 상황에서는 스트림을 사용해서 얻을 수 있는 코드 개선이 그것이 초래할 혼란에 비해 상대적으로 미미할 수 있다.

일반적으로 코드 품질을 개선한다면 언어가 제공하는 기능을 사용하는 것이 바람직하다. 그러나 개선 사항이 적거나 다른 개발자가 그 기능에 익숙하지 않다면 차라리 사용하지 않는 것이 좋을 때도 있다.

## 5.9.3 작업에 가장 적합한 도구를 사용하라

자바 스트림은 아주 다재다능하고 이것으로 많은 문제를 해결할 수 있다. 그렇다고 해서 스트림이 언제나 문제를 해결하기 위한 최상의 방법이라는 것을 의미하지는 않는다. 맵 자료구조에서 어떤 키에 대한 값을 찾아야 한다면, 이것을 위한 가장 합리적인 코드는 다음과 같을 것이다.

```
String value = map.get(key);
```

하지만 맵의 항목을 스트림으로 가져와서 키를 기반으로 필터링함으로써 이 문제를 해결할 수도 있다. 예제 5.33 코드는 이에 대해 보여준다. 이 코드는 맵에서 값을 얻기 위한 특별히 좋은 방법은 아니라는 점을 분명히 알 수 있다. `map.get()`보다 가독성이 훨씬 떨어질 뿐만 아니라 (맵의 모든 항목을 확인해야 할 수도 있기 때문에) 효율성도 훨씬 낮다.

예제 5.33 **스트림을 사용하여 맵에서 값을 얻기**

```
Optional<String> value = map
    .entrySet()
    .stream()
    .filter(entry -> entry.getKey().equals(key))
    .map(Entry::getValue)
    .findFirst();
```

예제 5.33의 코드는 논점을 입증하기 위해 고안된 다소 과장된 예처럼 보일 수 있지만, 필자는 실제로 코드베이스에서 이것과 거의 동일한 코드를 본 적이 있다.

프로그래밍 언어에서 새로운 기능은 다 이유가 있기에 추가된다. 이런 새로운 기능을 사용하면 큰 이점이 있을 수 있지만 코드 작성에서와 동일하게 해당 기능이 단지 새로워서가 아니라 작업에 적합한 도구이기 때문에 사용한다는 점을 분명히 해야 한다.


## 요약

- 코드의 가독성이 떨어져서 이해하기 어려울 때 다음과 같은 문제가 발생할 수 있다.
    - 다른 개발자가 코드를 이해하느라 시간을 허비함
    - 버그를 유발하는 오해
    - 잘 작동하던 코드가 다른 개발자가 수정한 후에 작동하지 않음
- 코드의 가독성을 높이다 보면 때로는 코드가 더 장황하게 되고 더 많은 줄을 작성해야 할 수도 있다. 이것은 종종 가치 있는 절충이다.
- 코드의 가독성을 높이려면 다른 개발자의 입장을 공감하고, 그들이 코드를 읽을 때 어떻게 혼란스러워할지를 상상해보는 것이 필요하다.
- 실제 시나리오는 다양하며 보통 그 상황에 해당하는 어려움이 있다. 가독성이 좋은 코드를 작성하려면 언제나 상식을 적용하고 판단력을 사용해야 한다.

# 예측 가능한 코드를
# 작성하라

**이번 장에서는 다음과 같은 내용을 다룬다.**

- 코드가 어떻게 예측을 벗어나 작동할 수 있는지

- 소프트웨어에서 예측을 벗어나는 코드가 어떻게 버그로 이어질 수 있는지

- 코드가 예측을 벗어나지 않도록 보장하는 방법

2장과 3장에서 코드가 계층으로 이루어지고, 상위 계층의 코드는 하위 계층의 코드에 의존하는 것을 살펴보았다. 코드를 작성할 때 그 코드는 훨씬 더 큰 코드베이스의 일부분일 뿐이다. 우리는 다른 개발자가 작성한 코드에 기반해서 코드를 작성하고, 다른 개발자들은 다시 우리가 작성한 코드에 기반해서 자신의 코드를 작성한다. 이를 위해 개발자는 코드가 무엇을 하며, 어떻게 사용해야 하는지 이해해야 한다.

3장에서는 자신이 작성한 코드를 어떻게 사용해야 할지 다른 개발자에게 이해시키기 위한 방법으로서의 코드 계약을 살펴봤다. 코드 계약에서 이름, 매개변수 유형, 반환 유형과 같은 것들은 명백하지만 주석문과 문서화는 세부 조항에 가깝고 무시될 때가 많다.

궁극적으로 개발자는 코드를 사용하는 방법에 대한 정신 모델을 구축한다. 이 정신 모델은 코드 계약에서 발견한 것, 사전 지식, 적용할 수 있다고 생각하는 공통 패러다임에 근거해서 만들어진다. 코드가 실제로 하는 일이 이 정신 모델과 일치하지 않는다면, 예측과 벗어나는 기분 나쁜 일이 일어날 가능성이 크다. 최상의 경우라도 코드 이해와 작성에 들어가는 시간이 다소 낭비될 수 있고 최악의

경우에는 치명적인 버그가 발생할 수 있다.

예측 가능한 코드를 작성하는 것은 무언가를 분명하게 하는 것일 때가 많다. 함수가 아무것도 반환하지 않을 때가 있거나 처리해야 할 특별한 시나리오가 있는 경우 이 사실을 다른 개발자에게 확실하게 알려야 한다. 그렇지 않으면 코드의 동작이 그들이 실제 일어날 것이라고 생각하는 것과 일치하지 않을 위험이 있다. 이번 장에서는 코드가 예측을 벗어나 동작하게 되는 일반적인 몇 가지 경우와 이를 피하기 위한 기술을 살펴본다.

# 6.1 매직값을 반환하지 말아야 한다

**매직값**magic value은 함수의 정상적인 반환 유형에 적합하지만 특별한 의미를 가지고 있다. 매직값의 일반적인 예는 값이 없거나 오류가 발생했음을 나타내기 위해 -1을 반환하는 것이다.

매직값은 함수의 정상적인 반환 유형에 들어맞기 때문에 이 값이 갖는 특별한 의미를 인지하지 못하고, 이에 대해 적극적으로 경계하지 않으면 정상적인 반환값으로 오인하기 쉽다. 이번 절에서는 이런 상황이 어떻게 예측을 벗어나는 코드가 될 수 있는지, 그리고 매직값을 피할 수 있는 방법에 대해 설명한다.

## 6.1.1 매직값은 버그를 유발할 수 있다

값이 없음을 나타내기 위해 함수에서 -1을 반환하는 것을 접한 적이 있을 것이다. 일부 레거시 코드와 언어의 내장된 함수들(예: 자바스크립트에서 배열에 대해 `indexOf()`를 호출할 때) 중에 이런 경우가 있다.

과거에는 더 명시적인 오류 전달 기법이나 널 또는 옵셔널 타입을 반환하는 것이 가능하지 않거나, 실용적이지 않기 때문에 (-1과 같은) 매직값을 반환하는 것이 어느 정도 합리적인 이유가 있었다. 레거시 코드로 작업 중이거나, 신중하게 최적화해야 하는 코드가 있다면 여전히 이렇게 할 이유가 있을 수 있다. 그러나 일반적으로 매직값을 반환하면 예측을 벗어날 위험이 있으므로 사용하지 않는 것이 가장 바람직하다.

매직값이 어떻게 버그를 유발할 수 있는지 살펴보기 위해 예제 6.1 코드를 살펴보자. 이 코드는 사용자에 대한 정보를 저장하는 클래스를 보여준다. 클래스에 저장된 정보 중 하나는 사용자의 나이이며, 이 정보는 `getAge()` 함수를 호출하여 액세스할 수 있다. `getAge()` 함수는 널이 아닌 정수를 반환하므로 다른 개발자가 이 함수 시그니처를 보면 반환값은 항상 사용 가능하다고 가정할 수 있다.

```
class User {
  ...
  Int getAge() { ... }        ← 사용자의 나이를 반환하는데
}                                널값은 반환되지 않는다.
```

이제 서비스의 모든 사용자에 대한 몇 가지 통계를 계산해야 한다고 가정해보자. 계산해야 할 통계 중 하나는 사용자의 평균 연령이다. 이를 위해 예제 6.2와 같은 코드를 작성한다. 이 코드는 사용자의 모든 연령을 합산한 다음 이를 사용자 수로 나눈다. 이 코드는 user.getAge()가 항상 사용자의 실제 연령을 반환한다고 가정한다. 코드의 어떤 부분도 확실하게 잘못된 것으로 보이지 않기 때문에, 이 코드의 작성자와 검토자는 이 코드의 동작에 만족할 것이다.

예제 6.2 **사용자 평균 연령 계산**

```
Double? getMeanAge(List<User> users) {
  if (users.isEmpty()) {
    return null;
  }
  Double sumOfAges = 0.0;
  for (User user in users) {
    sumOfAges += user.getAge().toDouble();    ← user.getAge()의
  }                                              모든 반환값을 더한다.
  return sumOfAges / users.size().toDouble();
}
```

이어지는 예제 코드에서 살펴보겠지만 실제로 이 코드는 제대로 작동하지 않으며 모든 사용자가 나이를 제공하는 것은 아니기 때문에 평균 연령에 대한 잘못된 값을 반환하는 경우가 있을 수 있다. 이 경우 User.getAge() 함수는 -1을 반환할 것이다. 이 내용은 코드의 세부 조항에 언급되어 있는데 불행하게도 getMeanAge() 함수의 작성자는 (주석문 안에 세부 조항이 파묻혀 있을 때 흔히 그렇듯이) 이것을 깨닫지 못했다. 예제 6.3의 User 클래스를 좀 더 자세히 살펴보면 이것을 알 수 있다. User.getAge()가 호출자에게 명시적으로 알리지 않고 마이너스 1을 반환한다는 사실은 getMeanAge() 함수의 작성자가 예측하지 못한 것이기 때문에 이 사실은 불쾌하고 놀라울 수 있다. getMeanAge() 함수는 그럴듯하게 보이는 값을 반환하겠지만 평균값 계산 과정에서 -1이 포함되었을 가능성이 있기 때문에 잘못된 값일 수 있다.

예제 6.3 **User 클래스의 상세 내용**

```
class User {
  private final Int? age;      ← 나이가 주어지지
  ...                             않았을 수 있다.
```

```
    // 나이가 주어지지 않은 경우에는 -1을 반환한다.  ◄─────  (주석문 안에 있는) 세부 조항은
    Int getAge() {                                         getAge()가 -1을 반환할 수 있음을 말한다.
      if (age == null) {
        return -1;  ◄─────  나이가 주어지지 않으면
      }                     -1을 반환한다.
      return age;
    }
}
```

이것이 성가시긴 하지만 치명적이지는 않은 버그로 보일 수도 있는데, 이 코드가 정확히 어디서 어떻게 불리고 있는지 알지 못하면 치명적인지 아닌지를 결정할 수가 없다. 주주들에게 보내는 회사의 연례 보고서에 대한 통계를 준비하는 팀이 getMeanAge() 함수를 재사용한다고 가정해보자. 보고서에 나온 사용자의 평균 연령은 회사 주가에 큰 영향을 미칠 수 있다. 보고된 내용이 올바르지 않으면 심각한 법적 결과를 초래할 수도 있다.

또 하나 주의할 점은 단위 테스트가 이 문제를 발견하지 못할 수 있다는 점이다. getMeanAge() 함수의 작성자는 사용자 클래스에 나이가 반드시 있을 것이라는 확고한 (하지만 잘못된) 믿음을 가지고 있다. User 클래스에 나이가 없을 수도 있다는 것을 알지 못하기 때문에 단위 테스트 코드에 사용되는 User 클래스의 모든 인스턴스가 나이를 가지고 있을 가능성이 크다. 테스트는 좋은 것이지만, 예측을 벗어나는 코드를 작성한다면 이 코드가 만들어 놓은 덫에 빠지지 않기 위해서는 누군가 모든 상황을 부지런히 확인해야 한다. 하지만 어느 순간 이런 일이 일어나지 않을 수 있고 누군가는 그 함정에 빠져들 것이다.

## 6.1.2 해결책: 널, 옵셔널 또는 오류를 반환하라

3장에서는 코드 계약에는 명백한 항목과 세부 조항이 포함된다는 점을 살펴봤다. 함수에서 매직값을 반환할 때의 문제점은 호출하는 쪽에서 함수 계약의 세부 조항을 알아야 한다는 점이다. 어떤 개발자들은 이 세부 조항을 확인하지 않거나 확인하고나서 잊어버린다. 이런 경우에는 예측을 벗어나는 일이 생길 수 있다.

값이 없을 수 있는 경우 이것이 코드 계약의 명백한 부분에서 확인할 수 있도록 하는 것이 훨씬 좋다. 이를 위한 쉬운 방법 중 하나는 널 안전성을 지원하는 경우에는 널이 가능한 유형을 반환하고, 널 안전성을 지원하지 않는 경우에는 옵셔널 값을 반환하는 것이다. 이를 통해 호출하는 쪽에서 값이 없을 수 있음을 인지하고 적절한 방법으로 이를 처리할 수 있게 해야 한다.

예제 6.4 코드는 값이 제공되지 않은 경우 널을 반환하도록 getAge() 함수를 수정한 User 클래스를

보여준다. 널 안전성은 호출하는 쪽에서 getAge()가 널을 반환할 수 있다는 사실을 인식할 수밖에 없도록 만든다. 사용 중인 언어에서 널 안전성을 지원하지 않는 경우 Optional<Int>를 반환하면 같은 효과가 있다.

예제 6.4 **널을 반환하도록 수정된 getAge()**

```
class User {
  private final Int? age;          ◀───  나이는 주어지지 않을 수 있다.
  ...                                    (?는 나이가 널일 수 있음을 의미한다)

  Int? getAge() {                  ◀───  반환 타입은 널이 가능하다.
    return age;       ◀───
  }                         나이가 주어지지 않으면
}                           널을 반환한다.
```

잘못된 getMeanAge() 함수는 컴파일러 오류를 발생시키며, 이 함수를 작성한 개발자는 코드에 잠재적인 버그가 있다는 것을 깨닫는다. getMeanAge() 코드를 컴파일하기 위해 개발자는 User.getAge()가 널을 반환하는 경우를 처리해야 한다.

예제 6.5 **오류가 있는 코드는 컴파일되지 않는다**

```
Double? getMeanAge(List<User> users) {
  if (users.isEmpty()) {
    return null;
  }
  Double sumOfAges = 0.0;
  for (User user in users) {                         getAge()는 널을 반환할 수 있기 때문에
    sumOfAges += user.getAge().toDouble();    ◀───   컴파일러 오류를 유발한다.
  }
  return sumOfAges / users.size().toDouble();
}
```

이 문제를 좀 더 조직과 제품의 관점에서 본다면, 널이 가능한 유형을 반환하면 개발자들은 사용자들의 평균 연령을 계산하는 것이 처음에 생각했던 것만큼 간단하지 않다는 것을 깨닫는다. 이 정보를 기반으로 요구 사항을 개선해야 할 수도 있기 때문에 개발자는 관리자나 제품팀에 이 사실을 알릴 수 있다.

널값이나 비어 있는 옵셔널을 반환하는 것의 단점은 값이 없는 이유를 명시적으로 전달하지 않는다는 점이다. 사용자의 나이가 값을 제공하지 않았기 때문에 널인지, 혹은 시스템에서 오류가 발생하여 널인지 알 수 없다. 이러한 상황을 구별하는 것이 필요하다면 4장에서 설명한 오류 전달 기법을 사용하는 것을 고려해야 한다.

### 6.1.3 때때로 매직값이 우연히 발생할 수 있다.

매직값 반환이 반드시 개발자의 의도에 의해서만 되는 것은 아니다. 개발자가 자신의 코드에 주어지는 모든 입력과 이러한 입력값들이 어떤 영향을 미칠 수 있을지에 대해 충분히 생각하지 않을 때도 매직값은 반환될 수 있다.

정숫값 리스트에서 최솟값을 찾는 예제 6.6 코드를 통해 이에 대해 살펴보자. 아래 예제 코드에서 함수는 주어진 리스트가 비어 있으면 매직값(Int.MAX_VALUE)을 반환한다.

예제 6.6 **최솟값 찾기**

```
Int minValue(List<Int> values) {
  Int minValue = Int.MAX_VALUE;
  for (Int value in values) {
    minValue = Math.min(value, minValue);
  }
  return minValue;        ◀── values 리스트가 비어 있으면
}                              Int.MAX_VALUE가 반환된다.
```

이 코드를 작성한 개발자에게 물어봐야 하겠지만, Int.MAX_VALUE가 그저 우연히 반환되는 것이 아닐 수 있다. 이 값을 반환하는 것의 타당성에 대해 이 코드의 작성자가 제시할 만한 몇 가지 논거는 다음과 같다.

- 빈 목록에 대해 최솟값을 얻는 것은 의미가 없다는 점을 호출하는 쪽에서 명확하게 알고 있기 때문에 이 경우 어떤 값이 반환되더라도 중요하지 않다.

- Int.MAX_VALUE보다 더 큰 정수는 없으므로 이 값은 반환하기에 적합하다. 이 반환값은 어떤 종류의 임곗값과도 비교할 수 있고, 그 비교 결과 실행할 논리가 있다면 그것은 올바르게 동작할 것이다.

이러한 주장의 문제점은 함수가 어떻게 호출되고 결과가 어떻게 사용될지에 대해 가정을 한다는 것이다. 이러한 가정들은 잘못된 것일 수 있고 그 경우 코드는 예측을 벗어나는 동작을 할 것이다.

Int.MAX_VALUE를 반환할 때 적절한 기본default 로직이 실행되지 않을 수도 있다. 이것의 예로는 **최대최소** maximin 알고리즘의 일부로서 이 예제와 같은 코드를 사용하는 경우다. 여러분이 어떤 게임을 위한 개발팀의 일원이고, 그 게임에서 어느 레벨이 가장 쉬운지 결정해야 한다고 가정해보자. 이를 위해 각 레벨에 대해 사용자들이 획득한 최소 점수를 계산한 후에 이 중에서 최소 점수가 가장 높은 레벨이 가장 쉬운 레벨이라고 결정하기로 했다.

예제 6.7은 이 개발팀의 누군가가 작성할 법한 코드를 보여준다. 이 코드는 방금 전 살펴본 min Value() 함수를 활용한다. 코드를 실행해보면 레벨 14가 가장 쉬운 레벨이라고 출력된다. 현실적으로 레벨 14는 너무 어려워 아무도 그 레벨을 완성하지 못했다. 따라서 레벨 14에 대해서는 점수가 기록조차 된 적이 없다. 레벨 14를 처리할 때 minValue() 함수는 빈 리스트로 호출되어 Int.MAX_VALUE를 반환한다. 이로 인해 레벨 14가 가장 높은 최소 점수를 가진 레벨로 결정된다. 하지만 실제로는 레벨 14가 너무 어려워서 아무도 완성하지 못했고 채점된 점수가 없는 것이었다.

예제 6.7 **최대최소 알고리즘**

```
class GameLevel {
  ...
  List<Int> getAllScores() { ... }  ◀ 기록된 점수가 없으면 빈 리스트가 반환된다.
}

GameLevel? getEasiestLevel(List<GameLevel> levels) {
  GameLevel? easiestLevel = null;
  Int? highestMinScore = null;
  for (GameLevel level in levels) {
    Int minScore = minValue(level.getAllScores());  ◀ 점수가 없으면 Int.MAX_VALUE가 반환된다.
    if (highestMinScore == null || minScore > highestMinScore) {
      easiestLevel = level;
      highestMinScore = minScore;
    }
  }
  return easiestLevel;  ◀ 어떤 레벨에 대해 기록된 점수가 없다면 그 레벨이 반환된다.
}
```

Int.MAX_VALUE가 문제가 될 수 있는 다른 경우도 있다.

- Int.MAX_VALUE는 사용 중인 프로그래밍 언어에 따라 달라지는 경우가 많다. minValue() 함수가 자바 서버 환경에 실행되고, 이 함수의 응답이 자바스크립트로 작성된 클라이언트 측 애플리케이션으로 전송된다면 이 값의 의미가 분명하지 않다. 자바에서의 Interger.MAX_VALUE와 자바스크립트에서의 Number.MAX_SAFE_INTEGER는 아주 다른 값이다.
- minValue() 함수의 반환값이 데이터베이스에 저장되는 경우에는 쿼리를 실행하는 사용자나 데이터베이스를 읽는 다른 시스템에 많은 혼란과 문제를 야기할 수 있다.

따라서 minValue() 함수는 널값이나 빈 옵셔널을 반환하거나 오류 전달을 하는 것이 더 낫고, 이에 따라 호출하는 쪽에서는 어떤 입력에 대해서는 값을 계산하지 못할 수 있음을 알아야 한다. 만약 널값을 반환하도록 코드를 작성한다면, 이를 처리하기 위한 코드를 작성해야 하기 때문에 호출하는 쪽에 추가적인 부담을 준다. 그러나 이렇게 하면 그렇게 하지 않을 경우에 호출하는 쪽에서 해야만 하는 작업, 예를 들면 minValue()를 호출하기 전에 목록이 비어 있는지 확인할 필요가 없고, 이런 확인 없이 버그가 발생할 가능성이 있는 코드를 실행하는 위험 또한 없어진다. 다음 예제 코드는 빈 리스트에 대해 널값을 반환할 경우 minValue() 함수가 어떻게 되는지 보여준다.

예제 6.8 **빈 리스트에 대해 널값 반환**

```
Int? minValue(List<Int> values) {
  if (values.isEmpty()) {
    return null;        ◀──┐  values 리스트가 비어 있으면
  }                        │  널값을 반환한다.
  Int minValue = Int.MAX_VALUE;
  for (Int value in values) {
    minValue = Math.min(value, minValue);
  }
  return minValue;
}
```

매직값을 반환하는 것이 때로는 개발자가 의식적으로 내린 결정이지만, 어떤 경우에는 우연히 일어날 수도 있다. 이유 여하를 막론하고 매직값은 예측을 벗어나는 결과를 초래할 수 있기 때문에 발생 가능한 상황에 대해 조심하는 것이 좋다. 매직값보다는 널값이나 옵셔널을 반환하거나 오류 전달 기술을 사용하는 것이 간단하고 효과적인 대안이다.

minValue() 예제는 매직값 반환에 대한 일반적인 사항을 설명하기 위한 것이었다. 정수 리스트에서 최솟값을 찾아 주는 프로그래밍 언어 기능이거나 기존 유틸리티가 있다면 그것을 사용하는 것이 더 낫다.

# 6.2 널 객체 패턴을 적절히 사용하라

값을 얻을 수 없을 때 널값이나 빈 옵셔널을 반환하는 대신 널 객체 패턴을 사용할 수 있다. 널 객체 패턴을 사용하는 이유는 널값을 반환하는 대신 유효한 값이 반환되어 그 이후에 실행되는 로직에서 널값으로 인해 시스템에 피해가 가지 않도록 하기 위함이다. 이것의 가장 간단한 형태는 빈 문자열이나 빈 리스트를 반환하는 것이지만, 더 정교한 형태로는 모든 멤버 함수가 아무것도 하지 않거나 기본값을 반환하는 클래스를 구현하는 것이 있다.

널 객체 패턴은 4장에서 오류에 대해 논의할 때 간단히 언급했다. 4장에서는 오류가 발생했다는 사실을 숨기기 위해 널 객체 패턴을 사용하는 것이 대론 바람직하시 않다는 섯을 살펴봤다. 오류 처리 이외의 경우에 널 객체 패턴을 사용하면 상당히 유용하지만 이때도 역시 부적절하게 사용되면 예측을 벗어나는 동작을 하거나 발견하기 어려운 미묘한 버그가 발생할 수 있다.

이번 절에서는 널 객체 패턴과 널값 반환을 예를 통해 대조해서 살펴본다. 널 안전성을 지원하지 않는 언어를 사용하고 있다면 널 대신 옵셔널을 반환하면 된다.

## 6.2.1 빈 컬렉션을 반환하면 코드가 개선될 수 있다

함수가 리스트, 집합, 배열과 같은 컬렉션을 반환할 때 컬렉션의 값을 얻을 수 없는 경우가 있다. 값이 지정이 안 됐다거나 주어진 상황에서 컬렉션에 값이 없을 수 있다. 이 경우 한 가지 방법은 널값을 반환하는 것이다.

예제 6.9는 어떤 HTML 요소가 강조된 상태에 있는지 확인하는 코드다. getClassNames() 함수를 호출해서 해당 요소에 적용된 클래스 중에 'highlighted' 클래스가 있는지 확인한다. getClassNames() 함수는 그 요소가 클래스 속성을 가지고 있지 않은 경우 널을 반환한다. 따라서 isElementHighlighted() 함수에서는 반환되는 클래스 속성 집합이 널인지 먼저 확인해야 한다.

예제 6.9 **널 값 반환**

```
Set<String>? getClassNames(HtmlElement element) {
  String? attribute = element.getAttribute("class");
  if (attribute == null) {
    return null;          ◀—— 해당 요소에 class 속성이 없으면
  }                            널값을 반환한다.
  return new Set(attribute.split(" "));
}
...

Boolean isElementHighlighted(HtmlElement element) {
  Set<String>? classNames = getClassNames(element);
  if (classNames == null) {
    return false;
  }                              classNames를 사용하기 전에
  return classNames.contains("highlighted");   널 확인을 먼저 해야 한다.
}
```

getClassNames() 함수가 널값을 반환하면 이점이 있다고 주장할 수 있다. 즉 'class' 속성이 지정되지 않은 경우 널값을 반환하고 'class' 속성이 지정되어 있으나 비어 있는 경우에는 빈 집합이 반환되어 이 두 가지 경우의 미묘한 차이를 구분할 수 있다는 것이다. 하지만 그것이 전부다. 이 두 가지 경우를 구분하는 것이 별 의미가 없다. 반면에 널을 반환하는 것은 유용한 경우보다는 혼란스러운 경우가 훨씬 더 많다. getClassNames() 함수를 통해 제공하는 추상화 계층은 요소의 속성에 대한 이러한 구현 세부 정보를 숨기는 것을 목표로 삼아야 한다.

널값이 아닌 널이 가능한 유형을 반환하면 getClassNames()를 호출하는 쪽에서는 반환된 값이 널인지 여부를 확인한 후 사용해야 한다. 하지만 이것 역시 별 이점 없이 코드만 지저분하게 만드는데 널 값의 경우와 동일하게 'class' 속성이 설정되지 않은 것과 빈 문자열로 설정된 것의 차이를 구분할 일이 거의 없기 때문이다.

따라서 이런 상황에서는 널 객체 패턴을 사용해서 코드를 개선할 수 있다. 요소에 'class' 속성이 없는 경우 getClassNames() 함수는 빈 집합을 반환할 수 있다. 호출하는 쪽에서는 널값인지 확인할 필요가 없다. 예제 6.10은 빈 집합을 반환하여 널 객체 패턴을 사용하도록 수정된 코드를 보여준다. isElementHighlighted() 함수는 상당히 간결해진다.

예제 6.10 **빈 집합 반환**

```
Set<String> getClassNames(HtmlElement element) {
  String? attribute = element.getAttribute("class");
  if (attribute == null) {
```

```
    return new Set();                    ◀────  요소에 'class' 속성이 설정되지 않았으면
  }                                             빈 집합 객체를 반환한다.
  return new Set(attribute.split(" "));
}
...

Boolean isElementHighlighted(HtmlElement element) {
  return getClassNames(element).contains("highlighted");    ◀────  널 여부를 확인할
}                                                                  필요가 없다.
```

이 예는 코드 품질을 향상시키는 널 객체 패턴의 예다. 이로 인해 호출하는 쪽의 코드는 간단해지고 코드가 예측을 벗어나는 작동을 할 가능성이 매우 낮다. 그러나 좀 더 복잡한 상황에서는 널 객체 패턴을 사용하는 경우 예측을 벗어나는 작동을 할 위험이 커지는 반면 이점은 적어질 수 있다. 다음 하위 절에서 그 이유를 설명한다.

> **NOTE** 널 포인터 예외
>
> 널 객체 패턴의 사용을 지지하는 오래된 의견은 NullPointerException이나 NullReference Exceptions, 혹은 그 비슷한 예외를 발생시킬 가능성을 최소화해야 한다는 주장이다. 널 안전성을 지원하지 않는 언어를 사용할 경우 호출하는 쪽에서는 값을 사용하기 전에 널 여부를 확인하지 않을 수도 있기 때문에 널을 반환하는 것은 항상 위험을 수반한다. 널 안전성이나 옵셔널(널 안전성이 지원되지 않는 경우)을 사용하는 한, 이 주장은 더 이상 의미가 없다. 하지만 널 안전성이 없는 레거시 코드에서는 여전히 의미 있는 주장이다.

## 6.2.2 빈 문자열을 반환하는 것도 때로는 문제가 될 수 있다

이전 하위 절에서는 널 대신 빈 컬렉션을 반환함으로써 코드 품질을 향상시킬 수 있는 방법을 보여주었다. 일부 개발자들은 이것이 문자열에도 적용되어야 한다고 주장하는데, 이 경우 널 대신 빈 문자열이 반환되어야 한다는 것이다. 이 방식이 적절한지의 여부는 문자열이 어떻게 사용되는지에 달려있다. 어떤 경우에는 문자열이 문자들을 모아 놓은 것에 지나지 않으며, 이 경우 널 대신 빈 문자열을 반환하는 것이 적절할 수 있다. 문자열이 이것을 넘어서는 의미를 지닐 때, 널 대신 빈 문자열을 반환하는 것이 문제가 될 수 있다. 이를 살펴보기 위해 다음 상황을 고려해보자.

### 문자들의 모음으로서의 문자열

문자열이 단지 문자를 모아 놓은 것에 불과하고, 코드에서 그 외의 별다른 의미가 없다면 문자열이 없을 때 널 객체 패턴을 사용하는 것, 즉 널 대신 빈 문자열을 반환하는 것은 일반적으로 문제가 없다. 문자열이 별다른 의미를 갖지 않을 때, 호출하는 쪽에서는 반환된 값이 널인지 빈 문자열인지 구

별하는 것이 별로 중요하지 않다.

예제 6.11 코드는 사용자가 피드백을 제공할 때 입력한 자유 양식의 코멘트에 액세스할 수 있는 함수를 보여준다. 사용자가 코멘트를 입력하지 않은 것인지 혹은 빈 문자열을 명시적으로 입력한 것인지 구분하는 것이 별 의미가 없다. 따라서 함수는 코멘트가 없는 경우 널 대신 빈 문자열을 반환한다.

예제 6.11 **빈 문자열 반환**

```
class UserFeedback {
  private String? additionalComments;
  ...

  String getAdditionalComments() {
    if (additionalComments == null) {
      return "";          ◀──────     코멘트가 없으면
    }                                  빈 문자열을 반환한다.
    return additionalComments;
  }
}
```

### ID로서의 문자열

문자열이 항상 단순한 문자의 집합인 것만은 아니다. 어떤 경우에는 코드에서 특정한 의미를 가질 수 있다. 예를 들자면 문자열이 ID로 사용되는 경우다. 이런 상황에서는 문자열이 없는지를 파악하는 것이 중요할 수 있는데, 이에 따라 실행할 논리에 영향을 미칠 수 있기 때문이다. 그러므로 문자열이 없을 수 있음을 함수를 호출하는 쪽에서 명시적으로 인식하도록 하는 것이 중요하다.

이를 설명하기 위해 예제 6.12는 결제를 나타내는 클래스를 보여준다. 여기에는 cardTransactionId라는 널이 가능한 필드가 포함되어 있다. 결제가 카드 거래와 관련된 경우 이 필드는 해당 트랜잭션에 대한 ID가 된다. 카드 거래가 아닌 경우 이 필드는 널이다. 이 경우 cardTransactionId 문자열은 단순한 문자의 집합이 아니라는 것이 명백하다. 이 필드는 특정한 의미를 가지며 널을 갖는다는 것은 중요한 무언가를 의미한다.

이 코드 예제에서 getCardTransactionId() 함수는 cardTransactionId가 널이면 빈 문자열을 반환함으로써 널 객체 패턴을 사용한다. 개발자들은 이 필드는 항상 널이 되지 않는 것으로 생각하고 따라서 카드 트랜잭션이라고 생각할 수 있기 때문에 문제의 소지가 있다.

예제 6.12 **ID에 대한 빈 문자열 반환**

```
class Payment {
  private final String? cardTransactionId;    ◀── cardTransactionId는
  ...                                              널이 될 수 있다.

  String getCardTransactionId() {             ◀── 함수 시그니처는 ID가
    if (cardTransactionId == null) {               항상 존재할 것임을 보여준다.
      return "";                              ◀── cardTransactionId가 널이면
    }                                              빈 문자열이 반환된다.
    return cardTransactionId;
  }
}
```

cardTransactionId가 널일 때 getCardTransactionId() 함수가 널을 반환하는 것이 훨씬 더 낫다. 이로 인해 호출하는 쪽에서는 결제가 카드 거래를 수반하지 않을 수도 있다는 점을 명확하게 알 수 있기 때문에 코드는 예측을 벗어나지 않는다. 이렇게 하면 코드는 다음과 같이 된다.

예제 6.13 **ID에 대해 널을 반환**

```
class Payment {
  private final String? cardTransactionId;
  ...

  String? getCardTransactionId() {            ◀── 함수 시그니처를 통해 ID가 존재하지 않을 수도 있음을
    return cardTransactionId;                       명백하게 보여준다.
  }
}
```

## 6.2.3 더 복잡한 널 객체는 예측을 벗어날 수 있다

새 스마트폰을 사려고 한다고 상상해보자. 전자제품 매장에 가서 어떤 모델을 사고 싶은지 매장 점원에게 말한다. 점원은 빛나는 새 폰이 들어 있는 밀봉된 박스를 내어줄 것이다. 집에 가서 셀로판지를 뜯고 박스를 열었는데 안에 아무것도 없다. 이것은 예상을 벗어난 황당무계한 일이고, 새 전화기가 필요한 이유에 따라 더 나쁜 결과를 초래할 수도 있다. 예를 들어 중요한 업무 전화나 친구로부터의 메시지를 놓칠 수도 있다.

이 가상의 시나리오에서 원하는 모델이 사실은 상점에서 품절됐다. 품절됐음을 알려주고 다른 가게에 가보라거나 다른 모델을 권하는 대신 매장 점원은 아무 말이 빈 박스를 판 것이다. 널 객체 패턴을 사용하는 방법을 주의하지 않으면 이런 말도 안 되는 가상의 시나리오와 비슷해질 수 있다. 함수를 호출할 때 널 객체 패턴을 사용하는 것은 본질적으로 빈 상자를 파는 것과 같다. 호출하는 쪽에

서 빈 상자를 받고 놀라거나 황당해할 가능성이 있다면, 널 객체 패턴을 피하는 것이 가장 좋을 것이다.

널 객체 패턴의 더 복잡한 형태 중 하나는 클래스를 만들고 무해한 (정확히는 무해하다고 가정하는) 값을 클래스 안에 두는 것이다. 예제 6.14에는 두 가지 클래스가 있다. 한 클래스는 커피 머그잔을 나타내고 다른 클래스는 커피 머그잔 재고를 나타낸다. `CoffeeMugInventory` 클래스는 재고에서 무작위로 커피 머그잔을 가져오는 함수가 있다. 만약 커피 머그잔의 재고가 없다면, 무작위로 커피잔을 골라 반환하는 것은 당연히 불가능하다. 이 경우 `getRandomMug()` 함수는 널을 반환하는 대신 크기가 0인 커피 머그잔을 생성해서 반환한다. 이것은 널 객체 패턴의 또 다른 예이지만, 이 시나리오에서는 호출하는 쪽에 예상 못 한 결과를 초래할 수 있다. `getRandomMug()`를 호출할 때 머그잔처럼 보이는 것을 받기 때문에 재고에 머그잔이 있다고 가정하지만 실제로는 그렇지 않다.

예제 6.14 **예상을 벗어나는 널 객체**

```
class CoffeeMug {
  ...                    ◀——    CoffeeMug 인터페이스
  CoffeeMug(Double diameter, Double height) { ... }

  Double getDiameter() { ... }
  Double getHeight() { ... }
}

class CoffeeMugInventory {
  private final List<CoffeeMug> mugs;
  ...
  CoffeeMug getRandomMug() {
    if (mugs.isEmpty()) {
      return new CoffeeMug(diameter: 0.0, height: 0.0);    ◀——    머그잔이 없는 경우 크기가 0인
    }                                                               커피 머그잔 객체를 생성해서 반환한다.
    return mugs[Math.randomInt(0, mugs.size())];
  }
}
```

어떤 경우에는 사이즈 0인 커피 머그잔을 반환받는 것이 요구 사항을 만족하는 것일 수 있고, 널을 확인하지 않아도 되지만, 또 다른 경우에는 이로 인해 심각한 버그가 아무도 모르게 발생할 수 있다. 컨설팅 회사가 거액의 용역비를 받고 커피 머그잔 크기의 분포에 대한 보고서를 작성하기 위해 이 코드를 사용했다고 가정해보자. 그들이 만든 보고서는 크기가 0인 커피 머그잔으로 인해 부정확한 보고서임에도 아무도 이 사실을 알아차리지 못할 수 있다.

예제 6.14 코드의 작성자는 분명히 좋은 의도를 가지고 있다. `getRandomMug()` 함수를 호출할 때 널을 처리하지 않아도 되기 때문에 코드 작성이 간단해진다. 그러나 불행하게도 이로 인해 예상을 벗어

나는 결과를 초래할 가능성이 있다. 왜냐하면 이 함수를 호출할 때 언제나 유효한 CoffeeMug를 반환받을 것이라는 잘못된 인상을 주기 때문이다.

따라서 무작위로 선택할 수 있는 머그잔이 없는 경우 getRandomMug()에서 널을 반환하는 것이 더 나을 수 있다. 이로 인해 코드 계약에 함수가 유효한 머그잔을 반환하지 않을 수도 있다는 점이 명백해지고, 실제로 널이 반환된다면 이것은 예상된 결과 중 하나다. 다음 예제 코드는 getRandomMug() 함수가 널을 반환하는 경우를 보여준다.

예제 6.15 **널 반환**

```
CoffeeMug? getRandomMug(List<CoffeeMug> mugs) {
  if (mugs.isEmpty()) {
    return null;          ◄──  커피 머그잔이 없는 경우
  }                              널값을 반환한다.
  return mugs[Math.randomInt(0, mugs.size())];
}
```

## 6.2.4 널 객체 구현은 예상을 벗어나는 동작을 유발할 수 있다

일부 개발자들은 널 객체 패턴에서 한 단계 더 나아가 널 객체 전용의 인터페이스나 클래스를 정의한다. 인터페이스나 클래스가 단순히 무언가를 반환하는 기능보다는 **무언가를 수행하는** 기능을 가지고 있을 때 이런 것이 필요한 것처럼 보일 수 있다.

예제 6.16 코드는 커피 머그잔을 나타내는 인터페이스와 이를 구현한 CoffeeMugImpl과 NullCoffeeMug의 두 가지 클래스를 보여준다. NullCoffeeMug는 CoffeeMug의 널 객체를 구현한 것이다. 이 클래스는 CoffeeMug 인터페이스의 모든 기능을 구현하지만 getDiameter()와 getHeight() 함수는 0을 반환한다. 이 예제에서 CoffeeMug는 또 다른 기능을 수행하는 함수를 선언하고 있는데 reportMugBroken() 함수다. 이것은 깨진 머그잔에 대한 기록을 업데이트하기 위해 사용할 수 있다. NullCoffeeMug 구현 클래스는 reportMugBroken() 함수가 호출되는 경우 아무 작업도 수행하지 않는다.

예제 6.16 **널-객체 구현**

```
interface CoffeeMug {              ◄──┐
  Double getDiameter();               │  CoffeeMug 인터페이스
  Double getHeight();
  void reportMugBroken();
}

class CoffeeMugImpl implements CoffeeMug {    ◄──┐  CoffeeMug의
  ...                                              정상 구현 클래스
```

```
    override Double getDiameter() { return diameter; }
    override Double getHeight() { return height; }
    override void reportMugBroken() { ... }
}

class NullCoffeeMug implements CoffeeMug {  ◄──┐ CoffeeMug의
                                              │ 널 객체 구현 클래스
    override Double getDiameter() { return 0.0; }  ┐ 무언가를 반환해야 하는 함수들은
    override Double getHeight() { return 0.0; }    ┘ 0을 반환한다.
    override void reportMugBroken() {  ◄──┐ 무언가를 수행해야 하는 함수들은
      // 아무 일도 하지 않는다.            │ 아무 일도 수행하지 않는다.
    }
  }
}
```

예제 6.17은 (앞에서 살펴본) getRandomMug() 함수가 머그잔이 없을 때 NullCoffeeMug를 반환하는 경우의 코드를 보여준다. 이것은 크기가 0인 커피 머그잔을 만들고 반환했던 이전의 예와 거의 같은 결과를 갖는다. 따라서 같은 문제를 겪고 여전히 예상을 벗어나는 동작을 수행할 수 있다.

예제 6.17 NullCoffeeMug 반환

```
CoffeeMug getRandomMug(List<CoffeeMug> mugs) {
  if (mugs.isEmpty()) {
    return new NullCoffeeMug();  ◄──┐ 커피 머그잔이 없는 경우
  }                                 │ NullCoffeeMug를 반환한다.
  return mugs[Math.randomInt(0, mugs.size())];
}
```

NullCoffeeMug를 반환하는 경우 개선된 점이 한 가지 있는데, 반환값이 NullCoffeeMug의 인스턴스인지 확인함으로써 널 객체를 가졌는지 확인할 수 있다는 점이다. 그러나 호출하는 쪽에서 이 내용을 확인하고 싶어할지가 전혀 명확하지 않기 때문에 그다지 큰 개선 사항은 아니다. 호출하는 쪽에서 NullCoffeeMug의 인스턴스인지 확인하도록 요구하는 것은 어색하고 널을 확인하는 것 보다 더 번거로울 수도 있다.

널 객체 패턴은 여러 형태로 나타날 수 있다. 이것을 사용하거나 접할 때 그것이 정말 적절한지 아니면 예상을 벗어나는 동작을 할 가능성이 있는지에 대해 의식적으로 생각해봐야 한다. 널 안전성과 옵셔널을 사용하는 것이 인기를 얻음에 따라 '값이 없음'을 훨씬 쉽고 안전하게 나타낼 수 있게 되었다. 이와 함께 널 객체 패턴의 사용을 지지하는 기존의 주장들 중 많은 것들이 요즘에는 설득력이 떨어졌다.

## 6.3 예상치 못한 부수 효과를 피하라

**부수 효과**side effect는 어떤 함수의 호출이 함수 외부에 초래한 상태 변화를 의미한다. 함수가 반환하는 값 외에 다른 효과가 있다면 이는 부수 효과가 있는 것이다. 일반적인 부수 효과 유형은 다음과 같다.

- 사용자에게 출력 표시
- 파일이나 데이터베이스에 무언가를 저장
- 다른 시스템을 호출하여 네트워크 트래픽 발생
- 캐시 업데이트 혹은 무효화

부수 효과는 소프트웨어 작성 시 불가피한 부분이다. 부수 효과가 없는 소프트웨어는 무의미할 것이다. 어느 시점에서 사용자, 데이터베이스, 다른 시스템 등에 무언가를 출력해야 한다. 이것은 적어도 코드의 일부에서는 부수 효과가 있어야 한다는 것을 의미한다. 부수 효과가 예상되고 코드를 호출한 쪽에서 그것을 원한다면 괜찮지만, 부수 효과가 예상되지 않을 경우 놀라움을 유발하고 버그로 이어질 수 있다.

예상치 못한 부수 효과를 일으키는 것을 피하는 좋은 방법 중 하나는 애초에 부수 효과가 일어나지 않도록 하는 것이다. 이번 절과 6.4절의 예를 통해 이에 관해 살펴본다. 그러나 클래스를 불가변immutable으로 만드는 것 또한 부수 효과의 가능성을 최소화하는 좋은 방법이며, 이에 대해서는 7장에서 다룬다. 부수 효과가 원하는 기능의 일부이거나 피할 수 없는 경우에는 호출하는 쪽에서 이에 대해 확실하게 인지하도록 하는 것이 중요하다.

### 6.3.1 분명하고 의도적인 부수 효과는 괜찮다

방금 언급한 바와 같이 부수 효과가 코드의 어떤 부분에서 필요할 때가 있다. 예제 코드 6.18은 사용자 디스플레이를 관리하기 위한 클래스를 보여준다. `displayErrorMessage()` 함수는 한가지 부수 효과를 가지고 있는데, 사용자에게 표시되는 캔버스를 업데이트하는 것이다. 그러나 클래스를 UserDisplay라고 명명하고 함수를 `displayErrorMessage()`라고 하는 경우 이러한 부수 효과가 발생할 것이라는 점이 명백하고 예상을 벗어나는 동작은 없다.

예제 6.18 **예상되는 부수 효과**

```
class UserDisplay {
  private final Canvas canvas;
  ...
```

```
    void displayErrorMessage(String message) {          부수 효과:
      canvas.drawText(message, Color.RED);  ◄─────      캔버스가 업데이트된다.
    }
  }
```

displayErrorMessage() 함수는 분명하고 의도적으로 부수 효과를 일으키는 예이다. 오류 메시지로 캔버스를 업데이트하는 것은 호출하는 쪽에서 원하고 예상하는 바이다. 반면에, 호출하는 쪽에서 반드시 예상하거나 원하지 않는 부수 효과는 문제가 될 수 있다. 다음 하위 절에서 이에 대해 살펴본다.

## 6.3.2 예기치 않은 부수 효과는 문제가 될 수 있다

함수의 목적이 값을 가져오거나 읽기 위한 경우, 다른 개발자는 일반적으로 함수 호출이 부수 효과를 일으키지 않는다고 가정한다. 예제 코드 6.19는 사용자 디스플레이의 특정 픽셀에서 색상을 가져오는 함수를 보여준다. 이 함수는 상대적으로 쉽고 부수 효과도 없는 것처럼 보이지만 불행히도 그렇지 않다. 픽셀 색상을 읽기 전에 캔버스를 다시 그리는 동작을 수행한다. 이것은 부수 효과이며, getPixel() 기능의 구현에 익숙하지 않은 사람이라면 예상을 벗어나는 결과가 될 것이다.

예제 6.19 **예상치 못한 부수 효과**

```
class UserDisplay {
  private final Canvas canvas;
  ...

  Color getPixel(Int x, Int y) {                  다시 그리기 이벤트를 발생하는 것은
    canvas.redraw();  ◄─────                      부수 효과다.
    PixelData data = canvas.getPixel(x, y);
    return new Color(
      data.getRed(),
      data.getGreen(),
      data.getBlue());
  }
}
```

이와 같이 예상치 못한 부수 효과가 문제의 소지가 될 수 있는 몇 가지 경우가 있다. 다음 몇 개의 하위 절에서 이 중 일부를 살펴볼 것이다.

### 부수 효과는 비용이 많이 들 수 있다

canvas.redraw()를 호출하는 작업은 잠재적으로 비용이 상당히 많이 들 수 있으며 사용자의 디스플레이가 깜박거릴 수도 있다. getPixel()을 호출하는 개발자는 이 작업이 비용이 많이 들거나 사용

자에게 보이는 문제를 일으킬 것이라고 예상하지 않는다. getPixel() 함수의 이름이 이러한 것을 나타내고 있지 않다. 하지만 이 함수를 실행할 때 시간이 오래 걸린다거나 깜박임이 일어난다면, 대부분의 사용자는 그것을 끔찍한 버그로 해석할 수 있는 바람직하지 않은 기능이다.

사용자가 디스플레이의 스크린샷을 찍을 수 있도록 하는 기능을 애플리케이션에 추가한다고 가정해보자. 예제 6.20 코드에는 이 기능이 어떻게 구현될 수 있는지 나와 있다. captureScreenshot() 함수는 getPixel() 함수를 호출하여 픽셀을 하나씩 읽는다. 이로 인해 스크린샷의 모든 픽셀에 대해 canvers.redraw()가 호출된다. 하나의 다시 그리기 이벤트가 10밀리초가 걸리고 사용자 디스플레이가 400×700 픽셀(즉, 총 28만 픽셀)이라고 가정해보자. 스크린샷 캡처를 하나 하려면 47분간 애플리케이션은 멈추고 깜박거릴 것이다. 대부분의 사용자는 이것을 시스템이 멈춘 것으로 알고 시스템을 다시 시작할 것이고, 저장되지 않은 작업은 잃어버릴 것이다.

예제 6.20 **스크린샷 캡처**

```
class UserDisplay {
  private final Canvas canvas;
  ...
  Color getPixel(Int x, Int y) { ... }   ◁  부수 효과로 인해 실행하는 데
  ...                                        10밀리초가 걸린다.

  Image captureScreenshot() {
    Image image = new Image(
        canvas.getWidth(), canvas.getHeight());
    for (Int x = 0; x < image.getWidth(); ++x) {
      for (Int y = 0; y < image.getHeight(); ++y) {
        image.setPixel(x, y, getPixel(x, y));   ◁  getPixel()이
      }                                             여러 번 호출된다.
    }
    return image;
  }
}
```

### 호출한 쪽의 가정을 깨트리기

캔버스를 다시 그리는 것의 비용이 적게 들더라도 captureScreenshot()이라는 이름을 보면 부수 효과를 일으킬 것 같지 않기 때문에, 이 함수를 호출하는 대부분의 개발자는 부수 효과가 없을 것이라고 가정한다. 이 가정은 잘못됐기 때문에 버그를 일으킬 가능성이 있다.

예제 6.21 코드는 편집된 스크린샷을 캡처하는 함수를 보여준다. 이 함수는 캔버스에서 사용자의 개인 정보가 들어 있는 영역을 삭제한 후에 captureScreenshot()을 호출한다. 이 함수는 사용자가 피

드백을 주거나 버그를 보고할 때마다 익명화된 스크린숏을 캡처하는 데 사용된다. 캔버스 영역을 삭제하면 canvas.redraw()를 다시 호출하기 전까지는 해당 픽셀이 지워진다. 즉, canvas.redraw()가 호출되면 임시로 지운 것은 다시 보여진다.

captureRedactedScreenshot() 함수의 작성자는 captureScreenshot()에서 canvers.redraw()를 호출하지 않을 것으로 가정한다. 하지만 captureScreenshot()은 getPixel()을 호출하고, getPixel()은 canvas.redraw()를 호출하기 때문에 이 가정은 잘못된 것이다. 이는 편집 기능이 전혀 동작하지 않고, 개인 정보가 피드백 보고에 포함되어 전송됨을 의미한다. 이것은 심각한 사용자 개인 정보 침해이며 중대한 버그다.

예제 6.21 **편집된 스크린숏 캡처**

```
class UserDisplay {
  private final Canvas canvas;
  ...

  Color getPixel(Int x, Int y) { ... }        ◀── canvas.redraw()를 호출함으로써
                                                   부수 효과가 발생한다.

  Image captureScreenshot() { ... }           ◀── getPixel()을 호출함으로써
                                                   간접적으로 부수 효과가 발생한다.

  List<Box> getPrivacySensitiveAreas() { ... }  ◀── 개인 정보를 담고 있는
                                                     캔버스 영역을 반환한다.

  Image captureRedactedScreenshot() {
    for (Box area in getPrivacySensitiveAreas()) {
      canvas.delete(
          area.getX(), area.getY(),              개인 정보를 담고 있는
          area.getWidth(), area.getHeight());    픽셀을 제거한다.
    }
    Image screenshot = captureScreenshot();    ◀── 스크린숏을
    canvas.redraw();                                캡처한다.
    return screenshot;              의도적인 실행:
  }                                 이 함수의 작성자는
}                                   canvas.redraw()가
                                    여기에서만 호출된다고 생각한다.
```

## 다중 스레드 코드의 버그

프로그램이 상대적으로 독립적인 여러 작업을 수행할 필요가 있는 경우, 이를 달성하는 일반적인 방법은 각 작업을 자체 **스레드**thread에서 실행하는 것이다. 그다음 컴퓨터는 스레드를 차례대로 **선점**preempting하고, **다시 시작**resuming함으로써 작업 사이를 빠르게 전환한다. 이것을 **멀티스레딩**multithreading이라고 한다. 서로 다른 스레드가 종종 동일한 데이터에 액세스할 수 있기 때문에 한 스레드로 인한 부수 효과는 때때로 다른 스레드에 문제를 일으킬 수 있다.

스크린숏과 관련되어 살펴본 응용 프로그램에서 사용자가 자신의 화면을 친구와 라이브로 공유할수 있는 기능이 있다고 가정해보자. 이 기능은 스크린숏을 주기적으로 캡처하여 친구에게 보내는 다른 스레드를 사용하여 구현할 수 있다. 두 개 이상의 스레드가 captureScreenshot()을 동시에 호출하는 경우, 한 스레드가 캔버스를 다시 그릴 수 있고 다른 스레드가 읽으려고 할 때 스크린숏이 끊어질 수 있다. 그림 6.1은 두 개의 개별 스레드에서 getPixel()을 호출할 때 이들이 어떻게 상호작용할수 있는지를 보여준다.

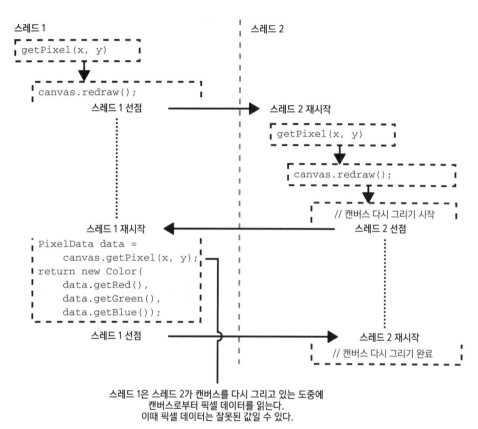

스레드 1은 스레드 2가 캔버스를 다시 그리고 있는 도중에
캔버스로부터 픽셀 데이터를 읽는다.
이때 픽셀 데이터는 잘못된 값일 수 있다.

그림 6.1 부수 효과가 있는 코드가 다중 스레드 환경에서 실행될 때 작성자가 로크(lock)와 같은 스레드 안전을 위한 조치를 취하지 않는 경우 문제가 될 수 있다.

함수에 대한 개별 호출에서 멀티스레딩 문제가 발생할 확률은 일반적으로 매우 낮다. 그러나 함수를수천 번(혹은 수백만 번) 호출할 경우 발생 확률이 누적되어 상당히 높아진다. 다중 스레드 문제와 관련된 버그는 디버깅과 테스트가 어렵기로 악명높다.

다른 개발자가 captureScreenshot()이나 getPixel()이라는 함수를 접하면 둘 중 어느 것도 다른스레드에서 실행 중인 코드의 동작에 악영향을 끼치는 부수 효과가 일어나리라고는 예상하지 않을 것이다. 다중 스레드 환경에서 제대로 동작하지 않는 코드를 작성하면 예상과 다르게 작동하는 상황을 마주할 수 있고 이런 상황은 바람직하지 않다. 이 경우 디버깅과 문제 해결에 많은 시간을 낭비할 수 있다. 부수 효과를 피하거나 그렇지 않으면 그것이 발생할 것이라는 사실을 명백하게 하는 것이 훨씬 낫다.

### 6.3.3 해결책: 부수 효과를 피하거나 그 사실을 분명하게 하라

픽셀을 읽기 전에 canvas.redraw()를 호출하는 것이 정말로 필요한지를 가장 먼저 질문해야 한다. 그 함수를 호출하는 것이 어쩌면 지나치게 신중한 코드일 수 있고, 적절성 여부를 깊이 따져보지 않은 결과일 수도 있다. 예측 가능한 코드를 작성하기 위한 가장 좋은 방법은 애초에 부수 효과를 일으키지 않는 것이다. Canvas.redraw()를 호출할 필요가 없으면 호출하지 말아야 하며, 그렇게 하면 문제 자체가 없어진다.

픽셀을 읽기 전에 canvers.redraw()를 호출해야 하는 경우, getPixel() 함수의 이름을 변경하여 이 부수 효과가 발생할 것이라는 점을 분명히 나타내야 한다. 더 좋은 이름은 redrawAndGetPixel() 과 같은 것으로 이 이름을 통해 이 함수가 다시 그리기 이벤트를 유발하는 부수 효과가 발생할 것이라는 점을 분명히 하는 것이다. 다음 예제는 이에 대한 코드를 보여준다.

예제 6.22 **더 많은 정보를 제공하는 이름**

```
class UserDisplay {
  private final Canvas canvas;
  ...

  Color redrawAndGetPixel(Int x, Int y) {      ◀── 함수의 이름을 통해 부수 효과에 대해
    canvas.redraw();                                분명하게 알 수 있다.
    PixelData data = canvas.getPixel(x, y);
    return new Color(
        data.getRed(),
        data.getGreen(),
        data.getBlue());
  }
}
```

이렇게 수정하는 것은 매우 간단하고, 좋은 이름이 얼마나 중요한지 잘 보여준다. 개발자가 redraw AndGetPixel() 함수를 호출할 때 이 함수는 부수 효과를 가지고 있으며 다시 그리기 이벤트를 발생할 것이라는 점을 알 수밖에 없다. 이 방법은 이전 하위 절에서 살펴본 세 가지 문제를 해결하는 데 크게 도움이 된다.

- 다시 그리기는 비용이 높기 때문에 captureScreenshot() 함수의 작성자는 redrawAndGet Pixel()을 for 루프에서 수천 번 호출하는 것이 과연 필요한지 한 번 더 생각해볼 수 있다. 이 경우 다시 그리기를 한 번만 수행한 다음 모든 픽셀을 한 번에 읽는 등의 방식으로 함수를 다르게 구현할 수 있다.
- captureScreenshot() 함수의 작성자가 부수 효과를 분명히 하기 위해 함수의 이름 역시 수정한다면 redrawAndCaptureScreenshot()로 변경할 수 있다. 이렇게 변경된 함수의 이름으로 인해 다른 개발자는 다시 그리기 이벤트가 일어나지 않을 것이라고 잘못 가정하지 않게 된다.
- redrawAndCaptureScreenshot()이라는 함수를 사용하는 경우 화면 공유 기능을 구현하는 개발자는 다중 스레드 환경에서 이 함수를 호출할 때의 위험성을 즉시 인식할 수 있다. 이 경우 스레드 안전을 위해 로크를 사용하는 등의 추가 작업을 해야 할 것이다. 하지만 이렇게 추가로 작업하는 것이 이 사실을 알지 못한 채 예상을 벗어나는 동작과 나아가 오류를 일으키는 것보다 훨씬 낫다.

정보를 얻는 함수는 일반적으로 부수 효과를 일으키지 않기 때문에 개발자의 자연스러운 정신 모델에서는 그러한 함수들이 부수 효과를 일으키지 않을 것이라고 가정한다. 따라서 어떤 함수가 부수 효과를 일으킨다면, 그 함수를 호출하는 쪽에서 이 사실에 대해 명백하게 알 수 있도록 하는 책임이 함수의 작성자에게 있다. 애초에 부수 효과를 일으키지 않는 것이 예측 가능한 코드를 위해 가장 좋은 방법이지만, 실제로 그렇게 하기 어려운 경우도 있다. 부수 효과를 피할 수 없을 때 적절하게 이름을 짓는 것은 그 사실을 명백하게 나타내는 매우 효과적인 방법이다.

## 6.4  입력 매개변수를 수정하는 것에 주의하라

앞 절에서는 예상치 못한 부수 효과가 얼마나 문제가 되는지를 논의했다. 이번 절에서는 특정 유형의 부수 효과, 즉 함수 내에서 입력 매개변수를 수정하는 것에 관해 살펴본다. 이것은 예상을 벗어나는 코드 및 버그의 흔한 원인이 될 수 있으므로 이번 절 전체에서 이에 관해 다룬다.

### 6.4.1  입력 매개변수를 수정하면 버그를 초래할 수 있다

만약 여러분이 친구에게 책을 빌려준 후에 돌려받았는데 몇 페이지나 찢어져 있고 여백에 메모가 휘갈겨져 있다면 아마 화가 많이 날 것이다. 여러분이 그 책을 읽으려고 하거나 다른 친구에게 빌려주려고 하는데 책이 훼손된 사실을 알게 되면 불쾌하다. 빌린 책인데 페이지를 찢고 여백 위에 낙서를 한다면 그 친구는 아마도 좋은 친구는 아닐 것이다.

어떤 객체를 다른 함수에 입력으로 넘기는 것은 이처럼 친구에게 책을 빌려주는 것과 유사하다. 입력으로 받은 객체에는 그 함수에 필요한 정보가 있지만, 이 함수가 호출된 뒤에도 해당 객체를 다른 용도로 사용할 가능성이 크다. 함수가 입력 매개변수를 수정하는 것은 페이지를 찢고 여백 위에 낙서하는 등의 일을 코드에서 하는 것이고 이것은 위험한 일이다. 호출하는 쪽에서는 일반적으로 객체를 빌려준다고 생각하고 함수에 전달한다. 이 함수가 자신의 코드에서 객체를 변경한다면 빌린 책을 손상하는 나쁜 친구와 같다.

입력 매개변수를 수정하는 것은 함수가 외부의 무언가에 영향을 미치기 때문에 부수 효과의 또 다른 예다. 함수는 매개변수를 통해 입력을 가져오거나 빌려와서 반환값을 통해 결과를 제공하는 것이 일반적이다. 따라서 대부분의 개발자는 입력 매개변수의 수정이 일어나지 않을 것이라고 예상하고 이 부수 효과가 일어난다면 깜짝 놀랄 것이다.

예제 6.23 코드는 입력 파라미터를 수정할 경우 어떻게 예상치 못한 결과와 버그로 이어질 수 있는지 보여준다. 이 예제 코드는 온라인 서비스를 판매하는 회사의 주문을 처리한다. 이 회사는 신규 사용자에게 무료 평가판을 제공한다. processOrders() 함수는 두 가지 일을 수행하는데 지급 요청 송장의 발송과 주문한 사용자가 서비스를 사용할 수 있도록 설정하는 작업이다.

getBillableInvoices() 함수는 송장에 대해 지급 요청이 가능한지 결정한다. 사용자에게 무료 평가판이 없는 경우 송장은 지급 청구할 수 있다. 불행히도 getBillableInvoices() 함수는 이것을 수행할 때 입력 매개변수 중 하나인 userInvoices 맵 자료구조에서 무료 평가판을 가지고 있는 사용자를 삭제한다. 이로 인해 버그가 발생하는데 processOrders()가 나중에 userInvoices 맵을 재사용하기 때문이다. 즉, 무료 평가판을 사용하는 유저는 어떤 서비스도 사용할 수 없다.

예제 6.23 **입력 매개변수 변경**

```
List<Invoice> getBillableInvoices(
    Map<User, Invoice> userInvoices,
    Set<User> usersWithFreeTrial) {
  userInvoices.removeAll(usersWithFreeTrial);    ◄─── 무료 평가판을 사용할 수 있는 유저를 삭제함으로써
  return userInvoices.values();                        userInvoices를 변경한다.
}

void processOrders(OrderBatch orderBatch) {
  Map<User, Invoice> userInvoices =
      orderBatch.getUserInvoices();
  Set<User> usersWithFreeTrial =
      orderBatch.getFreeTrialUsers();

  sendInvoices(
```

```
            getBillableInvoices(userInvoices, usersWithFreeTrial));
        enableOrderedServices(userInvoices);
}

void enableOrderedServices(Map<User, Invoice> userInvoices) {
    ...
}
```

무료 평가판을 사용할 수 있는
유저는 해당 서비스를
사용할 수 있게끔 설정되지 않는다.

getBillableInvoices()는
예상과 다르게
userInvoices를 변경한다.

이 버그는 (마치 나쁜 친구가 빌린 책의 페이지를 찢어버린 것처럼) getBillableInvoices() 함수가 user
Invoices 맵을 변경하기 때문에 발생한다. 이 함수가 입력 매개변수를 수정하지 않도록 하는 것이
훨씬 바람직하다.

## 6.4.2 해결책: 변경하기 전에 복사하라

입력 매개변수 내의 값을 어쩔 수 없이 변경해야 하는 경우에는 변경 전에 새 자료구조에 복사하
는 것이 최상의 방법이다. 이렇게 하면 원래의 객체가 변경되지 않는다. 다음 예제는 getBillable
Invoices() 함수가 이런 방식으로 변경된 경우의 코드를 보여준다.

예제 6.24 **입력 매개변수를 변경하지 않음**

```
List<Invoice> getBillableInvoices(
    Map<User, Invoice> userInvoices,
    Set<User> usersWithFreeTrial) {
  return userInvoices
      .entries()
      .filter(entry ->
          !usersWithFreeTrial.contains(entry.getKey()))
      .map(entry -> entry.getValue());
}
```

userInvoices 맵에 있는
모든 키-값의 리스트를 받는다.

filter()는 조건에 맞는 값을
새로운 리스트에 복사한다.

값을 복사하면 메모리나 CPU, 혹은 두 가지 모두와 관련해 성능에 영향을 미칠 수 있다. 하지만 입
력 매개변수의 변경으로 인해 발생할 수 있는 예기치 못한 동작이나 버그와 비교하면 성능이 크게 문
제되지 않는 경우가 많다. 그러나 매우 많은 양의 데이터를 처리하거나, 저가 하드웨어에서 실행될 가
능성이 있는 경우 입력 매개변수에 변경이 가해지는 것을 피하기 어려운 경우도 있다. 예를 들어 리
스트나 배열을 정렬하는 경우 정렬해야 할 값의 개수가 아주 많다면, 복사본을 만드는 것보다는 원래
의 리스트나 배열 내에서 변경을 가하면서 정렬하는 것이 훨씬 더 효율적일 수 있다. 이처럼 성능상
의 이유로 입력 매개변수를 변경해야 하는 경우 함수 이름과 문서에 이러한 일이 발생한다는 점을 분
명히 하는 것이 좋다.

입력 매개변수를 변경하는 것이 때로는 일반적이다

일부 언어 및 코드베이스에서는 함수에 대한 매개변수를 변경하는 것이 매우 일반적인 일일 수 있다. C++로 작성된 많은 코드에서 출력 매개변수라는 개념을 활용하는데, 함수로부터 클래스 같은 객체를 효율적이고 안전한 방법으로 반환한다. 최근의 C++는 출력 매개변수를 굳이 사용하지 않아도 되는 다른 기능 가령 무브 시맨틱스(move semantics)를 제공한다. 일부 언어에서는 매개변수의 변경이 다른 언어보다 더 흔하게 일어난다.

방어적이어야 한다

이번 절에서는 작성하는 코드가 올바르게 작동하고 다른 코드에 속하는 객체를 망가뜨리지 않는지 확인하는 방법에 대해 살펴봤다. 이것의 다른 측면은 자신의 객체가 다른 코드에 의해 변경되는 것을 막는 것이다. 7장에서는 이를 위한 효과적인 방법으로 객체를 불변적(immutable)으로 만드는 것에 대해 살펴본다.

## 6.5 오해를 일으키는 함수는 작성하지 말라

개발자가 어떤 함수를 호출하는 코드를 접하면 그들은 자신들이 보는 것에 기초하여 함수 내부에서 무슨 일이 일어나고 있는지에 대해 생각한다. 코드 계약의 명백한 부분(예: 이름)은 개발자가 코드를 살펴볼 때 주로 인식하게 되는 항목이다.

이번 장에서 이미 살펴본 바와 같이 코드 계약에서 명백한 부분이 누락되면 예기치 못한 결과를 초래할 수 있다. 그러나 더 좋지 않은 경우는 코드 계약의 명백한 부분에 오해의 소지가 있을 때다. displayLegalDisclaimer()라는 이름의 함수를 접한다면 이 함수의 호출 시 법적 고지 사항이 표시될 것이라고 가정할 것이다. 하지만 항상 그렇지만은 않다면, 이 함수로 인해 예상을 벗어나는 결과와 버그로 이어지기 쉽다.

### 6.5.1 중요한 입력이 누락되었을 때 아무것도 하지 않으면 놀랄 수 있다

매개변수가 없더라도 호출할 수 있고 해당 매개변수가 없으면 아무 작업도 수행하지 않는 함수가 있다면, 이 함수가 수행하는 작업에 대해 오해의 소지가 있을 수 있다. 호출하는 쪽에서는 해당 매개변수의 값을 제공하지 않고 함수를 호출하는 것의 심각성을 모를 수 있으며, 코드를 읽는 사람은 함수 호출 시 항상 무언가 작업이 이루어진다고 잘못 생각할 수 있다.

예제 6.25 코드에는 사용자 화면에 법적 고지 사항을 표시하는 함수가 나와있다. displayLegal
Disclaimer() 함수는 법적 고지 사항 텍스트를 매개변수로 사용하여 화면에 표시한다. legalText
매개변수는 널값일 수 있으며, 이 매개변수가 널값이면 displayLegalDisclaimer() 함수는 사용자
에게 아무것도 표시하지 않는다.

예제 6.25 **널이 가능하지만 중요한 매개변수**

```
class UserDisplay {
  private final LocalizedMessages messages;
  ...

  void displayLegalDisclaimer(String? legalText) {    ←  legalText는
                                                           널일 수 있다.
    if (legalText == null) {
      return;                                  ←  legalText가 널일 때 함수는
    }                                             아무것도 표시하지 않고 돌아온다.
    displayOverlay(
        title: messages.getLegalDisclaimerTitle(),
        message: legalText,
        textColor: Color.RED);
  }
}
                                    ←  사용자의 언어로 번역된 메시지를 갖는다.
class LocalizedMessages {
  ...
  String getLegalDisclaimerTitle();
  ...
}
```

### 왜 널을 받아들이고 아무것도 하지 않는가?

예제 6.25와 같은 함수를 왜 작성하는지 궁금해할지도 모르겠다. 함수를 호출하기 전에 호출하는 쪽에서 널을 확
인해야 하는 것을 피하기 위해 이렇게 한다. 의도는 좋다. 호출하는 쪽에 부담을 덜어주려고 노력한 것이지만, 불
행하게도 그것은 오해의 소지가 있고 예상을 벗어나는 코드를 초래할 수 있다.

```
...
String? message = getMessage();           displayLegalDisclaimer() 함수가
if (message != null) {              ←      매개변수로 널을 허용하지 않는다면
  userDisplay.displayLegalDisclaimer(message);   호출하는 쪽에서는 널 여부를 확인해야 한다.
}
...
```

이와 같은 코드가 예상을 벗어나는 동작을 하는 이유를 이해하려면 displayLegalDisclaimer() 함수를 호출할 때 코드가 어떻게 되는지 살펴봐야 한다. 어떤 회사가 자사 서비스에 대한 사용자 등록 과정을 구현하고 있다고 가정해보자. 구현 시 반드시 충족해야 하는 매우 중요한 요구 사항 몇 가지가 아래와 같다.

- 사용자가 가입하기 전에 회사는 법적으로 해당 지역 언어로 법적 고지 사항을 제시해야 한다.
- 사용자의 해당 언어로 법적 고지 사항을 표시할 수 없는 경우 등록을 중단해야 한다. 계속하면 위법의 소지가 있다.

잠시 후 전체 구현에 대해 알아보겠지만, 먼저 이러한 요구 사항이 충족되는지 확인하기 위한 ensureLegalCompliance() 함수를 중점적으로 살펴보겠다. 아래 코드에 이 함수가 나와 있다. 이 코드를 보면 userDisplay.displayLegalDisclaimer()가 항상 호출되고, 어떤 경우에는 함수가 아무것도 하지 않는다는 것이 코드 계약의 명백한 부분에 전혀 나타나 있지 않다. 따라서 이 코드를 읽는 개발자는 법적 고지 사항이 항상 표시된다고 결론을 내릴 것이다.

```
void ensureLegalCompliance() {
  userDisplay.displayLegalDisclaimer(
      messages.getSignupDisclaimer());
}
```

이 코드를 처음 접하는 사람과는 달리, 우리는 이미 userDisplay.displayLegalDisclaimer()의 구현 세부 사항을 잘 알고 있다. 앞에서 살펴본 내용(예제 코드 6.25 참조)대로 널값으로 호출하는 경우 아무런 동작도 하지 않는다. 예제 6.26은 등록 과정을 모두 구현한 코드를 보여준다. 이제 message.getSignupDisclaimer() 함수가 널을 반환할 수 있다는 것을 알 수 있다. 이는 사실상 ensureLegalCompliance() 함수가 모든 법적 요건의 충족을 항상 보장하지는 않는다는 것을 의미한다. 이 코드를 사용하는 회사는 법을 위반할 수도 있다.

예제 6.26 **오해를 유발하는 코드**

```
class SignupFlow {
  private final UserDisplay userDisplay;
  private final LocalizedMessages messages;
  ...

  void ensureLegalCompliance() {
    userDisplay.displayLegalDisclaimer(          ┌ 코드는 고지 사항을 항상 보여주는 것처럼
        messages.getSignupDisclaimer());         └ 보이지만 실제로는 그렇지 않다.
```

```
    }
}

class LocalizedMessages {
    ...
    // 사용자의 언어가 아닌 기본 설정 언어로 된 텍스트를 제공하는 것은 적법한
    // 것이 아닐 수도 있기 때문에 사용자의 언어로 된 번역 텍스트가 존재하지
    // 않는다면 널을 반환한다.
    String? getSignupDisclaimer() { ... }          ◀── 사용자의 언어로 번역된 고지 사항이 없으면
    ...                                                  널을 반환한다.
}
```

여기서 큰 문제는 `UserDisplay.displayLegalDisclaimer()` 함수가 널이 가능한 값을 허용하고 널인 경우 아무것도 하지 않는다는 점이다. `displayLegalDisclaimer()`를 호출하는 코드를 읽는 사람은 '오, 좋아. 법적 고지 사항을 확실히 보여주는군'이라고 생각할 것이다. 실제로 그렇게 되려면 널이 아닌 값으로 호출해야 한다는 것을 알고 있어야 한다. 다음 절에서는 이와 같이 예상과 다르게 동작할 가능성이 있는 코드를 어떻게 피할 수 있을지 설명한다.

## 6.5.2 해결책: 중요한 입력은 필수 항목으로 만들라

중요한 매개변수가 널이 가능한 값을 받아들일 수 있게 하면 호출하는 쪽에서는 호출하기 전에 널값 여부를 확인할 필요가 없다. 이렇게 하면 호출하는 쪽의 코드는 간단해지는 반면 오해를 초래할 수 있는데 일반적으로 바람직한 절충은 아니다. 호출하는 쪽의 코드는 약간 간단해지지만, 그로 인해 혼란을 초래하고 버그가 발생할 가능성이 크게 증가한다.

어떤 매개변수 없이는 함수가 수행하려는 작업을 못 하는 경우 그 매개변수는 해당 함수에 중요하다. 이러한 매개변수에 대해서는 값을 사용할 수 없는 경우 함수를 호출할 수 없도록 널을 허용하지 않는 것이 더 안전할 수 있다.

예제 6.27 코드는 널이 아닌 매개변수만 허용하도록 수정된 `displayLegalDisclaimer()` 함수를 보여준다.

예제 6.27 **필수적인 중요 매개변수**

```
class UserDisplay {
    private final LocalizedMessages messages;
    ...
                                                     legalText는 널이 될 수 없다.
    void displayLegalDisclaimer(String legalText) {   ◀──┘
```

```
    displayOverlay(
        title: messages.getLegalDisclaimerTitle(),
        message: legalText,                              ┐ 고지 사항은 항상 표시된다.
        textColor: Color.RED);                           │
    }                                                    ┘
}
```

ensureLegalCompliance() 함수는 이제 오해의 소지가 많이 줄어들었다. 코드 작성자는 번역된 고
지 사항이 없는 경우를 처리해야 한다는 것을 인지할 수 있다. 예제 6.28은 수정된 ensureLegal
Compliance() 함수를 보여준다. 이제 유저의 현지 언어로 번역된 법적 고지 사항이 있는지 확인해
야 하며 그렇지 않은 경우 거짓을 반환하여 법적 준수를 보장할 수 없음을 나타내야 한다. 또한, 이
함수는 4장에서 설명한 @CheckReturnValue가 애너테이션으로 추가되어 반환값이 무시되지 않도록
한다.

예제 6.28 **명백한 코드**

```
class SignupFlow {
  private final UserDisplay userDisplay;
  private final LocalizedMessages messages;
  ...

  // 법규 준수를 할 수 없는 경우에는 거짓을 반환하는데
  // 이것은 등록 절차가 더 이상 진행될 수 없음을 의미한다.        반환값이 무시되지 않도록 한다.
  // 법규 준수가 보장되면 참을 반환한다.
  @CheckReturnValue
  Boolean ensureLegalCompliance() {                              법적 준수가 보장되는지를
    String? signupDisclaimer = messages.getSignupDisclaimer();   나타내기 위해
    if (signupDisclaimer == null) {                              불리언값을 반환한다.
      return false;         법적 준수가 보장되지 않으면
    }                       거짓을 반환한다.
    userDisplay.displayLegalDisclaimer(signupDisclaimer);        displayLegalDisclaimer()를
    return true;                                                 호출하면 항상
  }                                                              법적 고지 사항이
}                                                                표시될 것이다.
```

5장에서는 코드 품질의 다른 측면을 희생하면서까지 코드의 총 줄 수에 집착하는 것이 바람직하지
않은 이유를 살펴봤다. 널 확인 코드를 호출하는 쪽에 추가할 경우 코드 줄의 수가 증가할 수 있지만
(특히 호출이 많은 경우), 코드가 잘못 해석되거나 예상과 다른 동작을 할 가능성은 줄어들 수 있다. 예
상을 벗어나는 코드 때문에 발생한 버그를 수정하는 데 드는 시간과 노력은 널 여부를 확인하는 문
장을 읽는 데 드는 시간보다 훨씬 더 크다. 코드를 명확하게 작성하는 것의 이점은 코드를 몇 줄 더
추가하는 비용을 훨씬 더 능가한다.

## 6.6 미래를 대비한 열거형 처리

이번 장에서 지금까지 살펴본 예들은 우리가 작성한 코드를 사용하는 쪽에서 코드가 수행하는 일이나 반환값이 그들의 예상을 벗어나지 않도록 하는 데 초점을 맞추었다. 다시 말해서 우리의 코드에 의존하는 코드가 올바르고 버그가 없도록 하기 위함이었다. 그러나 그 반대의 경우, 즉 우리가 의존하는 코드에 대해 부실한 가정을 할 경우에도 우리의 예상을 벗어나는 결과를 초래할 수 있다. 이번 절에서는 이에 대한 예를 보여준다.

열거형enum에 대해서 개발자들 사이에 논쟁이 있다. 일부에서는 형 안전성을 제공하고 함수나 시스템에 유효하지 않은 입력을 방지할 수 있는 훌륭하고 간단한 방법이라고 주장한다. 다른 사람들은 열거형의 특정 값을 처리하기 위한 논리가 코드 전반에 퍼져 있게 되기 때문에 간결한 추상화 계층을 막는다고 주장한다. 후자에 속한 개발자들은 종종 다형성polymorphism이 더 나은 방식이라고 주장한다. 어떤 값이 특정 클래스에서만 사용된다면 그 클래스 내에 해당 값에 대한 정보와 동작을 캡슐화한 다음, 이 클래스들이 공통 인터페이스를 구현하도록 하자는 것이 이 주장의 요지다.

열거형에 대한 개인적인 의견과 상관없이, 코드에서 열거형을 접하게 될 가능성이 있고 어느 시점에서는 열거형을 다뤄야 할 가능성도 있다. 그 이유는 다음과 같다.

- 다른 사람의 코드의 결과를 사용해야 하며 어떤 이유로든 그들이 열거형을 즐겨 사용할 수 있다.
- 다른 시스템에서 제공하는 결과를 사용하고 있을 때 열거형은 종종 데이터 형식에서 유일하게 실용적인 옵션일 수 있다.

열거형을 처리해야 하는 경우 나중에 열거형에 더 많은 값이 추가될 수 있다는 점을 기억하는 것이 중요하다. 이것을 무시하고 코드를 작성하면, 자기 자신 혹은 다른 개발자들의 예측을 벗어나는 좋지 않은 결과를 초래할 수 있다.

### 6.6.1 미래에 추가될 수 있는 열것값을 암묵적으로 처리하는 것은 문제가 될 수 있다

때때로 개발자들은 열거형 내의 현재 값을 보고 '오, 좋네. if 문 사용해서 처리할 수 있겠는데'라고 생각한다. 이것은 열거형의 현재 값에 대해서는 문제가 없지만, 나중에 다른 값이 추가될 경우에는 문제가 될 수 있다.

어떤 회사가 주어진 비즈니스 전략을 따를 경우 어떤 일이 일어날지 예측하는 모델을 개발했다고 가정해보자. 예제 6.29 코드에는 모델의 예측을 나타내는 열거형에 대한 정의가 포함되어 있다.

또한, 이 예제 코드에는 모델 예측을 사용해서 안전한 결과인지 나타내는 함수도 포함하고 있다. isOutcomeSafe()가 참을 반환할 경우 자동 시스템으로 인해 비즈니스 전략이 시작된다. 거짓을 반환하면 비즈니스 전략이 시작되지 않는다.

현재 PredictedOutcome 열거형은 COMPANY_WILL_GO_BUST와 COMPANY_WILL_MAKE_A_PROFIT의 두 값만 가지고 있다. isOutcomeSafe() 함수를 작성하는 개발자는 이러한 결과 중 하나는 안전하며 다른 하나는 안전하지 않다는 것을 알고 간단한 if 문을 사용하여 열거형을 처리하기로 한다고 하자. 이 경우 isOutcomeSafe() 함수는 COMPANY_WILL_GO_BUST에 대해서는 명시적으로 안전하지 않은 것으로 처리하고 다른 열것값은 암시적으로 안전한 것으로 처리한다.

예제 6.29 **열것값의 암시적 처리**

```
enum PredictedOutcome {
  COMPANY_WILL_GO_BUST,
  COMPANY_WILL_MAKE_A_PROFIT,        2개의 열거형 값
}


...

                                                        COMPANY_WILL_GO_BUST는
                                                        명시적으로 안전하지 않은 것으로
                                                        처리된다.
Boolean isOutcomeSafe(PredictedOutcome prediction) {
  if (prediction == PredictedOutcome.COMPANY_WILL_GO_BUST) {  ◄
    return false;
  }            그 외 다른 값들은
  return true; ◄  암시적으로 안전한 것으로 처리된다.
}
```

위 예제 코드는 열것값이 2개인 동안에는 작동한다. 그러나 만약 누군가가 새로운 열것값을 추가한다면 상황은 심각하게 잘못될 수 있다. 이제 모델과 열거형이 새로운 잠재적 결과인 WORLD_WILL_END로 업데이트되었다고 가정해보자. 이름에서 알 수 있듯이, 이 열것값은 회사가 주어진 비즈니스 전략을 따를 경우 이 세계의 종말이 올 것으로 모델이 예측하고 있음을 나타낸다. 열거형 정의는 이제 아래와 같다.

예제 6.30 **열거형의 새로운 값**

```
enum PredictedOutcome {
  COMPANY_WILL_GO_BUST,
  COMPANY_WILL_MAKE_A_PROFIT,      이 세계의 종말이 올 것이라고
  WORLD_WILL_END,                  예측하는 것을 나타내는 값
}
```

isOutcomeSafe() 함수 정의는 열거형 정의에서 수백 줄 떨어진 코드이거나, 완전히 다른 파일 혹은 다른 패키지에 있을 수 있다. 이 함수는 완전히 다른 팀이 유지보수할 수도 있다. 따라서 어떤 개발자가 PredictedOutcome에 값을 추가하면 그에 따라 isOutcomeSafe() 함수도 당연히 수정할 것이라고 가정하는 것은 위험하다.

isOutcomeSafe() 함수가 수정되지 않으면(아래 코드에서 다시 보여주듯이) WORLD_WILL_END 예측에 대해 참이 반환되어 안전한 결과임을 나타낸다. 분명히 WORLD_WILL_END는 안전한 결과가 아니며, 이후의 자동 시스템이 이러한 예측 결과를 가지고 비즈니스 전략을 시작한다면 재앙이 일어날 수 있다.

```
Boolean isOutcomeSafe(PredictedOutcome prediction) {
  if (prediction == PredictedOutcome.COMPANY_WILL_GO_BUST) {
    return false;
  }
  return true;   ◄─────┐  예측이 WORLD_WILL_END일 경우
}                       참을 반환한다.
```

isOutcomeSafe() 함수의 작성자는 나중에 열거형 값이 더 추가될 수도 있다는 사실을 무시했다. 그 결과 코드는 불안정하고 신뢰할 수 없는 가정에 기초해 작성되고, 그 결과 파국적인 결과를 초래할 수도 있다. 실제 상황에서 전 세계의 종말을 초래할 가능성은 작지만, 고객 데이터를 잘못 관리하거나 자동화된 결정이 잘못 내려진 경우에 한 조직 전체에 미치는 영향은 여전히 심각할 수 있다.

## 6.6.2 해결책: 모든 경우를 처리하는 스위치 문을 사용하라

이전 하위 절에서 살펴본 코드의 문제점은 isOutcomeSafe() 함수가 열거형의 일부 값을 명시적이 아닌 암시적인 방식으로 처리한다는 점이다. 더 나은 접근법은 모든 열것값을 명시적으로 처리하고, 처리되지 않은 새로운 열것값이 추가되는 경우 코드 컴파일이 실패하거나 테스트가 실패하게 하는 것이다.

이를 위한 일반적인 방법은 모든 경우를 다 처리하는 스위치 문을 사용하는 것이다. 예제 6.31 코드는 이 방식을 사용할 경우 isOutcomeSafe() 함수가 어떻게 바뀌는지 보여준다. 일치하는 값이 없이 스위치 문이 완료되면 처리되지 않은 열거형 값이 발견되었음을 나타내고 이것은 프로그래밍 오류가 있음을 의미한다. 즉, 개발자가 isOutcomeSafe() 함수가 새 열것값을 처리할 수 있도록 변경하지 않은 것이다. 이 오류는 4장에서 살펴봤듯이 빠르고 요란한 실패를 위해 비검사 예외를 발생함으로써 나타낸다.

예제 6.31 **모든 경우를 처리하는 스위치 문**

```
enum PredictedOutcome {
  COMPANY_WILL_GO_BUST,
  COMPANY_WILL_MAKE_A_PROFIT,
}

...

Boolean isOutcomeSafe(PredictedOutcome prediction) {
  switch (prediction) {
    case COMPANY_WILL_GO_BUST:
      return false;                              ◀── 열거형의 각 값들이
    case COMPANY_WILL_MAKE_A_PROFIT:                 명시적으로 처리된다.
      return true;
  }
  throw new UncheckedException(                      처리되지 못한 열거형 값이 있다면
      "Unhandled prediction: " + prediction);  ◀──  프로그래밍 오류이기 때문에
}                                                    비검사 예외를 발생한다.
```

이 코드는 각각의 열것값을 사용하여 함수 호출을 수행하는 단위 테스트와 결합할 수 있다. 임의의 값에 대해 예외가 발생하면 테스트가 실패하고 PredictedOutcome에 새 값을 추가한 개발자는 isOutcomeSafe() 함수도 변경해야 함을 알게 된다. 아래 코드는 이 단위 테스트를 보여준다.

예제 6.32 **모든 열것값 처리에 대한 단위 테스트**

```
testIsOutcomeSafe_allPredictedOutcomeValues() {
  for (PredictedOutcome prediction in
       PredictedOutcome.values()) {      ◀── 열거형의 모든 값에 대해 반복한다.
    isOutcomeSafe(prediction);        ◀── 처리되지 않은 값으로 인해
  }                                       예외가 발생하면 테스트는 실패한다.
}
```

PredictedOutcome 열거형 정의와 isOutcomeSafe() 함수가 동일한 코드베이스에 있고 코드가 병합되기 전에 충분한 검사 및 확인 절차가 있다고 가정하면 개발자가 isOutcomeSafe() 함수를 변경하기 전에는 코드가 병합되지 않는다. 이로 인해 개발자는 코드의 문제점을 알아챌 수밖에 없고 WORLD_WILL_END 값을 명시적으로 처리하도록 함수를 수정할 것이다. 아래 코드는 이렇게 수정된 코드를 보여준다.

예제 6.33 **열거형의 새로운 값의 처리**

```
Boolean isOutcomeSafe(PredictedOutcome prediction) {
  switch (prediction) {
```

```
    case COMPANY_WILL_GO_BUST:
    case WORLD_WILL_END:        ◄──  WORLD_WILL_END 열거형 값이
      return false;                  명시적으로 처리된다.
    case COMPANY_WILL_MAKE_A_PROFIT:
      return true;
  }
  throw new UncheckedException(
      "Unhandled prediction: " + prediction);
}
```

변경된 코드에 대해 testIsOutcomeSafe_allPredictedOutcomeValues() 테스트는 이제 통과한다.
개발자가 작업을 제대로 한다면, isOutcomeSafe() 함수가 WORLD_WILL_END 예측에 대해 거짓을 반
환하는지 확인하기 위한 테스트 코드를 추가할 것이다.

단위 테스트와 함께 모든 값을 다 처리하는 스위치 문을 사용함으로써 코드가 예측을 벗어나 동작하
거나 잠재적으로 치명적인 버그가 발생하지 않도록 방지할 수 있다.

> NOTE **컴파일 타임 안전성**
>
> 일부 언어(예: C++)의 컴파일러는 모든 열것값을 완전히 처리하지 않는 스위치 문에 대해서 경고를 생성
> 할 수 있다. 경고가 오류로 처리되도록 하는 빌드 설정은 이와 같은 오류를 즉시 식별할 수 있는 매우
> 효과적인 방법이다. 처리되지 않은 값이 다른 시스템으로부터 연유하는 경우에는 예외를 발생하거나
> 빠른 실패를 하는 것이 좋다. 왜냐하면 다른 시스템에 있는 열거형이 변경되고 배포되어 실행되는 동안
> 스위치 문을 사용하는 코드는 여전히 변경되지 않은 채 실행 중일 수 있기 때문이다.

## 6.6.3 기본 케이스를 주의하라

스위치 문은 일반적으로 처리되지 않은 모든 값에 대해 적용할 수 있는 **기본**default 케이스를 지원한
다. 열거형을 처리하는 스위치 문에 기본 케이스를 추가하면 향후 열거형 값이 암시적으로 처리될 수
있으며 잠재적으로 예기치 않은 문제와 버그가 발생할 수 있다.

isOutcomeSafe() 함수의 스위치 문에 기본 케이스를 추가하면 예제 6.34 코드와 같다. 이제 함수는
기본 케이스 때문에 새로 추가된 열것값에 대해 거짓을 반환한다. 즉, 명시적으로 처리되지 않은 예
측은 안전하지 않은 비즈니스 전략으로 간주하기 때문에 시작되지 않는다. 이것은 합리적인 것처럼
보일 수 있지만, 반드시 그렇지만은 않다. 새로운 예측 결과가 COMPANY_WILL_AVOID_LAWSUIT이라면
기본 케이스로 인해 이 예측에 대해 거짓을 반환하는 것은 이치에 맞지 않는다. 기본 케이스를 사용
하면 새로운 값에 대해서 암시적으로 처리하기 때문에 예상을 벗어나는 동작과 버그를 초래할 수 있다.

예제 6.34 **기본 케이스**

```
Boolean isOutcomeSafe(PredictedOutcome prediction) {
  switch (prediction) {
    case COMPANY_WILL_GO_BUST:
      return false;
    case COMPANY_WILL_MAKE_A_PROFIT:
      return true;
    default:                    ┐ 새로운 열거형 값에 대해
      return false;             ┘ 기본적으로 거짓을 반환한다.
  }
}
```

## 기본 케이스에서 예외 발생

기본 케이스를 사용하는 또 다른 방법은 열것값이 처리되지 않았음을 나타내는 예외를 발생하는 것이다. 예제 6.35는 이에 관한 코드를 보여준다. 이 코드는 예제 6.33 코드와 약간 다르다. `throw new UncheckedException()` 문이 스위치 문 밖이 아니라 기본 케이스에 있다. 이렇게 하는 것이 예제 6.33 코드와 별반 다르지 않고 어느 형태든 선택의 문제인 것처럼 보일 수 있지만, 일부 언어에서는 미묘한 방식으로 오류 발생을 더 쉽게 만들 수 있다.

일부 언어(예: C++)는 스위치 문이 모든 값을 처리하지 않을 때 컴파일러 경고를 표시할 수 있다. 이 것은 매우 유용한 경고이고 처리되지 않은 열것값을 탐지하는 단위 테스트가 있더라도 컴파일러 경고를 통해 추가로 보호를 받는 것이 해로운 일이 아니다. 테스트 실패 전에 컴파일러 경고가 표시될 수 있으므로 개발자의 시간을 절약할 수 있다. 또한, 테스트가 실수로 삭제되거나 실행되지 않을 위험이 항상 있다.[1] 예제 6.35에서와 같이 스위치 문에 기본 케이스를 추가하면 컴파일러는 나중에 해당 열거형에 새 값이 추가되더라도 스위치 문이 모든 값을 처리한다고 판단한다. 즉, 컴파일러는 경고를 출력하지 않기 때문에 컴파일러가 제공하는 추가적인 보호를 받을 수 없다.

예제 6.35 **기본 케이스에서 예외 발생**

```
Boolean isOutcomeSafe(PredictedOutcome prediction) {
  switch (prediction) {
    case COMPANY_WILL_GO_BUST:
      return false;
    case COMPANY_WILL_MAKE_A_PROFIT:    ┐ 기본 케이스가 있으면 컴파일러는
      return true;                      ┘ 모든 값이 처리되는 것으로 판단한다.
    default:
```

---

1    올긴이 예를 들어 JUnit에서는 `@Ignore`나 `@Disable` 애너테이션을 통해 테스트 케이스가 실행되지 않게 할 수 있다.

```
      throw new UncheckedException(
          "Unhandled prediction: " + prediction);    기본 케이스에서 예외 발생
    }
  }
```

컴파일러가 처리되지 않은 열것값에 대한 경고를 여전히 출력하도록 하려면 스위치 문이 끝나고
throw new UncheckedException() 문을 두는 것이 더 낫다. 이번 절의 앞부분에서 살펴본 예제
6.31의 코드는 이렇게 작성된 코드이고 다음 예제에서 반복해서 보여준다.

예제 6.36 **스위치 문이 끝난 뒤 예외 발생**

```
Boolean isOutcomeSafe(PredictedOutcome prediction) {
  switch (prediction) {
    case COMPANY_WILL_GO_BUST:
      return false;
    case COMPANY_WILL_MAKE_A_PROFIT:
      return true;
  }
  throw new UncheckedException(
      "Unhandled prediction: " + prediction);   ◄──  스위치 문 이후에 예외 발생
}
```

### 6.6.4 주의 사항: 다른 프로젝트의 열거형에 의존

때로는 자신이 작성한 코드가 다른 프로젝트나 조직이 개발한 코드의 열거형에 의존할 수 있다. 그
열거형을 어떻게 처리해야 하는가는 자신이 속한 팀이나 조직의 개발 및 출시 주기뿐만 아니라 그 프
로젝트와의 관계에 따라 달라진다. 그 프로젝트에서 미리 알려주지 않고 새로운 열것값을 추가할 가
능성이 있고 이로 인해 코드가 작동하지 않을 수 있다면, 새로운 값을 다루는 데 있어 허용의 범위가
좀 더 넓어질 수밖에 없다. 많은 것들과 마찬가지로 이에 관해서도 스스로 판단을 해야 한다.

## 6.7 이 모든 것을 테스트로 해결할 수는 없는가?

예상을 벗어나는 코드를 방지하기 위한 코드 품질 향상 노력에 반대하는 주장을 하는 사람들이 가
끔 있다. 테스트가 이러한 모든 문제를 잡아낼 것이기 때문에 이런 노력은 시간 낭비라는 것이다. 필
자의 경험으로 볼 때, 이것은 현실에서는 별로 효과가 없는 다소 이상주의적인 주장이다.

코드를 작성하는 그 시점에는 코드를 어떻게 테스트할지 제어할 수 있다. 모든 테스트 케이스를 다
처리하고 테스트 관련 지식이 풍부하며 코드에 대한 모든 올바른 행동과 가정을 확인하는, 거의 완

벽한 테스트 코드를 작성할 수 있다. 그러나 예상을 벗어나는 코드를 피하는 것은 여러분이 작성한 코드에 대한 기술적 정확성 때문만은 아니다. 다른 개발자가 여러분의 코드를 사용해 코드 작성을 할 때 역시 그 코드가 올바르게 작동하도록 하기 위한 작업이다. 다음과 같은 이유로 인해 테스트만으로는 이것을 보증하기에 충분하지 않을 수 있다.

- 어떤 개발자들은 테스트에 대해 그다지 부지런하지 않을 수도 있다. 즉, 여러분의 코드에 대해 자신이 가정한 것이 틀렸다는 것을 드러내기 위해 충분한 시나리오나 코너 케이스를 테스트하지 않는다. 특정 시나리오 혹은 매우 큰 입력에서만 문제가 드러나는 경우 이런 상황이 가능하다.

- 테스트가 항상 실제 상황을 정확하게 시뮬레이션하는 것은 아니다. 코드를 테스트하는 개발자는 의존 라이브러리를 목mock 객체를 통해 테스트해야 할 수도 있다. 이 경우 목 객체가 어떻게 행동할 것인지 자신이 **생각하는 바대로** 프로그래밍한다. 실제 코드가 개발자의 가정과 예측을 벗어나는 방식으로 동작하지만 개발자가 이를 깨닫지 못한다면, 목 객체 자체를 올바르게 프로그래밍하지 못한다. 이런 일이 일어난다면 예상을 벗어나는 동작 때문에 발생하는 버그는 테스트를 통해 찾아내기가 어렵다.

- 어떤 것들은 테스트하기가 매우 어렵다. 부수 효과에 대한 절에서 다중 스레드 코드와 관련해 어떻게 문제가 될 수 있는지 살펴봤다. 멀티스레딩 문제와 관련된 버그는 종종 낮은 확률로 발생하고, 어느 정도 큰 규모에서 실행될 때만 나타날 수 있어서 테스트하기 어렵기로 악명 높다.

7장에서 살펴보겠지만 이 사항들은 코드를 오용하기 어렵게 만드는 것과 관련해서도 동일하게 적용된다.

다시 한번 강조하자면 테스트는 매우 중요하다. 아무리 많은 코드 구조화나 코드 계약에 대한 걱정도 고품질의 철저한 테스트를 대체할 수 없다. 그러나 필자의 경험상 그 반대 역시 사실이다. 직관적이지 않거나 예상을 벗어나는 코드에 숨어 있는 오류를 테스트만으로는 방지하기 어렵다.

## 요약

- 다른 개발자가 작성하는 코드는 종종 우리가 작성하는 코드에 의존한다.
  - 다른 개발자가 우리 코드의 기능을 잘못 해석하거나 처리해야 하는 특수한 경우를 발견하지 못하면, 우리가 작성한 코드에 기반한 그 코드에서 버그가 발생할 가능성이 크다.
  - 코드를 호출하는 쪽에서 예상한대로 동작하기 위한 좋은 방법 중 하나는 중요한 세부 사항이 코드 계약의 명백한 부분에 포함되도록 하는 것이다.

- 우리가 사용하는 코드에 대해 허술하게 가정을 하면 예상을 벗어나는 또 다른 결과를 볼 수 있다.
    - 예를 들어 열거형에 추가되는 새 값을 예상하지 못한 경우다.
    - 의존해서 사용 중인 코드가 가정을 벗어날 경우, 코드 컴파일을 중지하거나 테스트가 실패하도록 하는 것이 중요하다.
- 테스트만으로는 예측을 벗어나는 코드의 문제를 해결할 수 없다. 다른 개발자가 코드를 잘못 해석하면 테스트해야 할 시나리오도 잘못 이해할 수 있다.

CHAPTER

# 7

# 코드를 오용하기
# 어렵게 만들라

**이번 장에서는 다음과 같은 내용을 다룬다.**

- 코드 오남용으로 인해 버그가 발생하는 방식
- 코드를 오용하기 쉬운 흔한 방식
- 코드를 오용하기 어렵게 만드는 기술

우리가 작성하는 코드는 훨씬 더 큰 소프트웨어 일부분에 불과하다는 점에 대해 3장에서 논의했다. 소프트웨어가 올바르게 작동하려면 서로 다른 코드들이 잘 맞물려 작동해야 한다. 코드가 오용하기 쉽게 작성된다면, 조만간 오용될 가능성이 있고 소프트웨어가 올바르게 작동하지 않을 것이다.

비합리적이거나 애매한 가정에 기반해서 코드가 작성되거나 다른 개발자가 잘못된 일을 하는 것을 막지 못할 때 코드는 오용되기 쉽다. 코드를 잘못 사용할 수 있는 몇 가지 일반적인 경우는 다음과 같다.

- 호출하는 쪽에서 잘못된 입력을 제공
- 다른 코드의 부수 효과(입력 매개변수 수정 등)
- 정확한 시간이나 순서에 따라 함수를 호출하지 않음(3장 참조)
- 관련 코드에서 가정과 맞지 않게 수정이 이루어짐

설명서를 작성하고 코드에 대한 사용 지침을 제공하면 이러한 문제를 완화하는 데 도움이 될 수 있다. 그러나 3장에서 살펴봤듯이, 이것들은 코드 계약의 세부 조항이기 때문에 간과되거나 최신 정보가 아닐 수도 있다. 그러므로 코드를 오용하기 어렵게 설계하고 작성하는 것이 중요하다. 이번 장에서는 코드를 쉽게 오용할 수 있는 경우를 살펴보고, 코드를 오용하기 어렵게 만드는 기법을 제시한다.

---

**오용하기 어려움**

오용하기 어렵게(또는 불가능하게) 함으로써 문제를 피하려는 생각은 설계와 제조 분야에서 잘 확립된 원칙이다. 이것의 한 예는 자동차 제조 중 결함을 줄이기 위해 시게오 신고(Shigeo Shongo)가 1960년대에 만든 포카 요케(poka yoke)[a]의 린(lean) 제조 개념이다. 이것은 보다 일반적인 방어적 디자인(defensive design) 원칙의 공통적인 특징이다. 오용을 어렵게 만드는 몇 가지 실제적인 예는 다음과 같다.

- 식품 가공기의 많은 디자인은 뚜껑을 제대로 부착해야만 작동한다. 이것은 손가락이 날 근처에 있을 때 실수로 날이 회전하는 것을 방지하기 위한 것이다.
- 소켓과 플러그는 모양이 다르다. 예를 들어 전원 플러그를 HDMI 소켓에 꽂을 수 없다(이 예는 1장에서 사용).
- 전투기의 탈출 좌석을 작동시키기 위한 당김 핸들은 다른 항공기 제어장치로부터 멀리 떨어져 있어 우발적으로 작동될 가능성을 최소화한다. (오버헤드 당김 손잡이가 있는) 이전 설계에서 손잡이의 위치는 또한 탑승자가 등받이를 곧게 펴도록 하는 행위[b](탈출 중 부상 위험을 감소시킴)를 의미하므로 손잡이 위치는 오용을 어렵게 하는 측면에서 두 가지 기능을 동시에 가지고 있었다.

소프트웨어 엔지니어링 분야에서 이 원칙은 API와 인터페이스가 '사용하기는 쉽고 오용하기는 어려워야 한다'는 문장으로 이해되기도 하는데, EUHM(easy to use and hard to misuse)이라고도 한다.

---

a    https://tulip.co/ebooks/poka-yoke/
b    https://mng.bz/XYM1

---

## 7.1 불변 객체로 만드는 것을 고려하라

객체가 생성된 후에 상태를 바꿀 수 없다면 이 객체는 **불변(불가변)**immutable이다. 불변성이 바람직한 이유를 이해하기 위해서는 그 반대인 **가변**mutability 객체가 어떻게 문제를 일으킬 수 있는지 고려해야 한다. 이 책에서 가변 객체의 문제점들에 대해 이미 살펴본 적이 있는데 다음과 같다.

- 3장에서는 설정 함수를 갖는 가변 클래스에서 어떻게 잘못된 설정이 쉽게 이루어지고 이로 인해 잘못된 상태가 되는지 살펴봤다.
- 6장에서는 입력 매개변수를 변경하는 함수가 어떻게 예상을 벗어나는 동작을 초래하는지 살펴봤다.

이 외에도 다음과 같은 다양한 이유로 인해 가변 객체는 문제를 일으킬 수 있다.

- **가변 객체는 추론하기 어렵다.** 설명을 위해 어느 정도 유사한 실제 세계의 경우를 생각해보자. 만약 여러분이 가게에서 주스 한 상자를 산다면, 변질 방지 봉인이 붙어 있을 것이다. 이를 통해 상자의 내용물이 공장을 떠나서 구매할 때까지 변경되지 않았음을 알 수 있다. 상자(주스) 안에 무엇이 들어 있고 누가 상자(제조업체)에 넣었는지 쉽게 알 수 있고 이는 신뢰할 만하다. 가게에 봉인이 없는 주스 한 상자가 있다고 생각해보자. 그 상자에 무슨 일이 일어났을지 누가 알겠는가? 그 안에 약간의 오물이 있을 수도 있고, 아니면 사악한 누군가가 그 안에 무언가 집어넣었을 수도 있다. 상자 안에 정확히 무엇이 들어 있고 누가 그것을 넣었는지 추론하기가 매우 어렵다. 코드를 작성할 때 만약 객체가 불변이라면, 그것은 마치 누구도 해제할 수 없는 변질 방지 봉인을 붙여 놓는 것과 같다. 객체를 여기저기에 전달하더라도 어디서도 그 객체가 변경됐거나 무언가 추가되지 않았다는 것을 확신할 수 있다.

- **가변 객체는 다중 스레드에서 문제가 발생할 수 있다.** 6장에서 부수 효과가 어떻게 다중 스레드 코드에서 문제를 일으킬 수 있는지 살펴보았다. 객체가 가변적이면 해당 객체를 사용하는 다중 스레드 코드가 특히 취약할 수 있다. 한 스레드가 객체를 읽는 동안 다른 스레드가 그 객체를 수정하는 경우 오류가 발생할 수 있다. 예를 들어 한 스레드가 리스트에서 마지막 요소를 제거하는 동안 다른 스레드가 그 요소를 읽으려는 경우다.

객체를 불변으로 만드는 것이 항상 가능하지도 않고, 또 항상 적절한 것도 아니다. 필연적으로 상태 변화를 추적해야 하는 경우가 있고 이때는 가변적인 자료구조가 필요하다. 하지만 방금 설명했듯이 가변적인 객체는 코드의 복잡성을 늘리고 문제를 일으킬 수 있기 때문에, 기본적으로는 불변적인 객체를 만들되 필요한 곳에서만 가변적이 되도록 하는 것이 바람직하다.

## 7.1.1 가변 클래스는 오용하기 쉽다

클래스를 가변적으로 만드는 가장 일반적인 방법은 세터_setter_ 함수를 제공하는 것이다. 예제 7.1 코드에서 이에 대한 예를 보여준다. TextOptions 클래스에는 일부 텍스트를 렌더링하는 방법에 대한 스타일링 정보가 포함되어 있다. 글꼴과 글꼴 크기는 각각 setFont() 및 setFontSize() 함수를 호출하여 설정할 수 있다.

이 예에서는 setFont() 및 setFontSize() 함수를 호출할 수 있는 사용자를 제한하지 않기 때문에 TextOptions 인스턴스에 액세스할 수 있는 모든 코드는 글꼴이나 글꼴 크기를 변경할 수 있다. 이렇게 하면 TextOptions 클래스의 인스턴스를 쉽게 오용할 수 있다.

예제 7.1 **가변 클래스**

```
class TextOptions {
  private Font font;
  private Double fontSize;

  TextOptions(Font font, Double fontSize) {
    this.font = font;
    this.fontSize = fontSize;
  }

  void setFont(Font font) {        ◄─┐
    this.font = font;
  }

  void setFontSize(Double fontSize) {  ◄─┐
    this.fontSize = fontSize;
  }

  Font getFont() {
    return font;
  }

  Double getFontSize() {
    return fontSize;
  }
}
```

폰트는 setFont()를 호출해서
언제든지 변경할 수 있다.

폰트의 크기는 setFontSize()를 호출해서
언제든지 변경할 수 있다.

예제 7.2의 코드는 TextOptions의 인스턴스가 어떻게 잘못 사용되는지를 보여준다. sayHello() 함수는 기본 스타일 정보를 사용하여 TextOptions 인스턴스를 하나 만든다. 이 인스턴스를 messageBox.renderTitle()과 messageBox.renderMessage()로 전달한다. 안타깝게도 messageBox.renderTitle()은 글꼴 크기를 18로 설정하여 TextOptions를 변경한다. 이로 인해 의도된 값 12 대신 18로 글꼴 크기가 변경된 TextOptions로 messageBox.renderMessage()가 호출된다.

6장에서 입력 매개변수를 변경 가능하게 하는 것이 바람직하지 않은 관행임을 살펴봤는데, 따라서 messageBox.renderTitle() 함수는 좋은 코드가 아니다. 그러나 코드베이스에는 이러한 코드가 여전히 존재할 수 있으며, 현재 TextOptions 클래스는 이러한 오용으로부터 스스로를 방어하기 위해 아무 것도 하지 않는다.

예제 7.2 **가변성으로 인한 버그**

```
class UserDisplay {
  private final MessageBox messageBox;
```

```
...
  void sayHello() {
    TextOptions defaultStyle = new TextOptions(Font.ARIAL, 12.0);    ◄──────  TextOptions 인스턴스를
    messageBox.renderTitle("Important message", defaultStyle);                생성한다.
    messageBox.renderMessage("Hello", defaultStyle);
  }                                                                   ┐  인스턴스를
}                                                                    │  messageBox.renderTitle()과
...                                                                  │  messageBox.renderMessage()에
                                                                     ┘  넘겨준다.
class MessageBox {
  private final TextField titleField;
  private final TextField messageField;
  ...

  void renderTitle(String title, TextOptions baseStyle) {
    baseStyle.setFontSize(18.0);                      ◄──┐  TextOptions의 인스턴스는
    titleField.display(title, baseStyle);                │  폰트 크기를 수정함으로써 변경된다.
  }

  void renderMessage(String message, TextOptions style) {
    messageField.display(message, style);
  }
}
```

TextOptions 클래스는 가변적이기 때문에 해당 인스턴스를 전달받는 모든 코드는 이 객체를 변경할 수 있고 이로 인해 오용의 위험성이 있다. 코드가 TextOptions 인스턴스를 자유롭게 전달하더라도 변경되지 않는 것이 훨씬 더 좋을 것이다. 주스 상자에 붙어 있는 변질 방지 봉인과 같은 것이 TextOptions 클래스에도 있어야 한다. 다음 두 개의 하위 절에서 이를 달성할 수 있는 몇 가지 방법을 논의한다.

## 7.1.2 해결책: 객체를 생성할 때만 값을 할당하라

모든 값이 객체의 생성 시에 제공되고 그 이후로는 변경할 수 없도록 함으로써 클래스를 불변적으로 만들 수 있고 오용도 방지할 수 있다. 예제 코드 7.3에는 세터 함수들이 제거된 TextOptions 클래스를 보여준다. 이렇게 하면 클래스 외부에서 글꼴 및 글꼴 크기 멤버 변수를 수정할 수 없다.

클래스 내에서 변수를 정의할 때 심지어 클래스 내에서도 변수의 값이 변경되지 않도록 할 수 있다. 이 방법은 언어에 따라 다른데 공통적으로 사용하는 키워드는 const, final, readonly이다. 이 책의 의사코드는 이 개념을 위해 키워드 final을 사용한다. 예제 7.3의 코드에서 글꼴 및 글꼴 크기 변수는 파이널 변수로 표시된다. 이렇게 하면 해당 변수를 변경하는 코드를 실수로라도 추가하는 것을 방지하고, 그 변수들은 절대 변경되지 않을 것이고 변경되어서도 안 된다는 점을 분명하게 한다.

예제 7.3 **불변 TextOptions 클래스**

```
class TextOptions {
  private final Font font;
  private final Double fontSize;          멤버 변수는 final로 표시된다.

  TextOptions(Font font, Double fontSize) {
    this.font = font;
    this.fontSize = fontSize;             멤버 변수는 인스턴스 생성 시에만 설정된다.
  }

  Font getFont() {
    return font;
  }

  Double getFontSize() {
    return fontSize;
  }
}
```

이제 다른 코드가 TextOptions 객체를 변경해서 오용할 수 없게 되었다. 그러나 이것으로 다 끝난 것이 아닌데, 앞에서 살펴본 MessageBox.renderTitle() 함수는 어떤 TextOptions 객체에 대해서는 글꼴 크기만 재정의할 수 있는 방법이 필요하기 때문이다. 이를 위해 쓰기 시 복사copy-on-write 패턴을 사용할 수 있다. 이 내용은 다음 하위 절에서 다루지만 이에 대한 최종 결과는 예제 7.4의 MessageBox.renderTitle() 함수와 같다.

예제 7.4 **변경되지 않는 TextOptions**

```
class MessageBox {
  private final TextField titleField;
  ...

  void renderTitle(String title, TextOptions baseStyle) {
    titleField.display(
        title,
        baseStyle.withFontSize(18.0));        baseStyle을 복사하고
  }                                            폰트 크기를 변경해 반환한다.
  ...
}
```

방금 본 TextOptions 예제에서는 모든 텍스트 옵션값이 필요하다. 그러나 모든 텍스트 옵션값이 반드시 필요한 것이 아니라면 빌더 패턴이나 쓰기 시 복사 패턴을 사용하는 것이 좋은데, 다음 하위 절에서 이 두 가지에 대해 살펴본다. 선택적 매개변수와 함께 명명된 인수를 사용하는 것도 좋은 접근

법이지만, 5장에서 언급한 바와 같이 모든 언어가 명명된 인수를 지원하는 것은 아니다.

> **NOTE** C++의 const 멤버 변수
>
> C++에서 멤버 변수를 final로 표시하는 것과 동등한 것은 const 키워드를 사용하는 것이다. C++ 코드에서 멤버 변수를 const로 표시하는 것은 무브 시맨틱스(move semantics)와 관련해서 문제를 일으킬 수 있기 때문에 그다지 바람직하지 않을 수 있다. 좀 더 자세한 설명을 원하면, 이 블로그 게시물 (https://mng.bz/y9Xo)에서 볼 수 있다.

### 7.1.3 해결책: 불변성에 대한 디자인 패턴을 사용하라

클래스에서 세터 함수를 제거하고 멤버 변수를 파이널로 표시하면 클래스가 불변적이 되고 버그를 방지할 수 있다. 그러나 방금 지적한 바와 같이 이렇게 하면 클래스가 별로 쓸모없어질 수 있다. 일부 값이 반드시 필요하지 않거나 불변적인 클래스의 가변적 버전을 만들어야 하는 경우, 클래스를 보다 다용도로 구현해야 할 필요가 있다. 이를 위한 두 가지 유용한 디자인 패턴은 다음과 같다.

- 빌더 패턴
- 쓰기 시 복사 패턴

**빌더 패턴**

클래스를 구성할 수 있는 일부 값이 선택 사항인 경우 생성자를 통해 해당 값을 모두 설정하는 것은 상당히 까다로울 수 있다. 이 경우에 세터 함수를 추가하여 클래스를 변경할 수 있도록 만드는 것보다는 빌더 패턴을 사용하는 것이 더 낫다.[1]

빌더 패턴은 한 클래스를 두 개로 나누는 효과를 갖는다

- 값을 하나씩 설정할 수 있는 빌더 클래스
- 빌더에 의해 작성된 불변적인 읽기 전용 클래스

클래스를 생성할 때 일부 값은 필수이고 일부는 선택 사항인 경우가 많다. 빌더 패턴이 이런 상황을 처리하는 방법을 설명하기 위해 TextOptions 클래스의 경우 글꼴은 필수 값이고 글꼴 크기는 선택적 값이라고 가정해보자. 예제 7.5 코드에는 TextOptions 클래스와 그에 대한 빌더 클래스가 나와 있다.

---

1 빌더 패턴의 한 형태는 에릭 감마(Erich Gamma), 리처드 헬름(Richard Helm), 랄프 존슨(Ralph Johnson), 존 블리시디스(John Vlissides)의 책 《GoF의 디자인 패턴(Design Patterns)》(프로텍미디어, 2015)에 의해 널리 알려졌다.

주목해야 할 점은 TextOptionsBuilder 클래스는 필수 멤버인 글꼴값을 설정 함수가 아닌 생성자의 입력 매개변수를 통해 받는다는 점이다. 따라서 잘못된 객체를 생성하는 코드를 작성할 수 없다. 글꼴이 세터 함수를 통해 설정된다면 객체가 유효한지 확인하기 위해 런타임 검사를 해야 하는데, 3장에서 논의한 바와 같이 일반적으로 런타임 검사는 컴파일 시간 검사보다 여러 가지 면에서 좋지 못하다.

예제 7.5 **빌더 패턴**

```
class TextOptions {
  private final Font font;
  private final Double? fontSize;

  TextOptions(Font font, Double? fontSize) {
    this.font = font;
    this.fontSize = fontSize;
  }

  Font getFont() {              ◄┐
    return font;                 │
  }                              ├─ TextOptions 클래스는
                                 │   읽기 전용 게터 함수만 갖는다.
  Double? getFontSize() {      ◄┘
    return fontSize;
  }
}

class TextOptionsBuilder {
  private final Font font;
  private Double? fontSize;
                                        빌더는 생성자를 통해
  TextOptionsBuilder(Font font) {   ◄── 필수 값을 받는다.
    this.font = font;
  }

  TextOptionsBuilder setFontSize(Double fontSize) {   ◄── 빌더는 세터 함수를 통해
    this.fontSize = fontSize;                              필수적이지 않은 값을 받는다.
    return this;     ◄── 세터 함수는 함수 호출을
  }                      연이어 할 수 있도록 this를 반환한다.

  TextOptions build() {   ◄── 모든 값이 정해지고 나면 호출하는 쪽에서는
    return new TextOptions(font, fontSize);   TextOptions 객체를 얻기 위해 build를 호출한다.
  }
}
```

그림 7.1은 TextOptions 클래스와 TextOptionsBuilder 클래스 간의 관계를 보여준다.

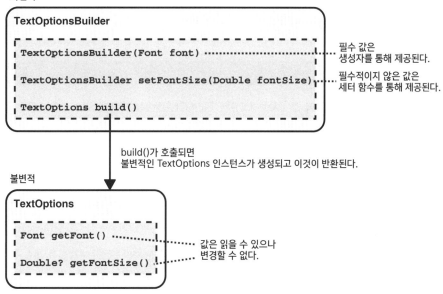

그림 7.1 빌더 패턴은 클래스를 둘로 니누는 효과를 갖는다. 값을 설정하기 위해 빌더 클래스는 가변적이다. 그 다음 build() 함수를 호출하면 클래스의 불변적 인스턴스를 반환하는데 여기에는 설정된 값이 들어 있다.

아래는 필수 글꼴값과 선택적 글꼴 크기값이 모두 지정된 TextOptions 인스턴스를 생성하는 예를 보여주는 코드다.

```
TextOptions getDefaultTextOptions() {
  return new TextOptionsBuilder(Font.ARIAL)
      .setFontSize(12.0)
      .build();
}
```

아래는 필수 글꼴값만 지정된 TextOptions 인스턴스를 생성하는 예를 보여주는 코드다.

```
TextOptions getDefaultTextOptions() {
  return new TextOptionsBuilder(Font.ARIAL)
      .build();
}
```

빌더 패턴은 값의 일부(또는 전체)가 선택 사항일 때 불변적 객체를 만드는 매우 유용한 방법이다. 생성 후 클래스의 인스턴스 복사본을 약간 수정해야 하는 경우 역시 빌더 패턴을 사용할 수 있는데, 이때는 클래스에서 미리 값이 채워진 빌더를 만드는 함수를 제공할 수 있다. 그러나 이 작업은 약간 번거로울 수 있다. 다음 하위 절에서는 이 작업을 훨씬 쉽게 수행할 수 있는 또 다른 패턴에 대해 설명한다.

---

### 빌더 패턴 구현

빌더 패턴을 구현할 때, 개발자들은 코드를 더 쉽게 사용하고 유지 관리하기 위해 특정 기법과 프로그래밍 언어 기능을 사용하는 경우가 많다. 이에 대한 몇 가지 예는 다음과 같다.

- 더 나은 네임스페이스를 위한 내부 클래스 사용
- toBuilder() 함수를 통해 클래스에서 미리 채워진 빌더를 만들 수 있도록 클래스와 클래스 빌더 사이에 순환 의존성 생성
- 클래스 생성자를 비공개로 만들어 호출하는 쪽에서 빌더를 사용할 수밖에 없도록 함
- 빌더의 인스턴스를 생성자의 인수로 사용하여 반복적으로 사용되는 코드 감소

이 책의 끝에 수록된 부록 C에는 이러한 모든 기법을 사용하여 빌더 패턴을 구현하는 보다 완전한 예가 실려 있다.

또한 클래스 및 빌더 정의를 자동으로 생성할 수 있는 도구도 있다. 예를 들어 자바를 위한 오토밸류(AutoValue)가 있다(https://mng.bz/MgPD).

---

#### 쓰기 시 복사 패턴

클래스의 인스턴스를 변경해야 하는 경우도 있다. 앞에서 살펴본 renderTitle() 함수가 일례인데 아래 코드에서 다시 한번 나와 있다. baseStyle의 모든 스타일을 유지하되 글꼴 크기만 수정해야 한다. TextOptions를 가변적인 객체로 만들어서 글꼴 크기를 수정할 수 있게 하면 앞에서 살펴본 바와 같이 문제가 발생할 수 있다.

```
void renderTitle(String title, TextOptions baseStyle) {
  baseStyle.setFont(18.0);
  titleField.display(title, baseStyle);
}
```

이 용례를 지원하면서 동시에 TextOptions를 변경할 수 없도록 하는 방법은 **쓰기 시 복사**copy-on-write 패턴이다. 예제 7.6 코드는 두 개의 쓰기 시 복사 함수가 추가된 TextOptions 클래스를 보여준다. withFont() 및 withFontSize() 함수는 글꼴이나 글꼴 크기만 각각 변경된 새 TextOptions 객체를 반환한다.

필수인 글꼴값을 받는 퍼블릭 생성자 외에도 TextOptions 클래스에는 모든 값(필수 및 옵션)을 받는 프라이빗 생성자도 있다. 이를 통해 쓰기 시 복사 함수는 값 중 하나만 변경한 상태에서 TextOptions의 복사본을 만들 수 있다.

예제 7.6 **쓰기 시 복사 패턴**

```
class TextOptions {
  private final Font font;
  private final Double? fontSize;
                                              필수 값을 받는 퍼블릭 생성자
  TextOptions(Font font) {
    this(font, null);
  }                                           프라이빗 생성자 호출

  private TextOptions(Font font, Double? fontSize) {      모든 값을 받는
    this.font = font;                                     프라이빗 생성자
    this.fontSize = fontSize;
  }

  Font getFont() {
    return font;
  }

  Double? getFontSize() {
    return fontSize;
  }

  TextOptions withFont(Font newFont) {             폰트만 변경된
    return new TextOptions(newFont, fontSize);     TextOptions 객체 반환
  }

  TextOptions withFontSize(Double newFontSize) {   폰트 크기만 변경된
    return new TextOptions(font, newFontSize);     TextOptions 객체 반환
  }
}
```

그림 7.2는 쓰기 시 복사 패턴이 TextOptions 클래스에서 어떻게 작동하는지 보여준다.

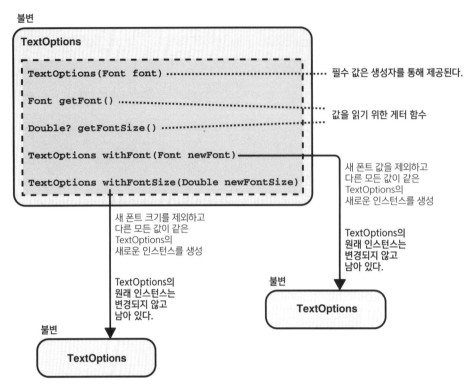

불변

TextOptions

TextOptions(Font font) ·········································· 필수 값은 생성자를 통해 제공된다.

Font getFont() ··········································

Double? getFontSize() ················································ 값을 읽기 위한 게터 함수

TextOptions withFont(Font newFont) ─────── 새 폰트 값을 제외하고
다른 모든 값이 같은
TextOptions withFontSize(Double newFontSize) TextOptions의
새로운 인스턴스를 생성

새 폰트 크기를 제외하고
다른 모든 값이 같은 TextOptions의
TextOptions의 원래 인스턴스는
새로운 인스턴스를 생성 변경되지 않고
남아 있다.

불변

TextOptions

TextOptions의
원래 인스턴스는
변경되지 않고
남아 있다.

불변

TextOptions

그림 7.2 쓰기 시 복사 패턴의 경우 값을 변경하면 클래스의 새 인스턴스가 생성되며, 이 새로운 인스턴스에는 원하는 변경 사항이 반영되지만 기존 인스턴스는 수정되지 않는다.

TextOptions의 인스턴스는 아래 코드에서처럼 생성자와 쓰기 시 복사 함수를 호출하여 생성할 수 있다.

```
TextOptions getDefaultTextOptions() {
  return new TextOptions(Font.ARIAL)
      .withFontSize(12.0);
}
```

아래 코드에서처럼 renderTitle() 함수와 같은 코드에서 TextOptions 객체의 변경된 버전이 필요한 경우 원본 객체에 영향을 미치지 않고도 변경된 복사본을 쉽게 얻을 수 있다.

```
void renderTitle(String title, TextOptions baseStyle) {
  titleField.display(
      title,
      baseStyle.withFontSize(18.0));          withFontSize() 함수를 호출해서
}                                              baseStyle의 변경된 새 인스턴스를 생성한다.
```

클래스를 변경할 수 없게 하는 것은 클래스가 오용될 가능성을 최소화하는 좋은 방법이다. 이것은 세터 함수를 제거하고 인스턴스를 생성할 때에만 값을 제공하면 간단하게 할 수 있다. 다른 상황에서는 그에 맞는 적절한 설계 패턴을 사용해야 할 수도 있다. 이러한 접근 방식에도 불구하고, 가변적인 객체는 여전히 더 깊은 방식으로 코드에 침투할 수 있다. 다음 절에서는 이에 대해 설명한다.

## 7.2 객체를 깊은 수준까지 불변적으로 만드는 것을 고려하라

불변성의 이점을 알고 7.1절에서 살펴본 바와 같은 조언을 따를 수 있다. 그러나 클래스가 무심코 가변적으로 될 수 있는 좀 더 미묘한 경우를 간과하기 쉽다. 클래스가 실수로 가변적으로 될 수 있는 일반적인 경우는 **깊은 가변성**deep mutability 때문이다. 이 문제는 멤버 변수 자체가 가변적인 유형이고 다른 코드가 멤버 변수에 액세스할 수 있는 경우에 발생할 수 있다.

### 7.2.1 깊은 가변성은 오용을 초래할 수 있다

7.1절의 TextOptions 클래스가 단일 글꼴 대신 글꼴 패밀리를 저장한 경우 멤버 변수는 글꼴을 리스트로 가지고 있을 수 있다. 다음 예제 코드는 이에 대한 TextOptions 클래스를 보여준다.

예제 7.7 **깊은 가변성을 갖는 클래스**

```
class TextOptions {
  private final List<Font> fontFamily;      ◀──   fontFamily는
  private final Double fontSize;                   여러 폰트를 가지고 있는 리스트다.

  TextOptions(List<Font> fontFamily, Double fontSize) {
    this.fontFamily = fontFamily;
    this.fontSize = fontSize;
  }

  List<Font> getFontFamily() {
    return fontFamily;
  }

  Double getFontSize() {
    return fontSize;
  }
}
```

이렇게 하면 클래스가 글꼴 리스트를 완전히 제어할 수 없기 때문에 무의식중에 클래스가 가변적이 될 수 있다. 그 이유를 이해하려면 그림 7.3이 보여주듯 TextOptions 클래스는 글꼴 목록을 가지고 있는 것이 아니라 글꼴 목록에 대한 **참조**reference를 가지고 있다는 점을 기억해야 한다. 다른 코드에 해당 글꼴 목록에 대한 참조를 가지고 있다면, 글꼴 목록이 변경되면 동일한 리스트를 참조하기 때문에 TextOptions 클래스에도 영향을 미친다.

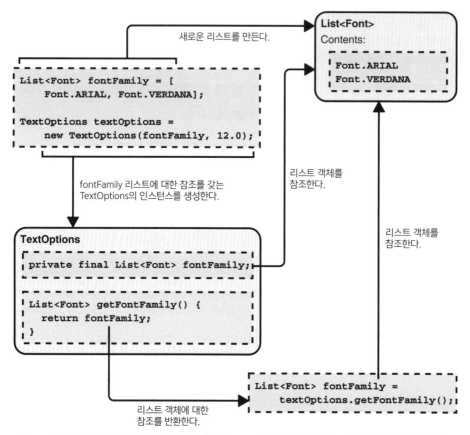

**그림 7.3** 객체는 종종 참조를 통해 값을 갖는데, 이는 코드의 여러 부분에서 모두 동일한 객체를 참조할 수 있음을 의미한다. 이는 깊은 가변성의 원인이 될 수 있다.

그림 7.3에서 볼 수 있듯이 다른 코드가 TextOptions 클래스의 글꼴 리스트를 참조하는 두 가지 시나리오가 있다.

- **시나리오** A: TextOptions 클래스를 생성하는 코드가 글꼴 목록에 대한 참조를 유지하고 나중에 변경할 수 있다.
- **시나리오** B: TextOptions.getFontFamily()를 호출할 때 글꼴 목록에 대한 참조를 받는다. 이 참조를 사용하여 목록의 내용을 수정할 수 있다.

**시나리오 A 코드 예제**

예제 7.8은 시나리오 A를 보여준다. 코드는 Font.ARIAL 및 Font.VERDANA를 갖는 폰트 리스트를 생성한다. 그다음 이 리스트를 사용하여 TextOptions 인스턴스를 생성한다. 이어서 리스트의 글꼴을 삭제하고 Font.COMIC_SANS가 추가된다. 예제 코드와 TextOptions 인스턴스 모두 동일한 목록을 참조하기 때문에 TextOptions 인스턴스 내의 fontFamily도 이제 Font.COMIC_SANS만 가지고 있다.

예제 7.8 **생성된 후 수정되는 리스트**

```
...
List<Font> fontFamily = [Font.ARIAL, Font.VERDANA];

TextOptions textOptions =                     fontFamily 리스트에 대한 참조가
    new TextOptions(fontFamily, 12.0);   ◀   TextOptions 생성자에 전달된다.

fontFamily.clear();                           fontFamily 리스트가 수정된다.
fontFamily.add(Font.COMIC_SANS);              이것은 textOptions가 참조하는
...                                           리스트와 동일한 리스트다.
```

**시나리오 B 코드 예제**

예제 7.9는 시나리오 B를 보여준다. Font.ARIAL 및 Font.VERDANA를 갖는 폰트 리스트로 TextOptions 인스턴스를 생성한다. 그다음 코드는 textOptions.getFontFamily()를 호출하여 이 목록에 대한 참조를 가져온다. 그리고 나서 리스트 안의 폰트를 삭제하고 Font.COMIC_SANS를 새로 추가함으로써 리스트를 변경한다. 이는 TextOptions 인스턴스 내의 폰트 패밀리가 이제 Font.COMIC_SANS로 설정되었음을 의미한다.

예제 7.9 **호출하는 쪽에 의해 수정된 리스트**

```
...
TextOptions textOptions =
    new TextOptions([Font.ARIAL, Font.VERDANA], 12.0);
                                                    textOptions가 참조하는 리스트와
                                                    동일한 리스트에 대한 참조를 받는다.
List<Font> fontFamily = textOptions.getFontFamily();  ◀
fontFamily.clear();                           textOptions가 참조하는 리스트와
fontFamily.add(Font.COMIC_SANS);              동일한 리스트를 수정한다.
...
```

이러한 방식으로 코드를 변경할 수 있게 되면 코드를 오용하기 쉬워진다. 개발자가 textOptions. getFontFamily()와 같은 함수를 호출할 때 리스트가 다른 함수나 생성자가 호출됨에 따라 여러 번 전달될 수 있다. 그것이 어디서 왔는지 그리고 그것을 수정하는 것이 안전한지 추적하기가 쉽지 않다.

얼마 지나지 않아 일부 코드가 리스트를 수정할 수도 있고, 이로 인해 찾아내기 매우 어려운 이상한 버그를 일으킬 것이다. 애당초 클래스를 불변적으로 만들고 이런 종류의 문제를 피하는 것이 훨씬 더 바람직하다. 다음 하위 절에서는 이를 달성할 수 있는 몇 가지 방법을 살펴본다.

### 7.2.2 해결책: 방어적으로 복사하라

방금 살펴본 바와 같이 클래스의 어떤 객체에 대한 참조를 클래스 외부에서도 가지고 있으면 깊은 가변성과 관련된 문제가 발생할 수 있다. 클래스가 참조하는 객체가 클래스 외부의 코드에서는 참조할 수 없도록 하면 이 문제를 방지할 수 있다.

이것은 클래스가 생성될 때 그리고 게터getter 함수를 통해 객체가 반환될 때 객체의 복사본을 만들면 가능해진다. 이것은 이번 하위 절과 다음 하위 절에서 설명하듯이 반드시 최선의 해결책은 아니지만, 깊은 불변성을 담보하기 위해 효과가 있는 간단한 방법이다.

예제 7.10은 TextOptions 클래스가 fontFamily 목록을 복사하는 경우의 코드를 보여준다. 생성자는 fontFamily 목록의 복사본을 만들고 이 복사본에 대한 참조를 저장한다(시나리오 A 해결). 그리고 getFontFamily() 함수는 fontFamily의 복사본을 만들고 이 복사본에 대한 참조를 반환한다(시나리오 B 해결).

예제 7.10 **방어적 복사**

```
class TextOptions {
  private final List<Font> fontFamily;      ◀──  이 클래스만이 참조를 가지고 있는
  private final Double fontSize;                 fontFamily의 복사본

  TextOptions(List<Font> fontFamily, Double fontSize) {
    this.fontFamily = List.copyOf(fontFamily);   ◀──  생성자는 리스트를 복사하고
    this.fontSize = fontSize;                          그 복사본에 대한 참조를 갖는다.
  }

  List<Font> getFontFamily() {
    return List.copyOf(fontFamily);      ◀──  리스트의 복사본을 반환한다.
  }

  Double getFontSize() {
    return fontSize;
  }
}
```

방어적으로 복사하면 불변적인 클래스를 만드는 데 꽤 효과적일 수 있지만, 다음과 같이 단점도 명확하다.

- 복사하는 데 비용이 많이 들 수 있다. `TextOptions` 클래스의 경우 글꼴 패밀리에 글꼴이 많지 않고 생성자 및 `getFontFamily()` 함수는 그렇게 자주 호출되지 않는 경우에는 괜찮다. 그러나 글꼴 패밀리에 수백 개의 글꼴이 있고 `TextOptions` 클래스가 광범위하게 사용된다면 복사로 인해 성능 문제가 일어날 수 있다.

- 클래스 내부에서 발생하는 변경을 막아주지 못하는 경우가 많다. 대부분의 프로그래밍 언어에서 멤버 변수를 `final`(또는 `const`나 `readonly`)으로 표시해도 깊은 가변성을 방지할 수 없다. `fontFamily` 리스트가 `final`로 표시된 경우에도 개발자는 클래스 내에서 `fontFamily.add(Font.COMIC_SANS)`를 호출할 수 있다.[2] 개발자가 실수로 이 작업을 수행하더라도 코드는 여전히 컴파일되고 실행되므로, 단순히 복사하는 것만으로는 깊은 불변성을 완전히 보장할 수 없다.

다행히도 많은 경우에 클래스를 불변적으로 만드는 더 효율적이고 강력한 방법이 있다. 다음 하위 절에서는 이에 대해 설명한다.

---

**값에 의한 전달**

C++과 같은 언어에서 프로그래머는 객체가 함수로 전달되거나 반환되는 방식을 훨씬 더 잘 제어할 수 있다. **참조에 의한 전달**(pass by reference) 혹은 **포인터에 의한 전달**(pass by pointer)과 **값에 의한 전달**(pass by value) 사이에는 차이가 있다. 값에 의한 전달은 개체에 대한 참조(또는 포인터)가 아니라 개체의 복사본이 생성됨을 의미한다. 이렇게 하면 코드가 원본 개체를 변경하는 것을 방지하지만 복사를 해야 한다는 단점이 있다.

C++은 또한 객체를 불변적으로 유지하기 위한 더 나은 방법이 될 수 있는 상수 정확성(const correctness)이라는 개념을 가지고 있는데 다음 하위 절에서 살펴볼 것이다.

---

## 7.2.3 해결책: 불변적 자료구조를 사용하라

객체를 불변적으로 만드는 것은 널리 받아들여지고 있는 좋은 관행이며, 그 결과 많은 유틸리티가 공통 유형이나 자료구조에 대해 불변적인 버전을 제공한다. 이것의 장점은 일단 그것들이 생성되고 나면 아무도 내용을 변경할 수 없다는 것이다. 이것은 방어적으로 복사본을 만들 필요 없이 객체를 전달할 수 있다는 것을 의미한다.

---

2  옮긴이 자바의 경우 final은 변수의 값(객체일 경우 참조, 원시 타입일 경우는 값)에 대한 불변성을 의미하고, 변수가 참조하는 객체에 대한 불변성을 의미하지는 않는다.

사용하는 언어에 따라 FontFamily 목록에 적합한 불변 자료구조는 다음과 같다.

- **Java**: 구아바<sub>Guava</sub> 라이브러리의 ImmutableList 클래스 http://mng.bz/aK09
- **C#**: System.Collections.Immutable의 ImmutableList 클래스 http://mng.bz/eMWG
- **자바스크립트 기반 언어**: 다음과 같은 몇 가지 방법이 있다.
  - Immutable.js 모듈의 리스트 클래스 http://mng.bz/pJAR
  - 자바스크립트 배열이지만, 이머<sub>Immer</sub> 모듈을 사용하여 불변적으로 만들어진 자바스크립트의 배열 https://immerjs.github.io/immer/

이 라이브러리들은 집합이나 맵 그 외 여러 가지 자료구조의 불변적 타입을 가지고 있기 때문에 표준 데이터 타입에 대한 불변적 버전이 필요하면 이 라이브러리에서 찾아볼 수 있다.

예제 7.11에는 ImmutableList를 사용하는 것으로 변경된 TextOptions 클래스를 보여준다. 이 리스트 자체가 불변적이기 때문에 코드의 어디선가 동일한 리스트에 대한 참조가 있는지는 중요하지 않고 어떤 것도 방어적으로 복사할 필요가 없다.

예제 7.11 **ImmutableList 사용**

```
class TextOptions {
  private final ImmutableList<Font> fontFamily;        ◀── 심지어 클래스 내에서도
  private final Double fontSize;                           ImmutableList의 내용을 변경할 수 없다.

  TextOptions(ImmutableList<Font> fontFamily, Double fontSize) {   ◀── 생성자를 호출하는 쪽에서
    this.fontFamily = fontFamily;                                      나중에 리스트를 변경할 수
    this.fontSize = fontSize;                                          있는 방법이 없다.
  }

  ImmutableList<Font> getFontFamily() {    ◀── 호출하는 쪽에서 수정할 수 없다는 것을 알고 있기 때문에
    return fontFamily;                          ImmutableList는 아무런 문제없이 반환된다.
  }

  Double getFontSize() {
    return fontSize;
  }
}
```

불변적인 자료구조를 사용하는 것은 클래스가 깊은 불변성을 갖도록 보장하기 위한 좋은 방법 중 하나다. 방어적으로 복사해야 하는 단점을 피하고 실수로라도 클래스 내의 코드에서 변경되지 않도록 보장한다.

**C++에서 상수 정확성**

C++는 컴파일러 수준에서 불변성을 상당히 발전된 방식으로 지원한다. 클래스를 정의할 때 개발자는 멤버 함수가 객체의 변경을 초래하지 않도록 const로 표시할 수 있다. 함수가 const로 표시된 객체에 대한 참조(또는 포인터)를 반환하면, 해당 객체에 대한 불변 멤버 함수를 호출하는 데만 사용되도록 컴파일러가 보장한다.

이를 통해 무언가의 불변 버전을 위한 별도의 클래스가 필요 없다. C++의 상수 정확성에 대한 자세한 내용은 https://isocpp.org/wiki/faq/const-correctness에서 확인할 수 있다.

## 7.3 지나치게 일반적인 데이터 유형을 피하라

정수, 문자열 및 리스트 같은 간단한 데이터 유형은 코드의 기본적인 구성 요소 중 하나다. 그것들은 믿을 수 없을 정도로 일반적이고, 다재다능하며, 다른 모든 것들을 대표할 수 있다. 일반적이고 다재다능하다는 것을 뒤집어 생각해보면 데이터 유형 자체만으로는 무언가를 설명할 수 없고, 가질 수 있는 값에 있어서도 꽤 관대하다는 것을 의미한다.

정수나 리스트와 같은 유형으로 표현이 '가능'하다고 해서 그것이 반드시 '좋은' 방법은 아니다. 설명이 부족하고 허용하는 범위가 넓을수록 코드 오용은 쉬워진다.

### 7.3.1 지나치게 일반적인 유형은 오용될 수 있다

특정 정보를 완전히 표현하려면 종종 둘 이상의 값이 필요할 수 있다. 예를 들어 2D 지도의 위치는 위도와 경도에 대한 두 가지 값이 모두 필요하다.

지도에서 위치를 처리하는 코드를 작성할 경우 위치를 나타내는 자료구조가 필요할 수 있다. 자료구조에는 해당 위치의 위도와 경도에 대한 값이 모두 포함되어야 한다. 이를 위한 빠르고 간단한 방법은 리스트나 배열을 사용하는 것이다. 여기서 리스트의 첫 번째 값은 위도를 나타내고, 두 번째 값은 경도를 나타낸다. 즉, 하나의 위치는 List<Double>을 사용할 수 있고 여러 개의 위치는 List<List<Double>>을 사용할 수 있다. 그림 7.4는 이것을 보여준다.

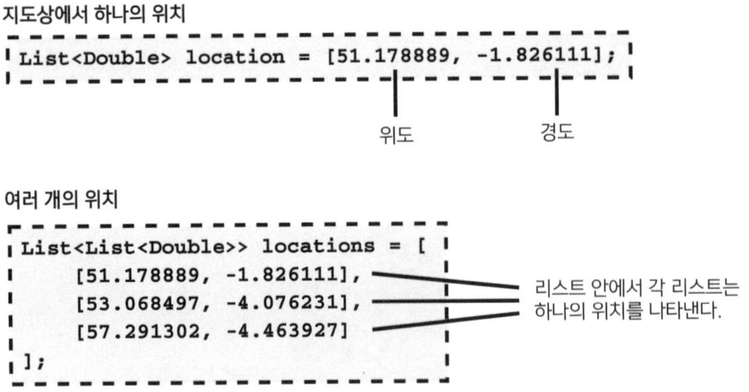

지도상에서 하나의 위치

```
List<Double> location = [51.178889, -1.826111];
```

위도    경도

여러 개의 위치

```
List<List<Double>> locations = [
    [51.178889, -1.826111],
    [53.068497, -4.076231],
    [57.291302, -4.463927]
];
```

리스트 안에서 각 리스트는
하나의 위치를 나타낸다.

그림 7.4 리스트와 같은 매우 일반적인 데이터 유형을 사용하여 지도상의 위치를 위도와 경도 쌍으로 나타낼 수 있다. 하지만 가능하다고 해서 그것이 반드시 좋은 방법은 아니다.

하지만 리스트는 너무 일반적인 데이터 유형이다. 이런 식으로 리스트를 사용하면 코드를 오용하기 쉽다. 이 점을 설명하기 위해 예제 7.12 코드는 지도에 위치를 표시하는 클래스를 보여준다. markLocationsOnMap() 함수는 위치 목록을 가져와서 하나의 위치를 지도에 표시한다. 그림 7.4에서 보듯이 하나의 위치는 List<Double>로 표현하기 때문에 지도에 표시할 모든 위치는 List<List<Double>>로 나타낸다. 이렇게 하면 다소 복잡해지고, 입력 매개변수를 사용하는 방법을 설명하려면 문서가 필요하다.

예제 7.12 지나치게 일반적인 데이터 유형

```
class LocationDisplay {
  private final DrawableMap map;
  ...

  /**
   * 지도 위에 제공된 모든 좌표의 위치를 표시한다.
   *
   * 리스트의 리스트를 받아들이는데, 내부의 리스트는 정확히
   * 두 개의 값을 가지고 있다. 첫 번째 값은 위치의 위도이고
   * 두 번째 값은 경도를 나타낸다(둘 다 각도 값).
   */
  void markLocationsOnMap(List<List<Double>> locations) {
    for (List<Double> location in locations) {
      map.markLocation(location[0], location[1]);
    }
  }
}
```

입력 매개변수를 설명하기 위해
약간 복잡한 문서가 필요하다.

내부에 있는 각각의 리스트로부터
첫 번째와 두 번째 항목을 읽는다.

이것은 빠르고 쉬워 보이지만 그림 7.5에서 볼 수 있듯이 코드를 오용하기 쉽게 만드는 단점이 있는데 다음과 같다.

- List<List<Double>> 유형 자체로는 아무것도 설명해주지 않는다. 개발자가 markLocationsOn Map() 함수에 대한 주석문을 읽어보지 않는다면 이 리스트가 무엇인지, 어떻게 이해해야 하는지 알지 못할 것이다.

- 개발자는 리스트에서 어떤 항목이 위도와 경도인지 혼동하기 쉽다. 만약 주석문을 완전히 읽지 않았거나 잘못 이해했다면, 위도와 경도의 순서를 뒤바꿀 수 있고, 이로 인해 버그가 발생할 것이다.

- 형식 안전성이 거의 없다. 컴파일러가 목록 내에 몇 개의 요소가 있는지 보장할 수 없다. 그림 7.5 에서 볼 수 있듯이 내부 리스트에 들어 있는 항목의 수가 잘못될 수 있다. 이렇게 되면 코드가 정상적으로 컴파일되지만 런타임에 문제가 일어난다.

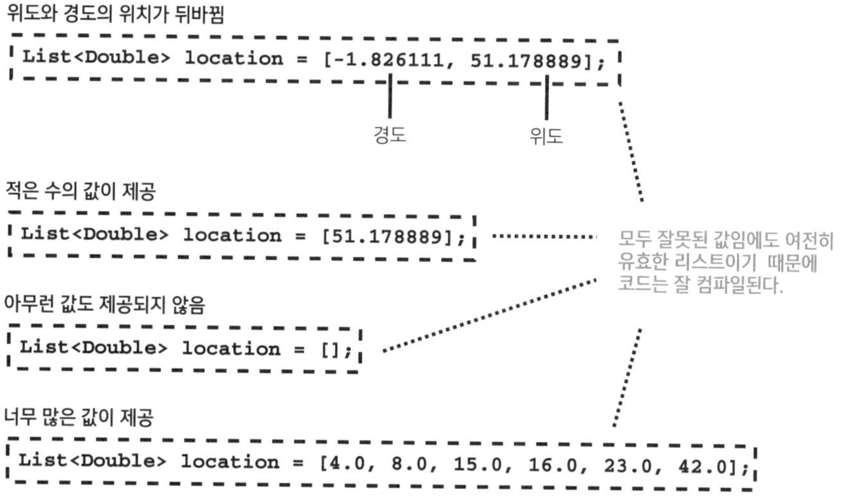

위도와 경도의 위치가 뒤바뀜
```
List<Double> location = [-1.826111, 51.178889];
```
경도      위도

적은 수의 값이 제공
```
List<Double> location = [51.178889];
```

아무런 값도 제공되지 않음
```
List<Double> location = [];
```

너무 많은 값이 제공
```
List<Double> location = [4.0, 8.0, 15.0, 16.0, 23.0, 42.0];
```

모두 잘못된 값임에도 여전히 유효한 리스트이기 때문에 코드는 잘 컴파일된다.

그림 7.5 이중 리스트를 사용하여 위도-경도 쌍과 같은 특정한 데이터를 표현하면 코드를 오용하기 쉬워진다.

요약하자면, 코드 계약의 세부 조항에 대한 자세한 지식(그리고 정확하게 따르는 것) 없이 mark LocationsOnMap() 함수를 올바르게 호출하는 것은 거의 불가능하다. 다른 개발자가 어떤 작업을 수행하는 데 있어 세부 조항을 의지하는 것은 신뢰할 만한 방법이 아닌 경우가 많기 때문에 markLocationsOnMap() 함수가 어느 시점에 잘못 사용될 수 있고, 이로 인해 버그가 발생할 가능성이 크다.

**패러다임은 퍼지기 쉽다**

1장에서 선반 설치를 위한 작업 비유에서 한 가지 일을 임시변통으로 해 놓으면, 종종 더 많은 일을 똑같이 임시변통으로 할 수밖에 없다는 것을 설명했다. 이와 같은 일이 지도상의 위치를 List<Double>로 표현할 때 쉽게 발생할 수 있다. 예를 들어 다른 개발자가 지도의 어떤 기능을 나타내는 클래스를 구현하고 있으며, 해당 클래스의 출력이 markLocationsOnMap() 함수의 입력으로 사용된다고 가정해보자. 이 출력이 위치를 표현하기 위해 List<Double>을 사용하고 따라서 mark LocationsOnMap() 함수와 쉽게 상호작용할 수 있다.

예제 7.13은 이 클래스의 코드를 보여준다. getLocation() 함수는 위도와 경도를 포함하는 리스트를 반환한다. 함수의 반환 유형을 설명하기 위해 약간 복잡한 문서가 동일하게 필요한 점을 주목하기 바란다. 이것은 조금 우려되는 부분이다. 리스트에 위도와 경도를 저장하는 방법에 대한 지침이 두 개의 다른 위치, 즉 MapFeature 클래스와 LocationDisplay 클래스에 문서화된다. 이것은 진실의 원천이 하나가 아닌 둘이 되는 일례다. 이로 인해 버그가 발생할 수 있으며 이에 관해서는 7.6절에서 자세히 설명한다.

예제 7.13 **같은 패러다임을 채택한 다른 코드**

```
class MapFeature {
  private final Double latitude;
  private final Double longitude;
  ...

  /*
   * 2 개의 요소를 갖는 리스트를 반환한다. 첫 번째 값은 위도를 나타내고      ┐  반환 유형을 설명하기
   * 두 번째 값은 경도를 나타낸다(둘 다 각도 값).                          │  위해 약간 복잡한
   */                                                              ┘  문서화가 필요하다.
  List<Double> getLocation() {
    return [latitude, longitude];
  }
}
```

LocationDisplay.markLocationsOnMap() 함수의 작성자는 지도상의 위치를 나타내기 위해 List<Double>을 사용하는 것이 임시변통의 방법이라는 것을 알고 있을 것이다. 그러나 그것이 단지 하나의 함수에만 사용되기 때문에 코드베이스 전체에 해를 끼치지는 않을 것이라고 생각하고, 그런 임시변통을 사용한 것을 정당화할 수 있다. 문제는 이와 같은 임시변통으로 작성된 코드는 다른 코드 전반에 퍼지는 경향이 있다는 점이다. 다른 개발자들도 같은 방식으로 하지 않고는 이미 작성된 코드와 상호작용하기 어려워지기 때문이다. 이런 일은 상당히 빨리 그리고 광범위하게 확산

될 수 있다. 또 다른 개발자가 MapFeature 클래스를 다른 용도로 사용해야 할 경우 어쩔 수 없이 List<Double>을 채택해야 한다. 어느새 우리도 모르는 사이에 리스트가 만연해 있기 때문에 이를 바로잡기가 매우 어려워진다.

## 7.3.2 페어 유형은 오용하기 쉽다

많은 프로그래밍 언어에는 **페어**pair 데이터 유형이 있다. 이 데이터 유형은 표준 라이브러리의 일부일 때도 있고 그렇지 않은 경우 확장 라이브러리를 통해 제공되는 경우도 많다.

페어 데이터 유형의 요점은 동일하거나 다른 종류의 값을 두 개 저장한다는 것이다. 이 값을 각각 첫 번째, 두 번째라고 부른다. 페어 데이터 유형을 간단하게 구현하면 아래 예제 코드와 같다.

예제 7.14 **페어 데이터 유형**

```
class Pair<A, B> {          ◄──  제네릭(또는 템플릿)은 페어가 두 개의 값을
  private final A first;          어떤 유형에 대해서라도 저장하도록 허용한다.
  private final B second;

  Pair(A first, B second) {
    this.first = first;
    this.second = second;
  }

  A getFirst() {            ◄──
    return first;
  }                              'first'와 'second'로
                                 각각의 값을 참조한다.
  B getSecond() {           ◄──
    return second;
  }
}
```

List<Double>이 아니라 Pair<Double, Double>로 지도상의 위치를 나타내는 경우 markLocations OnMap() 함수는 예제 7.15의 코드와 같다. 입력 매개변수를 설명하려면 여전히 상당히 복잡한 문서가 필요하며, 입력 매개변수 유형인 List<Pair<Double, Double>>은 무엇을 의미하는지 파악하기가 쉽지 않다는 점을 주의해서 봐야 한다.

예제 7.15 **위치를 위해 페어 유형 사용**

```
class LocationDisplay {
  private final DrawableMap map;
  ...
```

```
/**
 * 지도 위에 제공된 좌표의 모든 위치를 표시한다.
 *
 * 페어의 리스트를 받아들이는데, 각 페어는 하나의 위치를 나타낸다.
 * 페어에서 첫 번째 값은 위도이고, 두 번째 값은 경도를 나타낸다.
 * (둘 다 각도 값)
 */
void markLocationsOnMap(List<Pair<Double, Double>> locations) {
  for (Pair<Double, Double> location in locations) {
    map.markLocation(
        location.getFirst(),
        location.getSecond());
  }
}
```

> 입력 매개변수를 설명하기 위해 어느 정도 복잡한 문서화가 필요하다.

리스트 대신 Pair<Double>을 사용하면 이전 하위 절에서 언급한 일부 문제를 해결할 수 있다. 페어는 정확히 두 개의 값을 포함해야 하므로 호출하는 쪽에서 실수로 너무 적거나 많은 값을 제공하는 것을 방지한다. 그러나 다른 문제는 여전히 해결되지 않고 있다.

* List⟨Pair⟨Double,Double⟩⟩가 무슨 의미인지 여전히 이해하기 어렵다.
* 개발자는 여전히 위도와 경도의 순서에 대해 혼동하기 쉽다.

개발자는 markLocationsOnMap() 함수를 올바르게 호출하려면 여전히 코드 계약의 세부 조항에 나와 있는 자세한 내용을 확인해야 하고, 따라서 Pair<Double,Double>을 사용하는 것은 훌륭한 해결책이라고 볼 수 없다.

### 7.3.3 해결책: 전용 유형 사용

1장에서 지름길을 택하는 것이 중장기적으로는 어떻게 더 느려지는지 설명했다. 아주 구체적인 것에 대해 지나치게 일반적인 데이터 유형(예: 리스트나 페어)을 사용하는 것이 이러한 지름길의 예가 될 수 있다. 무언가를 나타내기 위해 새로운 클래스(또는 구조체)를 정의하는 것은 많은 노력이 들거나 불필요한 것처럼 보일 수 있지만, 대부분 보기보다 노력이 덜 들어가고 다른 개발자가 코드를 읽을 때 이해하기 쉽고 버그의 가능성도 줄여준다.

지도의 2D 위치를 나타내는 경우 코드의 오용 혹은 오해의 소지를 줄이는 간단한 방법은 위도와 경도를 나타내는 전용 클래스를 정의하는 것이다. 예제 7.16의 코드는 이렇게 위도와 경도를 위한 새로운 클래스를 보여준다. 이 클래스는 매우 간단하고, 코드를 작성하고 테스트하는 데 몇 분 이상은 걸리지 않을 것이다.

예제 7.16 **LatLong 클래스**

```
/**
 * 위도와 경도를 각도로 나타낸다.
 */
class LatLong {
  private final Double latitude;
  private final Double longitude;

  LatLong(Double latitude, Double longitude) {
    this.latitude = latitude;
    this.longitude = longitude;
  }

  Double getLatitude() {
    return latitude;
  }

  Double getLongitude() {
    return longitude;
  }
}
```

이 새로운 LatLong 클래스를 사용하는 markLocationsOnMap() 함수는 예제 7.17 코드와 같다. 이제 의미가 자명하기 때문에 복잡한 입력 매개변수를 설명하기 위한 문서가 필요하지 않다. 또한 유형 안전성이 높아졌고 위도와 경도를 혼동할 일이 없다.

예제 7.17 **LatLong 사용**

```
class LocationDisplay {
  private final DrawableMap map;
  ...

  /**
   * 지도 위에 제공된 모든 좌표의 위치를 표시한다.
   **/
  void markLocationsOnMap(List<LatLong> locations) {
    for (LatLong location in locations) {
      map.markLocation(
          location.getLatitude(),
          location.getLongitude());
    }
  }
}
```

일반적이고 바로 가져다 쓸 수 있는 데이터 유형을 사용하는 것이 때로는 빠르고 쉬운 방법처럼 보일 수 있다. 하지만 무언가 구체적인 것을 나타낼 필요가 있을 때, 적은 노력을 추가로 들여서 전용 유형을 정의하는 것이 더 나을 때가 많다. 코드가 훨씬 더 명확해지고 오용하기 어렵기 때문에 중장기적으로 보자면 시간이 절약된다.

---

**데이터 객체**

데이터를 그룹으로 묶기만 하는 간단한 객체를 정의하는 것은 상당히 일반적인 작업이며, 많은 언어에서 이것을 쉽게 해주는 기능(또는 확장 유틸리티)이 있다.

- 코틀린(Kotlin)에는 데이터 클래스라는 개념이 있는데, 한 줄짜리 코드를 사용하여 데이터를 포함하는 클래스를 정의할 수 있다(http://mng.bz/O15j).
- 자바 최신 버전에서는 레코드를 사용할 수 있다(https://openjdk.java.net/jeps/395).[a] 이전 버전의 자바에서는 오토밸류(AutoValue)를 대안으로 사용할 수 있다(http://mng.bz/YAaj).
- 다양한 언어(예: C++, C#, Swift, Rust)에서 구조체(struct)를 정의할 수 있으며, 클래스 정의보다 간단하다.
- 타입스크립트(TypeScript)에서는 인터페이스를 정의한 다음 이를 사용하여 객체가 반드시 포함해야 하는 속성에 대해 컴파일 타임 안전성을 제공할 수 있다(http://mng.bz/G6PA).

객체 지향 프로그래밍에 대한 전통적인 관점을 지지하는 사람들은 때때로 데이터 전용 객체를 정의하는 것을 잘못된 관행으로 간주한다. 이들은 데이터와 데이터에 대한 기능이 모두 동일한 클래스에 캡슐화되어야 한다고 주장한다.

데이터가 어떤 기능과 밀접하게 결합되어 있는 경우 이 주장은 상당히 타당하다. 그러나 특정 기능에 데이터를 연결하지 않고도 데이터를 그룹화하는 것이 유용한 상황이 있다. 이 경우에는 데이터 전용 객체가 매우 유용할 수 있다.

---

a   [옮긴이] 자바 레코드는 자바 14에서부터 지원된다. 자세한 내용은 https://docs.oracle.com/en/java/javase/14/language/records.html 에서 확인할 수 있다.

---

## 7.4 시간 처리

앞 절에서는 지나치게 일반적인 데이터 유형을 사용하여 특정 항목을 나타내는 경우 코드가 오용되기 쉬워지는 것에 관해 살펴봤다. 이에 관한 한 가지 구체적인 예가 시간과 관련한 개념을 나타내는 것인데 생각지도 못한 상황에서 튀어나온다.

시간은 단순한 것처럼 보일지 모르지만, 실제로 시간을 나타내는 것은 다음과 같은 점에서 상당히 까다롭다.

- 어떤 때는 '1969년 7월 21일 02:56 UTC'와 같이 절대적인 시간을 지칭하지만 또 다른 때는 '5분 내'와 같은 상대적인 시간으로 표현한다.

- '오븐에서 30분 굽기'와 같은 시간의 양을 언급하는 경우도 있다. 시간은 분, 초, 밀리초 등 다양한 단위 중 하나로 표시할 수 있다.

- 표준 시간대, 일광 절약 시간, 윤년leap year, 심지어 윤초leap second와 같은 개념도 있어서 상황이 훨씬 더 복잡하다

시간을 다룰 때 코드를 잘못 사용하고 혼동을 일으킬 여지가 굉장히 많다. 이번 절에서는 시간에 기초한 개념을 다룰 때 적절한 데이터 유형과 언어 구성 요소를 사용하여 혼동과 오남용을 방지할 수 있는 방법을 논의한다.

## 7.4.1 정수로 시간을 나타내는 것은 문제가 될 수 있다

시간을 나타낼 때 일반적으로 정수나 큰 정수long integer를 사용한다. 이것으로 어느 한순간을 의미하는 시각과 시간의 양, 두 가지를 모두 나타낸다.

- 순간으로서의 시간은 유닉스 시간unix epoch인 1970년 1월 1일 00:00:00 UTC 이후 몇 초(윤초는 무시)로 표현하는 경우가 많다.

- 양으로서의 시간은 초 혹은 밀리초 단위로 표시할 때가 많다.

정수는 매우 일반적인 유형이기 때문에 시간을 나타내는 데 사용하는 경우 코드가 오용되기 쉽다. 이러한 일이 발생할 수 있는 세 가지 일반적인 경우에 대해 살펴보자.

**한순간의 시간인가, 아니면 시간의 양인가?**

예제 7.18 코드를 고려해보자. sendMessage() 함수는 deadline이라는 정수 매개변수가 있다. 함수의 주석문에는 deadline 매개변수가 하는 일과 단위가 초라는 것이 나와 있지만, 이 값이 실제로 무엇을 나타내는지에 대한 설명은 없다. 따라서 함수를 호출할 때 deadline 매개변수에 대한 인수로 무엇을 제공해야 하는지 명확하지 않다. 다음과 같은 몇 가지 경우가 가능하다.

- 매개변수는 시간의 절대 순간을 나타내며, 유닉스 시간 이후 경과된 초를 제공해야 한다.

- 매개변수는 시간의 양을 나타낸다. 이 함수가 호출되면 타이머가 시작되고 타이머가 지정된 시간(초)에 도달하면 시한이 지난다.

예제 7.18 **순간으로서의 시간 혹은 양으로서의 시간?**

```
/**
 * @param message 보낼 메시지
 * @param deadline 데드라인은 초 단위다.
 *     데드라인이 경과하기까지 메시지가 전송
 *     되지 않으면 전송은 취소된다.
 * @return 메시지가 전송되면 참을 그렇지 않으면 거짓
 */
Boolean sendMessage(String message, Int64 deadline) {
  ...
}
```

> 매개변수가 하는 일과 단위를 설명하지만
> 값의 의미는 설명하지 않는다.

이 정도의 모호함이 있다면 문서화가 훌륭하지 않다는 점이 분명하다. 주석문을 개선하면 모호함이 줄어들고 좀 더 명확해지겠지만, 코드 계약의 세부 조항에 더 많은 내용이 추가될 것이다. 세부 조항은 코드의 오용을 방지하기 위한 방법으로서 신뢰하기는 어렵다. 그리고 이 매개변수에 대해 이미 세줄에 걸쳐 설명되어 있는 점을 고려하면, 값이 나타내는 바를 설명하기 위해 더 많은 내용을 추가하는 것이 최상의 방법은 아니다.

일치하지 않는 단위

이번 절의 시작 부분에서 언급한 바와 같이 시간을 측정하는 데 사용하는 단위가 다르다. 코드에서 사용하는 가장 일반적인 단위는 대개 밀리초millisecond 혹은 초second지만 경우에 따라 마이크로초microsecond와 같은 단위도 사용한다.

정수 유형은 값이 어떤 단위에 있는지 나타내는 데 전혀 도움이 되지 않는다. 함수 이름, 매개변수 이름, 주석문을 사용하여 단위를 나타낼 수 있지만, 여전히 코드를 오용하기가 상대적으로 쉽다.

예제 7.19는 한 코드베이스 내에서 두 가지 다른 코드를 보여준다. UiSettings.getMessageTimeout() 함수는 초를 나타내는 정수를 반환한다. showMessage() 함수는 밀리초를 나타내는 timeoutMs라는 매개변수가 있다.

예제 7.19 **시간 단위의 불일치**

```
class UiSettings {
  ...

  /**
   * @return UI 메시지를 보여주는 초 단위 기간
   */
  Int64 getMessageTimeout() {
    return 5;
```

> 이 부분은 초를 사용한다.

```
    }
  }

  ...

  /**
   * @param message 보여줄 메시지
   * @param timeoutMs 메시지를 보여주는 밀리초 단위의 기간
   */
  void showMessage(String message, Int64 timeoutMs) {
    ...
  }
```

이 부분은 밀리초를 사용한다.

주석문과 timeMs 매개변수 이름 뒤에 붙은 'Ms'라는 접미사에도 불구하고, 개발자는 이 두 부분의 코드를 함께 연결해서 사용할 때 실수하기 쉽다. 아래의 함수 호출 코드는 무엇이 잘못됐는지 명백하지 않지만, '경고'라는 메시지가 5초가 아닌 5밀리초 동안 표시된다. 사용자가 미처 알아차리기도 전에 메시지가 사라질 것이다.

```
showMessage("Warning", uiSettings.getMessageTimeout());
```

### 시간대 처리 오류

순간으로서의 시간은 일반적으로 유닉스 시간 이후 지나간 초(윤초는 무시)로 나타낸다. 이것을 보통 타임스탬프timestamp라고 부르는데, 이벤트가 발생했거나 발생할 시간을 정확하게 식별하기 위한 방법이다. 하지만 사람인 우리는 종종 시간에 관해 말할 때 그렇게 정확하게 표현하지 않는다.

예를 들어 생일에 대해 말할 때 누군가 1990년 12월 2일에 태어났다면, 그가 태어난 정확한 순간에 대해 특별히 신경 쓰지 않는다. 대신 매년 날짜가 12월 2일이 되면 생일을 축하하고 케이크를 먹는다는 것에 신경을 쓴다.

날짜와 순간의 차이는 미묘한 것일 수 있지만, 이 두 가지를 다른 방식으로 다루지 않는다면 문제가 될 수 있다. 그림 7.6은 이 상황이 어떻게 잘못될 수 있는지를 보여준다. 사용자가 날짜(생일 등)를 입력하고 이를 로컬 표준시 내의 날짜 및 시간으로 해석하면 다른 표준시 사용자가 정보에 액세스할 때 다른 날짜가 표시될 수 있다.

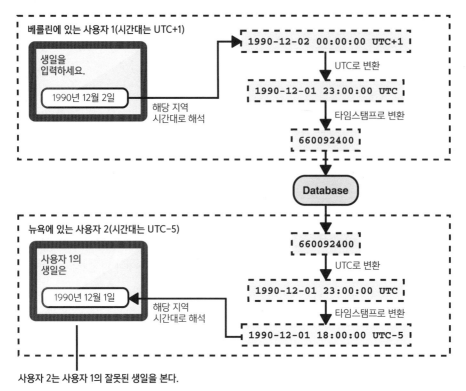

베를린에 있는 사용자 1(시간대는 UTC+1)

생일을
입력하세요.

1990년 12월 2일

해당 지역
시간대로 해석

1990-12-02 00:00:00 UTC+1

UTC로 변환

1990-12-01 23:00:00 UTC

타임스탬프로 변환

660092400

Database

뉴욕에 있는 사용자 2(시간대는 UTC-5)

사용자 1의
생일은

1990년 12월 1일

해당 지역
시간대로 해석

660092400

UTC로 변환

1990-12-01 23:00:00 UTC

타임스탬프로 변환

1990-12-01 18:00:00 UTC-5

사용자 2는 사용자 1의 잘못된 생일을 본다.

그림 7.6 시간대를 적절하게 처리하지 않으면 버그가 발생할 수 있다.

서버가 서로 다른 위치에서 실행되고 시스템을 다른 표준 시간대로 설정한 경우 그림 7.6에서 설명한 것과 유사한 문제가 서버단의 논리만으로도 발생할 수 있다. 예를 들어 유럽에 있는 서버가 처리한 날짜 값이 캘리포니아에 있는 서버에 의해 저장될 수 있다.

순간으로서의 시간, 양으로서의 시간, 날짜와 같은 시간에 기초한 개념은 최상의 경우라 할지라도 사용하기에 까다롭다. 하물며 정수와 같은 매우 일반적인 유형을 사용해 그러한 것들을 표현하려고 한다면 자신뿐만 아니라 다른 개발자까지도 어렵게 만드는 것이다. 정수는 값이 의미하는 바나 나타내고자 하는 정보를 거의 전달하지 못하기 때문에 값을 오용하기 쉽게 만들 수 있다. 다음 하위 절에서는 보다 적절한 유형을 사용해서 어떻게 시간을 처리하는 코드를 개선할 수 있을지 설명한다.

## 7.4.2 해결책: 적절한 자료구조를 사용하라

우리가 알 수 있듯이 시간을 다루는 것은 복잡하고 까다로운 일이며 혼란의 여지가 많다. 대부분의 프로그래밍 언어에는 시간을 처리하기 위한 내장 라이브러리가 있지만, 불행히도 이들 중 일부는 오류를 일으키기 쉬운 단점이나 설계 문제를 가지고 있다. 그나마 다행인 점은 시간과 관련한 개념에 대해 자체 지원이 부족한 프로그래밍 언어의 경우, 대부분은 타사 혹은 제3자 오픈소스 라이브러리open source library를 통해 보다 강력한 유틸리티로 제공된다는 점이다. 따라서 시간에 기초한 개념을 견고하게 처리하는 방법이 있지만, 사용하는 언어에 가장 적합한 라이브러리를 찾기 위해 노력을 기울여야 한다. 사용 가능한 예는 다음과 같다.

- 자바에서는 java.time 패키지의 클래스를 사용할 수 있다(https://mng.bz/0rPE).[3]
- C#에서 노다Noda 시간 라이브러리는 견고하게 시간을 처리하기 위한 여러 유틸리티를 제공한다 (https://nodatime.org).
- C++에서는 크로노chrono 라이브러리를 사용할 수 있다(https://en.cppreference.com/w/cpp/chrono).
- 자바스크립트에는 선택할 수 있는 많은 서드 파티 라이브러리가 있다. 일례로 js-joda 라이브러리 (https://js-joda.github.io/js-joda/)가 있다.

이러한 라이브러리를 사용하면 이전 하위 절에서 논의한 문제를 훨씬 쉽게 처리할 수 있다. 다음 하위 절에서는 이러한 라이브러리를 사용해 코드를 개선할 수 있는 방법을 설명한다.

### 양으로서의 시간과 순간으로서의 시간의 구분

Java.time 패키지나, 노다 타임Noda Time 및 js-joda 라이브러리는 모두 Instant라는 클래스와 Duration이라는 클래스를 제공한다. 마찬가지로, C++ 크로노 라이브러리도 time_point라는 클래스와 duration이라는 클래스를 제공한다.

이 중 하나를 사용하면 함수 매개변수의 유형이 나타내는 것이 순간인지 아니면 시간의 양인지 알 수 있다. 예를 들어 앞에서 본 sendMessage() 함수는 Duration 유형을 사용하는 경우 예제 7.20의 코드와 같을 것이다. 이 코드에서 값은 한순간의 시간이 아니라 시간의 양을 나타낸다는 점은 너무나 명백하다.

예제 7.20 **Duration 유형 사용**

```
/**
 * @param message 보낼 메시지
 * @param deadline 데드라인이 경과하기까지 메시지가 전송
 *        되지 않으면 전송은 취소된다.
 * @return 메시지가 전송되면 참을, 그렇지 않으면 거짓
 */
```

---

3  옮긴이 자바의 경우 java.util 패키지 내에도 시간 관련 클래스가 있지만 앞서 살펴본 불변성과 관련해서 이 클래스들은 가변적이기 때문에 java.util 내의 시간 관련 클래스는 더 이상 사용하지 않도록 권고하고 있다.

```
Boolean sendMessage(String message, Duration deadline) {     ◀─────   Duration 유형으로 인해
    ...                                                                deadline이 나타내고자
}                                                                     하는 바가 명백하다.
```

## 더 이상 단위에 대한 혼동이 없다

Instant 및 Duration과 같은 유형이 제공하는 또 다른 이점은 단위가 유형 내에 캡슐화되어 있다는
점이다. 따라서 어떤 단위가 사용되어야 하는지 설명하기 위한 계약의 세부 조항이 필요하지 않으며,
실수로 잘못된 단위를 제공하는 것이 불가능하다. 다음 코드는 서로 다른 팩토리 함수를 사용해서
서로 다른 단위에 대한 Duration 객체를 생성하는 것을 보여준다. Duration 객체를 만드는 데 사용
하는 단위에 관계없이 나중에 밀리초 단위로도 다시 읽을 수 있다. 이를 통해 코드의 서로 다른 부분
이 상호작용할 때 원하는 어떤 단위라도 불일치의 위험 없이 사용할 수 있다.

```
Duration duration1 = Duration.ofSeconds(5);
print(duration1.toMillis()); // 출력: 5000

Duration duration2 = Duration.ofMinutes(2);
print(duration2.toMillis()); // 출력: 120000
```

다음 예제 코드는 메시지가 타임아웃될 시간의 양을 처리하기 위해 정수 대신 Duration 유형을 사
용하는 경우, 어떻게 showMessage() 함수의 문제가 해결되는지를 보여준다.

예제 7.21 **Duration 유형에 캡슐화된 단위**
```
class UiSettings {
  ...

  /**
   * @return UI 메시지를 보여주는 기간
   */
  Duration getMessageTimeout() {
    return Duration.ofSeconds(5);
  }
}

...

/**
 * @param message 보여줄 메시지
 * @param timeout 메시지를 보여주는 시간의 양
 */
void showMessage(String message, Duration timeout) {
```
Duration 유형은 단위를
캡슐화한다.

```
        ...
    }
```

### 시간대 처리 개선

생일을 나타내는 예에서 생일이 실제로 어느 시간대인지는 신경 쓰지 않는다. 하지만 생일을 타임스 탬프를 사용해서 정확한 순간과 연결해서 표현하고 싶다면, 시간대에 대해 신중하게 생각할 수밖에 없다. 다행히도 시간을 다루는 라이브러리는 종종 이렇게 정확한 순간과 연결하지 않고도 날짜(및 시간)를 나타낼 수 있는 방법을 제공한다. Java.time 패키지, 노다 타임 및 js-joda 라이브러리는 모두 `LocalDateTime`이라는 클래스를 제공하는데 이 클래스를 통해 이런 작업을 정확하게 수행할 수 있다.

이번 절에서 알 수 있듯이 시간을 다루는 것은 까다로운 일이고, 부주의하게 작성하면 오용하기 쉽고, 버그를 유발하는 코드가 될 수 있다. 다행히도 이러한 문제를 이미 직면한 개발자들이 시간을 훨씬 더 견고하게 다루기 위한 라이브러리들을 많이 구축해놨다. 우리는 그것들을 사용함으로써 코드를 개선할 수 있다.

## 7.5 데이터에 대해 진실의 원천을 하나만 가져야 한다

코드에서 숫자, 문자열, 바이트 스트림과 같은 종류의 데이터를 처리하는 경우가 많다. 데이터는 종종 두 가지 형태로 제공된다.

- **기본 데이터**primary data : 코드에 제공해야 할 데이터. 코드에 이 데이터를 알려주지 않고는 코드 가 처리할 방법이 없다.
- **파생 데이터**derived data : 주어진 기본 데이터에 기반해서 코드가 계산할 수 있는 데이터

예를 들어 은행계좌의 상태를 설명하는 데 필요한 데이터가 있을 수 있다. 여기에서 기본 데이터는 대변credit 금액과 차변debit 금액이다. 계좌 잔액은 파생 데이터인데 대변에서 차변을 뺀 금액이다.

기본 데이터는 일반적으로 프로그램에서 진실의 원천source of truth이 된다. 대변과 차변에 대한 값은 계좌의 상태를 완전히 설명하고 계좌의 상태를 추적하기 위해 저장되어야 하는 유일한 값이다.

### 7.5.1 또 다른 진실의 원천은 유효하지 않은 상태를 초래할 수 있다

은행계좌의 경우 계좌 잔고액은 두 가지 기본 데이터에 의해 완전히 제한된다. 대변이 5달러이고 차변이 2달러인 상태에서 잔액이 10달러라고 하는 것은 말이 안 된다. 논리적으로 서로 맞지 않는 내용이다. 이것이 바로 서로 일치하지 않는 두 개의 진실의 원천을 갖는 일례이다. 대변과 차변의 값은 잔액

이 3달러라고 하는데 잔액이 10달러라는 것은 서로 일치하지 않는다.

기본 데이터와 파생 데이터를 모두 처리하는 코드를 작성할 때, 이와 같이 논리적으로 잘못된 상태가 발생할 수 있다. 논리적으로 잘못된 상태가 발생할 수 있는 코드를 작성하면 코드의 오용이 너무 쉬워진다.

예제 7.22의 코드가 이에 관해 보여준다. UserAccount 클래스는 대변, 차변 및 계정 잔액 값으로 구성되어 있다. 방금 살펴본 바와 같이 계좌 잔액은 대변과 차변에서 파생될 수 있기 때문에 중복 정보이므로 이 클래스는 논리적으로 잘못된 상태로 인스턴스를 생성할 수 있다.

예제 7.22 **잔액에 대한 또 다른 진실의 원천**

```
class UserAccount {
  private final Double credit;
  private final Double debit;
  private final Double balance;

  UserAccount(Double credit, Double debit, Double balance) {       대변, 차변, 잔액이
    this.credit = credit;                                          모두 생성자에 전달된다.
    this.debit = debit;
    this.balance = balance;
  }

  Double getCredit() {
    return credit;
  }

  Double getDebit() {
    return debit;
  }

  Double getBalance() {
    return balance;
  }
}
```

아래 코드는 UserAccount 클래스가 잘못된 상태의 인스턴스를 생성하는 예를 보여준다. 개발자가 잔액을 계산할 때 대변에서 차변을 빼지 않고 반대로 차변에서 대변을 빼는 잘못을 범하고 있다.

```
UserAccount account =
    new UserAccount(credit, debit, debit - credit);       잔액이 차변에서 대변을 빼는
                                                           잘못된 방법으로 계산된다.
```

테스트가 이런 버그를 발견하기를 바라지만, 그렇지 않으면 고약한 버그로 이어질 수 있다. 은행이 잔고가 부정확한 명세서를 발송할 수도 있다. 또는 논리적으로 잘못된 값으로 인해 내부 시스템이 예측을 벗어나는 작업을 수행할 수도 있다.

## 7.5.2 해결책: 기본 데이터를 유일한 진실의 원천으로 사용하라

계좌 잔고는 대변과 차변만 가지고 완전히 계산할 수 있기 때문에 필요할 때에만 그 값을 계산하는 것이 훨씬 더 낫다. 예제 7.23은 이렇게 변경된 경우의 UserAccount 클래스를 보여준다. 잔액은 더 이상 생성자 매개변수로 사용되지 않으며 멤버 변수에도 저장되지 않는다. 잔액은 getBalance() 함수가 호출될 때마다 계산된다.

예제 7.23 **요청 시 잔액 계산**

```java
class UserAccount {
  private final Double credit;
  private final Double debit;

  UserAccount(Double credit, Double debit) {
    this.credit = credit;
    this.debit = debit;
  }

  Double getCredit() {
    return credit;
  }

  Double getDebit() {
    return debit;
  }

  Double getBalance() {            잔액은 대변과 차변으로
    return credit - debit;  ◀──┘  계산된다.
  }
}
```

은행계좌 잔액의 예는 매우 간단하기 때문에 대부분의 개발자는 잔액이 대변과 차변으로 계산할 수 있다는 점에서 잔액을 위한 별도의 필드를 갖는 것은 중복이라는 점을 발견할 수 있다. 그러나 이와 유사한 더 복잡한 상황들이 예기치 못하게 나타날 수 있는데, 이 경우에는 발견하기가 어려울 수도 있다. 정의할 수 있는 데이터 모델과 이러한 데이터 모델이 논리적으로 잘못된 상태를 허용하는지에 대해 시간을 들여서 숙고해볼 만한 가치가 있다.

## 데이터 계산에 비용이 많이 드는 경우

대변과 차변에서 계좌 잔액을 계산하는 것은 간단하며 계산 비용이 전혀 들지 않는다. 그러나 때로는 파생된 값을 계산하는 데 훨씬 더 많은 비용이 들 수 있다. 대변과 차변에 대한 하나의 값이 아니라 트랜잭션 목록을 가지고 있다고 가정해보자. 이때 트랜잭션 목록은 기본 데이터이고 대변 및 차변 총액은 파생된 데이터이다. 그러나 이렇게 파생된 데이터를 계산하려면 전체 트랜잭션 목록을 확인해야 하기 때문에 비용이 많이 드는 일이다.

이와 같이 파생된 값을 계산하는 데 많은 비용이 든다면, 그 값을 **지연**lazily 계산한 후에 결과를 캐싱caching하는 것이 좋다. 무언가를 지연 계산한다는 것은 (실제 생활에서 게으른 사람이 그렇듯이) 그 값이 정말로 필요할 때까지 계산을 미룬다는 것을 의미한다. 예제 7.24는 UserAccount 클래스가 이렇게 지연 계산하도록 변경된 코드를 보여준다. cachedCredit 및 cachedDebit 멤버 변수는 null로 시작하지만 getCredit() 및 getDebit() 함수가 호출될 때 값이 채워진다.

cachedCredit 및 cachedDebit 멤버 변수는 파생 정보를 저장하고 있기 때문에 사실상 또 다른 진실의 원천이 되고 있다. 이 경우 두 번째 진실의 원천이 UserAccount 클래스에 완전히 포함되어 있고 클래스 및 트랜잭션 목록은 모두 불변적이기 때문에 괜찮다. 즉, cachedCredit 및 cachedDebit 변수가 트랜잭션 목록과 일치하며 절대 변경되지 않는다.

예제 7.24 **지연 계산 및 캐싱**

```
class UserAccount {
  private final ImmutableList<Transaction> transactions;

  private Double? cachedCredit;        ┐ 대변 및 차변의 값을
  private Double? cachedDebit;         ┘ 캐시로 저장하기 위한 멤버 변수

  UserAccount(ImmutableList<Transaction> transactions) {
    this.transactions = transactions;
  }

  ...

  Double getCredit() {
    if (cachedCredit == null) {
      cachedCredit = transactions
          .map(transaction -> transaction.getCredit())    대변의 값이 저장되어 있지 않으면
          .sum();                                          계산을 하고 캐시로 저장한다.
    }
    return cachedCredit;
  }
```

```
    Double getDebit() {
      if (cachedDebit == null) {
        cachedDebit = transactions
            .map(transaction -> transaction.getDebit())
            .sum();
      }
      return cachedDebit;
    }

    Double getBalance() {
      return getCredit() - getDebit();
    }
  }
```

차변의 값이 저장되어 있지 않으면
계산을 하고 캐시로 저장한다.

캐시로 저장되어 있는 값을 이용해서
잔액을 계산한다.

클래스가 불변적이 아니라면 상황은 훨씬 복잡해진다. 클래스가 변경될 때마다 cachedCredit과 cachedDebit 변수를 널로 재설정해야 한다. 이것은 매우 번거롭고 오류를 일으키기 쉬우므로, 이 경우 또한 객체를 불변적으로 만들어야 한다는 것을 강력하게 지지하는 또 다른 일례다.

## 7.6 논리에 대한 진실의 원천을 하나만 가져야 한다

**진실의 원천**sources of truth은 코드에 제공된 데이터에만 적용되는 것이 아니라 코드에 포함된 논리에도 적용된다. 코드의 한 부분에서 수행되는 일이 다른 부분에서 수행되는 일과 일치해야 하는 경우가 많다. 코드의 두 부분이 서로 일치하지 않으면 소프트웨어가 제대로 작동하지 않을 것이다. 그러므로 논리를 위한 진실의 원천 역시 단 하나만 존재하도록 하는 것이 중요하다.

### 7.6.1 논리에 대한 진실의 원천이 여러 개 있으면 버그를 유발할 수 있다

예제 7.25 코드는 정숫값을 기록한 후에 파일로 저장하는 클래스를 보여준다. 이 코드에는 값이 파일에 저장되는 방식에 대한 두 가지 중요한 세부 정보가 있다.

1. 각 값은 10진수 문자열 형식으로 변환된다.

2. 그다음 각 값의 문자열을 쉼표로 구분하여 결합한다.

예제 7.25 **값을 직렬화하고 저장하는 코드**

```
 class DataLogger {
   private final List<Int> loggedValues;
   ...

   saveValues(FileHandler file) {
```

```
        String serializedValues = loggedValues
            .map(value -> value.toString(Radix.BASE_10))    ←   값이 십진수 문자열로 변환된다.
            .join(",");
        file.write(serializedValues);        값을 쉼표로 결합한다.
    }
}
```

DataLogger.saveValues()의 반대 과정, 즉 파일을 열고 정수로 읽어 들이는 코드도 어딘가에 있을
가능성이 크다. 예제 7.26은 바로 이 반대 과정을 수행하는 코드를 보여준다. 이 코드는 DataLogger
클래스와 완전히 다른 파일이고 코드베이스의 다른 부분에 있을 가능성이 크지만 논리는 서로 일치
해야 한다. 특히 파일 내용의 값을 성공적으로 읽어 들이려면 다음 단계를 수행해야 한다.

1. 문자열을 쉼표로 구분해서 분할해 문자열의 목록을 만든다.
2. 목록의 각 문자열을 십진수 정수로 읽는다.

예제 7.26 **값을 읽고 역직렬화하는 코드**

```
class DataLoader {
    ...

    List<Int> loadValues(FileHandler file) {
        return file.readAsString()          파일의 내용을 쉼표를 이용해 분할해서
            .split(",")                      문자열의 목록으로 만든다.
            .map(str -> Int.parse(str, Radix.BASE_10));    ←   각 문자열을 십진수 정수로
    }                                                          읽어 들인다.
}
```

> **NOTE** 오류 처리
>
> 파일에 데이터를 쓰거나 파일에서 데이터를 읽고 분석할 때, 오류 처리와 관련해 고려해야 할 사항이
> 분명히 있다. 예제 코드 7.25와 7.26은 간단한 코드를 위해 이 부분을 생략하지만 실제로는 4장에서
> 논의한 기술 중 하나를 사용하여 파일에 쓰거나 파일에서 읽을 때, 실패하거나 문자열을 정수로 구문
> 분석할 수 없는 경우 오류를 전달하는 것을 생각해볼 수 있다.

이 시나리오에서 값이 파일에 저장되는 형식은 논리의 중요한 부분이지만, 이 형식이 무엇인지에 대
해서는 진실의 원천이 두 개 존재한다. 이 형식을 지정하는 논리가 DataLogger 및 DataLoader 클래
스에 독립적으로 포함되어 있다. 클래스가 모두 동일한 논리를 포함하면 모든 것이 잘 작동하지만 한
클래스가 수정되고 다른 클래스가 수정되지 않으면 문제가 발생한다.

논리가 변경될만한 경우는 다음과 같다. 개발자가 변경 사항을 `DataLogger` 클래스에만 적용하고, `DataLoader` 클래스에는 적용하지 않는 경우 문제가 발생한다.

- 개발자가 저장 공간을 절약하기 위해 십진수 대신 16진수를 사용하여 값을 저장하기로 결정한다. 그 결과 파일에 '125' 대신 '7D'와 같은 문자열이 저장된다.
- 개발자가 파일을 보다 쉽게 읽을 수 있도록 쉼표 대신 줄 바꿈을 사용하여 값을 구분하기로 결정한다.

논리에 대한 진실의 원천이 두 개가 있는 상태에서 개발자가 하나만 수정하고 다른 하나를 수정하지 않으면 문제가 발생하기 쉽다.

### 7.6.2 해결책: 진실의 원천은 단 하나만 있어야 한다

2장에서는 높은 수준의 문제를 일련의 하위 문제로 세분화하여 해결하는 방법을 살펴봤다. `DataLogger` 및 `DataLoader` 클래스는 각각 데이터 로깅과 데이터 로드와 같은 높은 수준의 문제를 해결한다. 그러나 그렇게 하려면 둘 다 직렬화된 정수 목록을 파일에 저장하기 위해 어떤 형식을 사용하는지에 대한 하위 문제를 해결해야 한다.

그림 7.7은 `DataLogger`와 `DataLoader` 클래스가 어떻게 동일한 하위 문제, 즉 직렬화된 정수를 저장하기 위한 형식을 해결하는지 보여준다. 하지만 이 문제를 해결하기 위해 단일한 코드를 작성하고 그 코드를 활용하기 보다는 각 클래스에 이 문제를 해결하기 위한 각자의 고유한 논리를 가지고 있다.

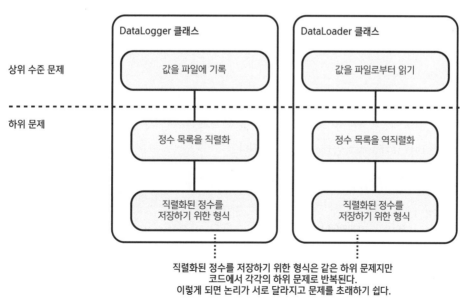

그림 7.7 직렬화된 정수를 저장하는 형식은 `DataLogger` 및 `DataLoader` 클래스 둘 다 공통적인 하위 문제다. 하지만 이 하위 문제의 해결책을 공유하기 보다는 두 클래스는 각자의 논리를 가지고 있다.

직렬화된 정수를 저장하는 형식에 대한 진실의 원천을 하나만 갖게 되면 코드가 더 견고해지고 오류의 가능성을 줄일 수 있다. 정수 목록의 직렬화와 역직렬화를 재사용이 가능한 하나의 코드 계층으로 구현하면 단 하나만의 진실의 원천을 가질 수 있다.

예제 7.27은 이에 대한 한 가지 방법을 보여주는데 serialize()와 deserialize()라는 두 가지 함수를 갖는 IntListFormat 클래스를 정의하여 이 작업을 수행한다. 직렬화된 정수를 저장하는 형식과 관련된 모든 논리는 진실의 원천이 되는 단 하나의 클래스에 구현된다. 주목해서 살펴봐야 할 또 다른 세부 사항으로는 십진법과 구분자로 사용할 쉼표를 상수로 한 번씩 지정하고 있기 때문에 클래스 내에서도 이 정보에 대한 진실의 원천이 하나만 있다는 점이다.

**예제 7.27** IntListFormat 클래스

```
class IntListFormat {
  private const String DELIMITER = ",";        구분자와 진법이 상수로 지정된다.
  private const Radix RADIX = Radix.BASE_10;

  String serialize(List<Int> values) {
    return values
        .map(value -> value.toString(RADIX))
        .join(DELIMITER);
  }

  List<Int> deserialize(String serialized) {
    return serialized
      .split(DELIMITER)
      .map(str -> Int.parse(str, RADIX));
  }
}
```

예제 7.28은 DataLogger 및 DataLoader 클래스가 IntListFormat 클래스를 사용하여 직렬화와 역직렬화를 수행할 경우 어떻게 되는지 보여준다. 정숫값 목록과 문자열 사이의 직렬화 및 역직렬화의 모든 세부 논리는 IntListFormat 클래스에서 구현된다.

**예제 7.28** DataLogger 및 DataLoader

```
class DataLogger {
  private final List<Int> loggedValues;
  private final IntListFormat intListFormat;
  ...
  saveValues(FileHandler file) {
```

```
      file.write(intListFormat.serialize(loggedValues));
  }
}

...

class DataLoader {
  private final IntListFormat intListFormat;
  ...
  List<Int> loadValues(FileHandler file) {
    return intListFormat.deserialize(file.readAsString());
  }
}
```

IntListFormat 클래스를
사용해서 하위 문제를 해결한다.

그림 7.8은 높은 수준의 문제와 하위 문제가 어떻게 코드 계층으로 분리되는지 보여준다. 그림으로부터 `IntListFormat` 클래스가 직렬화된 정수의 저장 형식에 대한 유일한 진실의 원천임을 알 수 있다. 이렇게 하면 앞서 `DataLogger` 클래스에서 사용하는 형식을 변경하지만 실수로 `DataLoader` 클래스는 변경하지 않는 것과 같은 위험은 제거된다.

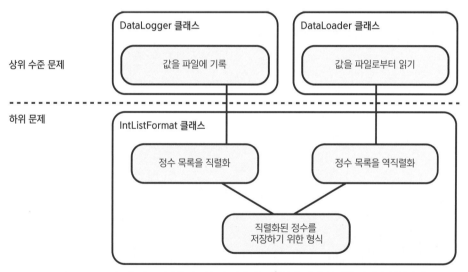

그림 7.8 **IntListFormat 클래스는 직렬화된 정수를 저장하는 형식에 대해 유일한 진실의 원천이다.**

두 개의 다른 코드가 수행하는 논리가 서로 일치해야 할 때, 그렇게 되도록 하는 것을 운에 맡겨서는 안 된다. 코드베이스의 한 부분을 작업하는 개발자는 다른 부분에 있는 코드가 내포하고 있는 가정을 인식하지 못할 수 있다. 중요한 논리에 대해 진실의 원천이 하나만 존재하도록 하면 코드가 훨씬 더 견고해진다. 이렇게 하면 서로 다른 코드들이 일치하지 않아 발생할 수 있는 버그의 위험을 거의 완전하게 제거할 수 있다.

# 요약

- 코드가 오용되기 쉽게 작성되고 나면 어느 시점에선가는 오용될 가능성이 크고 이것은 버그로 이어질 수 있다.

- 코드가 오용되는 몇 가지 일반적인 사례는 다음과 같다.

  - 호출하는 쪽에서 잘못된 입력을 제공
  - 다른 코드에서 일어나는 부수 효과
  - 함수 호출 시점이 잘못되거나 올바른 순서로 호출되지 않은 경우
  - 원래의 코드에 연관된 코드를 수정할 때 원래의 코드가 내포한 가정과 어긋나게 수정하는 경우

- 오용이 어렵거나 불가능하도록 코드를 설계하고 구조화하는 것이 종종 가능하다. 이를 통해 버그 발생 가능성이 크게 줄어들고 중장기적으로 개발자의 시간을 많이 절약할 수 있다.

# CHAPTER 8

# 코드를 모듈화하라

**이번 장에서는 다음과 같은 내용을 다룬다.**

- 모듈화된 코드의 이점
- 이상적인 코드 모듈화가 되지 않는 일반적인 방식
- 코드를 좀 더 모듈화하기 위한 방법

1장에서는 소프트웨어 수명 주기 동안 요구 사항이 어떻게 변하는지 논의했다. 배포하기도 전에 요구 사항이 바뀌는 경우가 많아서 코드를 작성하고 나서 몇 주 혹은 몇 개월 후에 이를 수정해야 하는 상황을 드물지 않게 볼 수 있다. 요구 사항이 어떻게 바뀔지 정확히 예측하는 것은 대개 시간 낭비인데, 그 이유는 정확하게 예측하는 것이 거의 불가능하기 때문이다. 하지만 보통 요구 사항이 어떤 식으로든 바뀐다는 점만은 어느 정도 확신할 수 있다.

모듈화의 주된 목적 중 하나는 코드가 향후에 어떻게 변경되거나 재구성될지 정확히 알지 못한 상태에서 변경과 재구성이 용이한 코드를 작성하는 것이다. 이를 달성하기 위한 핵심 목표는 각각의 기능(또는 요구 사항)이 코드베이스의 서로 다른 부분에서 구현되어야 한다는 것이다. 이것을 달성한 후에 요구 사항 중 하나가 변경된다면, 코드베이스에서 그 요구 사항이나 기능과 관련된 부분만 수정하면 된다.

이번 장의 내용은 주로 2장에서 논의한 간결한 추상화 계층이라는 개념을 기초로 한다. 코드를 모듈화하는 것은 종종 하위 문제에 대한 해결책의 자세한 세부 사항들이 독립적이고 서로 밀접하게 연관되지 않도록 하는 것으로 귀결된다. 이렇게 하면 적응성이 뛰어난 코드가 될 뿐만 아니라 소프트웨어 시스템에 대한 추론을 쉽게 해준다. 또한 9장, 10장, 11장에서 살펴보겠지만, 모듈화된 코드는 재사용과 테스트에 더 적합하기 때문에 코드 모듈화는 많은 이점을 가지고 있다.

# 8.1 의존성 주입의 사용을 고려하라

일반적으로 클래스는 다른 클래스에 의존한다. 2장은 어떻게 코드에서 높은 수준의 문제를 하위 문제로 나눠서 해결하는지 살펴봤다. 잘 구성된 코드에서는 이러한 하위 문제가 자신의 전용 클래스를 통해 해결되는 경우가 많다. 그러나 하위 문제에 대해 해결책이 항상 하나만 존재하는 것은 아니므로 하위 문제를 재구성할 수 있는 방식으로 코드를 작성하는 것이 유용할 수 있다. 의존성 주입dependency injection은 이를 달성하는 데 도움이 될 수 있다.

## 8.1.1 하드 코드화된 의존성은 문제가 될 수 있다

예제 8.1 코드는 자동차 여행 플래너를 구현하는 클래스를 보여준다. RoutePlanner 클래스는 RoadMap 인스턴스에 대한 의존성을 갖는다. RoadMap은 (각 지리적 지역에 하나씩) 여러 개의 다른 구현체를 갖는 인터페이스다. 그러나 이 예에서 RoutePlanner 클래스는 생성자에서 NorthAmericaRoadMap을 생성하는데, 이는 RoadMap의 특정 구현에 대한 의존성이 하드 코드로 되어 있음을 의미한다. 따라서 RoutePlanner 클래스는 북미 여행 계획에만 사용될 수 있고 그 외의 다른 지역을 여행하는 데는 전혀 쓸모가 없다.

예제 8.1 **하드 코드로 구현된 종속성**

```
class RoutePlanner {
  private final RoadMap roadMap;          ◀——— RouterPlanner는
                                                 RoadMap에 의존한다.
  RoutePlanner() {
    this.roadMap = new NorthAmericaRoadMap();   ◀——— RouterPlanner 클래스는
  }                                                   NorthAmericaRoadMap 객체를 생성한다.

  Route planRoute(LatLong startPoint, LatLong endPoint) {
    ...
  }
}
                                 ┌——— RoadMap은 인터페이스다.
interface RoadMap {         ◀————┘
  List<Road> getRoads();
  List<Junction> getJunctions();
}
```

```
class NorthAmericaRoadMap implements RoadMap {          ◄─── NorthAmericaRoadMap은
  ...                                                         RoadMap의 수 많은 구현 클래스 중 하나다.
  override List<Road> getRoads() { ... }
  override List<Junction> getJunctions() { ... }
}
```

RoadMap의 특정 구현에 의존해서 코드를 구현하면 다른 구현으로 코드를 재설정할 수 없다. 하지만 의존성을 하드 코딩할 때 발생하는 문제가 이것만 있는 것은 아니다. NorthAmericaRoadMap 클래스가 수정되어 일부 생성자 매개변수가 필요하다고 가정해보자. 예제 8.2는 변경된 NorthAmerica RoadMap 클래스를 보여주는데 생성자는 두 개의 매개변수를 받는다.

- useOnlineVersion 매개변수는 클래스가 서버에 연결하여 지도의 최신 버전을 가져올지 여부를 결정한다.
- includeSeasonalRoads 매개변수는 연중 특정 기간에만 개통되는 도로를 지도에 포함할지 여부를 결정한다.

예제 8.2 **설정 가능한 종속성**
```
class NorthAmericaRoadMap implements RoadMap {
  ...

  NorthAmericaRoadMap(
      Boolean useOnlineVersion,
      Boolean includeSeasonalRoads) { ... }

  override List<Road> getRoads() { ... }
  override List<Junction> getJunctions() { ... }
}
```

이로 인해 RoutePlanner 클래스는 이 두 개의 인수를 제공하지 않고는 NorthAmericaRoadMap 인스턴스를 생성할 수 없다. 따라서 RoutePlanner 클래스는 이제 NorthAmericaRoadMap 클래스에만 적용되는 개념(최신 지도를 얻기 위해 서버에 연결할지 여부 및 계절별 도로 포함 여부)을 처리해야 한다. 이로 인해 추상화 계층이 지저분해지고 코드의 적응성이 한층 더 제한될 수 있다. 예제 8.3은 이를 반영한 RoutePlanner 클래스를 보여준다. 이 클래스에는 지도는 온라인 버전을 사용하고 계절 도로는 포함하지 않는다는 설정이 하드 코드로 되어 있다. 이는 일종의 임의적인 결정이며 RoutePlanner 클래스가 사용될 수 있는 경우를 훨씬 더 제한한다. 인터넷 연결이 없거나 계절 도로가 필요하면 이 클래스는 전혀 쓸모가 없다.

```
class RoutePlanner {
  private const Boolean USE_ONLINE_MAP = true;         ┐ NorthAmericaRoadMap의
  private const Boolean INCLUDE_SEASONAL_ROADS = false; ┘ 생성자 인수가 하드 코드로 주어진다.

  private final RoadMap roadMap;

  RoutePlanner() {
    this.roadMap = new NorthAmericaRoadMap(
        USE_ONLINE_MAP, INCLUDE_SEASONAL_ROADS);
  }

  Route planRoute(LatLong startPoint, LatLong endPoint) {
    ...
  }
}
```

RoutePlanner 클래스는 한 가지 장점이 있다. 인스턴스 생성을 쉽게 할 수 있다. 생성자는 매개변수를 사용하지 않기 때문에 생성자를 호출할 때 설정값을 제공하는 것에 대해 걱정할 필요가 없다. 그러나 RoutePlanner 클래스는 모듈화되어 있지 않고 다용도로 사용할 수 없는 단점이 있다. 북아메리카의 도로 지도를 사용하는 것이 하드 코드화되어 있고, 항상 온라인 버전의 지도에 연결하려고 할 것이고, 계절 도로는 항상 제외될 것이다. 북미 외의 지역에 대해서 사용하려는 경우가 있을 수 있고 오프라인 상태에서도 애플리케이션이 작동하기를 원할 수 있기 때문에 이렇게 하드 코드화된 종속성은 바람직하지 않다.

## 8.1.2 해결책: 의존성 주입을 사용하라

RoutePlanner 클래스의 인스턴스를 생성할 때 다른 로드맵도 허용된다면 클래스는 훨씬 더 모듈화되고 다용도로 쓰일 수 있다. 생성자의 매개변수를 통해 로드맵을 제공함으로써 RoadMap을 **주입**inject하면 이를 달성할 수 있다. 따라서 RoutePlanner 클래스가 특정 로드맵에 대해 하드 코드화된 종속성을 가질 필요가 없으며 원하는 어떤 로드맵으로도 설정할 수 있다. 다음 예제 코드는 이렇게 변경된 RoutePlanner 클래스를 보여준다.

예제 8.4 **종속성 주입**

```
class RoutePlanner {
  private final RoadMap roadMap;

  RoutePlanner(RoadMap roadMap) {     ◀── RoadMap이
    this.roadMap = roadMap;                생성자를 통해 주입된다.
```

```
  }

  Route planRoute(LatLong startPoint, LatLong endPoint) {
    ...
  }
}
```

이제 원하는 로드맵을 사용하여 RoutePlanner의 인스턴스를 생성할 수 있다. RoutePlanner 클래스의 몇 가지 용례는 다음과 같다.

```
RoutePlanner europeRoutePlanner =
    new RoutePlanner(new EuropeRoadMap());

RoutePlanner northAmericaRoutePlanner =
    new RoutePlanner(new NorthAmericaRoadMap(true, false));
```

이렇게 로드맵을 주입하면 RoutePlanner 클래스의 생성자가 좀 더 복잡해진다는 단점이 있다. Route Planner를 생성하기 전에 RoadMap의 구현 클래스의 인스턴스를 생성해야 한다. 몇 가지 팩토리 함수를 제공하면 이 과정이 훨씬 더 쉽게 될 수 있다. 예제 8.5는 이에 대한 코드를 보여준다. create DefaultNorthAmericaRoutePlanner() 함수는 '합리적인' 기본값을 사용하여 NorthAmericaRoad Map을 생성하고 이것으로 RoutePlanner를 생성한다. 이를 통해 개발자는 필요한 작업을 신속하게 수행할 수 있고 다른 목적을 가진 개발자가 다른 로드맵으로 RoutePlanner를 사용하는 것을 막지도 않는다. 따라서 RoutePlanner 클래스는 기본값을 사용해서 생성하는 것이 이전 하위 절에서와 같이 쉬우면서도, 기본값이 아닌 다른 경우에도 적용 가능하다.

예제 8.5 **팩토리 함수**
```
class RoutePlannerFactory {
  ...

  static RoutePlanner createEuropeRoutePlanner() {
    return new RoutePlanner(new EuropeRoadMap());
  }

  static RoutePlanner createDefaultNorthAmericaRoutePlanner() {
    return new RoutePlanner(
        new NorthAmericaRoadMap(true, false));     ◀── 몇 가지 '합리적인' 기본값을 사용해서
  }                                                     NorthAmericaRoadMap 인스턴스를 생성한다.
}
```

팩토리 함수를 직접 작성하는 것의 대안으로 **의존성 주입 프레임워크**dependency injection framework를 사용할 수도 있다.

### 의존성 주입 프레임워크

의존성 주입은 클래스를 좀 더 변경할 수 있게 해주는 장점이 있지만, 생성하는 부분의 코드는 더 복잡해진다는 단점도 있다는 점을 살펴봤다. 이 단점을 해소하기 위해 팩토리 함수를 작성할 수도 있다. 하지만 팩토리 함수를 많은 클래스에 대해 만들어야 한다면 그것 또한 힘든 작업이고 반복적으로 작성하는 코드가 많아질 수 있다.

의존성 주입 프레임워크를 사용하면 의존성 주입과 관련된 많은 작업을 수동으로 하지 않아도 되기 때문에 개발 작업이 쉬워진다. 사용할 수 있는 의존성 주입 프레임워크는 다양한데, 어떤 언어를 사용하든 선택할 수 있는 프레임워크는 많이 있을 것이다. 의존성 주입 프레임워크의 수가 너무 많고, 언어에 따라 다르기 때문에 여기서는 자세히 설명하지 않을 것이다. 중요한 점은 의존성 주입 프레임워크를 사용하면 팩토리 함수의 반복적인 코드를 작성하느라 허우적대지 않고, 대신 매우 모듈화되고 다용도로 사용할 수 있는 코드를 만들 수 있다는 점이다. 현재 사용 중인 언어에서 사용할 수 있는 프레임워크를 찾아보고 유용하게 사용할 수 있는지 결정하는 것은 시도해볼 만한 가치가 있는 일이다.

주의할 점은 의존성 주입을 좋아하는 개발자라도 의존성 주입 프레임워크를 항상 사용하는 것은 아니라는 점이다. 주의해서 사용하지 않으면 파악하기 어려운 코드가 만들어질 수 있다. 왜냐하면 프레임워크의 어떤 설정이 코드의 어떤 부분에 적용되는지 알기 어렵기 때문이다. 의존성 주입 프레임워크를 사용하기로 했거나 현재 사용 중이라면 잠재적으로 발생할 수 있는 문제를 방지하기 위해 모범 사례best practice를 참고하는 것이 바람직하다.

## 8.1.3 의존성 주입을 염두에 두고 코드를 설계하라

코드를 작성할 때 의존성 주입을 사용할 수 있다는 점을 의식적으로 고려하는 것이 유용할 때가 있다. 코드를 작성하다 보면 나중에 의존성 주입을 사용하고 싶어도 사용이 거의 불가능한 코드가 짜여질 수 있기 때문에 이후에 의존성 주입을 사용할 가능성이 있다면 이런 방식으로 코드를 작성하는 것은 피해야 한다.

이에 대한 설명을 위해 RoutePlanner와 도로 지도 예제를 구현하는 다른 방법을 예제 8.6 코드를 통해 살펴보자. NorthAmericaRoadMap 클래스는 인스턴스 함수가 아닌 정적 함수를 가지고 있다. 즉, RoutePlanner 클래스는 NorthAmericaRoadMap 클래스의 인스턴스에 종속되지 않으며, 대신 정적 함수인 `NorthAmericaRoadMap.getRoads()` 및 `NorthAmericaRoadMap.getJunctions()`에 직접 의존한다. 이 코드는 우리가 이번 절의 시작 부분에서 살펴본 것과 동일한 문제점을 가지고 있는데 북미 도로 지도 외에는 RoutePlanner 클래스를 사용할 방법이 없다. 하지만 이 코드에서 문제는 훨씬 더 심각하다. 왜냐하면 의존성 주입을 사용하도록 RoutePlanner 클래스를 수정하고 싶어도 그렇게 할 수 없기 때문이다.

이전에 RoutePlanner 클래스의 생성자 함수에서 NorthAmericaRoadMap의 인스턴스를 생성하는 대신 종속성 주입을 사용하여 RoadMap 인터페이스의 구현 클래스에 인스턴스를 주입함으로써 코드를 개선할 수 있었다. 하지만 RoutePlanner 클래스는 이제 RoadMap 인스턴스에 의존하지 않기 때문에 의존성 주입을 할 수 없다. 대신 NorthAmericaRoadMap 클래스의 정적 함수에 직접 의존하고 있다.

예제 8.6 **정적 함수에 의존**

```
class RoutePlanner {

  Route planRoute(LatLong startPoint, LatLong endPoint) {
    ...
    List<Road> roads = NorthAmericaRoadMap.getRoads();        NorthAmericaRoadMap 클래스의
    List<Junction> junctions =                                정적 함수를 호출
        NorthAmericaRoadMap.getJunctions();
    ...
  }
}

class NorthAmericaRoadMap {
  ...
  static List<Road> getRoads() { ... }
                                                              정적 함수
  static List<Junction> getJunctions() { ... }
}
```

우리가 하위 문제를 해결하기 위해 코드를 작성할 때, 그것이 문제에 대한 유일한 해결책이고 모든 사람이 그 해결책을 원할 것이라고 생각하기 쉽다. 이런 경우에는 간단하게 정적 함수를 작성하면 충분한 것처럼 보일 때가 많다. 하나의 해결책만 있는 아주 근본적인 하위 문제라면 이렇게 해도 일반적으로 문제가 없다. 그러나 상위 코드 계층에서 하위 문제에 대해 설정을 달리하고자 한다면 문제가 될 수 있다.

2장에서 하위 문제에 대한 해결책이 두 가지 이상 가능한 경우 인터페이스를 정의하는 것에 대해 논의했다. 이 경우 로드맵은 하나의 하위 문제를 해결하는데, 지리적 영역이나 테스트 시나리오에 따라 다른 해결책이 필요할 때가 있을 것이라고 어렵지 않게 생각할 수 있다. 결국에는 이런 상황이 올 것으로 예상되므로 로드맵에 대한 인터페이스를 정의하고 이 인터페이스를 구현하는 `NorthAmerica RoadMap` 클래스를 만드는 것이 더 낫다. 또한, 이렇게 하는 것은 함수를 정적이지 않게 만드는 것을 의미한다. 이렇게 하면 앞에서 살펴본 코드가 되는데 예제 8.7에서 이 코드를 다시 반복해서 보여준다. 즉, `RoadMap`을 사용하는 어떤 코드라도 원한다면 의존성 주입을 사용할 수 있으며, 그 결과 코드는 적응성이 높아진다.

예제 8.7 **인스턴스를 만들 수 있는 클래스**

```
interface RoadMap {
  List<Road> getRoads();          ◀──  RoadMap은 인터페이스다.
  List<Junction> getJunctions();
}

class NorthAmericaRoadMap implements RoadMap {    ◀──  NorthAmericaRoadMap은
  ...                                                  RoadMap의 수많은 구현 클래스 중 하나다.
  override List<Road> getRoads() { ... }
  override List<Junction> getJunctions() { ... }
}
```

의존성 주입은 코드를 모듈화하고 다른 시나리오에도 적용할 수 있게 해주는 훌륭한 방법이다. 하위 문제에 대한 해결책이 여러 개 있는 경우에는 의존성 주입이 특별히 중요할 수 있다. 그렇지 않은 경우라도 의존성 주입은 여전히 유용하다. 9장에서는 의존성 주입이 어떻게 전역 상태를 피하는 데 도움이 될 수 있는지 살펴보고, 11장에서는 의존성 주입을 통해 테스트하기 쉬운 코드를 작성하는 방법에 대해 알아본다.

## 8.2 인터페이스에 의존하라

이전 절에서는 의존성 주입 사용의 이점을 설명했다. 예를 들어 의존성 주입을 사용하면 RoutePlanner 클래스를 보다 쉽게 재설정할 수 있다. 이것은 다른 모든 도로 지도 클래스가 동일한 RoadMap 인터페이스를 구현하기 때문에 가능한 것으로, 이는 RoutePlanner 클래스가 이 인터페이스에 의존한다는 것을 의미한다. 이를 통해 로드맵의 어떤 구현 클래스라도 사용할 수 있으므로 코드가 훨씬 더 모듈화되고 적응성이 높아진다.

이는 코드를 모듈화하고 적응성을 높이기 위한 보다 일반적인 기술로 이어진다. 어떤 클래스에 의존하고 있는데 그 클래스가 어떤 인터페이스를 구현하고 필요한 기능이 그 인터페이스에 모두 정의되어 있으면, 클래스에 직접 의존하기보다는 인터페이스에 의존하는 것이 일반적으로 더 바람직하다. 이전 절에서 이미 어느 정도 다룬 내용이지만 이제 좀 더 구체적으로 살펴보자.

### 8.2.1 구체적인 구현에 의존하면 적응성이 제한된다

예제 8.8은 의존성 주입을 사용하지만 로드맵 인터페이스가 아닌 북미 로드맵 클래스에 직접 의존할 경우 RoutePlanner 클래스(이전 절의 클래스)가 어떻게 되는지 보여준다.

이 코드는 의존성 주입의 이점을 여전히 가지고 있다. RoutePlanner 클래스는 NorthAmericaRoadMap 인스턴스를 생성하는 방법에 대해 어떠한 것도 알고 있을 필요가 없다. 그러나 이 코드는 의존성 주입을 사용할 때 얻을 수 있는 주된 이점 중 하나를 놓치고 있다. 즉, RoutePlanner 클래스를 RoadMap을 구현하는 다른 클래스에 대해서는 사용할 수 없다.

예제 8.8 **구체적인 클래스에 의존**

```
interface RoadMap {                        ◄─── RoadMap 인터페이스
  List<Road> getRoads();
  List<Junction> getJunctions();
}

class NorthAmericaRoadMap implements RoadMap {   ◄─── NorthAmericaRoadMap은
  ...                                                  RoadMap 인터페이스를 구현한다.
}

class RoutePlanner {
  private final NorthAmericaRoadMap roadMap;   ─┐ NorthAmericaRoadMap 클래스에
                                                │ 직접 의존한다.
  RoutePlanner(NorthAmericaRoadMap roadMap) {  ─┘
    this.roadMap = roadMap;
  }
```

```
Route planRoute(LatLong startPoint, LatLong endPoint) {
    ...
    }
}
```

우리는 이미 이전 절에서 북미 이외의 지역에 사용자가 있는 경우에 대해 살펴봤다. 따라서 북미 외의 다른 어떤 지역에서도 작동하지 않는 RoutePlanner는 이상적인 클래스가 아니다. 이 클래스가 어떤 로드맵과도 동작하는 것이 더 바람직하다.

## 8.2.2 해결책: 가능한 경우 인터페이스에 의존하라

구체적인 구현 클래스에 의존하면 인터페이스를 의존할 때보다 적응성이 제한되는 경우가 많다. 인터페이스는 하위 문제를 해결하기 위한 추상화 계층을 제공하는 것으로 생각할 수 있다. 이 인터페이스를 구체적으로 구현하는 클래스는 하위 문제를 해결하는 데 있어 추상적이지 않고 좀 더 구현 중심적인 방식으로 해결한다. 더 추상적인 인터페이스에 의존하면 대개의 경우 더 간결한 추상화 계층과 더 나은 모듈화를 달성할 수 있다.

이것은 RoutePlanner 클래스의 경우, NorthAmericaRoadMap 클래스가 아닌 RoadMap 인터페이스에 의존한다는 것을 의미한다. 이렇게 하면 예제 8.9에서 반복해서 보여주듯이 8.1.2에서 살펴본 코드로 다시 돌아간다. 이제 개발자는 원하는 로드맵은 무엇이든 사용해서 RoutePlanner의 인스턴스를 생성할 수 있다.

예제 8.9 **인터페이스에 의존**

```
class RoutePlanner {
  private final RoadMap roadMap;

  RoutePlanner(RoadMap roadMap) {      ◀──  RoadMap 인터페이스에
    this.roadMap = roadMap;                  의존한다.
  }

  Route planRoute(LatLong startPoint, LatLong endPoint) {
    ...
    }
  }
}
```

2장에서는 인터페이스의 사용에 대해 설명했으며, 특히 주어진 하위 문제를 해결할 수 있는 방법이 여러 가지 있을 때 인터페이스를 정의하면 어떻게 유용한지에 대해 살펴봤다. 이번 절에서 논의 중인

시나리오의 경우 이 조언이 해당된다. 클래스가 인터페이스를 구현하고 이 인터페이스가 필요한 동작을 정의한다면 이것은 곧 다른 개발자가 해당 인터페이스에 대해 다르게 구현한 클래스를 작성할 수 있다는 것을 강하게 시사한다. 특정 클래스보다는 인터페이스에 의존한다고 해서 더 많은 노력을 기울일 필요가 없으면서도, 코드는 상당히 모듈화되고 적응성이 높아진다.

> **NOTE** 의존성 역전 원리
>
> 보다 구체적인 구현보다는 추상화에 의존하는 것이 낫다는 생각은 **의존성 역전 원리**(dependency inversion principle)의 핵심이다.[1] 이 설계 원리에 대한 자세한 설명은 https://stackify.com/dependency-inversion-principle/에서 확인할 수 있다.

## 8.3 클래스 상속을 주의하라

대부분의 객체 지향 프로그래밍 언어의 핵심 기능 중 하나는 한 클래스가 다른 클래스를 상속할 수 있는 것이다. 이것의 대표적인 예는 그림 8.1과 같이 클래스를 이용해서 차량 계층 구조를 모델링하는 것이다. 승용차와 트럭 모두 차량의 한 종류이므로 모든 차량에 공통적인 기능을 제공하는 Vehicle 클래스를 정의한 다음, 이 Vehicle 클래스를 상속받는 Car 및 Truck 클래스를 정의할 수 있다. 또한, 특정 유형의 승용차를 나타내는 클래스는 Car 클래스를 상속할 수 있다. 이렇게 해서 **클래스 계층**class hierarchy이 형성된다.

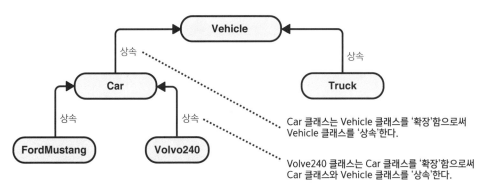

그림 8.1 **클래스는 다른 클래스를 상속할 수 있고 이렇게 해서 클래스 계층이 형성된다.**

---

1 의존성 역전 원리는 로버트 마틴(Robert C. Martin)과 관련있다. 이것은 마틴이 장려한 다섯 가지 SOLID 디자인 원칙 중 하나다 (SOLID는 마이클 페더스가 고안한 약어이며, D는 의존성 역전 원리를 나타낸다). http://staff.cs.utu.fi/~jounsmed/doos_06/material/DesignPrinciplesAndPatterns.pdf를 참조하라.

클래스 상속은 확실히 쓸모가 있고 때로는 적합한 도구이다. 두 가지 사물이 진정한 **is-a** 관계를 갖는다면(예: a car is a vehicle) 상속이 적절할 수 있다(8.3.3의 주의사항 참조). 상속은 강력한 도구지만, 몇 가지 단점이 있고 상속이 야기하는 문제가 치명적일 수 있기 때문에 한 클래스가 다른 클래스를 상속하는 코드를 작성하는 것에 대해서는 신중하게 생각해봐야 한다.

상속을 사용할 수 있는 상황에서 많은 경우 **구성**composition을 상속 대신 사용할 수 있다. 즉, 클래스를 확장하기보다는 인스턴스를 가지고 있음으로써 한 클래스를 다른 클래스로부터 구성할 수 있다. 이렇게 하면 종종 상속의 함정을 피할 수 있고 모듈화와 내구성이 향상된 코드를 작성할 수 있다. 이번 절에서는 상속이 일으킬 수 있는 몇 가지 문제점과 구성이 어떻게 더 나은 대안이 될 수 있는지 살펴본다.

## 8.3.1 클래스 상속은 문제가 될 수 있다

차량과 자동차의 예는 클래스 상속의 의미를 잘 설명하지만, 개발자들이 보통 맞닥뜨리는 함정들을 보여주기엔 너무 추상적이다. 따라서 클래스 상속을 사용하면 좋을 것처럼 보이는 좀 더 현실적인 예를 살펴보자. 쉼표로 구분된 정수를 가지고 있는 파일을 열어 정수를 하나씩 읽어 들이는 클래스를 작성해야 한다고 가정해보자. 이 문제에 대해 생각해보면 다음과 같은 하위 문제를 파악할 수 있다.

- 파일에서 데이터를 읽는다.
- 쉼표로 구분된 파일 내용을 개별 문자열로 나눈다.
- 각 문자열을 정수로 변환한다.

> **NOTE** 오류
>
> 이 예에서는 파일에 액세스할 수 없거나 잘못된 데이터를 포함하는 등의 오류가 있는 경우는 무시한다. 실제로 개발할 때는 이런 오류도 고려해야 하고 4장에서 살펴본 기법을 사용할 수 있을 것이다.

이 하위 문제 중 처음 두 가지는 예제 8.10 코드에 나와 있는 CsvFileHandler라는 클래스로 해결된 상태다. 이 클래스는 파일을 열고 쉼표로 구분된 문자열을 하나씩 읽는다. CsvFileHandler 클래스는 FileValueReader와 FileValueWriter의 두 가지 인터페이스를 구현한다. 우리가 해결하려는 문제에 대해서는 FileValueReader 인터페이스에서 정의한 기능만 있으면 된다. 이제 곧 살펴보겠지만, 클래스 상속을 통해서는 이렇게 한 인터페이스에만 의존하는 것이 허용되지 않는다.

```
interface FileValueReader {
  String? getNextValue();
  void close();
}

interface FileValueWriter {
  void writeValue(String value);
  void close();
}

/**
 * 쉼표로 구분된 값을 가지고 있는 파일을 읽거나 쓰기 위한
 * 유틸리티
 */
class CsvFileHandler
    implements FileValueReader, FileValueWriter {
  ...

  CsvFileReader(File file) { ... }

  override String? getNextValue() { ... }  ◀──┐ 파일로부터 쉼표로
                                              구분된 문자열을 하나씩 읽는다.
  override void writeValue(String value) { ... }

  override void close() { ... }
}
```

CsvFileHandler 클래스를 사용하여 상위 수준의 문제를 해결하려면 이 클래스를 우리가 작성할 코드에 통합해야 한다. 예제 8.11은 상속을 사용하여 이 작업을 수행할 경우 코드가 어떻게 되는지 보여준다. 이 코드에 대해 알고 있어야 할 사항은 다음과 같다.

* IntFileReader 클래스는 CsvFileHandler 클래스를 **확장**extend한다. 즉, IntFileReader는 CsvFileHandler의 **서브클래스**subclass 혹은 CsvFileHandler 클래스는 IntFileReader의 **슈퍼클래스**superclass라는 의미다.

* IntFileReader 생성자는 CsvFileHandler의 생성자를 호출하여 CsvFileHandler 인스턴스를 만들어야 한다. 이 작업은 super()를 호출하여 수행한다.

* IntFileReader 클래스는 슈퍼클래스인 CsvFileHandler의 함수를 마치 자신의 함수인 것처럼 액세스할 수 있으므로 IntFileReader 클래스 내에서 NextValue()를 호출하면 슈퍼클래스의 함수가 호출된다.

예제 8.11 **클래스 상속**

```
/**
 * 파일로부터 숫자를 하나씩 읽어 들이는 유틸리티
 * 파일은 쉼표로 구분된 값을 가지고 있어야 한다.
 */
class IntFileReader extends CsvFileHandler {      ◀──── 서브클래스인 IntFileReader는
  ...                                                   슈퍼클래스인 CsvFileHandler를 확장한다.

  IntFileReader(File file) {
    super(file);       ◀──── IntFileReader 생성자는
  }                           슈퍼클래스 생성자를 호출한다.

  Int? getNextInt() {
    String? nextValue = getNextValue();   ◀──── 슈퍼클래스로부터
    if (nextValue == null) {                     getNextValue() 함수를 호출한다.
      return null;
    }
    return Int.parse(nextValue, Radix.BASE_10);
  }
}
```

상속의 주요 특징 중 하나는 서브클래스가 슈퍼클래스에 의해 제공되는 모든 기능을 상속한다는 점인데, 따라서 `IntFileReader` 클래스의 인스턴스는 `close()` 함수와 같이 `CsvFileHandler`에 의해 제공된 함수 중 어느 것이라도 호출할 수 있다. `IntFileReader` 클래스의 용례는 다음과 같다.

```
IntFileReader reader = new IntFileReader(myFile);
Int? firstValue = reader.getNextInt();
reader.close();
```

`close()` 함수뿐만 아니라 `IntFileReader` 인스턴스를 통해 `getNextValue()` 및 `writeValue()`와 같은 `CsvFileHandler`의 다른 모든 함수를 호출할 수 있는데, 잠시 후에 살펴보겠지만 이것은 문제가 될 수 있다.

**상속은 추상화 계층에 방해가 될 수 있다**

한 클래스가 다른 클래스를 확장하면 슈퍼클래스의 모든 기능을 상속한다. 이 기능은 `close()` 함수의 경우처럼 유용할 때가 있지만, 원하는 것보다 더 많은 기능을 노출할 수도 있다. 이로 인해 추상화 계층이 복잡해지고 구현 세부 정보가 드러날 수 있다.

논의를 위해 `IntFileReader` 클래스가 `CsvFileHandler`로부터 상속받은 함수와 자신의 함수를 모두 명시적으로 보여주는 경우 이 클래스에 대한 API가 어떻게 되는지 살펴보자. 예제 8.12 코

드는 IntFileReader의 실질적인 API를 보여준다. IntFileReader 클래스의 사용자는 원한다면 getNextValue() 및 writeValue() 함수를 호출할 수 있음을 알 수 있다. 파일로부터 정수를 읽는 기능만 갖는다고 알려진 클래스가 이 함수들을 제공한다면 이는 매우 이상한 일이다.

예제 8.12 **IntFileReader의 퍼블릭 API**

```
class IntFileReader extends CsvFileHandler {
  ...

  Int? getNextInt() { ... }

  String? getNextValue() { ... }
  void writeValue(String value) { ... }      슈퍼클래스로부터 상속받은 함수
  void close() { ... }
}
```

클래스의 일부 기능을 외부로 개방하는 경우 적어도 그 기능을 사용하는 개발자가 있을 것이라고 예상할 수 있다. 몇 개월 혹은 몇 년 후 코드베이스 곳곳에서 getNextValue() 및 writeValue() 함수가 호출될 수 있다. 이렇게 되면 IntFileReader 클래스를 변경하기가 매우 어렵다. IntFile Reader가 CsvFileHandler를 사용한다는 사실은 구현 세부 사항이어야 하지만 상속을 통해 이 클래스의 함수들이 의도치 않게 외부에 공개된다.

### 상속은 적응성 높은 코드의 작성을 어렵게 만들 수 있다

IntFileReader 클래스를 통해 해결하려는 문제는 쉼표로 구분된 값을 가진 파일로부터 정수를 읽어 들이는 것이다. 하지만 요구 사항이 변경되어 쉼표뿐만 아니라 세미콜론으로 구분된 값도 읽을 수 있어야 한다고 가정해보자. 그런데 이미 세미콜론으로 구분된 값이 포함된 파일에서 문자열을 읽을 수 있는 클래스가 있다는 것을 알게 됐다. 예제 8.13의 코드와 같이 다른 개발자가 이미 SemicolonFileHandler 클래스를 구현해놓은 것이다. 이 클래스는 CsvFileHandler 클래스가 구현한 인터페이스와 같은 인터페이스, 즉 FileValueReader 및 FileValueWriter를 구현한다.

예제 8.13 **세미콜론으로 구분된 파일을 읽는 클래스**

```
/**
 * 세미콜론으로 구분된 값을 가지고 있는 파일을 읽거나 쓰기 위한
 * 유틸리티
 */
class SemicolonFileHandler
    implements FileValueReader, FileValueWriter {      CsvFileHandler 클래스에서와
  ...                                                  동일한 인터페이스를 구현한다.
```

```
  SemicolonFileHandler(File file) { ... }

  override String? getNextValue() { ... }

  override void writeValue(String value) { ... }

  override void close() { ... }
}
```

해결해야 하는 문제는 이전 문제와 거의 동일하지만 한 가지 작은 차이점이 있는데 그것은 CsvFileHandler 대신 SemicolonFileHandler를 사용해야 할 때가 있다는 점이다. 이렇게 살짝 바뀐 요구 사항을 반영해야 할 때 코드를 약간만 수정하면 될 것 같지만, 유감스럽게도 상속을 사용하는 경우에는 코드 변경이 간단치 않을 수 있다.

쉼표로 구분된 파일 내용을 처리하는 것에 더해서 세미콜론으로 구분된 내용도 처리해야 하기 때문에 단순히 IntFileReader가 CsvFileHandler 대신 SemicolonFileHander를 상속하도록 바꿀 수 없다. 유일한 방법은 IntFileReader 클래스의 새 버전을 작성하고 이 클래스가 SemicolonFileHandler를 상속하도록 하는 것이다. 예제 8.14는 이에 대한 코드를 보여준다. 새 클래스의 이름은 SemicolonIntFileReader이고 IntFileReader 클래스의 대부분을 그대로 가지고 있다. 이와 같은 코드 중복은 1장에서 살펴본 바와 같이 유지보수 비용과 버그 발생 가능성을 높이기 때문에 일반적으로 바람직하지 않다.

예제 8.14 **SemicolonIntFileReader 클래스**

```
/**
 * 파일로부터 정수를 하나씩 읽어 들이기 위한 유틸리티
 * 파일은 세미콜론으로 구분된 값을 가지고 있다.
 */
class SemicolonIntFileReader extends SemicolonFileHandler {
  ...

  SemicolonIntFileReader(File file) {
    super(file);
  }

  Int? getNextInt() {
    String? nextValue = getNextValue();
    if (nextValue == null) {
      return null;
    }
    return Int.parse(nextValue, Radix.BASE_10);
  }
}
```

CsvFileHandler와 SemicolonFileHandler 클래스 모두 FileValueReader 인터페이스를 구현한다는 점을 고려할 때, 이토록 많은 코드가 중복된다는 것은 당혹스러운 일이다. 이 인터페이스는 파일 형식을 모르더라도 값을 읽을 수 있는 추상화 계층을 제공한다. 하지만 상속을 사용했기 때문에 이러한 추상화 계층을 활용할 수 없게 되었다. 이런 경우 구성이 어떻게 이 문제를 해결할 수 있는지 살펴보자.

## 8.3.2 해결책: 구성을 사용하라

상속을 사용한 원래 동기는 IntFileReader 클래스를 구현하는 데 도움이 되고자 CsvFileHandler 클래스의 일부 기능을 재사용하는 것이었다. 상속은 이를 위한 한 가지 방법이지만, 앞서 살펴봤듯이 몇 가지 단점을 가지고 있다. CsvFileHandler의 기능을 재사용하는 다른 방법으로는 구성을 사용하는 것이다. 즉, 클래스를 확장하기보다는 해당 클래스의 인스턴스를 가지고 있음으로써 하나의 클래스를 다른 클래스로부터 **구성**compose한다는 것을 의미한다.

예제 8.15는 구성을 사용할 경우의 코드를 보여준다. 이 코드에 대해 다음과 같은 사항을 주목해야 한다.

- 앞에서 언급한 바와 같이 FileValueReader 인터페이스는 구현하려는 기능을 정의하고 있기 때문에 CsvFileHandler 클래스를 직접 사용하는 대신 FileValueReader 인터페이스를 사용한다. 따라서 추상화 계층이 더 간결해지고 코드는 재설정하기가 쉬워진다.

- IntFileReader 클래스는 CsvFileHandler 클래스를 확장하는 대신 FileValueReader의 인스턴스를 참조할 멤버 변수를 갖는다. 이런 의미에서 IntFileReader 클래스는 FileValueReader의 인스턴스로 이루어져 있다(이것이 구성으로 불리는 이유다).

- FileValueReader의 인스턴스는 IntFileReader 클래스의 생성자를 통해 의존성 주입으로 제공된다(이에 대해서는 8.1에서 다루었다).

- IntFileReader 클래스는 더 이상 CsvFileHandler 클래스를 확장하지 않으므로 close() 메서드를 상속하지 않는다. 대신 IntFileReader 클래스의 사용자가 파일을 닫을 수 있도록 이 클래스에 close() 함수를 추가한다. 이 함수는 FileValueReader 인스턴스의 close() 함수를 호출한다. IntFileReader.close() 함수는 파일을 닫는 명령을 FileValueReader.close() 함수로 전달하기 때문에 이를 **전달**forwarding이라고 한다.

예제 8.15 **구성을 사용하는 클래스**

```
/**
 * Utility for reading integers from a file one-by-one.
 */
class IntFileReader {
  private final FileValueReader valueReader;    ◄──  IntFileReader는 FileValueReader 인터페이스를
                                                     구현하는 클래스의 인스턴스를 갖는다.

  IntFileReader(FileValueReader valueReader) {  ◄──  FileValueReader 인터페이스의 인스턴스가
    this.valueReader = valueReader;                  의존성 주입으로 제공된다.
  }

  Int? getNextInt() {
    String? nextValue = valueReader.getNextValue();
    if (nextValue == null) {
      return null;
    }
    return Int.parse(nextValue, Radix.BASE_10);
  }

  void close() {                   ┐  close() 함수는
    valueReader.close();           │  valueReader.close()를 호출한다.
  }                                ┘
}
```

---

### 위임(delegation)

예제 8.15 코드는 IntFileReader.close() 함수가 어떻게 FileValueReader.close() 함수로 전달되는지 보여준다. 단 하나의 함수만 전달하는 경우라면 코드 작성에 문제가 없다. 하지만 많은 함수를 구성 클래스로 전달해야 하는 경우, 이 모든 것을 수작업으로 작성하는 것은 매우 지루할 것이다.

이는 잘 알려진 문제이며, 일부 언어에는 위임과 관련해 기본적으로 혹은 추가로 제공되는 기능을 통해 이 작업을 훨씬 쉽게 할 수 있도록 지원한다. 따라서 일반적으로 하나의 클래스가 구성 클래스의 함수 중 어떤 함수를 외부로 공개할지 제어할 수 있다. 다음과 같이 두 가지 언어에 대한 위임 기능의 예가 있다.

- 코틀린은 위임을 기본적으로 지원한다(https://kotlinlang.org/docs/reference/delegation.html).
- 자바에서는 롬복 프로젝트(Lombok Project)의 Delegate 애너테이션을 이용해 구성 클래스의 메서드로 위임할 수 있다(https://projectlombok.org/features/Delegate.html).

---

구성을 사용하면 코드 재사용의 이점을 얻을 수 있고 이번 절의 앞부분에서 살펴본 상속과 관련한 문제도 피할 수 있다. 그 이유를 다음 하위 절에서 설명한다.

## 더 간결한 추상화 계층

상속을 사용할 때 서브클래스는 슈퍼클래스의 모든 기능을 상속하고 외부로 제공한다. 이것은 IntFileReader 클래스가 CsvFileHandler 클래스의 기능을 외부로 노출한다는 것을 의미한다. 이 경우 이 클래스를 사용하는 쪽에서 문자열을 읽고 심지어 값을 쓸 수도 있는 매우 이상한 공개 API 가 만들어진다. 상속 대신 구성을 사용하면 IntFileReader 클래스가 전달이나 위임을 사용하여 명 시적으로 노출하지 않는 한 CsvFileHandler 클래스의 기능이 노출되지 않는다.

추상화 계층이 얼마나 간결한지 설명하기 위해 예제 8.16은 IntFileReader 클래스가 구성을 사용한 경우 API가 어떻게 되는지 보여준다. 이 클래스는 getNextInt() 및 close() 함수만 노출하며 호출 하는 쪽에서 더 이상 문자열을 읽거나 값을 쓸 수 없다.

예제 8.16 **IntFileReader의 공개 API**

```
class IntFileReader {
  ...

  Int? getNextInt() { ... }
  void close() { ... }
}
```

## 적응성이 높은 코드

앞서 살펴본 변경된 요구 사항을 다시 한번 고려해보자. 변경된 요구 사항은 쉼표만이 아니라 세미 콜론으로 구분된 값을 사용하는 파일도 지원해야 한다는 것이었다. 이제 IntFileReader 클래스 는 FileValueReader 인터페이스에 의존하며 의존성 주입을 통해 이 요구 사항을 쉽게 지원한다. IntFileReader 클래스의 인스턴스를 생성할 때 FileValueReader를 구현하는 클래스라면 어떤 것 이라도 주입할 수 있기 때문에 코드를 중복하지 않고도 CsvFileHandler나 SemicolonFileHandler 를 설정할 수 있다. 두 개의 팩토리 함수를 통해 적절한 설정으로 IntFileReader 클래스의 인스턴스 를 생성하면 이 작업도 쉽게 할 수 있다. 아래 예제 코드는 이것을 보여준다.

예제 8.17 **팩토리 함수**

```
class IntFileReaderFactory {

  IntFileReader createCsvIntReader(File file) {
    return new IntFileReader(new CsvFileHandler(file));
  }

  IntFileReader createSemicolonIntReader(File file) {
    return new IntFileReader(new SemicolonFileHandler(file));
```

```
    }
  }
```

IntFileReader 클래스는 비교적 간단하기 때문에 구성을 사용하는 것이 코드의 적응성을 높이고 중복을 피하는 면에서 큰 효과가 없는 것처럼 보일 수 있는데, 여기서 살펴본 예는 설명을 위해 의도적으로 간단하게 만든 것이다. 실제 환경에서 클래스는 이보다 훨씬 더 많은 코드와 기능을 포함하기 때문에 요구 사항의 작은 변화에도 코드가 적응하지 못한다면 이런 코드를 유지하는 비용은 상당히 커질 수밖에 없다.

### 8.3.3 진정한 is-a 관계는 어떤가?

이번 절의 시작 부분에서 두 클래스가 진정한 is-a 관계를 맺고 있다면 상속이 타당할 수 있다고 언급했다. 포드 머스탱은 승용차이기 때문에 FordMustang 클래스가 Car 클래스를 확장할 수 있다. IntFileReader 및 CsvFileHandler 클래스 예에서 두 클래스가 is-a 관계라고 보기는 어렵다. IntFileReader는 본질적으로 CsvFileHandler가 아니므로 상속보다는 구성이 더 낫다. 그러나 두 클래스가 진정으로 is-a 관계일 때조차 상속하는 것이 좋은 접근법인지에 대해서는 명확하지 않을 수 있다. 안타깝게도 이에 대한 답은 없으며 주어진 상황과 작업 중인 코드에 따라 다르다. 하지만 진정한 is-a 관계가 있다 하더라도 상속은 여전히 문제가 될 수 있다는 점을 알아야 한다. 다음과 같이 몇 가지 주의할 점이 있다.

- **취약한 베이스 클래스 문제**the fragile base class problem : 서브클래스가 슈퍼클래스(베이스 클래스라고도 함)에서 상속되고 해당 슈퍼클래스가 나중에 수정되면 서브클래스가 작동하지 않을 수도 있다. 따라서 코드를 변경할 때 그 변경이 문제없을지 판단하기가 어려운 경우가 있을 수 있다.

- **다이아몬드 문제**diamond problem : 일부 언어는 두 개 이상의 슈퍼클래스를 확장할 수 있는 **다중 상속**multiple inheritance을 지원한다.[2] 여러 슈퍼클래스가 동일한 함수의 각각 다른 버전을 제공하는 경우 문제가 발생할 수 있는데, 어떤 슈퍼클래스로부터 해당 함수를 상속해야 하는지 모호하기 때문이다.

- **문제가 있는 계층 구조**problematic hierarchy : 많은 언어가 다중 상속을 지원하지 않으므로 클래스는 오직 하나의 클래스만 직접 확장할 수 있다. 이를 **단일 상속**single inheritance이라고 하며 다른 유형의 문제가 발생할 수 있다. Car라는 클래스가 있고 어떠한 종류의 승용차라도 이 클래스를 상속해야 한다고 가정해보자. 이에 더해 Aircraft라는 클래스가 있고 어떤 종류의 항공기라

---

2    [옮긴이] 다중 상속을 지원하는 언어로는 C++가 있고 지원하지 않는 언어로는 자바가 있다.

도 이 Aircraft 클래스를 상속해야 한다고 가정해보자. 그림 8.2는 이에 대한 클래스 계층 구조를 보여준다. 이제 누군가가 하늘을 나는 자동차를 발명했다고 상상해보자. 어떻게 해야 할까? FlyingCar 클래스는 Car 클래스와 Aircraft 클래스를 모두 확장할 수 있지만 둘 다 할 수는 없기 때문에 이 클래스를 그림 8.2와 같은 클래스 계층 구조에 포함할 수 있는 합리적인 방법이 없다.

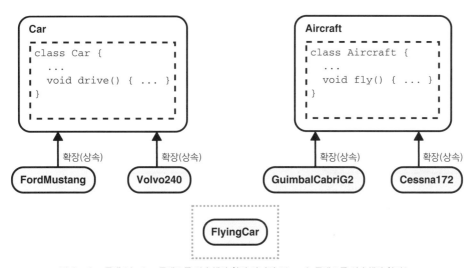

FlyingCar 클래스는 Car 클래스를 상속해야 할까 아니면 Aircraft 클래스를 상속해야 할까?

그림 8.2 **많은 언어에서 단일 상속만 지원된다. 단일 상속만 가능한 경우 클래스가 논리적으로 둘 이상의 클래스에 속할 때 문제가 발생할 수 있다.**

때로는 계층 구조를 피할 수 없는 경우도 있다. 클래스 상속에 숨어 있는 많은 함정을 피하면서 계층 구조를 달성하기 위해 다음과 같은 것을 할 수 있다.

• 인터페이스를 사용하여 계층 구조를 정의한다.
• 구성을 사용하여 코드를 재사용한다.

그림 8.3은 자동차와 항공기가 인터페이스인 경우 자동차와 항공기의 계층 구조를 보여준다. 모든 차량 간에 공통적인 코드를 재사용하기 위해 각 차량 클래스는 DrivingAction의 인스턴스를 멤버로 갖는다. 마찬가지로 항공기 클래스는 FlyingAction의 인스턴스를 멤버로 갖는다.

클래스 상속에는 경계해야 할 함정이 많다. 많은 개발자들이 할 수 있는 한 상속을 피하고자 한다. 다행히도 구성과 인터페이스를 사용하면 상속의 단점은 피하면서 이점은 많이 얻을 수 있다.

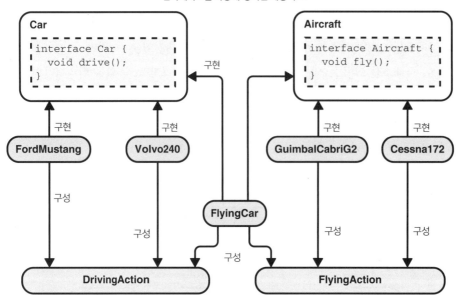

인터페이스를 사용해 정의된 계층 구조

구성을 사용해 구현을 재사용할 수 있다.

그림 8.3 계층 구조는 인터페이스를 사용하여 정의하는 반면, 코드 재사용은 구성을 통해 달성할 수 있다.

## 믹스인과 트레이트

믹스인(Mixin)과 트레이트(trait)는 일부 언어에서 지원되는 기능이다. 이를 통해 기존 클래스를 상속하지 않고도 해당 클래스의 기능 일부를 사용하고 공유할 수 있다. 믹스인과 트레이트의 정확한 정의와 둘 사이의 구별은 언어마다 다르고 이들을 어떻게 구현하는지도 언어마다 많이 다를 수 있다.

믹스인과 트레이트는 다중 상속 및 문제 있는 클래스의 계층 구조로 인해 유발되는 문제점 중 일부를 해결하는데 도움이 된다. 하지만 클래스 상속과 비슷하게, 믹스인과 트레이트를 사용한 코드는 여전히 간결한 추상화 계층을 갖지 못하거나 적응성이 낮아질 수 있다. 따라서 믹스인과 트레이트를 사용할 때 주의를 기울이는 것이 바람직하다. 믹스인 및 트레이트를 지원하는 언어의 예는 다음과 같다.

- **믹스인**: 다트(Dart) 프로그래밍 언어는 믹스인을 지원하며 믹스인을 사용하는 방법에 대한 실제 사례도 제공한다(http://mng.bz/9NPq). 타입스크립트에서도 믹스인 사용이 비교적 흔하다(http://mng.bz/jBl8).
- **트레이트**: 러스트(Rust) 프로그래밍 언어는 트레이트를 지원한다(http://mng.bz/Wryl). 또한, 자바 및 C# 최신 버전에 포함된 인터페이스 디폴트 메서드는 해당 언어에서 트레이트를 구현할 수 있는 한 가지 방법이다.

## 8.4 클래스는 자신의 기능에만 집중해야 한다

이번 장을 시작할 때 설명한 바와 같이 모듈화의 핵심 목표 중 하나는 요구 사항이 변경되면 그 변경과 직접 관련된 코드만 수정한다는 것이다. 단일 개념이 단일 클래스 내에 완전히 포함된 경우라면 이 목표는 달성할 수 있다. 어떤 개념과 관련된 요구 사항이 변경되면 그 개념에 해당하는 단 하나의 클래스만 수정하면 된다.

이것과 반대되는 상황은 하나의 개념이 여러 클래스에 분산되는 경우다. 해당 개념과 관련된 요구 사항을 변경하려면 관련된 클래스를 모두 수정해야 한다. 이때 개발자가 관련 클래스 중 하나를 잊어버리고 수정하지 않으면 버그가 발생할 수 있다. 클래스가 다른 클래스의 세부 사항에 지나치게 연관되어 있을 때 이런 일이 흔히 일어날 수 있다.

### 8.4.1 다른 클래스와 지나치게 연관되어 있으면 문제가 될 수 있다

예제 8.18 코드에는 두 개의 개별 클래스에 대한 코드의 일부가 나와 있다. 첫 번째 클래스는 책을 나타내고 두 번째 클래스는 책의 한 장을 나타낸다. Book 클래스는 책 안에 있는 단어 수를 세기 위한 wordCount() 함수를 갖는다. 이 함수는 각 장의 단어들을 세고 이것을 합산한다. Book 클래스에는 장의 단어 수를 세는 getChapterWordCount() 함수가 포함되어 있다. 이 함수는 Book 클래스에 속해 있지만 Chapter 클래스에만 관련된 사항을 다룬다. 이것은 Chapter 클래스에 대한 많은 세부 사항이 Book 클래스에 하드 코딩된다는 것을 의미한다. 예를 들어 Book 클래스는 장이 서두와 절만 갖는다고 가정하고 있다.

예제 8.18 **Book 및 Chapter 클래스**

```
class Book {
  private final List<Chapter> chapters;
  ...

  Int wordCount() {
    return chapters
        .map(getChapterWordCount)
        .sum();
  }

  private static Int getChapterWordCount(Chapter chapter) {
    return chapter.getPrelude().wordCount() +
        chapter.getSections()
            .map(section -> section.wordCount())
            .sum();
  }
}
```

이 함수는 Chapter 클래스에 대한 것만 다룬다.

```
class Chapter {
  ...

  TextBlock getPrelude() { ... }

  List<TextBlock> getSections() { ... }
}
```

getChapterWordCount() 함수를 Book 클래스에 두면 코드가 모듈화되지 않는다. 요구 사항이 변경되어 장chapter의 끝에 요약을 포함해야 한다면, getChapterWordCount() 기능도 수정해서 요약에 있는 단어들도 셀 수 있도록 해야 한다. 이는 장에만 관련된 요구 사항의 변경이 Chapter 클래스뿐만 아니라 Book 클래스에도 영향을 미친다는 것을 의미한다. 개발자가 요약에 대한 변경 사항을 Chapter 클래스에만 반영하고 Book.getChapterWordCount() 함수는 잊어버린다면, 이 함수는 올바르게 작동하지 않을 것이다.

## 8.4.2 해결책: 자신의 기능에만 충실한 클래스를 만들라

코드 모듈화를 유지하고 한 가지 사항에 대한 변경 사항이 코드의 한 부분만 영향을 미치도록 하기 위해, Book과 Chapter 클래스는 가능한 한 자신의 기능에만 충실하도록 해야 한다. 물론 책은 장을 포함하기 때문에 Book 클래스는 Chapter 클래스에 대한 지식을 필요로 한다. 그러나 getChapterWordCount() 함수 내의 논리를 Chapter 클래스로 옮기면 이들 클래스가 서로의 세부 사항에 대해 다루는 것을 최소화할 수 있다.

예제 8.19는 이렇게 하는 경우의 코드를 보여준다. 이제 Chapter 클래스에는 wordCount()라는 멤버 함수가 있으며 Book 클래스는 이 함수를 사용한다. Book 클래스는 Chapter 클래스의 세부 사항을 다룰 필요가 없고 자기 자신만 신경 쓰면 된다. 장 끝에 요약이 있어야 하는 것으로 요구 사항이 변경된 경우 Chapter 클래스만 수정하면 된다.

예제 8.19 **향상된 Book 및 Chapter 클래스**

```
class Book {
  private final List<Chapter> chapters;
  ...

  Int wordCount() {
    return chapters
        .map(chapter -> chapter.wordCount())
        .sum();
  }
}
```

```
class Chapter {
  ...

  TextBlock getPrelude() { ... }

  List<TextBlock> getSections() { ... }

  Int wordCount() {
    return getPrelude().wordCount() +
        getSections()
            .map(section -> section.wordCount())
            .sum();
  }
}
```

장에 있는 단어의 수를 세는 논리가
Chapter 클래스에 있다.

---

### 디미터의 법칙

디미터의 법칙(The Law of Demeter, LoD)[a]은 한 객체가 다른 객체의 내용이나 구조에 대해 가능한 한 최대한으로 가정하지 않아야 한다는 소프트웨어 공학의 원칙이다. 이 원칙은 특히 한 객체는 직접 관련된 객체와만 상호작용 해야 한다고 주장한다.

이번 절에서 사용한 예의 맥락에서 보자면 디미터의 법칙에 의하면 Book 클래스는 Chapter 클래스 인스턴스와 만 상호작용해야 하고 그 외의 어떤 객체와도, 예를 들어 서두와 절을 나타내는 TextBlock과는 상호작용하지 않 아야 한다. 예제 8.18의 원래 코드에 있는 Chapter.getPreude().wordCount()와 같은 라인은 명백하게 이 점 을 위반하고 있기 때문에 이 경우 디미터의 법칙을 사용한다면 원본 코드의 문제를 발견할 수 있을 것이다.

소프트웨어 엔지니어링 원칙과 함께 소프트웨어 엔지니어링의 이면에 있는 추론과 여러 상황에서 발생할 수 있는 장단점을 모두 고려하는 것이 중요하다. 디미터의 법칙도 다르지 않은데, 이 법칙에 대해 더 알고 싶다면 이 법칙 에 대한 여러 다른 주장들을 읽고 자신만의 의견을 갖되 근거에 기반해서 그렇게 하기를 권한다. 이를 위해 다음 의 글이 유용할 것이다.

- 이 원칙을 더 자세히 설명하고 몇 가지 이점을 설명하는 글: http://mng.bz/8WP5
- 몇 가지 단점을 제시하는 글: http://mng.bz/EVPX

---

a 디미터의 법칙은 1980년대에 이안 홀랜드(Ian Holland)에 의해 제안되었다.

---

코드 모듈화를 위한 핵심 목적 중 하나는 요구 사항의 변경이 필요하면 해당 요구 사항과 직접 관련 된 코드만 변경하고자 하는 것이다. 클래스는 서로에 대한 어느 정도의 지식을 필요로 할 때도 있지 만, 가능한 한 이것을 최소화하는 것이 좋을 때가 많다. 이를 통해 코드 모듈화를 유지할 수 있으며 적응성과 유지관리성을 크게 개선할 수 있다.

## 8.5 관련 있는 데이터는 함께 캡슐화하라

클래스를 통해 여러 가지를 함께 묶을 수 있다. 2장에서는 너무 많은 것들이 한 클래스 안에 있을 때 야기될 수 있는 문제점을 조심해야 한다는 것을 살펴봤다. 너무 많은 것들을 한 클래스에 두지 않도록 주의해야 하지만 한 클래스 안에 함께 두는 것이 합리적일 때는 그렇게 하는 것의 이점을 놓쳐서도 안 된다.

서로 다른 데이터가 서로 밀접하게 연관되어 있어 그것들이 항상 함께 움직여야 할 때가 있다. 이 경우에는 클래스(또는 유사한 구조)로 그룹화하는 것이 합리적이다. 이렇게 하면 코드는 여러 항목의 세부 사항을 다루는 대신, 그 항목들이 묶여 있는 단일한 클래스가 제공하는 상위 수준의 개념을 다룰 수 있다. 이를 통해 코드는 더욱 모듈화하고 변경된 요구 사항을 해당 클래스에서만 처리할 수 있다.

### 8.5.1 캡슐화되지 않은 데이터는 취급하기 어려울 수 있다

예제 8.20의 코드를 살펴보자. TextBox 클래스는 사용자 인터페이스 내의 한 요소를 나타내고 renderText() 함수는 이 요소 내의 텍스트를 표시한다. renderText() 함수에는 텍스트의 스타일과 관련된 네 가지 매개변수가 있다.

예제 8.20 **텍스트를 렌더링하기 위한 클래스 및 함수**

```
class TextBox {
  ...

  void renderText(
      String text,
      Font font,
      Double fontSize,
      Double lineHeight,
      Color textColor) {
    ...
  }
}
```

TextBox 클래스는 상대적으로 하위 수준의 코드일 가능성이 크기 때문에 renderText() 함수는 그보다 상위 수준의 다른 함수에 의해 호출되고, 그 함수는 또다시 더 높은 층위의 다른 함수에 의해 호출될 것이다. 이때 텍스트 스타일링과 관련된 값이 함수가 호출될 때마다 한 함수에서 다음 함수로 넘겨져야 한다. 예제 8.21은 이 상황을 간략하게 보여주는 코드다. 이 코드에서 UiSettings 클래스는 텍스트 스타일링 값을 가지고 있다. UserInterface.displayMessage() 함수는 uiSettings에서 값을 읽어서 renderText() 함수로 전달한다.

displayMessage() 함수는 실제로 텍스트의 스타일에 대해 신경 쓰지 않는다. 중요한 것은 UiSettings이 스타일에 대한 정보를 제공한다는 사실이며 renderText()가 이러한 스타일을 필요로 한다는 점이다. 그러나 텍스트 스타일링 옵션이 함께 캡슐화되지 않기 때문에 displayMessage() 함수는 텍스트 스타일링의 세부 사항에 대해 자세히 알아야 한다.

예제 8.21 **UiSettings 및 UserInterface 클래스**

```
class UiSettings {
  ...

  Font getFont() { ... }
  Double getFontSize() { ... }
  Double getLineHeight() { ... }
  Color getTextColor() { ... }
}


class UserInterface {
  private final TextBox messageBox;
  private final UiSettings uiSettings;

  void displayMessage(String message) {
    messageBox.renderText(
        message,
        uiSettings.getFont(),          displayMessage() 함수는
        uiSettings.getFontSize(),      텍스트 스타일에 대한
        uiSettings.getLineHeight(),    세부적인 내용을 가지고 있다.
        uiSettings.getTextColor());
  }
}
```

이 예제 코드에서 displayMessage() 함수는 UiSettings 클래스의 일부 정보를 renderText() 함수로 전달하는 택배기사와 약간 비슷하다. 실제 생활에서 택배기사는 종종 소포 안에 무엇이 들어 있는지 정확히 신경 쓰지 않을 것이다. 만약 여러분이 친구에게 초콜릿 상자를 보낸다면, 배달원은 여러분이 캐러멜 트러플을 보내는지 프랄린을 보내는지 알 필요가 없다. 그러나 이 코드에서 display Message() 클래스는 전달하는 내용을 정확히 알고 있어야 한다.

요구 사항이 변경되고 renderText() 함수에 글꼴 스타일(예: 기울임꼴)을 정의해야 하는 경우 이 새로운 정보를 전달하기 위해 displayMessage() 함수도 수정해야 한다. 앞에서 살펴봤듯이 모듈화의 목적 중 하나는 요구 사항의 변경이 있을 때 해당 요구 사항과 직접 관련 있는 코드만 수정하고자 하는 것이다. 예제 코드에서 UiSettings 및 TextBox 클래스만 실제로 텍스트 스타일을 처리하기 때문에

displayMessage() 함수까지 수정해야 하는 것은 바람직하지 않다.

## 8.5.2 해결책: 관련된 데이터는 객체 또는 클래스로 그룹화하라

지금 살펴보고 있는 예제에서 글꼴, 글꼴 크기, 줄 높이 및 텍스트 색상은 본질적으로 서로 연결되어 있다. 텍스트를 스타일링하는 방법을 알려면 스타일에 대한 모든 사항을 다 알아야 한다. 이렇게 연결되어 있기 때문에 이들을 하나의 객체로 캡슐화해서 전달하는 것이 타당하다. 다음 예제 코드는 TextOptions라는 클래스를 보여주는데 스타일 데이터를 가지고 있다.

예제 8.22 **TextOptions 캡슐화 클래스**

```
class TextOptions {
  private final Font font;
  private final Double fontSize;
  private final Double lineHeight;
  private final Color textColor;

  TextOptions(Font font, Double fontSize,
      Double lineHeight, Color textColor) {
    this.font = font;
    this.fontSize = fontSize;
    this.lineHeight = lineHeight;
    this.textColor = textColor;
  }

  Font getFont() { return font; }
  Double getFontSize() { return fontSize; }
  Double getLineHeight() { return lineHeight; }
  Color getTextColor() { return textColor; }
}
```

### 데이터 객체의 대안

TextOptions 클래스와 같이 데이터를 캡슐화하는 것은 데이터 객체에 대한 또 다른 용례가 될 수 있으며, 데이터 객체에 대해서는 이미 7.3.3에서 논의했다.

이전 장에서 언급했듯이 객체 지향 프로그래밍에 대해 보다 전통적인 관점을 지지하는 사람들은 데이터 전용 객체를 바람직하지 않은 관행으로 간주한다. 또 다른 접근법으로서 스타일링 정보와 텍스트 스타일을 구현하는 논리를 같은 클래스에 두는 것도 주목해볼 만하다. 이렇게 하면 데이터와 논리가 함께 들어 있는 TextStyler 클래스를 만들고, 이 클래스의 객체를 전달하게 될 것이다. 그러나 관련 데이터를 함께 캡슐화한다는 점은 여전히 적용된다.

이제 TextOptions 클래스를 사용하여 텍스트 스타일 정보를 함께 캡슐화해서 TextOptions 인스턴스를 전달할 수 있다. 예제 8.23은 이전 하위 절의 코드가 TextOptions 클래스를 사용하도록 변경된 코드를 보여준다. displayMessage() 함수는 텍스트 유형의 세부 사항을 가지고 있지 않기 때문에 글꼴 스타일을 추가해야 하는 경우에 displayMessage() 함수를 변경할 필요가 없다. 이렇게 변경된 함수는 마치 박스 안에 뭐가 들어 있는지는 신경 쓰지 않고 부지런히 소포를 배달만 하는 택배 기사와 같다.

예제 8.23 **캡슐화된 객체를 전달**

```
class UiSettings {
  ...

  TextOptions getTextStyle() { ... }
}

class UserInterface {
  private final TextBox messageBox;
  private final UiSettings uiSettings;

  void displayMessage(String message) {
    messageBox.renderText(
        message, uiSettings.getTextStyle());    ◄──  displayMessage() 함수는 텍스트 스타일의
  }                                                   세부 사항이 없다.
}

class TextBox {
  ...

  void renderText(String text, TextOptions textStyle) {
    ...
  }
}
```

언제 캡슐화를 해야 하는지에 대해서는 생각을 좀 해봐야 한다. 2장에서 한 클래스에 너무 많은 개념이 있으면 문제가 될 수 있음을 살펴봤기 때문에 캡슐화를 하는 데 있어 다소 주의해야 한다. 하지만 여러 데이터가 따로 떨어져서는 별 의미가 없을 정도로 서로 밀접하게 연관되어 있거나, 캡슐화된 데이터 중에서 일부만 원하는 경우가 아니라면 캡슐화하는 것이 합리적이다.

# 8.6 반환 유형에 구현 세부 정보가 유출되지 않도록 주의하라

2장은 간결한 추상화 계층을 만드는 것의 중요성에 대해 살펴봤다. 간결한 추상화 계층을 가지려면 각 계층의 구현 세부 정보가 유출되지 않아야 한다. 구현 세부 정보가 유출되면 코드의 하위 계층에 대한 정보가 노출될 수 있으며, 향후 수정이나 재설정이 매우 어려워질 수 있다. 코드에서 구현 세부 정보를 유출하는 일반적인 형태 중 하나는 해당 세부 정보와 밀접하게 연결된 유형을 반환하는 것이다.

## 8.6.1 반환 형식에 구현 세부 사항이 유출될 경우 문제가 될 수 있다

예제 8.24는 특정 사용자의 프로필 사진을 조회하기 위한 코드이다. ProfilePictureService의 구현은 서버에서 프로필 사진 데이터를 가져오는 HttpFetcher를 사용해 이루어진다. HttpFetcher가 사용된다는 사실은 구현 세부 사항이기 때문에 ProfilePictureService 클래스를 사용하는 개발자는 HttpFetcher가 사용된다는 사실을 알 필요가 없다.

ProfilePictureService 클래스는 HttpFetcher가 사용된다는 사실을 직접적으로 유출하지는 않지만, 반환 유형을 통해 간접적으로 유출한다. getProfilePicture() 함수는 ProfilePictureResult의 인스턴스를 반환한다. ProfilePictureResult 클래스를 보면 요청이 성공했는지를 나타내는 HttpResponse.Status와 프로필 사진의 이미지 데이터를 보관하는 HttpResponse.Payload를 사용한다는 것을 알 수 있다. 이 두 가지 모두 ProfilePictureService가 HTTP 연결을 사용하여 프로필 사진을 가져온다는 사실을 유출한다.

예제 8.24 **구현 세부 정보를 반환 형식으로 나열**

```
class ProfilePictureService {
  private final HttpFetcher httpFetcher;          ◀──── ProfilePictgureService는
  ...                                                    HttpFetcher를 사용해 구현된다.


  ProfilePictureResult getProfilePicture(Int64 userId) { ... }   ◀──── ProfilePictureResult의
}                                                                       인스턴스를 반환한다.

class ProfilePictureResult {
  ...

  /**
   * 프로필 사진에 대한 요청이 성공인지 여부를 나타낸다.
   */
```

```
  HttpResponse.Status getStatus() { ... }

  /**
   * 프로필 사진이 발견된 경우 그 사진의 이미지 데이터
   */
  HttpResponse.Payload? getImageData() { ... }
}
```

HTTP 응답과 연관된
데이터 유형

2장에서는 구현 세부 사항이 누설되지 않는 것이 중요하다는 점을 강조했다. 따라서 이러한 관점에서 보자면 이 코드는 바람직하지 않다는 것을 즉시 알 수 있다. 하지만 어떻게 이 코드가 정말로 유해할 수 있는지 알아보기 위해 다음과 같은 몇 가지 결과를 자세히 살펴보자.

- 다른 개발자가 `ProfilePictureService` 클래스를 사용하려면 `HttpResponse`와 관련된 여러 개념을 처리해야 한다. 프로필 사진 요청의 성공 여부와 실패한 이유를 이해하려면 `HttpResponse.Status` 열거 값을 확인해야 한다. 이를 위해서는 HTTP 상태 코드에 대한 지식이 있어야 하고 서버가 실제로 어떤 HTTP 상태 코드를 사용하는지도 알아야 한다. 성공을 뜻하는 `STATUST_200`과 리소스 찾을 수 없음을 뜻하는 `STATUST_404`를 확인해야겠다고 개발자가 추측할지도 모른다. 히지만 가끔 시용되는 50개 이상의 다른 HTTP 상태 코드는 어떻게 해야 할까?

- `ProfilePictureService`의 구현을 변경하는 것은 매우 어렵다. `ProfilePictureService.getProfilePicture()`를 호출하는 모든 코드는 이 함수의 반환 값을 처리하기 위해 `HttpResponse.Status` 및 `HttpResponse.Payload`를 다뤄야 한다. 따라서 `ProfilePictureService` 클래스를 사용해 작성된 코드 계층은 이 클래스의 `getProfilePicture()` 함수가 `HttpResponse`에 특정된 유형을 반환한다는 사실에 의존한다. 요구 사항이 변경되어 프로필 사진을 가져올 때 HTTP가 아니라, 예를 들어 웹소켓WebSocket 연결을 사용해야 한다고 상상해보자. 너무 많은 코드가 `HttpResponse`와 관련된 유형을 사용하고 있기 때문에 이와 같이 변경된 요구 사항을 지원하려면 변경해야 할 코드가 너무 많아진다.

`ProfilePictureService`에서 이와 같은 구현 세부 정보를 외부로 유출하지 않는 것이 바람직하다. 이 클래스를 통해 제공하려는 추상화 계층에 적합한 유형을 반환하는 것이 더 나은 방법이다.

## 8.6.2 해결책: 추상화 계층에 적합한 유형을 반환하라

`ProfilePictureService` 클래스가 해결하는 문제는 사용자의 프로필 사진을 가져오는 것이다. 따라서 이 클래스를 통해 제공하고자 하는 이상적인 추상화 계층과 모든 반환 형식은 이 점을 반영해야 한다. 이 클래스를 사용하는 다른 개발자에게 노출되는 개념이 최소가 되도록 노력해야 한다. 이 예

에서 노출해야 할 최소한의 개념은 다음과 같다.

- 요청이 성공하거나 다음 이유 중 하나로 인해 실패할 수 있다.
  - 사용자가 존재하지 않는다.
  - 서버에 연결할 수 없는 등의 일시적인 오류가 발생했다.
- 프로필 사진을 나타내는 데이터의 바이트 값

외부로 노출할 개념을 위에서와 같이 최소로 할 경우 ProfilePictureService 및 ProfilePicture
Result 클래스가 어떻게 구현되는지 예제 8.25에 나와 있다. 중요한 변경 사항은 다음과 같다.

- HttpResponse.Status 열거형을 사용하는 대신 사용자 지정 열거형을 통해 이 클래스를 사용하
  는 개발자가 실제로 신경 써야 할 상태만 정의한다.
- HttpResponse.Payload를 반환하는 대신, 바이트 리스트를 반환한다.

예제 8.25 **반환 유형이 추상화 계층과 일치**

```
class ProfilePictureService {
  private final HttpFetcher httpFetcher;
  ...

  ProfilePictureResult getProfilePicture(Int64 userId) { ... }
}

class ProfilePictureResult {
  ...

  enum Status {
    SUCCESS,
    USER_DOES_NOT_EXIST,          필요한 상태만 정의하는
    OTHER_ERROR,                  사용자 지정 열거형
  }

  /**
   * 프로필 사진에 대한 요청이 성공인지 여부를 나타낸다.
   */
  Status getStatus() { ... }  ◀─  사용자 지정 열거형을
                                   반환한다.

  /**
   * 프로필 사진이 발견된 경우 그 사진의 이미지 데이터
   */
  List<Byte>? getImageData() { ... }  ◀─  바이트의 리스트를
}                                        반환한다.
```

6장에서 언급했듯이 열거형(enum)에 대해서 개발자 사이에 어느 정도의 의견 차이가 있다. 열거형의 사용을 선호하는 개발자도 있고, 다형성(polymorphism)을 더 나은 접근법으로 여기는 개발자도 있다.

열거형에 대한 독자 여러분의 의견이 무엇이든 관계없이 여기에서 핵심 포인트는 열거형이건 클래스건 추상화 계층에 적합한 형식을 사용해야 한다는 점이다.

일반적으로 코드를 재사용하는 것이 바람직하기 때문에 언뜻 생각하면 `ProfilePictureResult` 클래스에서 `HttpResponse.Status`와 `HttpResponse.Payload`를 재사용하는 것이 좋은 방법인 것처럼 보일 수 있다. 하지만 좀 더 생각해보면 이러한 유형은 우리가 제공하는 추상화 계층에 적합하지 않다는 것을 알 수 있다. 따라서 외부로 노출할 개념을 최소화하는 유형을 새로 정의해 사용하면 좀 더 모듈화된 코드와 간결한 추상화 계층을 얻을 수 있다.

# 8.7 예외 처리 시 구현 세부 사항이 유출되지 않도록 주의하라

이전 절에서는 반환 유형을 통해 구현 세부 사항이 유출되면 어떻게 문제가 될 수 있는지 살펴봤다. 반환 유형은 코드 계약에서 명백한 부분이기 때문에 문제가 있는 경우 일반적으로 쉽게 발견할 수 있으며 피하기도 쉽다. 구현 세부 정보가 유출될 수 있는 또 다른 일반적인 경우는 예외를 발생할 때다. 특히 4장에서는 비검사 예외가 어떻게 코드 계약의 세부 조항에 있는지, 심지어 코드 계약이 전혀 없을 때도 있다는 것을 살펴봤다. 호출하는 쪽에서 복구하고자 하는 오류에 대해 비검사 예외를 사용하는 경우 예외 처리 시 구현 세부 정보를 유출하는 것은 특히 문제가 될 수 있다.

## 8.7.1 예외 처리 시 구현 세부 사항이 유출되면 문제가 될 수 있다

비검사 예외의 핵심 기능 중 하나는 예외가 발생하는 위치나 시기, 코드가 어디에서 그 예외를 처리하는지 등에 대해 그 어떠한 것도 컴파일러에 의해 강제되지 않는다는 것이다. 비검사 예외에 대한 지식은 코드 계약의 세부 조항을 통해 전달되지만 개발자가 문서화하는 것을 잊어버리면 코드 계약을 통해 전혀 전달되지 않는다.

예제 8.26은 두 개의 인접한 추상화 계층에 대한 코드를 보여준다. `TextImportanceScorer` 인터페이스는 하위 계층이고 `TextSummarizer` 클래스는 상위 계층이다. 이 코드에서 `ModelBasedScorer`는 `TextImportanceScorer` 인터페이스를 구현하는 구체적인 클래스지만 `ModelBasedScorer.isImportant()`는 `PredictionModelException`이라는 비검사 예외를 발생시킨다.

예제 8.26 **구현 세부 사항을 유출하는 예외**

```
class TextSummarizer {
  private final TextImportanceScorer importanceScorer;          ◄─── TextImportanceScorer
  ...                                                                인터페이스에 의존한다.

  String summarizeText(String text) {
    return paragraphFinder.find(text)
        .filter(paragraph =>
            importanceScorer.isImportant(paragraph))
        .join("\n\n");
  }
}

interface TextImportanceScorer {
  Boolean isImportant(String text);
}

class ModelBasedScorer implements TextImportanceScorer {       ◄─── TextImportanceScorer
  ...                                                                인터페이스의 구현
  /**
   * @throws PredictionModelException 예측 모델을 실행하는 동안     ┐ 발생 가능한
   * 에러가 발생하는 경우                                          ┘ 비검사 예외
   */
  override Boolean isImportant(String text) {
    return model.predict(text) >= MODEL_THRESHOLD;
  }
}
```

TextSummarizer 클래스를 사용하는 개발자는 PredictionModelException으로 인해 코드가 작동하지 않는다는 것을 조만간 알게 되고, 이 오류를 매끄럽게 처리하고 정상적으로 동작하기를 원할 것이다. 그렇게 하기 위해서 예제 8.27과 같은 코드를 작성해야 한다. 이 코드는 PredictionModel Exception을 탐지하고 사용자에게 오류 메시지를 표시한다. 예외를 처리하는 코드를 작성하는 과정에서 개발자는 TextSummarizer 클래스에서 모델 기반 예측을 사용한다는 사실을 알게 되는데, 이것은 구현 세부 사항이다.

이와 같은 경우는 추상화 계층 개념을 위반할 뿐만 아니라 신뢰할 수 없고 오류를 일으키기 쉽다. TextSummarizer 클래스는 TextImportanceScorer 인터페이스에 의존하므로 이 인터페이스를 구현하는 어떤 클래스로도 설정할 수 있다. ModelBasedScorer는 이러한 구현 클래스 중 하나일 뿐이지 유일한 클래스는 아니다. TextSummarizer는 TextImportanceScorer를 구현하는 다른 클래스로 설정할 수 있고, 그 클래스는 완전히 다른 유형의 예외를 발생시킬 수도 있다. 이렇게 되면 예외 처리문

이 예외를 제대로 처리하지 못하고 프로그램이 멈추거나 코드의 좀 더 높은 층위에서 도움이 별로 되지 않는 오류 메시지를 사용자에게 보여줄 수도 있다.

예제 8.27 **특정 구현에 종속된 예외 처리**

```
void updateTextSummary(UserInterface ui) {
  String userText = ui.getUserText();
  try {
    String summary = textSummarizer.summarizeText(userText);
    ui.getSummaryField().setValue(summary);
  } catch (PredictionModelException e) {          PredictionModelException이
    ui.getSummaryField().setError("Unable to summarize text");   포착되고 처리된다.
  }
}
```

구현 세부 정보가 유출될 위험이 비검사 예외에만 있는 것은 아니지만, 이 예에서 비검사 예외로 인해 문제가 더욱 악화되어 발생한다. 비검사 예외를 발생할 수 있다는 점을 개발자가 문서화하지 않을 가능성이 크고, 인터페이스를 구현하는 클래스가 반드시 인터페이스가 규정하는 오류만 발생시켜야만 하는 것은 아니다.

## 8.7.2 해결책: 추상화 계층에 적절한 예외를 만들라

구현 세부 사항의 유출을 방지하기 위해 코드의 각 계층은 주어진 추상화 계층을 반영하는 오류 유형만을 드러내는 것이 이상적이다. 이것은 하위 계층의 오류를 현재 계층에 적합한 오류 유형으로 감싸면 가능하다. 이렇게 하면 호출하는 쪽에 적절한 추상화 계층이 제시되면서 동시에 원래의 오류 정보가 손실되지 않는다는 것을 의미한다.

예제 8.28 코드는 이 점을 보여준다. 텍스트 요약과 관련 있는 TextSummarizerException이라는 새 예외 유형이 정의되어 있다. 마찬가지로 TextImportanceScorerException은 인터페이스의 구현 클래스에 관계없이 텍스트 점수 계산 오류를 전달하기 위해 정의된다. 마지막으로 코드는 명시적인 오류 전달 기법을 사용하도록 수정되었다. 이 예에서는 검사 예외를 사용하여 명시적으로 오류를 전달하고 있다.

이 코드의 단점은 명백한데, 사용자 지정 예외 클래스를 정의하고, 이에 따라 다양한 예외를 처리하고, 예외를 감싼 후에 다시 발생시켜야 하기 때문에 코드 줄이 더 많아졌다는 점이다. 언뜻 보면 코드가 '더 복잡하다'고 생각할 수 있지만, 소프트웨어 전체의 관점에서 보면 복잡해진 것이 아니다. TextSummarizer 클래스를 사용하는 개발자는 이제 한 가지 유형의 오류만 처리하면 되고, 이 유형

의 오류만 확실히 알고 있으면 된다. 코드에서 오류 처리를 위해 추가로 작성해야 되는 반복 코드가 늘어난다는 단점과, TextSummarizer 클래스의 동작이 예측 가능하고 모듈화가 개선된다는 장점을 비교하면, 단점을 통해 잃는 것보다는 장점을 통해 얻는 것이 훨씬 더 크다.

예제 8.28 **계층에 적합한 예외**

```
class TextSummarizerException extends Exception {          ◄──── 텍스트 요약과 관련 있는
  ...                                                            오류를 전달하기 위한 예외
  TextSummarizerException(Throwable cause) { ... }    ◄──
  ...
}
                                                          또 다른 예외를 감싸기 위해
                                                          생성자를 통해 그 예외를 받는다
                                                          (Throwable은 Exception의 슈퍼클래스다).
class TextSummarizer {
  private final TextImportanceScorer importanceScorer;
  ...

  String summarizeText(String text)
      throws TextSummarizerException {
    try {
      return paragraphFinder.find(text)
          .filter(paragraph =>
              importanceScorer.isImportant(paragraph))
          .join("\n\n");                           TextImportanceScorerException는
    } catch (TextImportanceScorerException e) {     TextSummarizerException 안에 감싸여
      throw new TextSummarizerException(e);    ◄──  다시 발생된다.
    }
  }
}

class TextImportanceScorerException extends Exception {   ◄──── 텍스트의 점수 계산과 관련 있는
  ...                                                            오류를 전달하기 위한 예외
  TextImportanceScorerException(Throwable cause) { ... }
  ...
}

interface TextImportanceScorer {
  Boolean isImportant(String text)
      throws TextImportanceScorerException;   ◄──  인터페이스는 추상화 계층에 의해
}                                                  노출되는 오류 유형을 정의한다.

class ModelBasedScorer implements TextImportanceScorer {
  ...
  Boolean isImportant(String text)
      throws TextImportanceScorerException {
    try {
      return model.predict(text) >= MODEL_THRESHOLD;
```

```
    } catch (PredictionModelException e) {
      throw new TextImportanceScorerException(e);
    }
  }
}
```

PredictionModelException은
TextImportanceScorerException에
감싸여 다시 발생된다.

---

**요약: 검사 예외에 대한 대안**

검사 예외는 명시적인 오류 전달 방법의 한 종류일 뿐이며 주류 프로그래밍 언어 중에서 자바에서만 유일하게 있는 예외 유형이다. 4장에서는 이에 대해 자세히 다루었는데, 어떤 언어에서도 사용 가능한 명시적 기법(예: 결과 유형 및 결과)을 살펴봤다. 검사 예외는 예제 8.26 코드와 비교하기 쉽도록 예제 8.28의 코드에서 사용된다.

4장에서 논의한 또 다른 내용은 오류 전달과 처리에 대해 어떻게 개발자간에 의견이 다른지에 대한 것이었다. 특히 호출하는 쪽에서 복구하고자 하는 오류에 대해 좀 더 명시적인 오류 전달 기법을 사용해야 하는지, 아니면 비검사 예외를 사용할지에 관해 개발자들이 어떻게 의견이 다른지에 대해 살펴봤다. 그러나 비검사 예외를 사용하는 것이 권장되는 코드베이스에서 작업하더라도 이전 하위 절에서 살펴본 것처럼 구현 세부 정보가 유출되지 않도록 하는 것이 여전히 중요하다.

비검사 예외를 사용하는 개발자가 즐겨 사용하는 방법 중 하나는 `ArgumentException`이나 `StateException`과 같은 표준석인 예외 유형을 사용하는 것인데, 다른 개발자가 이러한 예외를 예측하고 적절히 처리할 가능성이 크기 때문이다. 이 방법의 단점은 서로 다른 오류를 구별하는 것이 제한적이라는 점이다(이에 관해서는 4장 4.5.2절에서 논의했다).

---

`TextSummarizer` 클래스를 사용하는 개발자는 이제 `TextSummarizerException`만 처리하면 된다. 즉, `TextSummarizer` 클래스의 구현 세부 정보를 알 필요가 없으며, `TextSummarizer` 클래스가 어떻게 설정되었는지, 혹은 향후 어떻게 변경되는지와 관계없이 오류 처리는 계속 작동할 것이다. 아래 코드는 이에 관해 보여준다.

예제 8.29 **계층에 적합한 예외 처리**

```
void updateTextSummary(UserInterface ui) {
  String userText = ui.getUserText();
  try {
    String summary = textSummarizer.summarizeText(userText);
    ui.getSummaryField().setValue(summary);
  } catch (TextSummarizerException e) {
    ui.getSummaryField().setError("Unable to summarize text");
  }
}
```

호출하는 쪽에서 오류로부터 복구하지 않을 것이라는 점이 확실하다면, 구현 세부 정보 유출은 큰 문제가 되지 않는다. 상위 계층에서 특정 오류를 처리하려고 시도하지 않을 것이기 때문이다. 그러나 호출하는 쪽에서 복구하기를 원하는 오류가 있다면, 오류 유형이 추상화 계층에 적합한지 확인하는 것이 중요하다. 검사 예외, 리절트나 아웃컴 반환 유형과 같은 명시적 오류 전달 기법을 사용하면 이 것을 쉽게 할 수 있다.

## 요약

- 코드가 모듈화되어 있으면 변경된 요구 사항을 적용하기 위한 코드를 작성하기가 쉽다.
- 모듈화의 주요 목표 중 하나는 요구 사항의 변경이 해당 요구 사항과 직접 관련된 코드에만 영향을 미치도록 하는 것이다.
- 코드를 모듈식으로 만드는 것은 간결한 추상화 계층을 만드는 것과 깊은 관련이 있다.
- 다음의 기술을 사용하여 코드를 모듈화할 수 있다.
  - 의존성 주입
  - 구체적인 클래스가 아닌 인터페이스에 의존
  - 클래스 상속 대신 인터페이스 및 구성의 활용
  - 클래스는 자신의 기능만 처리
  - 관련된 데이터의 캡슐화
  - 반환 유형 및 예외 처리 시 구현 세부 정보 유출 방지

# 코드를 재사용하고
# 일반화할 수 있도록 하라

**이번 장에서는 다음과 같은 내용을 다룬다.**

- 안전하게 재사용할 수 있는 코드 작성 방법
- 다양한 문제를 해결하기 위해 일반화된 코드를 작성하는 방법

2장에서 상위 수준의 문제를 해결할 때 일련의 하위 문제로 세분화해서 해결하는 방법에 대해 논의했다. 프로젝트를 연이어 하다 보면 종종 동일한 하위 문제들이 계속해서 나오는 것을 발견한다. 다른 개발자가 이미 주어진 하위 문제를 해결했다면, 해당 문제에 대한 해결책을 재사용하는 것이 타당하다. 이렇게 하면 시간을 절약할 수 있고, 재사용하는 코드는 이미 테스트되고 실행되었기 때문에 버그 발생 가능성도 줄어든다.

하지만 안타깝게도 하위 문제에 대한 해결책이 이미 존재한다고 해서 항상 재사용할 수 있는 것은 아니다. 다른 개발자가 구현한 해결책이 자신의 사례에 맞지 않는 가정을 하거나, 그 해결책이 자신에게는 필요 없는 다른 기능과 함께 구성된 경우 이러한 문제가 발생할 수 있다. 따라서 이 점을 적극적으로 고려하여 향후에 재사용이 가능하도록 의도적으로 코드를 작성하고 구조화하는 것이 바람직하다. 이것은 초기에 노력이 좀 더 필요할 수 있지만(대개의 경우 아주 많이 필요하지는 않다) 장기적으로 보면 자신과 팀 동료들의 시간과 노력을 절약할 수 있다.

이번 장은 간결한 추상화 계층을 만들고(2장) 코드를 모듈화하는 것(8장)과 매우 깊은 관련이 있다. 간결한 추상화 계층을 만들고 코드를 모듈화하면 하위 문제의 해결책이 서로 느슨하게 결합하는 코드

281

로 나누어지는 경향이 있다. 이렇게 되면 보통 코드를 재사용하고 일반화하기가 훨씬 더 쉽고 안전해
진다. 그러나 2장과 8장에서 논의한 내용만이 코드를 재사용하고 일반화하기 위한 고려 사항은 아니
다. 이번 장에서는 몇 가지 추가적인 사항에 대해 살펴본다.

## 9.1 가정을 주의하라

코드 작성 시 가정을 하면 코드가 더 단순해지거나, 더 효율적으로 되거나, 둘 다일 수도 있다. 그러
나 이러한 가정으로 인해 코드가 더 취약해지고 활용도가 낮아져 재사용하기에 안전하지 않을 수 있
다. 코드의 어느 부분에서 어떤 가정이 이루어졌는지 정확히 추적하는 것은 극도로 어렵기 때문에 이
런 가정은 다른 개발자들이 주의하지 않으면 빠질 수 있는 기분 나쁜 함정이 될 수 있다. 처음에 코
드를 개선하는 쉬운 방법처럼 보였던 것이 코드가 재사용되자마자 버그와 이상한 동작이 나타나고
실제로는 의도한 것과는 반대의 효과를 가져올 수 있다.

이러한 점을 고려할 때, 코드 작성 시 가정을 하기 전에 그 가정으로 초래될 비용과 이점을 생각해
봐야 한다. 코드 단순화 또는 효율성의 명백한 이득이 미미하다면 늘어난 취약성으로 인한 비용이 장
점을 능가하기 때문에 가정을 하지 않는 것이 최선일 수 있다. 다음 하위 절에서 이에 대해 살펴본다.

### 9.1.1 가정은 코드 재사용 시 버그를 초래할 수 있다

예제 9.1 코드를 살펴보자. Article 클래스는 사용자가 읽을 수 있는 뉴스 웹 사이트의 기사를 나타
낸다. getAllImages() 함수는 기사에 포함된 모든 이미지를 반환한다. 이를 위해 이미지가 포함된
섹션을 찾을 때까지 문서 내의 섹션을 반복해서 확인하고 해당 섹션의 이미지를 반환한다. 이 코드는
이미지가 포함된 섹션이 하나만 있을 것이라고 가정한다. 이 가정은 코드 내에서 주석문으로 설명되
지만, 코드를 사용하는 쪽에서는 알 수 없다.

이러한 가정을 함으로써 코드는 이미지를 포함하는 부분이 발견되자마자 for-loop를 종료하기 때문
에 성능이 아주 미약하게 향상되지만, 이 이득이 너무 작아서 실제로는 중요하지 않다. 그러나 이미
지가 있는 섹션이 두 개 이상인 기사에 getAllImages() 함수가 사용될 경우 모든 이미지를 반환하
지 않는다는 사실이 중요하다. 이런 일은 일어날 가능성이 매우 높고, 그로 인해 버그를 초래할 가능
성이 있다.

예제 9.1 **가정을 포함하는 코드**

```
class Article {
  private List<Section> sections;
```

```
    ...

    List<Image> getAllImages() {
      for (Section section in sections) {
        if (section.containsImages()) {
          // 기사 내에 이미지를 포함하는 섹션은 최대         ⌐ 코드 내에서
          // 하나만 있다.                                   └ 주석문으로 설명된 가정
          return section.getImages();         ◄─────── 이미지를 가지고 있는
        }                                                  첫 번째 섹션의 이미지만 반환한다.
      }
      return [];
    }
}
```

이미지 섹션이 하나만 있을 것이라는 가정은 코드 작성자가 염두에 둔 원래의 사용 사례에서 의심할 여지없이 정확한 것이었다. 그러나 `Article` 클래스가 다른 용도로 재사용되거나 기사 내의 이미지 배치가 변경되는 경우 이 가정은 부정확한 것이 될 수 있다. 그리고 이 가정은 코드 깊숙한 곳의 주석문 속에 묻혀 있기 때문에 호출하는 쪽에서 이것을 인지할 가능성은 매우 낮다. 누구든지 `getAllImages()`라는 함수를 보면 '모든' 이미지를 반환한다고 가정할 것이다. 불행하게도 이것은 숨겨진 가정이 사실일 때만 올바르다.

## 9.1.2 해결책: 불필요한 가정을 피하라

이미지 섹션이 하나만 있다고 가정하는 것의 비용-이익 상충관계를 고려하면 그 가정이 별로 가치가 없을 수도 있다. 다른 한편으로는 (눈에 거의 띄지 않을 것 같은) 약간의 성능 향상이 있지만, 다른 한편으로는 코드를 재사용하거나 요구 사항이 변경되면 버그가 발생할 가능성이 있다. 따라서 이 가정을 하지 않는 것이 더 나을 수도 있다. 이 가정으로 인해 얻는 것은 거의 없고 위험만 늘어난다.

---

**섣부른 최적화**

섣부른 최적화를 피하려는 열망은 소프트웨어 공학과 컴퓨터 과학 내에서 잘 정립된 개념이다. 코드 최적화는 일반적으로 비용이 든다. 즉, 최적화된 해결책을 구현하는 데 더 많은 시간과 노력이 필요하며 그 결과 코드는 종종 가독성이 떨어지고, 유지 관리가 더 어려워지며, 가정을 하게 되면 견고함이 떨어질 가능성이 있다. 게다가 최적화는 보통 프로그램 내에서 수천 번 혹은 수백만 번 실행되는 코드 부분에 대해 이루어질 때 상당한 이점이 있다

따라서 대부분의 경우에는 큰 효과 없는 코드 최적화를 하느라고 애쓰기보다는 코드를 읽을 수 있고, 유지보수 가능하며, 견고하게 만드는 데 집중하는 것이 좋다. 코드의 어떤 부분이 여러 번 실행되고 그 부분을 최적화하는 것이 성능 향상에 큰 효과를 볼 수 있다는 점이 명백해질 때에라야 최적화 작업을 해도 무방하다.

---

예제 코드 9.2는 앞서 했던 가정을 없애고 getAllImages() 함수가 이미지가 포함된 첫 번째 섹션이 아닌 모든 섹션의 이미지를 반환하도록 변경된 코드를 보여준다. 따라서 다양한 사용 사례에 대해 훨씬 더 다재다능하고 견고하다. 단점으로는 for 루프가 몇 번 더 반복한다는 것이지만, 방금 언급한 것처럼 눈에 띌 정도로 성능에 영향을 미칠 가능성은 작다.

예제 9.2 **가정을 제거한 코드**

```
class Article {
  private List<Section> sections;
  ...

  List<Image> getAllImages() {
    List<Image> images = [];
    for (Section section in sections) {        모든 섹션에서
      images.addAll(section.getImages());       이미지를 모아서 반환한다.
    }
    return images;
  }
}
```

코드를 작성할 때 필요 이상으로 성능비용과 같은 문제에 주의를 기울이는 경우가 있다. 그러나 코드에 가정이 들어가면 취약성의 측면에서도 관련 비용을 수반한다는 것을 기억하는 것이 중요하다. 특정한 가정으로 인해 성능이 눈에 띄게 향상되거나 코드가 크게 단순해진다면, 그 가정은 충분히 가치 있는 것일 수 있다. 그러나 가정으로 인해 얻는 이득이 미미하다면, 오히려 비용이 이점보다 훨씬 클 수 있다.

### 9.1.3 해결책: 가정이 필요하면 강제적으로 하라

때로는 가정이 필요하거나 가정으로 얻는 이득이 비용을 초과할 정도로 코드가 단순해질 수 있다. 코드에 가정이 있을 때, 다른 개발자들이 그것을 여전히 모를 수 있다는 사실을 염두에 두어야 한다. 그래서 우리가 상정한 가정으로 인해 다른 개발자들이 무의식중에 곤란을 겪지 않도록 하기 위해 가정을 강제적으로 시행해야 한다. 이를 위해 일반적으로 다음 두 가지 방법을 사용할 수 있다.

1. **가정이 '깨지지 않게' 만들라**: 가정이 깨지면 컴파일되지 않는 방식으로 코드를 작성할 수 있다면 가정이 항상 유지될 수 있다. 이에 대해서 3장과 7장에서 다루었다.

2. **오류 전달 기술을 사용하라**: 가정을 깨는 것이 불가능하게 만들 수 없는 경우에는 오류를 감지하고 오류 신호 전달 기술을 사용하여 신속하게 실패하도록 코드를 작성할 수 있다. 이에 대해서는 3장 끝부분과 4장에서 다루었다.

## 문제의 소지가 있는, 강제되지 않은 가정

강제되지 않은 가정이 어떻게 문제가 될 수 있는지 설명하기 위해 Article 클래스에 포함될 수 있는 다른 함수, 즉 이미지 섹션을 반환하는 함수를 살펴보자. 예제 9.3은 가정을 강제적으로 시행하지 않는 경우 함수의 코드를 보여준다. 섹션에 대해 이미지가 포함됐는지 확인하고, 그 섹션이 이미지가 포함된 첫 번째 섹션이면 그 섹션을 반환하고, 이미지가 포함된 섹션이 없는 경우 널을 반환한다. 다시 한번 이 코드는 모든 기사는 이미지를 갖는 섹션이 최대 하나만 있다고 가정한다. 이 가정이 깨지고 문서에 여러 이미지 섹션이 포함되어 있더라도 코드는 실패하지 않고 어떤 종류의 경고도 생성하지 않는다. 대신에 이미지를 갖는 첫 번째 섹션을 반환하고 모든 것이 문제없는 것처럼 계속 진행할 것이다(이것은 신속하게 실패하는 것의 반대다).

예제 9.3 **가정을 포함하는 코드**

```
class Article {
  private List<Section> sections;
  ...

  Section? getImageSection() {
    // 기사 내에 이미지를 포함하는 섹션은 최대
    // 하나만 있다.
    return sections
        .filter(section -> section.containsImages())
        .first();
  }
}
```

> 이미지를 갖는 첫 번째 섹션을 반환하거나 이미지를 갖는 섹션이 없는 경우 널을 반환한다.

getImageSection() 함수는 사용자에게 기사를 보여주는 코드에 의해 호출되는데, 예제 9.4에 이 코드가 나와 있다. 문서를 표시하는 템플릿에는 이미지 섹션에 대한 공간이 하나만 있다. 따라서, 이 특정 사용 사례에서는 기사에 이미지를 갖는 섹션이 최대 하나만 있다는 가정이 필요하다.

예제 9.4 **가정에 의존하는 호출자**

```
class ArticleRenderer {
  ...

  void render(Article article) {
    ...
    Section? imageSection = article.getImageSection();
    if (imageSection != null) {
      templateData.setImageSection(imageSection);
    }
    ...
```

> 기사 템플릿은 이미지를 갖는 섹션을 최대 하나만 처리할 수 있다.

```
    }
  }
```

만약 누군가가 이미지가 들어 있는 섹션이 여러 개 있는 문서를 작성한 후에 이 코드를 사용한다면, 코드가 이상하고 예상치 못한 방식으로 동작하는 것을 알게 될 것이다. 오류나 경고가 발생하지 않기 때문에 모든 것이 잘 작동하는 것처럼 보이지만, 실제로는 많은 이미지가 누락된 채 기사가 보일 것이다. 기사의 성격에 따라 오해의 소지가 있거나 완전히 터무니없는 결과를 초래할 수도 있다.

### 가정의 강제적 확인

4장에서 언급한 바와 같이 일반적으로 실패와 오류는 명확하게 드러나는 것이 최선이다. 이 예에서 여러 이미지 섹션으로 된 문서를 나타내는 것이 지원되지 않으므로 오류다. 이 경우 코드가 이상하게 동작하기보다는 신속하게 실패하는 것이 더 나을 것이다. 오류 전달 기법을 사용하여 가정을 강제로 인지하게 함으로써 신속하게 실패하기 위한 코드로 변경할 수 있다.

예제 9.5는 Article.getImageSection() 함수가 어서션을 사용하여 최대 하나의 이미지 섹션이 있다고 가정할 때의 코드를 보여준다. 또한, 함수 이름을 getOnlyImageSection()으로 변경해 이 함수의 호출자에게 이미지 섹션이 하나만 있다고 가정할 수 있다. 이렇게 함으로써 이 가정을 원치 않는다면 이 함수를 호출하지 않도록 할 수 있다.

예제 9.5 **가정의 강제적 확인**

```
class Article {
  private List<Section> sections;
  ...

  Section? getOnlyImageSection() {          ◄──── 함수의 이름은
    List<Section> imageSections = sections         호출자가 할 가정을 나타낸다.
        .filter(section -> section.containsImages());

    assert(imageSections.size() <= 1,              어서션은 이 가정을
          "기사가 여러 개의 이미지 섹션을 갖는다");      강제로 확인한다.

    return imageSections.first();          ◄──── ImageSections 리스트에서 첫 번째 항목을 반환하거나
  }                                               리스트가 비어 있으면 널을 반환한다.
}
```

4장에서는 여러 가지 오류 전달 기법에 대해 자세히 논의했는데, 특히 호출하는 쪽에서 오류로부터 복구하기를 원하는지의 여부에 따라 어떻게 기법의 선택이 달라지는지 살펴봤다.

예제 9.5는 어서션을 사용하는데 호출하는 쪽에서 오류로부터 복구하기를 원하지 않는 경우에 적합하다. 기사가 프로그램 내에서 내부적으로 생성된다면 가정을 깨는 것은 프로그래밍 오류를 의미하며, 이는 어서션이 적절하다는 것을 의미한다. 하지만 외부 시스템이나 사용자에 의해 기사가 제공된다면, 호출하는 쪽에서 더 매끄러운 방식으로 오류를 처리하기를 원할 수도 있다. 이 경우에는 명시적인 오류 전달 기법이 더 적절할 수 있다.

이미 살펴봤듯이 가정은 취약성의 증가라는 측면에서 관련 비용을 수반하는 경향이 있다. 가정 때문에 치러야 할 비용이 그 가정으로 인해 얻는 이득보다 크다면, 가정을 하지 않는 것이 최선일 것이다. 가정이 필요하다면 다른 개발자가 그 가정으로 인해 오류에 빠지지 않도록 최선을 다해야 한다. 가정을 강제로 시행함으로써 이를 달성할 수 있다.

## 9.2 전역 상태를 주의하라

**전역 상태**global state 또는 **전역변수**global variable는 실행되는 프로그램 내의 모든 콘텍스트 사이에 공유된다. 전역변수를 정의하는 일반적인 방법은 다음과 같다.

- 자바나 C# 같은 언어에서 변수를 정적static으로 표시(이 책의 의사코드에서 사용되는 방식이다)
- C++와 같은 언어에서 클래스나 함수의 외부 즉 파일 수준의 변수 정의
- 자바스크립트 기반 언어에서 전역 윈도 객체의 속성으로 정의

전역변수에 대한 설명을 위해 예제 9.6 코드를 살펴보자. 코드에 대해 다음과 같은 사항을 주의해야 한다.

- a는 인스턴스 변수다. `MyClass`의 각 인스턴스는 자체의 a 변수를 갖는다. 한 인스턴스에서 이 변수를 수정할 때 다른 인스턴스에는 영향을 미치지 않는다.
- b는 정적변수이고 이것은 전역변수를 의미한다. 따라서 `MyClass`의 모든 인스턴스 간에 공유되며, `MyClass`의 인스턴스를 통하지 않고도 액세스할 수 있는데 아래 항목에서 설명한다.
- `getBStatically()` 함수는 정적 함수로 표시되어 있으며, 이는 `MyClass.getBStatically()`와 같은 구문으로 호출하기 때문에 클래스의 인스턴스가 필요 없다. 이와 같은 정적 함수는 클래스에 정의된 정적변수에는 액세스할 수 있지만, 인스턴스 변수에는 액세스할 수 없다.

예제 9.6 **전역변수를 갖는 클래스**

```
class MyClass {                         ┐ 인스턴스 변수
  private Int a = 3;        ◄───────────┘
  private static Int b = 4;  ◄───── static으로 표시되어 있기 때문에
                                    전역변수다.
  void setA(Int value) { a = value; }
  Int getA() { return a; }

  void setB(Int value) { b = value; }
  Int getB() { return b; }
                                       ┐ 정적 함수
  static Int getBStatically() { return b; }  ◄──┘
}
```

다음 코드는 전역변수 b가 정적 콘텍스트뿐만 아니라 클래스의 모든 인스턴스 간에 공유되는 동안 인스턴스 변수 a가 개별 인스턴스에 어떻게 적용되는지를 보여준다.

```
MyClass instance1 = new MyClass();
MyClass instance2 = new MyClass();

instance1.setA(5);
instance2.setA(7);                          MyClass의 각 인스턴스는
print(instance1.getA()) // 출력: 5          자신만의 'a' 변수를 별도로 갖는다.
print(instance2.getA()) // 출력: 7
instance1.setB(6);
instance2.setB(8);                          전역변수 'b'는 MyClass의
print(instance1.getB()) // 출력: 8          모든 인스턴스 사이에 공유된다.
print(instance2.getB()) // 출력: 8
print(MyClass.getBStatically()) // 출력: 8  ◄── 'b'는 MyClass의 인스턴스를 통하지 않고
                                                정적으로 접근할 수 있다.
```

> NOTE **전역성과 가시성을 혼동하지 말라**
>
> 변수가 전역인지의 여부를 가시성과 혼동해서는 안 된다. 변수의 가시성은 변수가 퍼블릭인지 혹은 프라이빗인지를 나타내며, 코드의 다른 부분이 해당 변수에 접근할 수 있는지를 지시한다. 변수는 전역 여부와 관계없이 퍼블릭이나 프라이빗일 수 있다. 요점은 전역변수가 클래스의 인스턴스나 함수의 자체 버전 대신 프로그램의 모든 콘텍스트 간에 공유된다는 것이다.

전역변수는 프로그램 내의 모든 콘텍스트에 영향을 미치기 때문에 전역변수를 사용할 때는 누구도 해당 코드를 다른 목적으로 재사용하지 않을 것이라는 암묵적인 가정을 전제한다. 이전 절에서 살펴

봤듯이 가정에는 비용이 수반된다. 전역 상태는 코드를 매우 취약하게 만들고 재사용하기도 안전하지 않기 때문에 일반적으로 이점보다 비용이 더 크다. 다음 하위 절에서 그 이유를 설명하고 대안을 제시한다.

## 9.2.1 전역 상태를 갖는 코드는 재사용하기에 안전하지 않을 수 있다

어떤 상태에 대해 프로그램의 여러 부분이 공유하고 접근할 필요가 있을 때 이것을 전역변수에 넣고 싶은 마음이 들 수 있다. 이렇게 하면 코드의 어느 부분이라도 그 상태에 접근하기가 아주 쉽다. 그러나 방금 언급했듯이 이렇게 하면 코드를 재사용하는 것이 안전하지 않을 때가 있다. 그 이유를 살펴보기 위해 온라인 쇼핑 애플리케이션을 만들고 있다고 가정해보자. 응용 프로그램에서 사용자는 항목을 탐색하고 바구니에 추가한 다음 마지막에 체크아웃할 수 있다.

이 시나리오에서 사용자의 장바구니 항목은 아이템을 추가하는 코드, 사용자가 장바구니의 항목을 검토하는 화면, 체크아웃을 처리하는 코드와 같이 애플리케이션의 많은 다른 부분으로부터 접근할 수 있어야 하는 상태라고 볼 수 있다. 애플리케이션의 많은 부분이 공유 상태에 액세스해야 하기 때문에 사용자의 장바구니 내용을 전역변수에 저장하고 싶은 마음이 들지도 모르겠다. 예제 9.7은 전역 상태를 사용할 경우 장바구니의 코드가 어떻게 되는지 보여주는 코드다. 이 코드에서 다음과 같은 사항을 주의해서 살펴봐야 한다.

- items 변수는 static으로 표시된다. 즉, 이 변수는 ShoppingBasket 클래스의 특정 인스턴스와 연결되지 않고 전역변수가 된다.
- 함수 addItem()과 getItems()도 모두 static으로 표시된다. 즉, ShoppingBasket.addItems(...)와 ShoppingBasket.getItems()와 같이 코드 내 어디에서나 ShoppingBasket의 인스턴스 없이 호출할 수 있고 items 전역변수에 액세스한다.

예제 9.7 **ShoppingBasket 클래스**

```
class ShoppingBasket {
  private static List<Item> items = [];        ◄── static으로 표시되어
                                                   전역변수다.
  static void addItem(Item item) {        ◄─┐
    items.add(item);                          │
  }                                           │
                                              ├── static으로 표시된 함수
  static void List<Item> getItems() {    ◄─┘
    return List.copyOf(items);
  }
}
```

사용자의 장바구니에 접근해야 한다면 코드 어느 곳이라도 이 일을 쉽게 할 수 있다. 예제 9.8에 이에 대한 몇 가지 예가 나와 있다. ViewItemWidget은 사용자가 본 항목을 자신의 장바구니에 추가할 수 있는데 ShoppingBasket.addItem()을 호출하면 된다. ViewBasketWidget은 사용자가 장바구니의 내용을 볼 수 있다. 장바구니의 내용은 ShoppingBasket.getItems()를 호출하면 확인할 수 있다.

예제 9.8 **ShoppingBasket을 사용하는 클래스**

```
class ViewItemWidget {
  private final Item item;

  ViewItemWidget(Item item) {
    this.item = item;
  }
  ...

  void addItemToBasket() {
    ShoppingBasket.addItem(item);        ◄——  전역 상태를 수정한다.
  }
}

class ViewBasketWidget {
  ...
  void displayItems() {
    List<Item> items = ShoppingBasket.getItems();     ◄——
    ...                                                      전역 상태를 읽는다.
  }
}
```

장바구니의 내용물을 읽고 수정하기가 너무 쉽기 때문에 이런 방식으로 전역변수를 사용하고 싶은 마음이 들 수 있다. 하지만 이렇게 전역 상태를 사용하는 코드는 재사용 시 작동이 안 되고 이상한 일이 일어날 가능성이 있다. 다음 하위 절에서 그 이유를 설명한다.

**누군가가 이 코드를 재사용하려고 하면 어떻게 되는가?**
알았든 몰랐든 간에 이 코드를 작성할 때 암묵적인 가정이 이루어졌는데, 그것은 이 소프트웨어를 실행하는 인스턴스당 하나의 장바구니만 필요하다는 것이었다. 만약 쇼핑 애플리케이션이 사용자의 장치에서만 실행된다면, 기본적인 기능에 대해서는 이러한 가정이 유지되고 모든 것이 올바르게 작동할 것이다. 하지만 이 가정이 맞지 않게 될 상황이 많은데 이것은 이 가정이 상당히 취약하다는 것을 의미한다. 이 가정은 다음과 같은 이유로 깨질 수 있다.

- 사용자의 장바구니 내용을 서버에 저장하기로 결정하고 서버단 코드에서 ShoppingBasket 클래스를 사용하기 시작한다. 서버의 한 인스턴스는 다른 많은 사용자로부터의 요청을 처리하기 때문에 이제 소프트웨어를 실행하는 인스턴스당 (이 경우 서버) 장바구니는 많이 존재한다.
- 사용자가 나중을 위해 장바구니 항목을 저장할 수 있는 기능을 추가한다. 즉, 클라이언트 측 응용 프로그램은 현재 활성 장바구니뿐만 아니라 나중을 위해 저장되는 장바구니까지 처리해야 한다.
- 정상적인 재고 외에 신선한 농산물을 판매하기 시작한다. 이것은 완전히 다른 공급자와 배송 메커니즘을 사용하기 때문에 별도의 장바구니로 처리해야 한다.

우리는 아마도 온종일 앉아서 원래의 가정이 깨지는 상황을 많이 생각해낼 수 있을 것이다. 그들 중 어떤 것이 실제로 일어날지는 아무도 예측할 수 없다. 하지만 말하려는 요점은 원래의 가정이 취약하고 어느 시점에 이르면 어떤 식으로든 그 가정을 깨트리는 그럴듯한 시나리오들이 충분히 있다는 것이다.

원래의 가정이 깨지면 소프트웨어에 문제가 발생한다. 만약 두 개의 다른 코드에서 모두 Shopping Basket 클래스를 사용하고 있다면 그것들은 서로 간섭할 것이다(그림 9.1). 이들 중 하나가 항목을 추가하면 이 항목은 장바구니를 사용하는 다른 모든 코드에도 추가되어 보일 것이다. 위에서 예로 든 상황에서는 버그가 발생할 수 있으므로 ShoppingBasket 클래스는 안전한 방법으로 재사용하기가 불가능하다.

그림 9.1 **전역 상태를 사용하면 코드 재사용이 안전하지 않을 수 있다.**

최상의 경우라도 개발자는 ShoppingBasket 클래스를 재사용하는 것이 안전하지 않다는 것을 깨닫고 새로운 용도로 완전히 별도의 코드를 작성할 것이다. 최악의 경우, 이 클래스를 재사용하는 것이 안전하지 않고, 소프트웨어가 버그를 가지고 있다는 것을 인식하지 못할 수 있다. 고객들이 원하지 않는 물건이 주문되거나, 장바구니에 넣은 물건을 다른 사용자가 보게 되어 사생활이 침해된다면, 이런 버그는 상당히 심각한 문제가 될 수 있다. 요약하자면 최상의 경우 거의 중복된 코드로 인해 개발자가 유지 관리해야 하는 비용이 늘어나고, 최악의 경우 악성 버그가 발생한다. 이 둘 중 어느 것도 바람직하지 않기 때문에 전역 상태를 사용하지 않는 것이 훨씬 나을 것이다. 다음 하위 절에서는 이에 대한 대안을 살펴본다.

## 9.2.2 해결책: 공유 상태에 의존성 주입하라

앞 장에서 의존성 주입 기술에 대해 논의했다. 즉, 클래스가 자신의 생성자 안에서 사용하는 클래스의 인스턴스를 생성함으로써 하드 코딩된 의존성을 갖는 대신 그 클래스의 인스턴스를 '주입'받는다. 의존성 주입은 전역 상태를 사용하는 것보다 더 통제된 방법으로 서로 다른 클래스 간에 상태를 공유하는 좋은 방법이기도 하다.

이전 하위 절에서 보았던 ShoppingBasket 클래스는 정적변수와 정적 함수를 사용했는데, 이는 상태가 전역임을 의미하므로 첫 번째 단계는 ShoppingBasket 클래스를 인스턴스화해야 하는 클래스로 만들고 클래스의 각 인스턴스가 고유한 상태를 갖도록 하는 것이다. 예제 9.9는 이렇게 변경된 ShoppingBasket 클래스를 보여준다. 이 코드에서 주목해서 살펴봐야 할 사항은 다음과 같다.

- items는 더 이상 정적변수가 아니다. 이제 인스턴스 변수가 되어 ShoppingBasket 클래스의 특정 인스턴스와 연결되므로 ShoppingBasket 클래스의 두 인스턴스를 생성하면 두 인스턴스 모두 서로 다른 항목을 가질 수 있다.

- addItem() 및 getItems() 함수는 더 이상 정적 함수가 아니다. 즉, ShoppingBasket 클래스의 인스턴스를 통해서만 액세스할 수 있으므로 ShoppingBasket.addItem(...)이나 ShoppingBasket.getItems()와 같은 호출은 더 이상 가능하지 않다.

예제 9.9 **수정된 ShoppingBasket 클래스**

```
class ShoppingBasket {
  private final List<Item> items = [];          ◄── 정적이 아닌
                                                      인스턴스 변수
  void addItem(Item item) {          ◄──
    items.add(item);
  }                                              정적이 아닌 멤버 함수

  void List<Item> getItems() {       ◄──
    return List.copyOf(items);
```

```
    }
  }
```

두 번째 단계는 ShoppingBasket의 인스턴스를 필요한 클래스에 주입하는 것이다. 이를 통해 어떤 코드에서 같은 장바구니를 공유하고 어떤 코드에서 다른 장바구니를 사용하는지 제어할 수 있다. 예제 9.10은 ShoppingBasket이 생성자를 통해 의존성이 주입될 때 ViewItemWidget과 ViewBasketWidget이 어떻게 변경되는지 보여준다. addItem() 및 getItems() 함수 호출은 주입된 ShoppingBasket의 특정 인스턴스에 대해 이루어진다.

예제 9.10 **의존성 주입된 ShoppingBasket**

```
class ViewItemWidget {
  private final Item item;
  private final ShoppingBasket basket;

  ViewItemWidget(Item item, ShoppingBasket basket) {   ◄────────┐   의존성이 주입된
    this.item = item;                                            │   ShoppingBasket
    this.basket = basket;                                        │
  }                                                              │
  ...                                                            │
                                                                 │
  void addItemToBasket() {                                       │
    basket.addItem(item);   ◄──────────────────────┐            │
  }                                                  │            │
}                                                    │            │
                                                     │            │
class ViewBasketWidget {                             │            │
  private final ShoppingBasket basket;               │            │
                                                     │            │
  ViewBasketWidget(ShoppingBasket basket) {   ◄──────┼────────────┘
    this.basket = basket;                            │
  }                                                  │
                                                     │   주입된 ShoppingBasket 인스턴스에
  void displayItems() {                              │   대해 호출된다.
    List<Item> items = basket.getItems();   ◄────────┘
    ...
  }
}
```

이제 어떻게 ShoppingBasket 코드가 안전하게 재사용될 수 있는지 살펴보자. 예제 9.11 코드는 장바구니를 일반 제품용과 신선 제품용으로 각각 ShoppingBasket 인스턴스를 하나씩 생성한다. 또한 각 장바구니에 대해 ViewBasketWidget을 하나씩 생성한다. 그 두 장바구니는 서로 완전히 독립적이

므로 서로 절대로 간섭하지 않을 것이다. 그리고 각 ViewBasketWidget은 주어진 장바구니의 항목만 표시한다.

예제 9.11 **개별 쇼핑 바스켓 인스턴스 나열**

```
ShoppingBasket normalBasket = new ShoppingBasket();
ViewBasketWidget normalBasketWidget =
    new ViewBasketWidget(normalBasket);

ShoppingBasket freshBasket = new ShoppingBasket();
ViewBasketWidget freshBasketWidget =
    new ViewBasketWidget(freshBasket);
```

그림 9.2는 현재 코드의 내부 구조를 보여준다. 장바구니 항목을 동일한 전역 상태로 공유하는 대신, ShoppBasket의 각 인스턴스는 독립적이다.

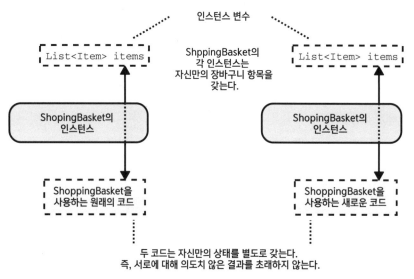

그림 9.2 **상태를 클래스 인스턴스 내에 캡슐화함으로써 코드 재사용이 안전해진다.**

코딩을 하면서 빠지기 쉬운 함정 중 하나인 전역 상태는 잘 알려져 있을 뿐만 아니라 문서화도 잘 되어 있다. 프로그램의 여러 부분 간에 정보를 공유하는 빠르고 쉬운 방법처럼 보이기 때문에 전역 상태를 사용하고 싶은 마음이 들지도 모른다. 그러나 이것을 사용하면 코드 재사용이 전혀 안전하지 않을 수 있다. 전역 상태가 사용된다는 사실을 다른 개발자는 모를 수 있기 때문에 코드를 재사용하려고 하면 이상한 동작과 버그가 발생할 수 있다. 프로그램의 서로 다른 부분 간에 상태를 공유해야 할 경우, 의존성 주입을 사용해 보다 통제된 방식으로 수행하는 것이 더 안전하다.

## 9.3 기본 반환값을 적절하게 사용하라

합리적인 기본값은 사용자 친화적인 소프트웨어를 만들기 위한 좋은 방법이다. 워드프로세서 프로그램을 열 때마다 단어를 입력하기 전에 항상 원하는 글꼴, 텍스트 크기, 텍스트 색, 배경색, 줄 간격 및 줄 높이를 정확하게 선택해야 한다고 상상해보라. 그 소프트웨어는 사용하기에 매우 짜증 날 것이고, 아마 다른 워드프로세서로 바꿀 것이다.

실제로 대부분의 워드프로세서는 일련의 적절한 기본값을 제공한다. 프로그램을 열면 글꼴, 텍스트 크기, 배경색 등이 기본 선택 항목으로 설정되어 있다. 즉, 입력을 즉시 시작할 수 있으며 원하는 경우에만 설정을 변경할 수 있다.

사용자가 직접 사용하지 않는 소프트웨어에서도 기본값은 여전히 유용하다. 어떤 클래스가 10개의 매개변수를 사용하여 생성되는데, 이 값을 모두 제공하지 않아도 된다면 호출하는 쪽의 작업이 쉬워진다. 제공되지 않는 매개변수에 대해서는 클래스가 기본값을 제공할 수 있다.

기본값을 제공하려면 종종 다음과 같은 두 가지 가정이 필요하다.

* 어떤 기본값이 합리적인시
* 더 상위 계층의 코드는 기본값을 받든지 명시적으로 설정된 값을 받든지 상관하지 않는다.

앞서 살펴본 것처럼 가정의 비용과 이점을 고려해야 한다. 이런 가정을 상위 수준의 코드에서 하는 것이 낮은 층위에서 하는 것보다 비용이 적게 드는 경향이 있다. 상위 수준의 코드는 특정 사용 사례에 더 밀접하게 결합하므로 코드의 모든 용도에 맞는 기본값을 선택하기가 더 쉽다. 반면에 낮은 수준의 코드는 보다 근본적인 하위 문제를 해결하여 여러 사용 사례에 더 광범위하게 재사용되는 경향이 있다. 따라서 낮은 층위에서는 모든 용도에 적합한 기본값을 선택하기가 훨씬 더 어렵다.

### 9.3.1 낮은 층위의 코드의 기본 반환값은 재사용성을 해칠 수 있다

워드프로세서를 개발하고 있다고 가정해보자. 사용자가 즉시 워드 작업을 시작할 수 있도록 텍스트 스타일링에 대한 기본값을 설정하기로 했다. 사용자가 이러한 사항을 재정의하기를 원할 경우 다시 지정할 수 있다. 예제 9.12는 폰트를 선택할 때 이것을 구현하는 한 가지 방법을 보여준다. `UserDocumentSettings` 클래스는 특정 문서에 대한 사용자의 환경설정을 저장하며, 그중에 한 가지가 사용할 글꼴이다. 글꼴을 지정하지 않은 경우 `getPreferredFont()` 함수는 기본값인 `Font.ARIAL`을 반환한다.

이렇게 하면 방금 언급한 요구 사항은 충족되지만, 기본 글꼴로 Arial을 원하지 않는 경우에 UserDocumentSettings 클래스를 다시 사용하고자 하는 경우 어려움을 겪을 수 있다. 사용자가 특별히 Arial을 선택한 것인지 아니면 선호하는 폰트를 설정하지 않아 기본값이 반환된 것인지 구분하는 것이 불가능하다.

예제 9.12 **기본값 반환**

```
class UserDocumentSettings {
  private final Font? font;
  ...

  Font getPreferredFont() {
    if (font != null) {
      return font;
    }
    return Font.ARIAL;  ◄──  사용자가 선호하는 폰트가 지정되어 있지 않은 경우
  }                          기본값인 Font.ARIAL을 반환한다.
}
```

이 방식은 적응성에도 해가 될 수 있는데, 기본값과 관련된 요구 사항이 변경되는 경우 문제가 될 수 있다. 한 가지 예로 워드프로세서를 큰 회사에 판매하기 시작했는데, 이 회사가 기본 글꼴을 전사적으로 지정할 수 있기를 원한다고 하자. 이 기능은 구현하기 어려운데 UserDocumentSettings 클래스에 대해 사용자가 제공한 환경설정이 없고, 따라서 조직 전체의 기본값이 적용되어야 하는 경우를 구분할 수 없기 때문이다.

기본 반환값을 UserDocumentSettings 클래스와 묶어 놓은 것은 모든 상위 계층에 대해 Arial이 적합한 기본 글꼴이라고 가정한 것이 된다. 처음에는 괜찮겠지만 다른 개발자가 코드를 재사용하거나 요구 사항이 변경되면 이러한 가정은 쉽게 문제가 될 수 있다. 그림 9.3은 이와 같은 가정이 상위 계층의 코드에 어떻게 영향을 미치는지 보여준다. 기본값을 정의하는 코드의 계층이 낮을수록 그 가정이 적용되는 상위 계층은 더 많아진다.

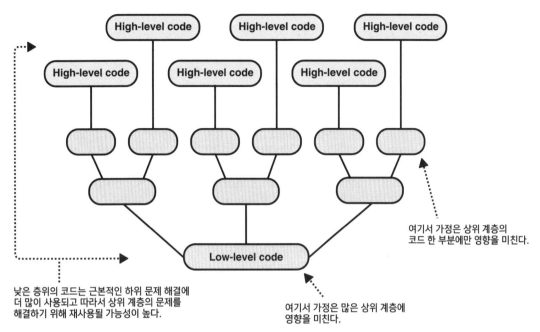

여기서 가정은 상위 계층의
코드 한 부분에만 영향을 미친다.

낮은 층위의 코드는 근본적인 하위 문제 해결에
더 많이 사용되고 따라서 상위 계층의 문제를
해결하기 위해 재사용될 가능성이 높다.

여기서 가정은 많은 상위 계층에
영향을 미친다.

그림 9.3 가정은 상위 계층에 영향을 미친다. 낮은 층위의 코드에서 기본값을 반환하면 높은 층위의 코드에 영향을 미치는 가정을 하는 것이 된다.

2장은 간결한 추상화 계층의 이점을 강조했다. 이를 위한 주요 방법 중 하나는 구별되는 하위 문제를 여러 코드로 분리하는 것이다. UserDocumentSettings 클래스는 이것을 위반한다. 사용자 환경설정을 검색하는 것과 응용 프로그램에 적합한 기본값을 정의하는 것은 별개의 하위 문제다. 그러나 UserDocumentSettings 클래스는 완전히 분리할 수 없는 방식으로 이들을 함께 묶는다. 이렇게 하면 UserDocumentSettings 클래스를 사용하는 모든 사용자는 기본값 구현을 사용할 수밖에 없다. 이보다 더 나은 방법은 별개의 하위 문제로 분리하고 상위 계층의 코드가 자신에게 적합한 방식으로 기본값을 처리할 수 있도록 하는 것이다.

### 9.3.2 해결책: 상위 수준의 코드에서 기본값을 제공하라

기본값에 대한 결정을 UserDocumentSettings 클래스에서 하지 않도록 하기 위한 가장 간단한 방법은 사용자가 제공한 값이 없을 때 널값을 반환하는 것이다. 다음 예제 코드는 이렇게 변경된 클래스를 보여준다.

예제 9.13 널값 반환

```
class UserDocumentSettings {
  private final Font? font;
  ...
```

```
  Font? getPreferredFont() {
    return font;
  }
}
```
사용자가 선호하는 폰트가 없는 경우
널값을 반환한다.

따라서 기본값 제공은 사용자 설정 처리와는 다른 별개의 하위 문제가 된다. 이는 호출하는 쪽에서
원하는 방식으로 이 하위 문제를 해결할 수 있다는 것을 의미하며, 코드의 재사용성을 높여준다. 다
음 예제 코드에서 볼 수 있듯이 상위 수준 코드에서 기본값을 제공하는 하위 문제를 해결하기 위한
전용 클래스를 정의할 수 있다.

예제 9.14 **기본값을 캡슐화하기 위한 클래스**
```
class DefaultDocumentSettings {
  ...

  Font getDefaultFont() {
    return Font.ARIAL;
  }
}
```

그다음 기본값과 사용자가 제공한 값 중에서 선택하는 논리를 DocumentSettings 클래스 안에서 정
의할 수 있을 것이다. 예제 9.15는 이를 위한 코드를 보여준다. 상위 수준의 코드에서 사용할 설정을
결정할 때 DocumentSettings 클래스는 간결한 추상화 계층을 제공한다. 기본값과 사용자가 제공한
값에 대한 모든 구현 세부 정보를 숨기지만, 동시에 의존성 주입을 사용하여 이러한 구현 세부 정보
를 재설정할 수도 있다. 이를 통해 코드의 재사용성과 적응성이 보장된다.

예제 9.15 **설정에 대한 추상화 계층 나열**
```
class DocumentSettings {
  private final UserDocumentSettings userSettings;
  private final DefaultDocumentSettings defaultSettings;

  DocumentSettings(
      UserDocumentSettings userSettings,
      DefaultDocumentSettings defaultSettings) {
    this.userSettings = userSettings;
    this.defaultSettings = defaultSettings;
  }
  ...

  Font getFont() {
```
사용자 설정과 기본값은
의존성 주입으로 제공된다.

```
    Font? userFont = userSettings.getPreferredFont();
    if (userFont != null) {
      return userFont;
    }
    return defaultSettings.getFont();
  }
}
```

예제 9.15에서 if 문을 사용하여 널값을 처리하는 것은 약간 투박하다. C#, 자바스크립트, 스위프
트swift와 같은 많은 언어에서 **널 병합 연산자**null coalescing operator를 사용하여 코드를 훨씬 자연
스럽게 만들 수 있다. 대부분의 언어에서는 nullableValue ?? defaultValue와 같이 작성하는데,
이것이 의미하는 바는 nullableValue가 널이 아니면 nullableValue를 반환하고 널이면 default
Value를 반환한다는 것이다. 예를 들어 C#에서는 getFont() 함수를 다음과 같이 작성할 수 있다.

```
Font getFont() {
  return userSettings.getPreferredFont() ??  ◀──┐  ??는 널 병합 연산자다.
      defaultSettings.getFont();
}
```

---

**기본 반환값 매개변수**

어떤 기본값을 사용할지에 대한 결정을 호출하는 쪽에서 하도록 하면 코드의 재사용성이 향상된다. 그러나 널 병
합 연산자를 지원하지 않는 언어에서 널을 반환하면 호출하는 쪽에서는 널 처리를 위한 반복적인 코드를 작성해
야 한다.

코드의 일부에서 사용하는 한 가지 방법은 기본 반환값 매개변수를 사용하는 것이다. 이에 대한 예로 자바의
Map.getOrDefault() 함수가 있다. 맵에 키값이 있으면 그 값이 반환되지만, 키값이 없는 경우 지정된 기본값이
반환된다. 이 함수에 대한 호출은 다음과 같이 할 수 있다.

```
String value = map.getOrDefault(key, "default value");
```

이렇게 하면 호출하는 쪽에서는 널값을 처리할 필요 없이 적절한 기본값을 결정할 수 있다.

---

기본값은 코드(및 소프트웨어)를 훨씬 쉽게 사용할 수 있으므로 활용할 가치가 충분하다. 하지만 코드
의 어느 부분에서 사용할지 조심하는 것이 바람직하다. 기본값을 반환하면 그 위의 모든 상위 계층
에서 해당 값을 사용할 것이라고 가정하기 때문에 코드 재사용과 적응성을 제한할 수 있다. 낮은 층
위의 코드에서 기본값을 반환하는 것은 특히 문제가 될 수 있다. 단순히 널을 반환하고 더 높은 층위
에서 기본값을 구현하는 것이 나을 수 있는데, 상위 수준에서 상정한 가정은 유효할 가능성이 크다.

## 9.4 함수의 매개변수를 주목하라

8장에서 여러 가지 텍스트 스타일링 옵션을 한데 묶어 캡슐화하는 예를 살펴봤다. 이를 위해 TextOptions 클래스를 정의했는데 아래에 반복해서 다시 보여준다.

예제 9.16 **TextOptions 클래스 나열**

```
class TextOptions {
  private final Font font;
  private final Double fontSize;        여러 가지 스타일링 옵션을
  private final Double lineHeight;      하나로 묶어 캡슐화한다.
  private final Color textColor;

  TextOptions(
      Font font,
      Double fontSize,
      Double lineHeight,
      Color textColor) {
    this.font = font;
    this.fontSize = fontSize;
    this.lineHeight = lineHeight;
    this.textColor = textColor;
  }

  Font getFont() { return font; }
  Double getFontSize() { return fontSize; }
  Double getLineHeight() { return lineHeight; }
  Color getTextColor() { return textColor; }
}
```

함수가 데이터 객체나 클래스 내에 포함된 모든 정보가 있어야 하는 경우에는 해당 함수가 객체나 클래스의 인스턴스를 매개변수로 받는 것이 타당하다. 이렇게 하면 함수 매개변수의 수가 줄어들고 캡슐화된 데이터의 자세한 세부 사항을 처리해야 하는 코드가 필요 없다. 그러나 함수가 한두 가지 정보만 필요로 할 때는 객체나 클래스의 인스턴스를 매개변수로 사용하는 것은 코드의 재사용성을 해칠 수 있다. 다음 하위 절에서는 그 이유를 설명하고 간단한 대안을 제시한다.

### 9.4.1 필요 이상으로 매개변수를 받는 함수는 재사용하기 어려울 수 있다

예제 9.17은 사용자 인터페이스에서 사용할 수 있는 텍스트 상자 위젯의 코드 일부를 보여준다. 이 코드에서 주목해 살펴볼 사항은 다음과 같다.

- TextBox 클래스는 setTextStyle()과 setTextColor()의 두 가지 퍼블릭 함수를 가지고 있다.

두 함수는 모두 TextOptions의 인스턴스를 매개변수로 사용한다.

* setTextStyle() 함수는 TextOptions 내의 모든 정보를 사용하므로 이 함수에 대한 매개변수로 사용하는 것이 좋다.

* setTextColor() 함수는 TextOptions의 텍스트 색상 정보만 필요로 한다. setTextColor() 함수는 TextOptions 내의 다른 값이 필요 없기 때문에 필요 이상으로 많은 매개변수를 받는다.

현재 setTextColor() 함수는 setTextStyle() 함수에서만 호출되기 때문에 문제의 소지가 별로 없다. 그러나 setTextColor() 함수를 재사용하려고 하면 잠시 후에 알게 되겠지만 어려움에 봉착할 수 있다.

예제 9.17 **필요 이상의 매개변수를 받는 함수**

```
class TextBox {
  private final Element textContainer;
  ...

  void setTextStyle(TextOptions options) {
    setFont(...);
    setFontSize(...);
    setLineHight(...);
    setTextColor(options);       setTextColor() 함수를
  }                              호출한다.

  void setTextColor(TextOptions options) {    TextOptions 클래스의 인스턴스를
    textContainer.setStyleProperty(           매개변수로 받는다.
        "color", options.getTextColor().asHexRgb());   텍스트 색상만 사용한다.
  }
}
```

경고 메시지에 대한 스타일을 TextBox에 적용하는 함수를 구현한다고 가정해보자. 이 함수의 요구 사항은 텍스트 색상만 빨간색으로 설정하고 그 외의 모든 스타일 정보는 그대로 유지한다. 이를 위해 TextBox.setTextColor() 함수를 재사용하려 하겠지만 이 함수는 TextOptions의 인스턴스를 매개변수로 사용하기 때문에 간단치가 않다.

예제 9.18은 이에 대한 코드를 보여준다. 텍스트 색상을 빨간색으로 설정하는 것만을 원하지만 이를 위해 그 외의 다른 관련 없는 값으로 전체 TextOptions 인스턴스를 생성해야만 한다. 이 코드는 매우 혼란스러운데 텍스트 색상을 빨간색으로 설정할 뿐만 아니라 글꼴은 Arial, 크기는 12, 줄 높이는 14로 설정하는 것처럼 보인다. 실제로 그렇지는 않지만, TextBox.setTextColor() 함수에 대한 세부 사항을 알고 있어야만 그 점이 명백해진다.

예제 9.18 **너무 많은 매개변수를 받는 함수**

```
void styleAsWarning(TextBox textBox) {
  TextOptions style = new TextOptions(
      Font.ARIAL,
      12.0,          ─┐ 관련 없고
      14.0            │ 일부러 만들어 낸 값
      Color.RED);
  textBox.setTextColor(style);
}
```

TextBox.setTextColor() 함수의 전체 요지는 텍스트 색상만 설정한다는 것이다. 따라서 전체 Text
Options 인스턴스를 매개변수로 사용할 필요가 없다. 그렇게 하는 것은 불필요함을 넘어, 누군가가
그 기능을 조금 다른 상황에 재사용하고자 할 때 해로운 영향을 끼친다. 함수는 필요한 것만 매개변
수로 받는 것이 더 바람직하다.

## 9.4.2 해결책: 함수는 필요한 것만 매개변수로 받도록 하라

TextBox.setTextColor() 함수가 TextOptions에서 유일하게 사용하는 것은 텍스트 색상이다. 따라
서 함수는 전체 TextOptions 인스턴스를 사용하는 대신 Color 인스턴스를 매개변수로 사용할 수 있
다. 다음 예제 코드는 이렇게 변경된 TextBox 클래스를 보여준다.

예제 9.19 **필요한 것만 받는 함수**

```
class TextBox {
  private final Element textElement;
  ...

  void setTextStyle(TextOptions options) {
    setFont(...);
    setFontSize(...);
    setLineHight(...);
    setTextColor(options.getTextColor());  ◀─┐ setTextColor() 함수는
  }                                           │ 텍스트 색상만으로 호출한다.

                                            ┌ 매개변수로
  void setTextColor(Color color) {  ◀───────┘ Color 인스턴스를 받는다.
    textElement.setStyleProperty("color", color.asHexRgb());
  }
}
```

이제 styleAsWarning() 함수는 훨씬 더 간단해지고 혼란도 줄어든다. 관련 없는 값을 일부러 만들
어 TextOptions 인스턴스를 생성할 필요가 없다.

```
void styleAsWarning(TextBox textBox) {
  textBox.setTextColor(Color.RED);
}
```

일반적으로 함수가 필요한 것만 받도록 하면 코드는 재사용성이 향상되고 이해하기도 쉬워진다. 하지만 이와 관련해서 어떻게 할지 자신이 판단하는 것이 좋다. 10가지 항목을 캡슐화하는 클래스가 있고 그중 8개를 필요로 하는 함수가 있다면, 캡슐화 객체 전체를 함수에 전달하는 것이 합리적이다. 캡슐화된 객체 대신 8개의 값을 전달하는 것은 이전 장에서 살펴본 대로 모듈성을 해칠 수 있다. 많은 것들이 그렇듯 모든 상황에 적용되는 한 가지 정답은 없으며, 취하고 있는 방법의 장단점과 초래할 결과를 알고 있는 것이 좋다.

## 9.5 제네릭의 사용을 고려하라

클래스는 종종 다른 유형 혹은 클래스의 인스턴스나 참조를 갖는다. 이것의 대표적인 예는 리스트 클래스다. 문자열 리스트가 있으면 리스트 클래스는 문자열 클래스의 인스턴스를 갖는다. 리스트에 항목을 저장하는 것은 매우 일반적인 하위 문제다. 어떤 경우에는 문자열 리스트가 필요하지만 다른 경우에는 정수 리스트가 필요할 수 있다. 문자열과 정수를 저장하기 위해 완전히 다른 별개의 리스트 클래스가 필요하다면 상당히 번거로울 것이다.

다행히도 많은 언어가 **제네릭** generic 혹은 **템플릿** template 을 지원한다. 제네릭을 통해 참조하는 모든 유형을 구체적으로 명시할 필요 없이 클래스를 작성할 수 있다. 리스트의 경우 동일한 클래스를 사용하여 원하는 유형을 쉽게 저장할 수 있는데 여러 가지 유형을 저장하는 예는 다음과 같다.

```
List<String> stringList = ["hello", "world"];

List<Int> intList = [1, 2, 3];
```

다른 클래스를 참조하는 코드를 작성하지만 그 클래스가 어떤 클래스인지 신경 쓰지 않는다면 제네릭의 사용을 고려해야 한다. 제네릭을 사용하면 아주 적은 양의 추가 작업이 있긴 하지만 코드의 일반화가 크게 향상된다. 다음 하위 절에서 이에 대한 예가 나온다.

### 9.5.1 특정 유형에 의존하면 일반화를 제한한다

단어 맞히기 게임을 개발한다고 가정해보자. 게임 참여자들이 각각 단어를 제출한 다음 돌아가면서 한 단어씩 동작으로 설명하면 다른 선수들이 어떤 단어인지 맞혀야 한다. 해결해야 할 하위 문제 중 하나는 단어 모음을 저장하는 것이다. 또한 한 단어씩 무작위로 선택할 수 있어야 하고, 제한 시간 내에 맞히지 못한다면 그 단어는 다시 단어 모음에 들어가야 한다.

무작위 큐를 구현함으로써 이 하위 문제를 해결하기로 결정한다면 예제 코드 9.20은 이것을 구현하는 RandomizedQueue 클래스를 보여준다. 이 클래스는 문자열의 모음collection을 저장한다. add() 는 새 문자열을 추가하고 getNext()는 모음에서 임의의 문자열을 삭제하고 그 문자열을 반환한다. RandomizedQueue 클래스는 String에 대한 의존도가 높기 때문에 다른 유형을 저장하는 데는 사용할 수 없다.

예제 9.20 **문자열 유형을 하드 코딩해서 사용**

```
class RandomizedQueue {
  private final List<String> values = [];

  void add(String value) {
    values.add(value);
  }

  /**
   * 큐로부터 무작위로 한 항목을 삭제하고 그 항목을 반환한다.
   */
  String? getNext() {
    if (values.isEmpty()) {
      return null;
    }
    Int randomIndex = Math.randomInt(0, values.size());
    values.swap(randomIndex, values.size() - 1);
    return values.removeLast();
  }
}
```

하드 코드로
String을 사용

이 코드에서와 같이 RandomizedQueue를 구현하면 문자열로 표현될 수 있는 단어를 저장하는 특정한 유형의 문제는 해결하지만 다른 유형의 동일한 하위 문제를 해결할 수 있을 만큼 일반화되어 있지는 않다. 게임 참여자가 단어 대신 사진을 보고 설명하고 그 외 나머지는 다 동일한 게임을 다른 팀에서 개발한다고 가정해보자. 두 게임 사이의 많은 하위 문제들은 거의 동일하지만 문자열을 사용하도록 하드 코딩되어 있기 때문에 이 코드는 다른 팀이 풀어야 할 하위 문제를 해결해 줄 만큼 일반화되지 않은 상태다. 코드가 일반화되어 거의 동일한 하위 문제를 해결할 수 있다면 훨씬 더 바람직할 것이다.

## 9.5.2 해결책: 제네릭을 사용하라

RandomizedQueue 클래스의 경우 제네릭을 사용하면 코드를 일반화하는 것이 아주 쉽다. 하드 코딩으로 String에 대한 의존성을 갖는 대신, 이 클래스를 나중에 사용할 때 어떤 유형을 사용할지 지시할 수 있는 자리 표시자(또는 템플릿)를 지정할 수 있다. 예제 9.21은 RandomizedQueue 클래스가 제네릭을 사용하는 경우를 보여준다. 클래스 정의는 class RandomizedQueue<T>로 시작한다. <T>는 컴파일러에게 T가 타입의 자리 표시자로 사용할 것이라고 알려준다. 이렇게 하면 클래스 정의에서 T를 실제 유형인 것처럼 사용할 수 있다.

예제 9.21 **제네릭 사용**

T는 제네릭의 유형에 대한 자리 표시자다.

```
class RandomizedQueue<T> {
  private final List<T> values = [];

  void add(T value) {
    values.add(value);
  }

  /**
   * 큐에서 무작위로 한 항목을 삭제한 후에 그 항목을 반환한다.
   */
  T? getNext() {
    if (values.isEmpty()) {
      return null;
    }
    Int randomIndex = Math.randomInt(0, values.size());
    values.swap(randomIndex, values.size() - 1);
    return values.removeLast();
  }
}
```

유형 자리 표시자는 클래스 내에서 사용할 수 있다.

RandomizedQueue 클래스는 이제 원하는 어떤 것이라도 저장할 수 있으므로 단어를 사용하는 게임 버전에서는 다음과 같이 문자열을 저장하는 클래스로 정의할 수 있다.

```
RandomizedQueue<String> words = new RandomizedQueue<String>();
```

사진을 저장하고자 하면 다음과 같이 사진을 저장하는 클래스로 쉽게 정의할 수 있다.

```
RandomizedQueue<Picture> pictures =
    new RandomizedQueue<Picture>();
```

예제 9.21 코드에서 getNext() 함수는 큐가 비어 있으면 널을 반환한다. 널값을 큐에 저장하지 않는 한 이 방법은 문제가 없고 이렇게 가정하는 것은 합리적이다(3장에서 논의한 것처럼 확인(check)이나 어서션(assertion)을 사용해 이 가정을 강제로 적용하는 것을 고려할 수 있다).

RandomizedQueue<String?>과 같이 정의하고 널값을 대기열에 저장하려 한다면 문제가 될 수 있다. getNext()가 널값을 반환할 때 이것이 큐 내에 존재하는 널값인지 아니면 큐가 비어 있다는 것인지 구별할 수 없기 때문이다. 이런 경우를 지원하고자 한다면 getNext()를 호출하기 전에 큐가 비어 있지 않은지 확인할 수 있는 hasNext() 함수를 제공할 수 있다.

높은 수준의 문제를 하위 문제로 세분화하다 보면 다양한 사례에 적용할 수 있는 매우 근본적인 문제를 접한다. 하위 문제에 대한 해결책이 모든 데이터 유형에 쉽게 적용될 수 있을 때 특정 유형에 의존하는 대신 제네릭을 사용하더라도 추가적인 노력이 거의 들어가지 않는다. 이렇게 하면 코드는 보다 더 일반화되고 재사용이 가능하다는 측면에서 쉽게 효과를 볼 수 있다.

## 요약

- 동일한 하위 문제가 자주 발생하므로 코드를 재사용하면 미래의 자신과 팀 동료의 시간과 노력을 절약할 수 있다.
- 다른 개발자 여러분이 해결하려는 문제와는 다른 상위 수준의 문제를 해결하더라도 특정 하위 문제에 대해서는 여러분이 작성한 해결책을 재사용할 수 있도록 근본적인 하위 문제를 식별하고 코드를 구성하도록 노력해야 한다.
- 간결한 추상화 계층을 만들고 코드를 모듈식으로 만들면 코드를 재사용하고 일반화하기가 훨씬 쉽고 안전해진다.
- 가정을 하게 되면 코드는 종종 더 취약해지고 재사용하기 어렵다는 측면에서 비용이 발생한다.
  - 가정을 하는 경우의 이점이 비용보다 큰지 확인하라.
  - 가정을 해야 할 경우 그 가정이 코드의 적절한 계층에 대해 이루어지는 것인지 확인하고 가능하다면 가정을 강제적으로 적용하라.
- 전역 상태를 사용하면 특히 비용이 많이 발생하는 가정을 하는 것이 되고 재사용하기에 전혀 안전하지 않은 코드가 된다. 대부분의 경우 전역 상태를 피하는 것이 가장 바람직하다.

PART

# III

## 단위 테스트

올바르게 작동하는 (그리고 계속해서 올바르게 작동하는) 코드와 소프트웨어를 만들기 위해 테스트는 필수적이다. 1장에서 논의한 바와 같이 다양한 수준의 테스트가 있지만, 일반적으로 개발자가 가장 많이 작업하고 다루는 것은 단위 테스트다. 단위 테스트가 코드를 작성한 뒤에 다뤄야 할 부가적인 사항이기 때문에 단위 테스트에 대한 내용이 이 책의 끝부분에 배치되어 있다고 오해하지 말기를 바란다. 이전 장에서 보았듯이 테스트와 테스트 용이성은 코드를 작성하는 동안 내내 고려해야 할 사항이다. 10장에서 살펴보겠지만, 심지어 코드를 작성하기 전에 테스트 코드를 먼저 작성해야 한다는 주장도 있다.

이 책의 3부는 두 장으로 나뉘어 있다. 10장에서는 단위 테스트의 몇 가지 기본 원칙, 즉 테스트를 통해 달성하고자 하는 것과 테스트 더블 같은 몇 가지 기본 개념을 다룬다. 11장에서는 10장의 논의를 바탕으로 단위 테스트의 목표를 달성하는 데 도움이 될 수 있는 보다 실질적인 고려 사항과 기법을 살펴본다.

PART III

*Unit test*

# 10

# 단위 테스트의 원칙

**이 장에서는 다음과 같은 내용을 다룬다.**

- 단위 테스트의 기본 사항
- 좋은 단위 테스트가 되기 위한 조건
- 테스트 더블
- 테스트 철학

개발자가 코드를 수정할 때 무심결에 잘 작동하던 코드를 돌아가지 않게 만들거나, 실수를 저지를 위험이 항상 도사리고 있다. 심지어 아주 사소하고 좋은 의도에서 변경된 것처럼 보여도 나쁜 결과를 가져올 수 있다. 시스템이 멈추면 개발자가 하는 유명한 말이 있다. "딱 한 줄 고쳤는데요." 코드 변경은 언제나 위험하기 때문에 코드가 처음 작성될 때 그리고 수정될 때마다 코드가 의도한 대로 작동한다는 것을 스스로 확신할 수 있는 방법이 필요하다. 테스트는 이런 확신을 하기 위한 주된 방법이다.

개발자로서 우리는 보통 자동화된 테스트를 작성하는 데 집중한다. 즉, '실제' 코드가 올바르게 작동하는지 확인하기 위해 '실제' 코드를 실행해보는 테스트 코드를 작성한다. 1장에서는 테스트 수준이 어떻게 다른지, 특히 단위 테스트가 어떻게 개발자의 일상적인 작업에서 가장 자주 다루는 테스트 수준인지를 살펴봤다. 따라서 우리는 이 마지막 두 장에서 단위 테스트를 집중적으로 살펴본다.

이 시점에서 **단위 테스트**unit test에 대해 정확한 정의를 내리는 것이 유용할 테지만, 안타깝게도 정확하게 내려진 정의가 없다. 단위 테스트는 상대적으로 격리된 방식으로 코드의 구별되는 단위를 테스트하는 것에 관한 것이다. **코드의 단위**unit of code라는 것이 정확히 의미하는 바는 다양할 수 있지만, 특정 클래스, 함수, 코드 파일을 의미할 때가 많다. **상대적으로 격리된 방식**relatively isolated manner이라고 할 때 이것이 의미하는 바도 역시 다양하고 해석의 여지가 있다. 대부분의 코드는 격리되어 있지 않고, 다른 수많은 코드에 의존한다. 10.4.6절에서 살펴보겠지만, 어떤 개발자들은 단위 테스트에서 테스트 대상이 되는 코드가 의존하는 코드를 차단하려고 하는 반면, 다른 개발자들은 의존하는 코드를 포함해서 테스트하는 것을 선호한다.

단위 테스트에 대한 정확한 정의가 없다고 해도 일반적으로 큰 문제가 되지 않는다. 단위 테스트를 구성하고 있는 것이 정확히 무엇인지, 그리고 정확한 정의가 없음에도 일부러 정의를 고안해 내고 자신이 작성하는 테스트가 그 정의에 정확히 부합하는지에 대해 너무 집착하지 않는 것이 좋다. 궁극적으로 중요한 것은 코드를 잘 테스트하고 이 작업을 유지보수할 수 있는 방법으로 수행하는 점이다. 이 장에서는 이를 달성하는 데 도움이 될 수 있도록 단위 테스트의 몇 가지 핵심 원칙을 다룬다. 11장에서는 이를 바탕으로 여러 가지 실제적인 기법을 논의할 것이다.

# 10.1 단위 테스트 기초

전문 개발자로서 소프트웨어를 작성한 적이 없다면 단위 테스트를 해본 적이 없을 것이다. 그런 독자라면 이 장과 다음 장을 이해하는 데 필요한 중요한 세부 내용을 이 절에서 신속하게 살펴볼 수 있다.

단위 테스트와 관련하여 기억해야 할 몇 가지 중요한 개념과 용어는 다음과 같다.

- **테스트 중인 코드**code under test : '실제 코드'라고도 하고 테스트의 대상이 되는 코드를 의미한다.
- **테스트 코드**test code : 단위 테스트를 구성하는 코드를 가리킨다. 테스트 코드는 일반적으로 '실제 코드'와는 별도의 파일에 있지만, 실제 코드의 파일과 테스트 코드의 파일 사이에 일대일 매핑이 있는 경우가 많기 때문에 GuestList.lang이라는 파일에 실제 코드가 있다면 단위 테스트 코드는 GuestListTest.lang이라는 파일에 있다. 때로는 실제 코드와 테스트 코드가 같은 디렉터리에 서로 나란히 있기도 하고, 때로는 테스트 코드가 코드베이스의 완전히 다른 부분에 있을 때도 있다. 이것은 언어마다 팀마다 다르다.

- **테스트 케이스**<sub></sub>test case : 테스트 코드의 각 파일에는 일반적으로 여러 테스트 케이스가 있고, 각 테스트 케이스는 특정 동작이나 시나리오를 테스트한다. 실제로 테스트 케이스는 일반적으로 함수이고 가장 단순한 테스트 케이스가 아니라면 보통 다음과 같이 세 개의 섹션으로 나뉘어져 있다.
  - **준비** arrange : 테스트할 특정 동작을 호출하려면 먼저 몇 가지 설정을 수행해야 하는 경우가 많다. 예를 들어 일부 테스트 값을 정의하거나, 의존성을 설정하거나, 테스트 대상이 되는 클래스의 인스턴스를 올바르게 설정하고 생성하는 것 등이 포함된다. 이것은 종종 테스트 케이스의 시작 부분에서 별개의 코드 블록으로 배치된다.
  - **실행** act : 테스트 중인 동작을 실제로 호출하는 코드를 나타낸다. 이것은 일반적으로 테스트 대상이 되는 코드에 존재하는 함수를 호출하는 것을 수반한다.
  - **단언** assert : 테스트 중인 동작이 실행되고 나면 실제로 올바른 일이 발생했는지 확인해야 한다. 여기에는 일반적으로 반환값이 예상한 값과 같거나 일부 결과 상태가 예상과 같은지 확인하는 작업이 포함된다.
- **테스트 러너** test runner : 이름에서 알 수 있듯이 테스트 러너는 실제로 테스트를 실행하는 도구다. 테스트 코드 파일(또는 테스트 코드의 여러 파일)이 주어지면 각 테스트 케이스를 실행하고 통과 혹은 실패한 케이스에 대한 자세한 결과를 출력한다.

그림 10.1은 이 개념과 용어들이 서로 어떻게 연결되는지 보여준다.

> **NOTE** **주어진(given), 때(when), 그리고 나면(then)**
>
> 일부 개발자는 준비, 실행, 단언이라는 용어보다 주어진(given), 때(when), 그리고 나면(then)이라는 용어를 선호한다. 테스트 철학에 따라 이러한 다른 용어를 사용하는 것을 옹호하는 듯한 뉘앙스가 있지만, 테스트 케이스 내의 코드의 맥락에서 보면 용어가 의미하는 바는 동일하다.

테스트의 중요성은 너무 자주 언급되어 진부하게 들릴 수 있다. 진부하든 아니든 테스트는 중요하다. 요즘 대부분의 전문적인 소프트웨어 개발 환경에서는 거의 모든 '실제 코드'에 단위 테스트가 동반되는 것으로 생각한다. 그리고 '실제 코드'가 보여주는 모든 동작에는 테스트 케이스가 있을 것이라고 예상한다. 이것이 이상적이고 그렇게 되도록 노력해야 한다.

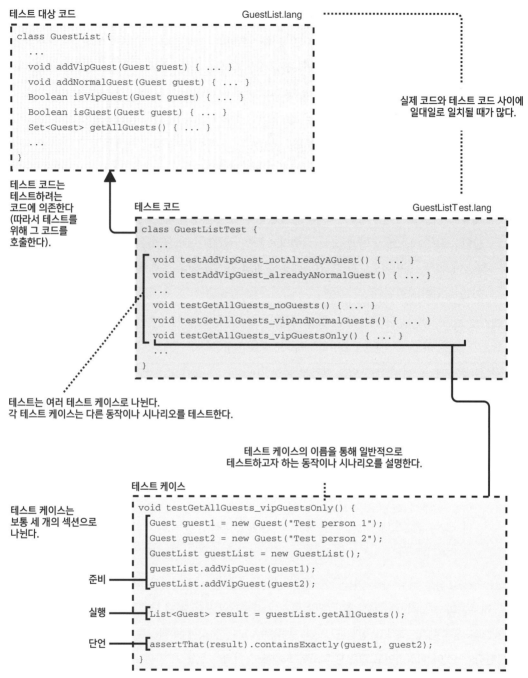

GuestList.lang

```
class GuestList {
  ...
  void addVipGuest(Guest guest) { ... }
  void addNormalGuest(Guest guest) { ... }
  Boolean isVipGuest(Guest guest) { ... }
  Boolean isGuest(Guest guest) { ... }
  Set<Guest> getAllGuests() { ... }
  ...
}
```

실제 코드와 테스트 코드 사이에
일대일로 일치될 때가 많다.

테스트 코드는
테스트하려는
코드에 의존한다
(따라서 테스트를
위해 그 코드를
호출한다).

테스트 코드                                                                GuestListT est.lang

```
class GuestListTest {
  ...
  void testAddVipGuest_notAlreadyAGuest() { ... }
  void testAddVipGuest_alreadyANormalGuest() { ... }
  ...
  void testGetAllGuests_noGuests() { ... }
  void testGetAllGuests_vipAndNormalGuests() { ... }
  void testGetAllGuests_vipGuestsOnly() { ... }
  ...
}
```

테스트는 여러 테스트 케이스로 나뉜다.
각 테스트 케이스는 다른 동작이나 시나리오를 테스트한다.

테스트 케이스의 이름을 통해 일반적으로
테스트하고자 하는 동작이나 시나리오를 설명한다.

테스트 케이스

테스트 케이스는
보통 세 개의 섹션으로
나뉜다.

```
void testGetAllGuests_vipGuestsOnly() {
  Guest guest1 = new Guest("Test person 1");
  Guest guest2 = new Guest("Test person 2");
  GuestList guestList = new GuestList();
  guestList.addVipGuest(guest1);
  guestList.addVipGuest(guest2);

  List<Guest> result = guestList.getAllGuests();

  assertThat(result).containsExactly(guest1, guest2);
}
```

준비

실행

단언

그림 10.1 **다양한 단위 테스트 개념의 연관성**

기존 코드의 일부가 이러한 이상이나 기대에 부응하지 못하고 특히 테스트가 부실한 코드베이스를 쉽게 발견할 수 있을 것이다. 하지만 그런 코드가 존재한다고 해서 이런 이상에서 벗어나 우리 자신의 기준을 낮추기 위한 변명이 돼서는 안 된다. 나쁘거나 부적절하게 테스트된 코드는 언젠가 사고가 날 수밖에 없다. 길건 짧건 소프트웨어를 개발해 온 개발자라면 대부분 형편없는 테스트로 인해 겪었던 몇 가지 공포스러운 경험담을 말할 수 있을 것이다.

형편없는 테스트라고 말할 수 있는 가장 명백한 경우는 테스트가 아예 존재하지 않는 경우지만, 이것만이 유일한 경우는 아니다. 훌륭한 테스트를 하기 위해서는 테스트만 있다고 되는 것이 아니라, 좋은 테스트가 필요하다. 다음 절에서는 이것이 의미하는 바를 정의한다.

## 10.2 좋은 단위 테스트는 어떻게 작성할 수 있는가?

액면 그대로의 단위 테스트는 매우 간단해보일지 모른다. 실제 코드가 작동하는지 확인하기 위해 테스트 코드를 작성하기만 하면 된다. 안타깝게도 이는 기만적인 것이며, 수년 동안 많은 개발자가 쉽게 단위 테스트를 잘못된 방식으로 작성해 왔다. 단위 테스트에서 문제가 발생하면 유지 관리가 매우 어렵고, 버그가 테스트 코드에서 발견되지 못하고 배포한 뒤에 발생할 수도 있다. 그러므로 어떻게 해야 좋은 단위 테스트가 되는지 생각해보는 것이 중요하다. 이를 위해 좋은 단위 테스트가 가져야 할 5가지 주요 기능을 정의한다.

- **훼손의 정확한 감지**: 코드가 훼손되면 테스트가 실패한다. 그리고 테스트는 코드가 실제로 훼손된 경우에만 실패해야 한다.
- **세부 구현 사항에 독립적**: 세부 구현 사항을 변경하더라도 테스트 코드는 변경하지 않는 것이 이상적이다.
- **잘 설명되는 실패**: 코드가 잘못되면 테스트는 실패의 원인과 문제점을 명확하게 설명해야 한다.
- **이해할 수 있는 테스트 코드**: 다른 개발자들이 테스트 코드가 정확히 무엇을 테스트하기 위한 것이고 테스트가 어떻게 수행되는지 이해할 수 있어야 한다.
- **쉽고 빠르게 실행**: 개발자는 일상 작업 중에 단위 테스트를 자주 실행한다. 단위 테스트가 느리거나 실행이 어려우면 개발 시간이 낭비된다.

다음 하위 절에서는 이러한 목표에 대해 자세히 설명한다.

## 10.2.1 훼손의 정확한 감지

단위 테스트의 가장 명확하고 주된 목표는 코드가 훼손되지 않았는지 확인하는 것이다. 즉, 코드가 의도된 대로 수행하며 버그가 없다는 것을 확인하는 것이다. 테스트 중인 코드가 어떤 식으로든 훼손되면 컴파일되지 않거나 테스트가 실패해야 한다. 이것은 매우 중요한 두 가지 역할을 수행한다.

- **코드에 대한 초기 신뢰를 준다.** 아무리 신중하게 코드를 작성해도 실수는 있기 마련이다. 새로운 코드나 코드 변경 사항과 함께 철저한 테스트 코드를 작성하면 코드가 코드베이스로 병합되기 전에 이러한 실수를 발견하고 수정할 수 있다.
- **미래의 훼손을 막아준다.** 3장에서 코드베이스는 여러 개발자에 의해 변경 작업이 지속적으로 활발하게 이루어지는 장소라는 점을 살펴봤다. 어느 시점에 다른 개발자가 코드를 변경하는 과정에서 실수로 코드를 훼손할 가능성이 크다. 이것에 대한 유일한 효과적인 방어 방법은 코드가 컴파일을 중지하거나 테스트가 실패하는 것이다. 어떤 것이 고장 났을 때 코드가 컴파일을 멈추도록 하는 것은 불가능하므로 모든 올바른 동작을 테스트를 통해 확인하는 것이 절대적으로 중요하다. 코드 변경(또는 다른 이벤트)으로 인해 잘 돌아가던 기능이 작동하지 않는 것을 **회귀**regression 라고 한다. 이러한 회귀를 탐지할 목적으로 테스트를 실행하는 것을 **회귀 테스트** regression test 라고 한다.

정확성의 또 다른 측면을 고려하는 것도 중요하다. 테스트 대상 코드가 실제로 훼손된 경우에만 테스트가 실패해야 한다. 방금 논의한 내용에 따르면 당연히 그렇게 될 것 같지만 실제로는 그렇지 않은 경우가 많다. 논리적 오류를 경험한 적이 있는 사람이라면 누구나 알겠지만, '코드가 훼손되면 반드시 실패한다'는 것이 반드시 '코드가 훼손될 때만 테스트가 실패한다'는 것을 의미하는 것은 아니다.

테스트 대상 코드가 정상임에도 불구하고 때로는 통과하고 때로는 실패하는 테스트를 **플래키**flakey 라고 한다. 이것은 보통 무작위성, 타이밍 기반 레이스timing-based race 조건, 외부 시스템에 의존하는 등의 테스트의 비결정적indeterministic 동작에 기인한다. 플래키 테스트의 가장 분명한 단점은 개발자들이 결국에는 아무것도 아닌 것으로 판명 날 실패의 원인을 찾느라 시간을 낭비한다는 점이다. 하지만 플래키 테스트는 언뜻 보기보다 훨씬 더 위험하다. '양치기 소년' 우화를 알고 있는 사람이라면 누구나 그 이유를 이해할 것이다. 만약 테스트가 계속해서 실패하면서 코드가 훼손됐다고 잘못된 경고를 보인다면, 이내 그 경고를 무시하게 될 것이다. 정말 짜증나면 아예 테스트를 비활성화할 수도 있다. 더 이상 아무도 테스트 실패에 주의를 기울이지 않는다면 테스트가 없는 상황과 다를 바 없다. 그렇게 되면 코드는 앞으로 일어날 훼손으로부터 보호되지 못하고, 버그가 유입될 가능성이 커진다. 코드에서 어떤 부분이 훼손될 때 그리고 오직 훼손된 경우에만 테스트가 실패하도록 하는 것은 매우 중요하다.

## 10.2.2 세부 구현 사항에 독립적

일반적으로 개발자가 코드베이스에 가할 수 있는 변경은 두 가지 종류가 있다.

- **기능적 변화**: 이것은 코드가 외부로 보이는 동작을 수정한다. 예를 들어 새로운 기능 추가, 버그 수정, 에러 처리 등이 있다.
- **리팩터링**refactoring : 이것은 큰 함수를 작은 함수로 분할하거나 재사용하기 쉽도록 일부 유틸리티 코드를 다른 파일로 옮기는 등의 코드의 구조적 변화를 의미한다. 리팩터링이 올바르게 수행되더라도 이론적으로는 코드의 외부에서 보이는 동작(또는 기능적 속성)이 변경되면 안 된다.

이 중 첫 번째(기능적 변화)는 코드를 사용하는 모든 사람에게 영향을 미치므로 이러한 종류의 변경을 가하기 전에 코드를 호출하는 쪽을 신중히 고려해야 한다. 기능적인 변경은 코드의 동작을 수정하기 때문에 테스트도 수정해야 할 것으로 기대하고 예상한다. 그렇지 않다면 아마도 원래 테스트가 충분히 이루어지지 않았을 수 있다.

두 번째(리팩터링) 경우에는 코드를 사용하는 사람에게 영향을 미치지 않아야 한다. 구현 세부 사항을 변경하고 있지만 다른 사용자가 주의해야 할 행동은 없다. 그러나 코드를 수정하는 것은 항상 위험하며 리팩터링도 다를 바 없다. 우리의 의도는 코드의 구조만 수정하는 것인데 그 과정에서 실수로 코드의 동작을 변경하지 않았다는 것을 어떻게 확실히 알 수 있을까?

이 질문에 대한 답을 얻기 위해 리팩터링을 하기로 결정하기 훨씬 전에 원래의 단위 테스트를 작성할 때 가능했던 두 가지 접근 방식을 고려해보자.

- **접근 방식 A**: 테스트는 코드의 모든 동작을 확인할 뿐만 아니라 다양한 구현 세부 사항도 확인한다. 프라이빗 함수를 테스트 코드에서 접근할 수 있도록 만들어 테스트하고, 프라이빗 멤버 변수 및 의존성을 직접 조작하여 상태를 시뮬레이션하며, 코드가 실행된 후 다양한 멤버 변수의 상태를 검증한다.
- **접근 방식 B**: 동작만 테스트할 뿐 구현 세부 사항은 확인하지 않는다. 코드의 공개 API를 사용하여 상태를 설정하고 할 수 있는 곳에서 동작을 확인한다. 그리고 프라이빗 변수나 함수를 사용하여 어떠한 것도 조작하거나 검증하지 않는다.

이제 몇 달 후에 코드를 리팩터링하면 어떻게 되는지 생각해보자. 리팩터링을 올바르게 수행할 경우 구현 세부 정보만 변경되어야 하며 외부에서 볼 수 있는 동작에는 영향을 미치지 않아야 한다. 만약 외부에서 보이는 행동들이 영향을 받는다면, 리팩터링이 잘못된 것이다. 이 두 가지 서로 다른 테스트 방식을 사용한 경우 리팩터링으로 인해 어떤 결과가 발생하는지 생각해보자.

- **접근 방식 A**: 리팩터링을 올바르게 수행했는지 여부와 관계없이 테스트가 실패하기 시작할 것이며 테스트를 다시 통과하려면 테스트 코드를 많이 변경해야 한다. 다른 프라이빗 함수를 테스트하고, 다른 프라이빗 멤버 변수와 의존성으로 상태를 설정하고, 코드가 실행된 후 다른 멤버 변수를 확인해야 한다.
- **접근 방식 B**: 리팩터링을 올바르게 수행했다면 테스트 코드를 수정할 필요 없이 테스트는 여전히 통과할 것이다. 만약 테스트가 실패한다면, 리팩터링이 잘못됐다는 것이 분명하다. 왜냐하면 테스트 실패는 리팩터링하면서 부주의로 외부로 보이는 동작을 바꾼 것을 의미하기 때문이다.

접근 방식 A에서는 코드를 리팩터링할 때 코드의 동작을 바꾸는 실수를 하지 않았다고 확신하기 어렵다. 테스트의 실패가 코드의 동작을 바꾼 것 때문이라면 코드를 다시 수정해야 하고, 그렇지 않다면 내부 구현만 변경한 것이기 때문에 테스트 코드를 수정해야 하는데, 테스트 코드의 어느 부분에서 실패가 예상되는지 파악하기가 쉽지 않다. 접근 방식 B에서는 리팩터링에 대한 확신을 갖기가 매우 쉽다. 테스트가 여전히 통과된다면 리팩터링이 잘 된 것이고, 테스트가 실패한다면 코드의 동작을 변경한 실수를 범한 것이다.

> ### 기능 변경과 리팩터링을 같이 하지 말라
>
> 코드베이스를 변경할 때 일반적으로 기능만 변경하거나 리팩터링만 해야지 두 가지 작업을 동시에 수행하는 것은 좋지 않다.
>
> 리팩터링은 어떠한 동작도 변경하지 않지만, 기능 변경은 동작을 변경한다. 기능적 변화와 리팩터링을 동시에 하면 기능적 변화로 예상되는 동작의 변화와 리팩터링의 실수로 발생하는 동작의 변화를 구분하기 어려울 수 있다. 보통 리팩터링을 한 다음 기능 변경을 따로 하는 것이 좋다. 이렇게 하면 잠재적인 문제의 원인을 분리하기가 훨씬 더 쉬워진다.

코드는 자주 리팩터링된다. 성숙한 코드베이스에서는 리팩터링의 양이 작성된 새 코드의 양을 초과할 수 있으므로 리팩터링 시 코드가 훼손되지 않도록 하는 것이 가장 중요하다. 테스트가 구현 세부 정보에 의존하지 않으면 코드 리팩터링에 실수가 있었는지 확인해주는 테스트 결과를 신뢰할 수 있다.

## 10.2.3 잘 설명되는 실패

앞서 몇 개의 하위 절에서 살펴본 것처럼 테스트의 주요 목적 중 하나는 미래의 훼손으로부터 코드를 보호하는 것이다. 일반적인 경우는 개발자가 변경한 코드로 인해 다른 사람이 작성한 코드가 동작을 하지 않는 것이다. 테스트는 실패하기 시작하고, 테스트 결과는 개발자에게 그들이 무언가를 고장 냈다는 것을 알린다. 개발자는 테스트 실패에 대한 자세한 내용을 살펴보고 무엇이 문제인지 알아낸다. 개발자는 그들이 무심코 망가뜨린 코드를 잘 모를 수 있기 때문에 테스트 실패가 무엇이 잘못됐는지 알려주지 않는다면 그것을 알아내기 위해 많은 시간을 낭비해야 한다.

테스트가 코드에서 동작하지 않는 부분을 명확하고 정확하게 설명하려면 문제가 발생했을 때 어떤 실패 메시지를 만들어낼지, 그리고 이것이 다른 개발자에게 유용할지 생각해볼 필요가 있다. 그림 10.2는 테스트 실패 시 가능한 두 가지 실패 메시지를 보여준다. 첫 번째 메시지는 이벤트를 받는 것이 잘못되었지만 무엇이 정확히 잘못되었는지에 대한 정보를 전혀 제공하지 않는다. 반면에 두 번째 메시지는 무엇이 잘못되었는지에 대해 상당히 명확하게 설명해주는데, 받은 이벤트가 시간 순서대로 되어 있지 않은 것이 문제라는 것을 메시지로부터 알 수 있다.

실패에 대한 자세한 내용을 보여주지 않는 테스트 실패

테스트 케이스의 이름으로부터 어떤 동작을 테스트하는지 알 수 없다.

```
Test case testGetEvents failed:
Expected: [Event@ea4a92b, Event@3c5a99da]
But was actually: [Event@3c5a99da, Event@ea4a92b]
```

실패 메시지가 이해하기 어렵다.

실패에 대한 자세한 내용을 잘 설명해주는 테스트 실패

테스트 케이스의 이름으로부터 어떤 동작이 테스트되고 있는지 알 수 있다.

```
Test case testGetEvents_inChronologicalOrder failed:
Contents match, but order differs
Expected:
  [<Spaceflight, April 12, 1961>, <Moon Landing, July 20, 1969>]
But was actually:
  [<Moon Landing, July 20, 1969>, <Spaceflight, April 12, 1961>]
```

실패 메시지가 명확하다.

그림 10.2 단지 잘못됐다고만 알려주는 테스트보다 무엇이 잘못되었는지 명확하게 설명하는 테스트 실패가 훨씬 더 유용하다.

테스트 실패가 잘 설명되도록 하는 좋은 방법 중 하나는 하나의 테스트 케이스는 한 가지 사항만 검사하고 각 테스트 케이스에 대해 서술적인 이름을 사용하는 것이다. 이렇게 하면 한 번에 모든 것을 테스트하려고 하는 하나의 큰 테스트 케이스보다 각각의 특정 동작을 확인하기 위한 작은 테스트 케이스가 많이 만들어진다. 테스트가 실패할 때 실패한 케이스의 이름을 확인하면 어떤 동작이 작동하지 않는지 정확하게 알 수 있다.

## 10.2.4 이해 가능한 테스트 코드

지금까지 테스트가 실패하면 원래의 코드가 작동하지 않는다는 것을 가정했다. 하지만 정확히 말하자면 이것은 사실이 아니다. 좀 더 정확하게는 테스트 실패는 코드가 다른 방식으로 동작한다는 것을 나타낼 수 있다. 그것이 다른 방식으로 동작한다는 사실이 실제로 코드가 작동하지 않는 것인지는 상황에 따라 다르다. 예를 들어 다른 개발자는 새로운 요구 사항을 충족하기 위해 코드의 기능을 의도적으로 수정할 수 있다. 이 경우 동작의 변화는 의도적이다.

이러한 변경을 수행하는 개발자는 분명 주의할 테지만 열심히 작업하고 변경된 결과가 안전한지 확인한 후에는 새로운 기능을 반영하기 위해 테스트 코드도 수정해야 한다. 앞서 살펴본 것처럼 코드를 수정하는 것은 위험하며, 이는 테스트 코드에도 적용된다. 한 코드에 대해 세 가지 동작이 테스트된다고 가정해보자. 개발자가 이러한 동작 중 하나만 의도적으로 변경할 경우 해당 동작에 대한 테스트 케이스만 변경하고 다른 두 가지 동작에 대한 테스트 케이스는 변경하지 않고 그대로 두는 것이 이상적이다.

개발자가 자신이 변경한 사항이 원하는 동작에만 영향을 미친다는 확신을 가지려면 테스트의 어느 부분에 영향을 미치고 있는지, 테스트 코드에 대한 수정이 필요한지 여부를 알 수 있어야 한다. 이를 위해서는 서로 다른 테스트 케이스가 무엇을 테스트하는지 그리고 어떻게 테스트하는지 이해하고 있어야 한다.

다음 장에서 살펴보겠지만 여기서 문제가 발생할 수 있는 가장 일반적인 두 가지 경우는 한 번에 너무 많은 것을 테스트하는 것과 너무 많은 공유 테스트 설정을 사용하는 것이다. 이 두 가지 모두 이해하기 어렵고 추론하기 어려운 테스트로 이어질 수 있다. 이 경우 개발자들이 특정 변경 사항이 안전한지 이해하는 데 어려움을 겪을 수 있기 때문에 코드 수정의 결과가 안전하지 않을 수 있다.

테스트 코드를 이해하기 쉽게 만들기 위해 노력해야 하는 또 다른 이유는 일부 개발자들이 테스트를 코드에 대한 일종의 사용 설명서로 사용하기 때문이다. 특정 코드를 어떻게 사용하는지, 혹은 어떤 기능을 제공하는지 궁금하다면 단위 테스트를 통해 알아보는 것도 좋은 방법이다. 테스트 코드가 이해하기 어렵다면 사용 설명서로 유용하게 사용될 수 없을 것이다.

## 10.2.5 쉽고 빠른 실행

대부분의 단위 테스트는 꽤 자주 실행된다. 단위 테스트의 중요한 기능 중 하나는 잘못된 코드가 코드베이스에 병합되는 것을 방지하는 것이다. 따라서 많은 코드베이스에서 관련 테스트를 통과해야만 병합이 가능한 병합 전 검사를 수행한다. 단위 테스트를 실행하는 데 한 시간이 걸린다면 코드 변경

병합 요청이 작거나 사소한 것과 상관없이 최소 한 시간이 걸리기 때문에 모든 개발자의 속도가 느려진다. 코드베이스에 변경 사항을 병합하기 전에 실행할 뿐만 아니라, 개발자는 코드를 개발하는 동안 단위 테스트를 수없이 많이 실행하기 때문에 느린 단위 테스트는 개발자의 작업 속도를 느리게 만든다.

테스트를 빠르고 쉽게 유지해야 하는 또 다른 이유는 개발자가 실제로 테스트를 할 수 있는 기회를 극대화하기 위함이다. 테스트가 느리면 테스트가 힘든 작업이 되고, 테스트가 힘들면 하고 싶지 않은 마음이 든다. 이것은 아마도 자존심이 강한 많은 개발자들이 흔쾌히 인정하려 들지 않겠지만, 경험에 비추어보면 현실에서는 그런 것 같다. 테스트를 가능한 쉽고 빠르게 실행할 수 있으면 개발자는 더 효율적으로 작업할 수 있고, 테스트 역시 더 광범위하고 철저해진다.

## 10.3 퍼블릭 API에 집중하되 중요한 동작은 무시하지 말라

단위 테스트가 구현 세부 사항에 구애받지 않는 것이 중요한 이유에 대해 설명했다. 코드는 퍼블릭 API와 구현 세부 사항으로 나눌 수 있다고 2장에서 언급했다. 우리의 목표 중 하나가 구현 세부 사항에 대한 테스트를 피하는 것이라면 퍼블릭 API만을 사용하여 테스트해야 한다는 것을 의미한다.

'퍼블릭 API만을 사용한 테스트'는 단위 테스트와 관련하여 매우 일반적인 조언이다. 이미 단위 테스트에 대해 어느 정도 알고 있는 독자라면 이전에 이것에 대해 들어본 적이 있을 것이다. 퍼블릭 API에 초점을 맞추면 세부 사항이 아닌 코드 사용자가 궁극적으로 신경 쓸 동작에 집중할 수밖에 없게 되는데, 세부 사항은 목적을 이루기 위한 수단일 뿐이다. 이렇게 하면 실제로 중요한 사항만 테스트하는 데 도움이 되며, 테스트 과정에서 구현 세부 사항에 상관없이 테스트를 수행할 수 있다.

테스트 시 퍼블릭 API에 초점을 맞추는 것의 이점을 살펴보기 위해 아래 코드에서와 같이 줄joule 단위로 운동에너지를 계산하는 함수를 생각해보자. 이 함수를 호출하는 사람들이 신경 쓰는 것은 질량(kg)과 속도(초당 미터)가 주어지면 정확한 값을 반환할 것이라는 점이다. 함수가 Math.pow()를 호출하는 것은 구현 세부 사항이다. Math.pow(speedMs, 2.0)를 speedMs * speedMs로 대체할 수 있으며 정확히 같은 값을 반환하기 때문에 함수의 동작은 동일하다.

```
Double calculateKineticEnergyJ(Double massKg, Double speedMs) {
  return 0.5 * massKg * Math.pow(speedMs, 2.0);
}
```

퍼블릭 API에 집중하면 호출하는 쪽에서 실제로 신경 쓰는 동작을 확인하는 테스트를 작성할 수밖에 없다. 따라서 주어진 입력에 대해 기대하는 값이 반환되는지 확인하는 일련의 테스트 케이스를 작성할 수 있다. 다음 코드는 이러한 테스트 케이스 중 하나를 보여준다(반환값 유형이 더블double이기 때문에 정확한 동일성을 확인하기보다는 일정 범위 내에 있는지 확인한다).

```
void testCalculateKineticEnergy_correctValueReturned() {
  assertThat(calculateKineticEnergyJ(3.0, 7.0))
    .isWithin(1.0e-10)                          값이 73.5의 0.0000000001 이내인지
    .of(73.5);                                  확인한다.
}
```

calculateKineticEnergyJ() 함수가 Math.pow()를 호출하는지 확인하는 테스트를 작성하고 싶다면, '퍼블릭 API만을 이용한 테스트'라는 원칙을 기억하기 바란다. 이 원칙을 따르면 테스트와 구현 세부 정보를 결합하지 않고, 호출하는 쪽에서 실제로 신경 쓰는 사항만 테스트하는 데 집중할 수 있다. 이렇게 테스트하는 것의 이점은 이 코드에서와 같은 간단한 예로도 아주 명확해 보인다. 하지만 테스트할 코드가 복잡하다면 상황은 더 어려워질 수 있다.

## 10.3.1 중요한 동작이 퍼블릭 API 외부에 있을 수 있다

방금 본 calculateKineticEnergyJ() 함수는 상당히 독립적이다. 입력은 매개변수를 통해서만 제공되고 함수가 만들어내는 유일한 효과는 값을 반환하는 것이다. 하지만 현실에서 코드가 이렇게 독립적인 경우는 드물다. 테스트 대상 코드는 수많은 다른 코드에 의존하는 경우가 많은데 의존하는 코드로부터 외부 입력이 제공되거나 테스트 대상 코드가 의존하는 코드에 부수 효과를 일으킨다면 테스트의 의미가 미세하게 달라질 수 있다.

이 경우 '퍼블릭 API'가 정확히 의미하는 바는 주관적일 수 있으며 필자의 경험에 비추어 보면, 개발자들이 정작 중요한 동작을 테스트하지 않고 방치하는 것을 정당화하느라 '공용 API만을 이용한 테스트'를 언급하는 상황이 몇 번 있었다. 자신들이 규정한 퍼블릭 API를 사용해서 동작을 시작하거나 확인할 수 없다면 테스트하지 말아야 한다는 것이 그들의 주장이다. 상식을 활용하고 실용적으로 사고하는 것이 중요해지는 대목이다.

2장에 제시된 **구현 세부 사항**implementation detail의 정의는 단위 테스트에 관한 한 지나치게 단순하다. 어떤 것이 구현 세부 사항인지 아닌지는 사실 어느 정도는 맥락에 따라 달라진다. 2장에서는 코드가 서로 의존하는 추상화 계층의 관점에서 구현 세부 사항에 대해 논의했다. 추상화 계층 관점에서는 한 코드가 다른 코드에 대해 알아야 할 모든 것이 퍼블릭 API로 제공되기 때문에 그 외의 모든 것은 구현 세부 사항이라고 볼 수 있다. 그러나 테스트에 관해서는 퍼블릭 API로 제공되지 않는 것 중에서도 테스트 코드가 알아야 할 다른 사항들이 있을 수 있다. 이에 대한 더 나은 설명을 위해 한

가지 비유를 생각해보자.

커피 자판기 네트워크를 운영하는 회사에서 일한다고 가정하자. 그림 10.3은 이 회사에서 제작해 설치하는 기계의 모델 가운데 하나다. 우리의 업무는 이 커피 자판기가 제대로 작동하는지 테스트하는 것이다. 이 기계의 퍼블릭 API를 구성하는 것은 어느 정도 해석의 여지가 있겠지만, '커피를 사는 고객이 기계와 상호작용할 것으로 기대되는 방식'으로 정의할 수 있다. 이 정의를 받아들인다면 퍼블릭 API는 매우 간단하다. 고객이 그들의 신용카드를 리더기에 대고, 원하는 커피를 선택하면, 기계는 선택된 커피를 컵에 제공한다. 이 외에도 문제가 있으면 고객에게 알려야 하는 경우가 있는데, 예를 들어 신용 카드가 거부되거나 기계가 작동하지 않을 때다.

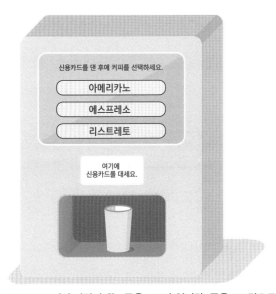

그림 10.3 **커피 자판기에는 공용 API가 있지만, 공용 API만으로는 완벽하게 테스트할 수 없다.**

얼핏 보면 우리가 퍼블릭 API로 정의한 것을 사용하여 자동판매기의 주요 동작을 테스트할 수 있을 것 같다. 값을 지불하고 원하는 커피를 선택한 후 기계가 올바른 결과를 반환하는지 확인하는 것이다. 하지만 엄밀하게 보자면 이것은 사실이 아니며, 이 기계를 테스트하려면 퍼블릭 API 이상의 것을 고려해야 한다. 우선 자동판매기는 설정해야 할 의존성이 있다. 전원을 콘센트에 꽂고, 물탱크에 물을 채우고, 커피콩을 담는 통을 채우기 전에는 기계를 테스트할 수 없다. 고객에게는 이 모든 것이 구현 세부 사항이지만 테스터 입장에서는 이것들을 설정하지 않고는 테스트할 방법이 없다.

고객의 관점에서 구현 세부 사항이라 퍼블릭 API가 아님에도 불구하고 테스트해야 하는 동작이 있을 수 있다. 이 자판기가 '스마트'한 자판기라고 해보자. 물이나 커피콩이 떨어질 때마다 인터넷 연결을 통해 자동으로 담당자에게 알려준다(자판기가 의도적으로 부수 효과를 일으키는 예다). 고객은 이 기능에 대해 잘 모를 수 있으며, 안다고 하더라도 구현 세부 사항으로 간주할 것이다. 하지만 그럼에도 불구하고 자판기가 보여주는 중요한 동작이므로 테스트할 필요가 있다.

반면에 고객과 테스터 모두에게 명백하게 구현 세부 사항인 것도 많다. 예를 들어 기계가 커피를 만들기 위해 물을 데우는 방법이다. 열전차단기thermoblock를 사용하는가 아니면 보일러를 사용하는가? 이것은 기계의 내부적인 세부 사항이기 때문에 우리가 테스트할 사항이 아니다. 커피 감별사는 보일러를 사용하면 더 맛있는 커피를 만들 수 있기 때문에 그것이 중요하다고 주장할 수 있다. 하지만 그들의 주장을 풀어보면, 물을 데우는 방법은 여전히 세부 사항이라는 것을 알 수 있다. 감별사가 궁극적으로 신경 쓰는 것은 커피의 맛이고, 물을 데우는 방법은 단지 그 목적을 위한 수단일 뿐이니 감별사의 불만을 신경 써야 한다면 테스트하는 것은 물을 데우는 방법이 아니라 커피의 맛이라는 점이 확실하다. 그림 10.4는 자동판매기의 다양한 의존성과 테스트가 상호작용해야 하는 방법을 보여준다.

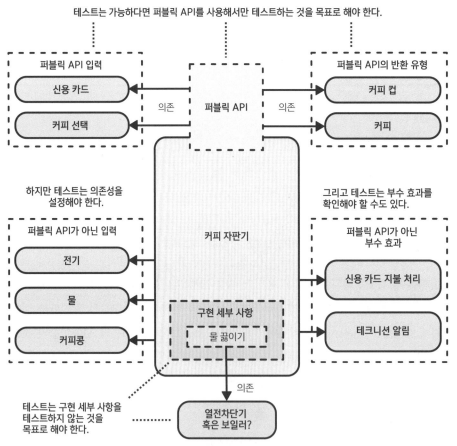

그림 10.4 테스트는 가능하면 퍼블릭 API를 사용하여 테스트하는 것을 목표로 해야 한다. 그러나 설정을 수행하고 원하는 부수 효과를 확인하기 위해 테스트가 공용 API의 일부가 아닌 종속성과 상호작용해야 하는 경우가 많다.

자동판매기를 테스트하는 것은 단위 테스트와 유사하다. 예를 가지고 설명하기 위해 예제 코드 10.1을 살펴보자. AddressBook 클래스는 유저의 이메일 주소를 조회하는 기능이 있다. 이 작업을 수행할 때 서버에서 이메일 주소를 가져온다. 또한 이전에 가져온 이메일 주소를 캐시로 저장하고 이 값을 반환함으로써 반복된 요청으로 인한 서버 과부하를 방지한다. 이 클래스를 사용하는 모든 개발자는 유저의 ID로 lookupEmailAddress()를 호출하고 이메일 주소(이메일 주소가 없는 경우에는 널)를 반환받기 때문에 lookupEmailAddress() 함수가 이 클래스의 퍼블릭 API라고 보는 것이 합리적이다. 즉, AddressBook 클래스가 ServerEndPoint 클래스에 의존하고 이메일 주소를 캐시에 저장하는 것은 모두 클래스 사용자에 관련된 구현 세부 정보다.

예제 10.1 AddressBook 클래스

```
class AddressBook {
  private final ServerEndPoint server;                    클래스 사용자에 관련된
  private final Map<Int, String> emailAddressCache;       구현 세부 사항
  ...

  String? lookupEmailAddress(Int userId) {        ←
    String? cachedEmail = emailAddressCache.get(userId);      퍼블릭 API
    if (cachedEmail != null) {
      return cachedEmail;
    }
    return fetchAndCacheEmailAddress(userId);
  }

  private String? fetchAndCacheEmailAddress(Int userId) {
    String? fetchedEmail = server.fetchEmailAddress(userId);
    if (fetchedEmail != null) {
      emailAddressCache.put(userId, fetchedEmail);              보다 자세한
    }                                                           구현 세부 사항
    return fetchedEmail;
  }
}
```

퍼블릭 API는 주어진 유저 ID로 이메일 주소를 조회하는데 이것은 클래스의 가장 중요한 동작이다. 그러나 ServerEndPoint를 설정하거나 시뮬레이션하지 않으면 테스트할 수 없다. 이 외에도 같은 ID에 대해 lookupEmailAddress() 호출이 반복해서 이루어지면 서버에 대한 호출이 일어나지 않아야 하는 것도 중요한 동작이다. 이것은 (우리가 정의한) 퍼블릭 API의 일부가 아니지만, 서버가 과부하 되는 것을 원치 않기 때문에 여전히 중요한 동작이므로 테스트가 되어야 한다. 우리가 실제로 신경 쓰고 테스트해야 하는 것은 반복되어 일어나는 동일한 요청이 서버로 전송되지 않는 것이다. 클래스가 캐시를 사용하여 이를 달성하는 것은 단지 이 목적을 위한 수단일 뿐이며, 따라서 테스트에 대해서

도 구현 세부 사항이다. 그림 10.5는 AddressBook 클래스의 의존성 및 테스트가 이 의존성과 어떻게 상호작용해야 하는지를 보여준다.

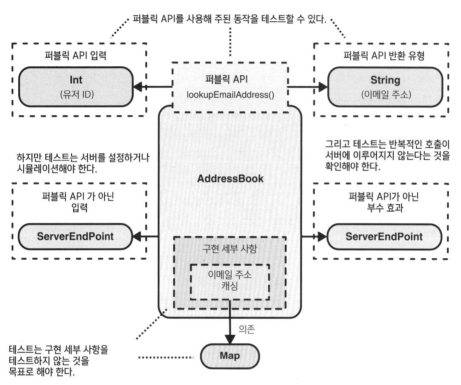

그림 10.5 퍼블릭 API로 정의한 것을 사용하여 주소록 클래스의 모든 중요한 동작을 빠짐없이 테스트할 수는 없다.

가능하면 퍼블릭 API를 사용하여 코드의 동작을 테스트해야 한다. 이는 순전히 퍼블릭 함수의 매개변수, 반환값, 오류 전달을 통해 발생하는 동작만 테스트해야 한다는 의미다. 그러나 코드의 퍼블릭 API를 어떻게 정의하느냐에 따라 퍼블릭 API만으로는 모든 동작을 테스트할 수 없는 경우가 있다. 다양한 의존성을 설정하거나 특정 부수 효과가 발생했는지 여부를 확인하는 것이 이에 해당한다. 이에 대한 몇 가지 예는 다음과 같다.

- **서버와 상호작용하는 코드**: 코드를 테스트하기 위해 서버로부터 필요한 값을 받을 수 있도록 서버를 설정하거나 시뮬레이션해야 할 수 있다. 또한 서버를 얼마나 자주 호출하는지, 요청이 유효한 형식인지 등과 같이 서버에 어떤 부수 효과가 있는지 확인해야 할 수도 있다.

- **데이터베이스에 값을 저장하거나 읽는 코드**: 모든 동작을 수행하기 위해 데이터베이스에 저장된 여러 다른 값으로 코드를 테스트해야 할 수도 있다. 또한 코드가 부수 효과로 데이터베이스에 어떤 값을 저장하는지 확인해야 할 수도 있다.

'Public API만을 이용해 테스트하라'와 '실행 세부 사항을 테스트하지 말라'는 둘 다 훌륭한 조언이지만, 테스트를 어떻게 할지 안내하는 원칙일 뿐 '퍼블릭 API'와 '구현 세부 사항'의 정의는 주관적이고 상황에 따라 달라질 수 있다는 점을 알아야 한다. 궁극적으로 중요한 것은 코드의 모든 중요한 동작을 제대로 테스트하는 것이고, 퍼블릭 API라고 생각하는 것만으로는 이것을 할 수 없는 경우가 있다. 그러나 테스트를 구현 세부 사항에 최대한 독립적으로 수행하도록 주의를 기울여야 하므로 다른 대안이 없는 경우에만 퍼블릭 API를 벗어나 테스트해야 한다.

## 10.4 테스트 더블

단위 테스트는 '비교적 격리된 방식'으로 코드 단위를 테스트하는 것을 목표로 한다고 이번 장을 시작할 때 언급했다. 하지만 방금 살펴봤듯이 코드는 다른 것들에 의존하는 경향이 있고, 코드의 모든 동작을 완벽하게 테스트하기 위해 종종 입력을 설정하고 부수 효과를 검증해야 한다. 하지만 테스트에서 의존성을 실제로 사용하는 것이 항상 가능하거나 바람직한 것만은 아니다.

의존성을 실제로 사용하는 것에 대한 대안으로 **테스트 더블**test double이 있다. 테스트 더블은 의존성을 시뮬레이션하는 객체지만 테스트에 더 적합하게 사용할 수 있도록 만들어진다. 먼저 테스트 더블을 사용하는 몇 가지 이유를 설명하고, 세 가지 유형의 테스트 더블, 즉 목mock, 스텁stub, 페이크fake에 대해 살펴본다. 그 과정에서 어떻게 목과 스텁이 문제가 될 수 있는지, 그리고 가능하다면 페이크를 사용하는 것이 더 나은 이유를 살펴본다.

### 10.4.1 테스트 더블을 사용하는 이유

테스트 더블을 사용해야 하는 일반적인 이유가 세 가지 정도 있는데 다음과 같다.

- **테스트 단순화**: 일부 의존성은 테스트에 사용하기 까다롭고 힘들다. 의존성은 많은 설정이 필요하거나 하위 의존성을 설정해야 할 수도 있다. 이러면 테스트는 복잡하고 구현 세부 사항과 밀접하게 결합될 수 있다. 의존성을 실제로 사용하는 대신 테스트 더블을 사용하면 작업이 단순해진다.

- **테스트로부터 외부 세계 보호**: 일부 의존성은 실제로 부수 효과를 발생한다. 코드의 종속성 중 하나가 실제 서버에 요청을 전송하거나 실제 데이터베이스에 값을 쓰게 되면, 사용자나 비즈니스에 중요한 프로세스에 나쁜 결과를 초래할 수 있다. 이러한 상황에서 테스트 더블을 사용하면 외부 세계에 있는 시스템을 테스트의 동작으로부터 보호할 수 있다.

- **외부로부터 테스트 보호**: 외부 세계는 비결정적일 수 있다. 다른 시스템이 데이터베이스에 쓴 값을 의존성 코드가 읽는다면 이 값은 시간이 지남에 따라 변경될 수 있다. 이 경우 테스트 결과를 신뢰하기 어려울 수도 있다. 반면에 테스트 더블은 항상 동일하게 결정적 방식으로 작동하도록 설정할 수 있다.

다음 하위 절에서는 이들 이유에 대해 좀 더 자세히 살펴보고, 이러한 상황에서 테스트 더블을 사용하는 방법을 설명한다.

### 테스트 단순화

어떤 의존성은 설정하는 데 많은 노력이 필요할 수 있다. 의존성 자체에서 많은 매개변수를 지정해야 할 수도 있고, 하위 의존성을 많이 설정해야 할 수도 있다. 설정 외에도 하위 의존성에서 원하는 부수 효과가 발생했는지 검증해야 할 수도 있다. 이런 상황에서는 일이 걷잡을 수 없게 될 수 있다. 테스트 코드에는 설정을 위한 코드가 산더미처럼 쌓이고, 수많은 구현 세부 정보와 밀접하게 연결될 수도 있다(그림 10.6).

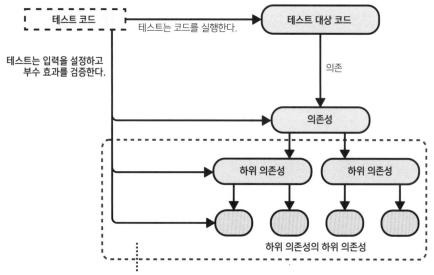

테스트에서 의존성을 실제로 사용할 때 설정이 필요하거나
하위 수준의 의존성에서 무언가 검증을 해야 한다면 통제할 수 없는 상황이 될 수 있다.
이 경우에는 테스트 더블을 사용하는 것이 더 낫다.

그림 10.6 테스트에서 의존성을 실제로 사용하는 것은 비현실적이다. 의존성이 하위 의존성을 많이 가지고 있고 이 하위 의존성과 상호작용이 필요한 경우가 이에 해당한다.

반대로 테스트 더블을 사용하면 실제 의존성을 설정하거나 하위 종속성에서 무언가를 검증할 필요가 없다. 테스트 코드는 테스트 더블과만 상호작용하면 설정과 부수 효과 검증을 할 수 있는데 둘 다 비교적 간단하게 할 수 있다. 그림 10.7은 테스트가 얼마나 간단해지는지를 보여준다.

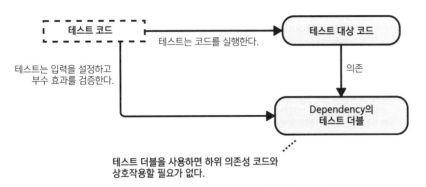

그림 10.7 **테스트 더블은 하위 의존성에 대한 우려를 제거하여 테스트를 단순화할 수 있다.**

테스트 단순화에 대한 또 다른 동기는 테스트를 더 빠르게 실행하는 것이다. 의존성 코드에서 계산 비용이 많이 드는 알고리즘을 호출하거나 시간이 오래 걸리는 설정을 많이 한다면 이에 해당한다.

이후의 절에서 살펴보겠지만, 테스트 더블을 사용할 때 오히려 구현 세부 정보와 더 연관되는 상황이 있을 수 있다. 또한, 테스트 더블을 설정하는 것이 의존성을 실제로 사용하는 것보다 더 복잡할 때도 있으므로 테스트 단순화를 위한 테스트 더블의 사용 여부는 사례별로 고려되어야 한다.

### 테스트로부터 외부 세계 보호

상대적으로 격리된 방식으로 코드를 테스트하고자 할 때도 있지만, 어쩔 수 없이 격리된 상태로 테스트해야 하는 경우도 있다. 결제를 처리하는 시스템을 사용하고 고객의 은행계좌에서 돈을 인출하는 코드를 테스트한다고 가정해보자. 코드가 실제로 실행되면 이에 대한 부수 효과로 고객의 실제 계좌에서 돈이 실제로 인출될 것이다. 코드는 실제 은행 시스템과 상호작용하는 BankAccount라는 클래스를 사용해 이 작업을 수행한다. 테스트에 BankAccount 클래스의 인스턴스를 사용하면 테스트가 실행될 때마다 실제 계좌에서 돈이 실제로 인출된다(그림 10.8). 이렇게 하면 사람들의 돈에 영향을 미치거나 회사의 감사와 회계에 문제를 일으킬 수 있기 때문에 테스트는 절대 이렇게 수행되면 안 된다.

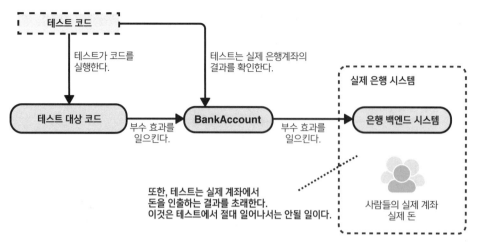

그림 10.8 **의존성이 부수 효과를 실제로 일으킨다면, 의존성을 실제로 사용하는 대신 테스트 더블을 사용하는 것이 좋다.**

이것은 우리가 테스트로부터 외부 세계를 보호해야 하는 예다. 실제 BankAccount 인스턴스 대신 테스트 더블을 사용하면 테스트로부터 외부 세계를 보호할 수 있다. 이렇게 하면 테스트는 실제 은행 시스템으로부터 격리되고 테스트를 실행할 때 실제 은행계좌나 돈이 영향을 받지 않는다(그림 10.9).

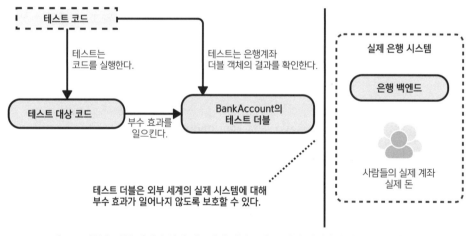

그림 10.9 **테스트 더블은 외부 세계의 실제 시스템에 대해 부수 효과가 일어나지 않도록 보호할 수 있다.**

테스트할 때 실제 은행계좌에서 인출이라는 부수 효과가 실제로 일어난다는 것은 극단적인 예일 수도 있지만, 이 예가 말하고자 하는 요점을 폭넓게 봐야한다. 실제 서버로 요청을 전송하거나 실제 데이터베이스에 값을 쓰는 부수 효과를 유발하는 테스트는 일어날 가능성이 아마 더 많을 것이다. 이러한 문제는 치명적이지는 않지만 다음과 같은 문제가 발생할 수 있다.

- **사용자는 이상하고 혼란스러운 값을 볼 수 있다**: 전자 상거래 비즈니스를 운영하고 있는데 테스트 중 하나가 실제 데이터베이스에 쓰기 동작을 한다고 가정해보자. 이 경우 '테스트' 레코드가 사용자에게 표시될 수 있다. 홈페이지를 방문하는 사용자는 표시된 제품의 절반이 '가짜 테스트 아이템'이라는 것을 알게 되고, 바구니에 하나라도 추가하려고 하면 오류가 발생할 수 있다. 대부분의 사용자는 이것이 좋은 경험이라고 생각하지 않을 것이다.
- **모니터링 및 로깅에 영향을 미칠 수 있다**: 테스트 결과 오류 응답이 올바르게 오는지 테스트하기 위해 서버에 일부러 잘못된 요청을 전송할 수 있다. 이 요청이 실제 서버로 전송되면 해당 서버에 대한 오류율이 증가한다. 이 경우 실제로는 문제가 없지만 개발자는 문제가 있다고 생각할 수 있다. 또는 사람들이 테스트에서 일부러 발생한 오류의 개수에 기초하여 실제 시스템에서 발생할 오류의 수를 예상하는 출발점으로 삼는다면, 시스템에서 실제 오류가 발생함에도 불구하고 오류율이 증가하지 않을 수 있다.

고객 대면 시스템이나 비즈니스에 중요한 시스템에서는 테스트가 부수 효과를 일으키지 않는 것이 중요하다. 이러한 시스템은 테스트로부터 보호되어야 하며 테스트 더블은 테스트를 격리함으로써 이것을 효과적으로 수행한다.

### 외부로부터 테스트 보호

테스트 더블을 사용하는 이유로 외부 세계를 테스트로부터 보호하는 것을 위에서 살펴봤는데 그 반대인 경우도 있다. 즉, 외부 세계로부터 테스트를 보호하기 위해서도 테스트 더블을 사용한다. 실제 의존성은 비결정적인 동작을 할 수 있다. 예를 들어 데이터베이스에서 정기적으로 변경되는 값을 읽거나 난수 생성기를 사용하여 ID와 같은 것을 생성하는 실제 의존성이 있을 수 있다. 이런 의존성을 테스트에 사용하다 보면 테스트 결과를 신뢰하기 어려울 때가 있다. 앞서 살펴본 것처럼 이런 테스트는 원치 않을 것이다.

테스트 더블이 외부로부터 테스트를 보호하는 데 있어 어떻게 도움이 되는지 설명하기 위해 코드가 잔액을 읽는 동작을 살펴보자. 이 동작은 은행계좌에 대해 코드가 수행할 수 있는 또 다른 작업이다. 실제 은행계좌의 잔액은 계좌의 주인이 돈을 입금하거나 인출하기 때문에 꽤 자주 변한다. 테스트용으로만 사용하는 특별계좌를 만들어도 매달 이자가 지급되거나 계좌수수료가 차감되면서 잔액이 변동될 수 있기 때문에 테스트 대상 코드가 실제 은행계좌를 사용해 잔액을 읽게 되면 테스트가 엉망이 될 수 있다(그림 10.10).

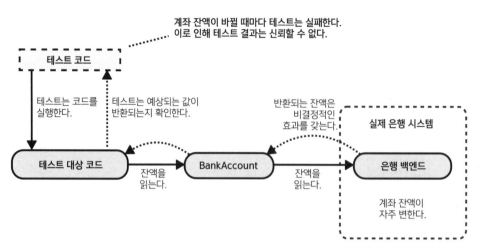

그림 10.10 의존성이 비결정적인 방식으로 작용하는 경우 테스트가 신뢰하기 어려워진다.

이에 대한 해결책은 테스트를 실제 은행 시스템과 분리하는 것이며, 이것은 테스트 더블을 통해 수행할 수 있다. BankAccount에 테스트 더블을 사용하는 경우 테스트 코드는 계정 잔액에 대해 미리 결정된 값으로 테스트 더블을 설정할 수 있다(그림 10.11). 이는 테스트가 실행될 때마다 계정 잔액이 결정적인 값으로 항상 같을 것이라는 것을 의미한다.

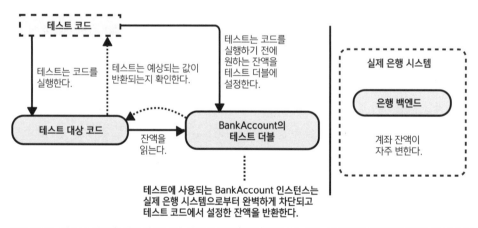

그림 10.11 테스트 더블은 의존성 코드가 실제로 동작할 때 일어날 수 있는 비결정적 동작으로부터 테스트를 보호한다.

이미 살펴본 것처럼 의존성을 실제로 사용하는 것이 바람직하지 않거나 현실적으로 가능하지 않은 경우가 있다. 테스트 더블을 사용하는 것이 낫겠다고 판단하면 어떤 테스트 더블을 사용할지 결정해야 한다. 다음 하위 절에서는 가장 일반적인 세 가지 테스트 더블, 즉 목, 스텁, 페이크에 대해 살펴보겠다.

## 10.4.2 목

**목**mock은 클래스나 인터페이스를 시뮬레이션하는 데 멤버 함수에 대한 호출을 기록하는 것 외에는 어떠한 일도 수행하지 않는다. 함수가 호출될 때 인수에 제공되는 값을 기록한다. 테스트 대상 코드가 의존성을 통해 제공되는 함수를 호출하는지 검증하기 위해 목을 사용할 수 있다. 따라서 목은 테스트 대상 코드에서 부수 효과를 일으키는 의존성을 시뮬레이션하는 데 가장 유용하다. 목이 어떻게 사용되는지 설명하기 위해, 앞에서 살펴본 은행계좌 예제를 살펴보자. 이번에는 몇 가지 코드가 추가되어 있다.

예제 10.2 코드는 `PaymentManager` 클래스를 보여준다. 이 클래스에는 `settleInvoice()` 함수가 있다. `settleInvoice()` 함수는 이름에서 알 수 있듯이 고객의 은행계좌에서 청구서의 잔액만큼 인출하여 청구서를 결제한다. 이 클래스에 대한 단위 테스트를 작성하는 경우 테스트해야 할 동작 중 하나는 고객의 계정에서 정확한 금액이 인출되는 것이다. `customerBankAccount` 매개변수는 Bank Account의 인스턴스이므로 이를 위해 테스트는 이 종속성과 상호작용하여 원하는 부수 효과가 발생하는지 확인해야 한다.

예제 10.2 **BankAccount에 의존하는 코드**

```
class PaymentManager {
  ...

  PaymentResult settleInvoice(          ┌ BankAccount 인스턴스를
      BankAccount customerBankAccount, ◀─┘ 매개변수로 받는다.
      Invoice invoice) {
    customerBankAccount.debit(invoice.getBalance()); ◀─┐ 계좌로부터 청구서의 잔액만큼 인출하는 것은
    return PaymentResult.paid(invoice.getId());        └ 테스트해야 할 동작 중 하나다.
  }
}
```

BankAccount는 인터페이스이며 이를 구현하는 클래스는 `BankAccountImpl`이다. 예제 10.3은 Bank AccountImpl 클래스와 함께 BankAccount 인터페이스를 보여준다. BankAccountImpl 클래스는 실제 은행 시스템에 연결되는 `BankingBackend`에 의존한다는 것을 알 수 있다. 앞에서 살펴본 바와 같이 이는 테스트에서 `BankAccountImpl` 인스턴스를 사용할 수 없다는 것을 의미하는데, 그렇지 않으면 실제 계정에서 돈이 실제로 이동하기 때문이다(테스트로부터 외부 환경을 보호해야 한다).

예제 10.3 **BankAccount 인터페이스 및 구현**

```
interface BankAccount {
  void debit(MonetaryAmount amount);
  void credit(MonetaryAmount amount);
  MonetaryAmount getBalance();
}

class BankAccountImpl implements BankAccount {      ◀── BankingBackend에 의존하는데,
  private final BankingBackend backend;                  실제 은행계좌에 있는 잔액에 영향을 미친다.
  ...

  override void debit(MonetaryAmount amount) { ... }
  override void credit(MonetaryAmount amount) { ... }
  override MonetaryAmount getBalance() { ... }
}
```

BankAccountImpl을 사용하는 다른 방법으로는 BankAccount 인터페이스에 대한 목 객체를 만들고 debit() 함수가 올바른 인수로 호출되는지 확인하는 것이다. 예제 10.4는 정확한 금액으로 계좌이체 여부를 확인하는 테스트 케이스 코드를 보여준다. 이 코드에서 주목해서 살펴봐야 할 사항은 다음과 같다.

- 은행계좌 인터페이스의 목 객체는 createMock(BankAccount)를 호출하여 만든다.
- mockAccount가 settleInvoice() 함수에 전달된다(테스트 대상인 코드).
- 테스트에서는 mockAccount.debit()가 예상 금액(이 경우 송장 잔액)으로 한 번 호출되었는지 확인한다.

예제 10.4 **목을 사용하는 테스트 케이스**

```
void testSettleInvoice_accountDebited() {
  BankAccount mockAccount = createMock(BankAccount);    ◀── BankAccount의 목 객체가
  MonetaryAmount invoiceBalance =                            생성된다.
      new MonetaryAmount(5.0, Currency.USD);
  Invoice invoice = new Invoice(invoiceBalance, "test-id");
  PaymentManager paymentManager = new PaymentManager();

  paymentManager.settleInvoice(mockAccount, invoice);   ◀── 테스트 대상 코드는 mockAccount를
                                                             인수로 해서 호출된다.
  verifyThat(mockAccount.debit)
      .wasCalledOnce()               mockAccount.debit() 함수가
      .withArguments(invoiceBalance); 예상한 인수로 호출되는지 확인한다.
}
```

목을 사용하면 BankAccountImpl 클래스를 사용하지 않고도 PaymentManager.settleInvoice()
함수를 테스트할 수 있다. 하지만 테스트로부터 외부 세계를 보호하는 데는 성공한 반면, 10.4.4절에
서 살펴보겠지만 테스트가 비현실적이고 중요한 버그를 잡지 못할 위험이 있다.

### 10.4.3 스텁

**스텁**stub은 함수가 호출되면 미리 정해 놓은 값을 반환함으로써 함수를 시뮬레이션한다. 이를 통해
테스트 대상 코드는 특정 멤버 함수를 호출하고 특정 값을 반환하도록 의존성을 시뮬레이션할 수 있
다. 그러므로 스텁은 테스트 대상 코드가 의존하는 코드로부터 어떤 값을 받아야 하는 경우 그 의존
성을 시뮬레이션하는 데 유용하다.

목과 스텁 사이에는 분명한 차이가 있지만, 개발자들이 일상적으로 목이라고 말할 때는 둘 다 지칭한
다. 그리고 스텁 기능을 제공하는 많은 테스트 도구에서 특정 멤버 함수를 스텁하는 데만 사용하고
자 할 때조차 목을 만들어야 한다.[1] 이 하위 절의 예제 코드는 이에 관해 보여준다.

이제 PaymentManager.settleInvoice() 함수를 인출 전에 계좌 잔액이 충분한지 확인하도록 수정
해야 한다고 가정해보자. 이렇게 수정하면 거절된 거래의 수를 최소화하는 데 도움이 되는데, 그렇지
않으면 고객에 대한 은행의 신용 등급에 영향을 미칠 것이다. 다음 예제는 이렇게 변경한 후의 코드
를 보여준다.

예제 10.5 **getBalance()를 호출하는 코드**

```
class PaymentManager {
  ...

  PaymentResult settleInvoice(
      BankAccount customerBankAccount,
      Invoice invoice) {
    if (customerBankAccount.getBalance()        코드는 customerBankAccount.getBalance()가
        .isLessThan(invoice.getBalance())) {     반환하는 값에 의존한다.
      return PaymentResult.insufficientFunds(invoice.getId());
    }
    customerBankAccount.debit(invoice.getBalance());
    return PaymentResult.paid(invoice.getId());
  }
}
```

---

1   옮긴이 예를 들어 자바에서 단위 테스트를 위해 제이유닛(jUnit)과 함께 사용하는 목 프레임워크인 모키토(mockito)에서는 목 객체를 만들면
   목과 스텁 기능이 모두 가능하다.

PaymentManager.settleInvoice()에 추가한 새로운 기능으로 인해 테스트 케이스를 추가해야 하는 동작이 더 많아졌는데, 다음과 같은 몇 가지 예가 있다.

- 잔액이 부족할 경우 '잔액이 부족'하다는 것을 나타내는 PaymentResult가 반환되어야 한다.
- 잔액이 부족할 경우 계좌로부터 인출이 되어서는 안 된다.
- 잔액이 충분할 때 계좌로부터 인출되어야 한다

은행계좌 잔고에 따라 단위 테스트 케이스를 다르게 작성해야 한다는 점은 분명하다. 테스트에서 BankAccountImpl을 사용하면 테스트 대상 코드가 실제 은행계좌의 잔액을 읽게 되는데, 앞에서 살펴본 것처럼 이 값은 자주 변경될 수 있다. 따라서 BankAccountImpl을 사용하면 테스트가 비결정적이 되기 때문에 테스트 결과를 신뢰하기 어렵다.

이것은 외부로부터 테스트를 보호해야 하는 상황인데 BankAccount.getBalance() 함수에 스텁을 사용하면 된다. 함수가 호출될 때마다 미리 정해진 값을 반환하도록 설정할 수 있다. 이를 통해 코드가 올바로 동작하는지 테스트할 수 있고 테스트 역시 결정적determistic이고 결과를 신뢰할 수 있다.

예제 10.6은 위에서 언급한 동작 중 첫 번째 동작, 즉 잔액이 부족할 경우 '잔액이 부족'하다는 것을 나타내는 PaymentResult가 반환되는 것을 확인하는 테스트 케이스 코드를 보여준다. 이 코드에서 주목해서 살펴봐야 할 사항은 다음과 같다.

- 앞서 언급한 바와 같이 많은 테스트 도구에서는 스텁을 만드는 경우에도 목mock 객체를 만들어야 하므로 mockAccount를 만들지만, 실제로 목 기능을 사용하는 것이 아니고 getBalance() 함수를 스텁한다.
- mockAccount.getBalance() 스텁은 미리 정한 값인 $9.99를 반환하도록 설정된다.

예제 10.6 **스텁을 사용하는 테스트 케이스**

```
void testSettleInvoice_insufficientFundsCorrectResultReturned() {
    MonetaryAmount invoiceBalance =
        new MonetaryAmount(10.0, Currency.USD);
    Invoice invoice = new Invoice(invoiceBalance, "test-id");
    BankAccount mockAccount = createMock(BankAccount);     ◀───
    when(mockAccount.getBalance())
        .thenReturn(new MonetaryAmount(9.99, Currency.USD));
    PaymentManager paymentManager = new PaymentManager();

    PaymentResult result =
        paymentManager.settleInvoice(mockAccount, invoice);
```

스텁만 필요하지만
BankAccount 인터페이스에 대한
목 객체를 생성한다.

mockAccount.getBalance() 함수는
스텁을 통해 항상 9.99달러를 반환하도록
설정된다.

```
    assertThat(result.getStatus()).isEqualTo(INSUFFICIENT_FUNDS);    ◀——    '잔액 부족'이라는
  }                                                                          결과가 반환되는지
                                                                             확인한다.
```

스텁을 사용하면 테스트를 외부로부터 보호하고 결과를 신뢰할 수 있다. 이번 절과 이전 하위 절에서
는 목과 스텁을 사용해 의존성을 시뮬레이션하면 테스트를 격리하는 데 어떻게 도움이 되는지 살펴
봤다. 앞서 살펴봤듯이 이렇게 하지 않으면 문제가 될 수 있다. 하지만 목과 스텁의 단점도 있다. 다음
하위 절에서는 주요 단점 중 두 가지를 설명한다.

## 10.4.4 목과 스텁은 문제가 될 수 있다

10.4.6절에서 살펴보겠지만, 목과 스텁의 사용에 관해 여러 주장이 있다. 이들 주장에 대해 논의하기
전에 (그리고 페이크를 살펴보기 전에) 목과 스텁이 일으킬 수 있는 몇 가지 문제를 논의하는 것이 중요하
다. 이들을 사용할 때 두 가지 주요 단점은 다음과 같다.

- 목이나 스텁이 실제 의존성과 다른 방식으로 동작하도록 설정되면 테스트는 실제적이지 않다.
- 구현 세부 사항과 테스트가 밀접하게 결합하여 리팩터링이 어려워질 수 있다.

다음 두 하위 절에서는 이에 대해 더 자세히 살펴본다.

### 목과 스텁은 실제적이지 않은 테스트를 만들 수 있다

클래스나 함수에 대해 목 객체를 만들거나 스텁할 때 테스트 코드를 작성하는 개발자는 목이나 스텁
이 어떻게 동작할지 결정해야 한다. 클래스나 함수가 실제와 다르게 동작하도록 하는 것은 아주 위험
하다. 이렇게 하면 테스트는 통과하고 모든 것이 잘 작동한다고 착각하지만 코드가 실제로 실행되면
부정확하게 동작하거나 버그가 발생할 수 있다.

앞서 `PaymentManager.settleInvoice()` 함수를 테스트하기 위해 목을 사용했을 때 송장 잔액이
5달러인 시나리오를 테스트했는데, 이는 고객이 회사에 해당 송장에 대해 지불해야 할 금액이 5달러
라는 것을 의미한다. 그러나 송장은 예를 들어 고객이 환불이나 보상을 받을 경우 마이너스 잔액이
발생할 수 있으므로 이런 경우도 역시 테스트해야 한다. 언뜻 봐서는 이것을 테스트하는 것이 꽤 쉬
워 보일 수 있다. 이전에 살펴본 테스트 케이스 코드를 복사하고 송장 잔액을 -5달러로 설정하면 된
다. 예제 10.7 코드는 이렇게 작성한 테스트 케이스를 보여준다. 테스트는 통과되었으므로 `Payment`
`Manager.settleInvoice()` 함수는 마이너스 잔액을 잘 처리한다고 결론 내릴 수 있다. 잠시 후에 알
게 되겠지만 안타깝게도 이것은 사실이 아니다.

예제 10.7 **마이너스 송장 잔액 테스트**

```
void testSettleInvoice_negativeInvoiceBalance() {
  BankAccount mockAccount = createMock(BankAccount);
  MonetaryAmount invoiceBalance =                      ← 마이너스 송장 잔액
      new MonetaryAmount(-5.0, Currency.USD);
  Invoice invoice = new Invoice(invoiceBalance, "test-id");
  PaymentManager paymentManager = new PaymentManager();

  paymentManager.settleInvoice(mockAccount, invoice);

  verifyThat(mockAccount.debit)       ┐ 테스트는 mockAccount.debit() 함수가
      .wasCalledOnce()                ┘ 음숫값으로 호출되는 것을 확인한다.
      .withArguments(invoiceBalance);
}
```

이 테스트 케이스 코드는 정확한 송장 잔액(이 경우 마이너스)으로 mockAccount.debit()이 호출되는
지 확인한다. 하지만 음숫값으로 BankAccountImpl.debit()를 호출하는 것은 실제 세계에서 일어나
리라고 기대하기 어렵다. PaymentManager 클래스를 작성하면서 은행계좌로부터 마이너스 금액을 인
출하면 계좌에 돈이 추가될 것이라고 암묵적으로 가정했다. 그리고 이 테스트에서 목을 사용해 동일
한 가정을 반복했다. 이것은 이 가정의 타당성이 실제로 테스트된 적이 없다는 것을 의미한다. 또한
코드가 실제 세계에서 작동하는 것과는 상관없이 테스트가 통과한다는 점에서 5달러로 설정하고 테
스트한 코드를 동어 반복한 것에 지나지 않는다.

이 가정은 유감스럽게도 실제 세계에서 타당하지 않다. BankAccount 인터페이스의 주석문을 좀 더
자세히 살펴보면 음숫값으로 호출되는 경우 ArgumentException이 발생함을 알 수 있다.

```
interface BankAccount {
  /**
   * @throws ArgumentException 0보다 적은 금액으로 호출되는 경우
   */
  void debit(MonetaryAmount amount);

  /**
   * @throws ArgumentException 0보다 적은 금액으로 호출되는 경우
   */
  void credit(MonetaryAmount amount);

  ...
}
```

PaymentManager.settleInvoice() 함수는 버그가 있다는 것이 명확하지만 테스트에서 목을 사용하기 때문에 이 버그가 드러나지 않는다. 이것이 목의 주요 단점 중 하나다. 테스트 코드를 작성하는 개발자는 목이 어떻게 동작할지 결정해야 하는데, 실제 의존성이 어떻게 동작하는지 이해하지 못하면 목을 설정할 때 실수를 할 가능성이 크다.

스텁을 사용할 때도 같은 문제가 있을 수 있다. 스텁을 사용하면 의존성 코드가 특정 값을 반환할 때 테스트의 대상 코드가 기대한 대로 동작하는지 테스트한다. 그러나 이 값이 의존성 코드가 실제로 반환하는 값인지에 대해서는 아무런 검증을 하지 않는다. 이전 하위 절에서 BankAccount.getBalance() 함수를 시뮬레이션하기 위해 스텁을 사용했지만, 이 함수의 코드 계약을 제대로 고려하지 못했을 수 있다. BankAccount 인터페이스를 좀 더 자세히 살펴보니 아래 코드에서와 같은 주석문을 발견했다고 가정해보자. 주석문에 있는 내용은 스텁을 구성할 때 간과한 것이다.

```
interface BankAccount {
  ...

  /**
   * @return 가장 가까운 10의 배수로 반내림한 계좌의 잔액
   *      예를 들어 실제 잔액이 19달러라면 이 함수는 10달러를 반환한다.
   *      이것은 보안을 위한 것인데 정확한 잔액은 보안 확인을 위한 질문으로
   *      은행이 사용하기 때문이다.
   */
  MonetaryAmount getBalance();
}
```

> **NOTE** 잔액 반내림
>
> 반내림한 값을 반환하는 getBalance()의 예는 함수를 스텁할 때 특정 세부 사항을 간과하기가 얼마나 쉬운지 보여준다. 실제로 계좌 잔고를 반내림한다고 해서 특별하게 강력한 보안이 되는 것은 아니다. getBalance() 함수가 반환하는 값이 바뀔 때까지 계속해서 $0.01씩 계좌이체를 하면 잔액을 파악할 수 있기 때문이다.

**목과 스텁을 사용하면 테스트가 구현 세부 정보에 유착될 수 있다**

이전 하위 절에서 송장이 마이너스 잔액을 가지고 있으면 어떻게 customerBankAccount.debit() 함수가 작동하지 않는지 그리고 목을 사용하면 어떻게 버그가 테스트에서 발견되지 않는지 살펴봤다. 결국 이 버그가 발견되면 아래 코드에서와 같이 settleInvoice() 함수에 if 문을 도입해 해결할 것이다. 잔액이 양수면 customerBankAccount.debit()를 호출하고, 음수면 customerBankaccount.

credit()를 호출한다.

```
PaymentResult settleInvoice(...) {
  ...
  MonetaryAmount balance = invoice.getBalance();
  if (balance.isPositive()) {
    customerBankAccount.debit(balance);
  } else {
    customerBankAccount.credit(balance.absoluteAmount());
  }
  ...
}
```

개발자가 이 코드를 테스트하기 위해 목을 사용할 경우 customerBankAccount.debit() 혹은 customerBankaccount.credit()가 호출되는 것을 확인하는 다양한 테스트 케이스를 작성할 것이다.

```
void testSettleInvoice_positiveInvoiceBalance() {
  ...
  verifyThat(mockAccount.debit)
      .wasCalledOnce()
      .withArguments(invoiceBalance);
}

...

void testSettleInvoice_negativeInvoiceBalance() {
  ...
  verifyThat(mockAccount.credit)
      .wasCalledOnce()
      .withArguments(invoiceBalance.absoluteAmount());
}
```

이 테스트는 예상되는 함수가 호출되는지 테스트하지만 이 클래스를 사용할 때 실제로 관심을 갖는 동작을 직접 테스트하지는 않는다. 그 동작은 settleInvoice() 함수가 계좌로 혹은 계좌로부터 정확한 금액을 송금하는 것이다. 이것이 어떻게 이루어지는지는 목적을 위한 수단일 뿐이기 때문에 credit()이나 debit() 함수가 호출되는지 여부는 구현 세부 사항에 속한다.

이 점을 강조해서 살펴보기 위해 개발자가 이 코드를 리팩터링하는 상황을 고려해보자. 그들은 코드 베이스의 여러 군데에서 번거롭게 if-else 문을 사용해 debit()와 credit() 함수 중 하나를 호출한다는 것을 발견하고 이 부분을 개선하기로 했다. 이를 위해 이 기능을 BankAccountImpl 클래스로 옮기고 재사용하기로 결정한다. 그 결과 transfer()라는 새로운 함수가 BankAccount 인터페이스에 추가된다.

```
interface BankAccount {
  ...

  /**
   * 지정된 금액을 계좌로 송금한다. 금액이 0보다 적으면
   * 계좌로부터 인출하는 효과를 갖는다.
   */
  void transfer(MonetaryAmount amount);
}
```

그러면 settleInvoice() 함수가 다음과 같이 리팩터링되어 transfer() 함수를 호출한다.

```
PaymentResult settleInvoice(...) {
  ...
  MonetaryAmount balance = invoice.getBalance();
  customerBankAccount.transfer(balance.negate());
  ...
}
```

이 리팩터링은 구현 세부 사항만 변경했을 뿐 동작은 변경하지 않았다. 그러나 현재 대부분의 테스트는 debit()이나 credit() 중 하나에 대한 호출이 일어나는지 확인하는 목을 사용하고 있고, 이 함수들이 호출되지 않기 때문에 테스트는 실패한다. 이는 10.2.2절에서 언급한 목표와 반대되는 것이다. 즉, 테스트는 구현 세부 사항에 구애받지 않아야 한다. 리팩터링을 수행한 개발자는 테스트 통과를 위해 많은 테스트 케이스를 수정해야 하므로 리팩터링이 의도치 않게 동작을 변경하지 않았다는 확신을 하기 어렵다.

앞서 언급했듯이 목과 스텁의 사용을 둘러싸고 서로 다른 의견이 있지만, 필자가 생각하기에는 최소한으로 사용하는 것이 최선이다. 가능한 대안이 없다면 목이나 스텁을 테스트에 사용하는 것이 아예 테스트 코드를 작성하지 않는 것보다 낫다. 그러나 개인적인 의견으로는 실제 의존성이나 페이크(다음 하위 절에서 논의)를 사용하는 것이 가능하다면 그렇게 하는 것이 보통 더 바람직하다.

### 10.4.5 페이크

**페이크**fake는 클래스(또는 인터페이스)의 대체 구현체로 테스트에서 안전하게 사용할 수 있다. 페이크는 실제 의존성의 공개 API를 정확하게 시뮬레이션하지만 구현은 일반적으로 단순한데, 외부 시스템

과 통신하는 대신 페이크 내의 멤버 변수에 상태를 저장한다.

페이크의 요점은 코드 계약이 실제 의존성과 동일하기 때문에 실제 클래스(또는 인터페이스)가 특정 입력을 받아들이지 않는다면 페이크도 마찬가지라는 것이다. 따라서 실제 의존성에 대한 코드를 유지보수하는 팀이 일반적으로 페이크 코드도 유지보수해야 하는데, 실제 의존성에 대한 코드 계약이 변경되면 페이크의 코드 계약도 동일하게 변경되어야 하기 때문이다.

앞에서 살펴본 BankAccount 인터페이스와 BankAccountImpl 클래스를 살펴보자. 이를 관리하는 팀이 BankAccount에 대한 페이크 코드를 구현하면 예제 10.8 코드와 같을 것이다. 이 코드에서 주목해서 살펴봐야 할 사항은 다음과 같다.

- FakeBankAccount는 BankAccount 인터페이스를 구현하므로 테스트 중에 BankAccount의 구현 클래스가 필요한 모든 코드에 사용할 수 있다.
- 페이크는 은행의 백엔드 시스템과 통신하는 대신 멤버 변수를 사용하여 계좌 잔고를 추적한다.
- 페이크는 debit()이나 credit() 함수가 마이너스 금액으로 호출되는 경우 ArgumentException 예외를 발생시킨다. 이로 인해 코드 계약이 강제적으로 시행되고, 페이크가 BankAccount의 실제 구현과 정확히 같은 방식으로 동작한다. 페이크가 유용한 이유가 바로 이런 세부적인 사항 때문이다. 개발자가 음숫값으로 잘못 호출하는 코드를 작성하면 목이나 스텁을 사용하는 테스트에서는 이런 버그가 잡히지 않을 수 있다.
- getBalance() 함수는 코드 계약에 명시되어 있고 BankAccount의 실제 구현체가 동작하는 방식이기 때문에 가장 가까운 10의 배수 값으로 반내림된 잔액을 반환한다. 다시 말하지만 이것으로 인해 이 약간 의외의 동작으로 인해 발생할 수도 있는 버그가 테스트 중에 잡힐 가능성이 극대화된다.
- 페이크는 BankAccount 인터페이스의 모든 기능을 구현하는 것 외에도 테스트가 페이크 계정의 실제 잔액을 확인하는 데 사용할 수 있는 getActualBalance() 함수도 제공한다. 이 함수는 getBalance() 함수가 잔액을 반내림하기 때문에 중요한데, 테스트가 계정 상태를 정확하게 확인해야 하는 경우 getBalance() 함수는 사용할 수 없기 때문이다.

예제 10.8 페이크 BankAccount

```
class FakeBankAccount implements BankAccount {          ◄   BankAccount 인터페이스를
  private MonetaryAmount balance;          ◄          구현한다.
                                   멤버 변수를 통해
  FakeBankAccount(MonetaryAmount startingBalance) {     상태를 추적한다.
    this.balance = startingBalance;
  }
```

```
  override void debit(MonetaryAmount amount) {
    if (amount.isNegative()) {
      throw new ArgumentException("액수는 0보다 적을 수 없음");
    }
    balance = balance.subtract(amount);
  }
```

액수가 음수이면 ArgumentException을 발생시킨다.

```
  override void credit(MonetaryAmount amount) {
    if (amount.isNegative()) {
      throw new ArgumentException("액수는 0보다 적을 수 없음");
    }
    balance = balance.add(amount);
  }
```

액수가 음수이면 ArgumentException을 발생시킨다.

```
  override void transfer(MonetaryAmount amount) {
    balance.add(amount);
  }
```

```
  override MonetaryAmount getBalance() {
    return roundDownToNearest10(balance);
  }
```

잔액은 가장 가까운 10의 배수로 반내림해서 반환한다.

```
  MonetaryAmount getActualBalance() {
    return balance;
  }
}
```

테스트에서 반내림되지 않은 정확한 잔액을 확인할 수 있는 추가적인 함수

목이나 스텁 대신 페이크를 사용하면 이전 하위 절에서 논의한 문제점을 피할 수 있는데 이에 대해 자세히 살펴보자.

**페이크로 인해 보다 실질적인 테스트가 이루어질 수 있다**

이전 하위 절에서 송장의 마이너스 잔액에 대해 PaymentManager.settleInvoice() 함수가 잘 작동하는지 검증하기 위한 테스트 케이스 예를 살펴봤다. 이 예에서 테스트 케이스는 목을 사용해 BankAccount.debit() 함수가 마이너스 금액으로 호출되었는지 확인했다. 실제로 debit() 함수는 마이너스 금액을 허용하지 않기 때문에 코드에 버그가 있음에도 불구하고 테스트는 통과했다. 목 대신 페이크를 테스트 케이스에 사용했다면 이 버그가 발견됐을 것이다.

마이너스 송장 잔액 테스트 케이스를 FakeBankAccount를 사용해 다시 작성한다면 예제 10.9 코드와 같을 것이다. paymentManager.settleInvoice()가 호출되면 마이너스 금액으로 FakeBankAccount.debit()에 대한 호출은 예외를 발생시키고 테스트는 실패한다. 이를 통해 코드에 버그가

있다는 것을 즉시 알 수 있고, 코드베이스에 병합하기 전에 코드를 수정해야 한다.

예제 10.9 **마이너스 송장 잔액에 대해 페이크를 사용한 테스트**

```
void testSettleInvoice_negativeInvoiceBalance() {
    FakeBankAccount fakeAccount = new FakeBankAccount(        ── 100달러 잔액으로 초기화되어 생성된
        new MonetaryAmount(100.0, Currency.USD));                   페이크 계좌
    MonetaryAmount invoiceBalance =
        new MonetaryAmount(-5.0, Currency.USD);        ◄──── -5달러인 송장 잔액
    Invoice invoice = new Invoice(invoiceBalance, "test-id");
    PaymentManager paymentManager = new PaymentManager();

                                                      fakeAccount로 호출되는
    paymentManager.settleInvoice(fakeAccount, invoice);  ◄──── 테스트 대상 코드

    assertThat(fakeAccount.getActualBalance())        ── 새로운 계좌 잔액이
        .isEqualTo(new MonetaryAmount(105.0, Currency.USD));   105달러인지 확인한다.
}
```

테스트를 하는 이유는 코드에 버그가 있으면 테스트가 실패하고 코드 작성자는 이를 통해 자신의 코드에 버그가 있다는 것을 인지하는 것이다. 따라서 위 예제 코드의 테스트 케이스는 정확히 이 일을 해주기 때문에 유용하다.

**페이크를 사용하면 구현 세부 정보로부터 테스트를 분리할 수 있다**

목이나 스텁 대신 페이크를 사용할 때의 또 다른 이점은 테스트가 구현 세부 사항에 밀접하게 결합하는 정도가 덜 하다는 것이다. 앞에서 개발자가 테스트 대상이 되는 코드를 리팩터링한 경우 목을 사용한 테스트가 실패하는 것을 살펴봤다. 여기서 테스트는 목을 사용해서 `debit()`이나 `credit()` 함수가 호출됐는지 확인하는데 이것은 구현 세부 사항이다. 이와는 대조적으로 테스트가 페이크를 사용하는 경우 구현 세부 사항 대신 최종 계정 잔액이 정확한지 확인한다.

```
  ...
    assertThat(fakeAccount.getActualBalance())
        .isEqualTo(new MonetaryAmount(105.0, Currency.USD));
  ...
```

테스트 중인 코드는 원하는 기능을 사용하여 계좌에 입출금할 수 있지만, 최종 결과가 동일하다면 테스트는 통과된다. 따라서 테스트는 구현 세부 사항과 관련해서 훨씬 더 독립적이다. 리팩터링이 동작을 변경하지 않는 한 테스트는 실패하지 않는다.

모든 의존성 코드가 자신에 해당하는 페이크를 갖지는 않을 것이다. 의존성 코드를 관리하는 팀이

그 코드를 작성했는지 여부 그리고 그 코드를 계속 유지보수할 의지가 있는지에 따라 달라지지만, 이 문제와 관련해 적극적으로 될 수도 있다. 자신의 팀이 특정 클래스나 인터페이스에 대한 코드를 관리하고 있고 실제 코드를 테스트에 사용하는 것이 적합하지 않다면 페이크를 구현하는 것이 좋다. 이렇게 하면 테스트는 더 나아지고 그 코드에 의존하는 수많은 다른 개발자들에게도 도움이 될 것이다.

테스트에서 의존성 코드를 실제로 사용할 수 없는 경우 테스트 더블을 사용해야 할 때가 있다. 이 경우 페이크가 존재한다면 필자의 의견에는 목이나 스텁보다는 페이크를 사용하는 것이 더 낫다. 개발자 사이에서 목과 스텁에 관한 의견이 다르기 때문에 '필자의 의견에는'이라고 했는데, 다음 하위 절에서 이에 관해 간단히 논의하겠다.

### 10.4.6 목에 대한 의견

단위 테스트에서 목과 스텁을 사용하는 것에 관해 두 가지 의견이 있다.

- **목 찬성론자**mockist : 때로는 '런던 학파'라고 일컬어진다. 개발자는 단위 테스트 코드에서 의존성을 실제로 사용하는 것을 피해야 하고 대신 목을 사용해야 한다고 주장한다. 실제 의존성의 사용을 피하고 목을 사용하는 것은 의존성 코드로부터 값을 받는 경우 스텁을 사용한다는 것을 의미하기도 한다.

- **고전주의자**classicist : 때로는 '디트로이트 학파'라고 일컬어진다. 목과 스텁은 최소한으로 사용되어야 하고 개발자는 테스트에서 의존성을 실제로 사용하는 것을 최우선으로 해야 한다고 주장한다. 실제 의존성을 사용하는 것이 가능하지 않을 때, 페이크를 사용하는 것을 선호한다. 목과 스텁은 실제 의존성이나 페이크를 사용하는 것이 불가능할 때만 최후의 수단으로 사용되어야 한다.

이 두 가지 방법을 사용하여 작성된 테스트 사이의 주요 실제적 차이점 중 하나는 목을 사용한 테스트는 상호작용을 테스트하는 반면, 고전주의 방법을 사용한 테스트는 코드의 결과 상태와 의존성을 테스트하는 경향이 있다는 점이다. 이러한 의미에서 목 접근법은 시험 대상 코드가 **어떻게** 하는가를 확인하는 반면, 고전주의 접근법은 코드를 실행하는 최종 결과가 **무엇인지** 확인하는 경향이 있다(이것이 어떻게 달성되는지는 크게 상관하지 않는다).

목 사용을 지지하는 주장은 다음과 같다.

- **단위 테스트가 더욱 격리된다.** 목을 사용한다는 것은 테스트가 의존성에 대한 것들을 테스트하지 않는다는 것을 의미한다. 즉, 특정 코드에 문제가 있을 때 해당 코드에 대한 단위 테스트에서만 테스트 실패를 유발하며, 이 코드에 의존하는 다른 코드에 대한 테스트는 실패하지 않는다.

- **테스트 코드 작성이 더 쉬워진다.** 의존성을 실제로 사용하려면 테스트에 필요한 항목과 해당 의존성을 올바르게 설정하고 확인하는 방법을 파악해야 한다. 반면에 목이나 스텁을 사용하면 실제로 의존성을 설정할 필요가 없고 하위 종속성의 설정에 대해 걱정하지 않아도 때문에 설정이 간단하다.

고전주의적 접근법에 찬성하고 목 접근법에 반대하는 주장은 다음과 같다.

- 목은 코드가 특정 호출을 하는지만 확인할 뿐 실제로 호출이 유효한지는 검증하지 않는다. 많은 수의 목이나 스텁을 사용하면 코드에 문제점이 있을 때에도 테스트는 통과할 수 있다.
- 고전적인 접근 방식은 구현 세부 사항에 대해 더 독립적인 테스트를 할 수 있다. 고전적 접근법에서는 최종 결과, 즉 코드가 반환하는 것이나 결과 상태를 검증하는 데 중점을 둔다. 테스트에 관한 한 코드가 어떻게 이것을 달성하는지는 중요하지 않다. 테스트 대상 코드의 동작이 변경되었을 때에만 실패하며, 구현 세부 사항이 변경될 때는 실패하지 않는다.

솔직히 말하자면 소프트웨어 개발자로 일하던 초기에는 이 두 가지 접근 방식이 형식화된 학파로서 존재하는지도 몰랐다. 이에 대해 몰랐기 때문에 자연스럽게 목을 사용하는 접근법을 사용해 의존성 대부분이 목이나 스텁으로 된 테스트 코드를 작성했다. 물론 그 당시 필자는 이 문제에 대해 많은 생각을 하지 않았고 목을 사용한 주된 이유는 단지 그것이 테스트 코드 작성을 더 쉽게 만드는 것처럼 보였기 때문이라는 점을 인정한다. 하지만 지금은 이렇게 한 것을 후회하는데, 왜냐하면 동작을 제대로 테스트하지 않았고 코드의 리팩터링을 매우 어렵게 만들었기 때문이다.

두 가지 접근법을 모두 시도해 본 결과 이제는 고전적 접근법을 강하게 선호하게 되었고, 이번 장의 내용은 이를 반영한다. 하지만 이것은 어디까지나 필자 개인의 의견일 뿐이고 모든 개발자가 이에 동의하지 않는다는 점을 강조하고 싶다. 목 접근법이나 고전주의적인 생각의 학파에 대해 더 자세히 알고자 하면, 마틴 파울러가 쓴 기사(http://mng.bz/N8Pv)의 후반부에서 이 주제에 대해 자세히 논의하니 참고하기 바란다.

## 10.5 테스트 철학으로부터 신중하게 선택하라

이미 알겠지만 테스트를 둘러싼 여러 가지 철학과 방법론이 있다. 그리고 그것들은 때때로 모 아니면 도인 것처럼 보일 것이다. 즉, 어떤 철학의 모든 것을 동의하거나 아무 것도 동의하지 않는다. 하지만 현실은 이렇지 않고, 옳다고 생각하는 바를 여러 철학에서 신중하게 선택할 자유가 있다.

테스트 철학의 한 예는 **테스트 주도 개발**test-driven development, TDD이다. 이 철학에서 가장 유명한 부분은 개발자가 코드를 구현하기 전에 테스트 코드를 먼저 작성해야 한다는 것이다. 많은 사람이 이 것의 이론적 이점을 인식하고 있지만 실제로 이렇게 하는 개발자를 별로 만나보지는 못했는데, TDD 가 일을 어떻게 할지에 대한 것이 아니기 때문이다. TDD를 철저히 따르지 않는다고 해서 그들이 TDD 철학의 모든 것을 완전히 무시하는 것은 아니다. 그보다는 그 철학에 완전히 동의하지는 않는 다고 보는 것이 맞을 것이다. 많은 개발자는 여전히 테스트를 격려하고, 집중하며, 구현 세부 사항을 테스트하지 않는 등 TDD가 규정하는 많은 것들의 달성하고자 한다.

테스트 철학과 방법론의 몇 가지 예는 다음과 같다.

- **테스트 주도 개발**test-driven development, TDD[2]: TDD는 실제 코드를 작성하기 전에 테스트 케이스를 먼저 작성하는 것을 지지한다. 실제 코드는 테스트만 통과하도록 최소한으로 작성하고 이후에 구조를 개선하고 중복을 없애기 위해 리팩터링을 한다. 방금 언급한 바와 같이 TDD 지지자들은 일반적으로 테스트 케이스를 격려하고 한 테스트 케이스는 하나의 동작만 테스트하도록 집중하며 구현 세부 사항을 테스트하지 않는 등의 여러 다른 모범 사례를 지지한다.

- **행동 주도 개발**Behavior-driven development, BDD[3]: BDD는 사람마다 조금씩 다른 의미를 가질 수 있지만 이 철학의 핵심은 사용자, 고객, 비즈니스의 관점에서 소프트웨어가 보여야 할 행동(또는 기능)을 식별하는 데 집중하는 것이다. 이런 원하는 동작은 소프트웨어가 개발될 수 있는 형식으로 포착되고 기록된다. 테스트는 소프트웨어 자체의 속성보다는 이러한 원하는 동작을 반영해야 한다. 이런 행동이 정확히 어떻게 포착되고 기록되는지, 어떤 이해관계자가 그 과정에 관여하는지, 그리고 얼마나 공식화되는지는 조직마다 다를 수 있다.

- **수용 테스트 주도 개발**Acceptance test-driven development, ATDD: 다시 말하지만 ATDD도 사람마다 약간 다른 의미를 가질 수 있으며, BDD와 비슷한데 정의에 따라 BDD와 겹치는 정도가 다르다. ATDD는 고객의 관점에서 소프트웨어가 보여줘야 하는 동작(또는 기능)을 식별하고 소프트웨어가 전체적으로 필요에 따라 작동하는지 검증하기 위해 자동화된 **수락 테스트**acceptance test를 만드는 것을 수반한다. TDD와 마찬가지로 실제 코드를 구현하기 전에 이러한 테스트를 생성해야 한다. 이론적으로 합격 테스트가 모두 통과하면 소프트웨어는 완전한 것이며 고객이 수락할 준비가 된 것이다.

---

2 어떤 사람들은 TDD의 기원을 1960년대까지 거슬러 올라간다고 주장하지만 이 용어와 관련된 좀 더 현대적이고 형식화된 철학은 일반적으로 1990년대 켄트 벡(Kent Beck)의 업적으로 받아들여진다(벡 스스로가 TDD를 창안했다기보다는 재발견했다고 주장한 것은 유명하다).

3 행동주도 개발의 아이디어는 2000년대 다니엘 터호스트-노스(Daniel Terhorst-North)의 업적으로 알려져 있다. 그가 자신의 아이디어를 소개한 글의 복사본을 https://dannorth.net/introducing-bdd/에서 읽을 수 있다.

테스트 철학 및 방법론은 개발자들이 효과적이라고 생각하는 작업 방식을 문서화한다. 하지만 결국에는 궁극적으로 달성하고자 하는 목표가 그 목표에 도달하기 위해 선택한 작업 방식보다 더 중요하다. 중요한 것은 우리가 좋은 품질의 테스트 코드를 철저하게 작성하고 고품질의 소프트웨어를 생산하는 것이다. 사람마다 일하는 방식이 다르다. 어떤 철학이나 방법론을 문자 그대로 따를 때 가장 효과적으로 일할 수 있다면 그것은 좋은 일이다. 하지만 다른 방법으로 할 때 더 효과적이라면 그것 역시 전적으로 좋다.

## 요약

- 코드베이스에 제출된 거의 모든 '실제 코드'는 그에 해당하는 단위 테스트가 동반되어야 한다.

- '실제 코드'가 보여주는 모든 동작에 대해 이를 실행해보고 결과를 확인하는 테스트 케이스가 작성되어야 한다. 아주 간단한 테스트 케이스가 아니라면 각 테스트 케이스 코드는 준비, 실행 및 단언의 세 가지 부분으로 나누는 것이 일반적이다.

- 바람직한 단위 테스트의 주요 특징은 다음과 같다.
  - 문제가 생긴 코드의 정확한 탐지
  - 구현 세부 정보에 구애받지 않음
  - 실패가 잘 설명됨
  - 이해하기 쉬운 테스트 코드
  - 쉽고 빠르게 실행

- 테스트 더블은 의존성을 실제로 사용하는 것이 불가능하거나 현실적으로 어려울 때 단위 테스트에 사용할 수 있다. 테스트 더블의 몇 가지 예는 다음과 같다.
  - 목
  - 스텁
  - 페이크

- 목 및 스텁을 사용한 테스트 코드는 비현실적이고 구현 세부 정보에 밀접하게 연결될 수 있다.

- 목과 스텁의 사용에 대한 여러 의견이 있다. 필자의 의견은 가능한 한 실제 의존성이 테스트에 사용되어야 한다는 것이다. 이렇게 할 수 없다면, 페이크가 차선책이고, 목과 스텁은 최후의 수단으로만 사용되어야 한다.

CHAPTER 11

# 단위 테스트의 실제

**이 장에서는 다음과 같은 내용을 다룬다.**

- 코드의 모든 동작을 효과적이고 신뢰성 있게 테스트하기
- 이해하기 쉽고 실패가 잘 설명되는 테스트 코드의 작성
- 의존성 주입을 사용하여 테스트가 용이한 코드의 작성

10장에서는 효과적인 단위 테스트를 작성하는 데 사용할 수 있는 여러 가지 원리를 살펴봤다. 이 장은 이러한 원리를 바탕으로 개발 작업에 적용할 수 있는 여러 가지 실제적인 기술을 다룬다.

10장에서는 좋은 단위 테스트가 가져야 하는 주요 특징에 대해 설명했다. 이번 장에서 설명할 많은 기법의 동기는 이 특징을 직접 따르는데, 다시 한번 상기하자면 다음과 같다.

- **코드의 문제를 정확하게 감지한다:** 코드에 문제가 있으면 테스트는 실패해야 한다. 그리고 테스트는 코드에 실제로 문제가 있는 경우에만 실패해야 한다.

- **구현 세부 정보에 구애받지 않는다:** 구현 세부 사항을 변경하더라도 테스트 코드에 대한 변경은 필요 없는 것이 이상적이다.

- **실패는 잘 설명된다:** 코드에 문제가 있는 경우 테스트 실패는 문제에 대한 명확한 설명을 제공해야 한다.

- **테스트 코드가 이해하기 쉽다:** 테스트가 정확히 무엇이고 테스트가 어떻게 수행되는지 다른 개발

자가 이해할 수 있어야 한다.

- **테스트를 쉽고 빠르게 실행할 수 있다:** 개발자는 일상적인 작업에서 단위 테스트를 꽤 자주 실행해야 한다. 단위 테스트가 느리거나 실행이 어려운 경우 개발자의 시간이 많이 낭비된다.

우리가 작성하는 테스트에서 이러한 특징이 나타나게 하는 것은 그냥 되는 일이 아니기 때문에 비효율적이고 유지보수하기 어려운 테스트 코드를 작성하기가 너무 쉽다. 다행히도 테스트가 위에서 나열한 특징을 나타낼 가능성을 극대화하기 위해 적용할 수 있는 실제적인 방법이 많이 있다. 다음 절에서는 주요한 몇 가지 방법을 살펴본다.

## 11.1 기능뿐만 아니라 동작을 시험하라

코드를 테스트하는 것은 할 일 목록을 만들어 작업하는 것과 약간 비슷하다. 테스트 대상 코드가 수행하는 (코드를 작성하기 전에 테스트를 작성하는 경우라면 수행할 예정인) 작업이 여러 가지가 있으며 이 각각의 작업에 대해 테스트 케이스를 따로 작성해야 한다. 그러나 다른 할 일 목록과 마찬가지로 성공적인 결과는 실제로 목록에 있는 것들이 얼마나 올바른지에 달려 있다.

개발자들이 가끔 저지르는 실수는 테스트할 목록에 함수 이름만 추가하는 것이다. 클래스에 함수가 2개 있으면 함수마다 하나의 테스트 케이스를 작성하는 식이다. 10장에서 코드가 보이는 중요한 행동을 모두 테스트해야 한다는 것을 살펴봤다. 각 함수를 테스트하는 데만 집중할 때의 문제점은 한 함수가 종종 여러 개의 동작을 수행할 수 있고 한 동작이 여러 함수에 걸쳐 있을 수 있다는 점이다. 함수별로 테스트 케이스를 하나만 작성하면 중요한 동작을 놓칠 수 있다. 단순히 눈에 보이는 대로 함수 이름을 테스트 목록에 넣기보다는 함수가 수행하는 모든 동작으로 목록을 채우는 것이 좋다.

### 11.1.1 함수당 하나의 테스트 케이스만 있으면 적절하지 않을 때가 많다

주택담보대출 신청을 자동으로 평가하는 시스템을 운영하는 은행에서 일하고 있다고 가정해보자. 예제 11.1 코드는 고객이 주택담보대출을 받을 수 있는지와 대출을 할 수 있다면 얼마를 빌릴 수 있는지를 결정하는 클래스를 보여준다. 이 코드에는 다음과 같이 꽤 많은 사항이 있다.

- assess() 함수는 프라이빗 헬퍼 함수를 호출하여 고객이 주택담보대출을 받을 자격이 있는지 여부를 판단한다. 고객이 다음과 같은 경우에 자격이 부여된다.
  - 신용등급이 좋다.
  - 기존 주택담보대출이 없다.
  - 은행에 의해 금지된 고객이 아니다.

- 고객이 자격이 있을 경우 다른 프라이빗 헬퍼 함수를 호출해 해당 고객에 대한 최대 대출 금액을 결정한다. 이 값은 연간 소득에서 연간 지출액을 뺀 값에 10을 곱한 값으로 계산된다.

예제 11.1 **주택담보대출 평가 코드**

```
class MortgageAssessor {
  private const Double MORTGAGE_MULTIPLIER = 10.0;

  MortgageDecision assess(Customer customer) {
    if (!isEligibleForMortgage(customer)) {          고객이 자격이 없다면
      return MortgageDecision.rejected();            대출 신청은 거절된다.
    }
    return MortgageDecision.approve(getMaxLoanAmount(customer));
  }

  private static Boolean isEligibleForMortgage(Customer customer) {
    return customer.hasGoodCreditRating() &&         고객이 자격이 있는지 여부를 결정하는
        !customer.hasExistingMortgage() &&                프라이빗 헬퍼 함수
        !customer.isBanned();
  }

  private static MonetaryAmount getMaxLoanAmount(Customer customer) {
    return customer.getIncome()                      대출의 최대 액수를 결정하는
        .minus(customer.getOutgoings())                   프라이빗 헬퍼 함수
        .multiplyBy(MORTGAGE_MULTIPLIER);
  }
}
```

이 코드에 대한 테스트 코드를 확인해보니 assess() 함수를 테스트하기 위한 테스트 케이스가 한 개 있다고 가정해보자. 예제 11.2는 이 테스트 케이스를 보여주는데, 이 테스트 코드는 다음과 같이 assess() 함수가 수행하는 몇 가지 작업을 테스트한다.

- 신용등급이 좋고, 기존 대출이 없으며, 대출이 금지되지 않은 고객에게 대출이 승인된다.
- 최대 대출 금액은 고객의 수입에서 지출을 뺀 금액에 10을 곱한 금액이다.

그러나 이 테스트 케이스는 대출이 거절될 수 있는 경우와 같이 다른 많은 사항을 테스트하지 않은 채로 남겨두고 있다. 이것은 충분한 테스트가 아니라는 점은 명백하다. 심지어 금지된 고객들에게조차 담보 대출을 승인하도록 MortgageAccessor.assess() 함수를 수정하더라도 테스트는 여전히 통과할 것이다.

```
testAssess() {
  Customer customer = new Customer(
      income: new MonetaryAmount(50000, Currency.USD),
      outgoings: new MonetaryAmount(20000, Currency.USD),
      hasGoodCreditRating: true,
      hasExistingMortgage: false,
      isBanned: false);
  MortgageAssessor mortgageAssessor = new MortgageAssessor();

  MortgageDecision decision = mortgageAssessor.assess(customer);

  assertThat(decision.isApproved()).isTrue();
  assertThat(decision.getMaxLoanAmount()).isEqualTo(
      new MonetaryAmount(300000, Currency.USD));
}
```

여기서 문제는 테스트를 작성하는 개발자가 행동이 아닌 기능 테스트에 집중했다는 점이다. assess() 함수는 MortgageAssessor 클래스의 퍼블릭 API에 있는 유일한 함수이기 때문에 하나의 테스트 케이스만 작성했다. 안타깝게도 이 하나의 테스트 케이스는 MortgageAssessor.assess() 함수가 올바른 방식으로 동작하는지 확인하기에 충분치 않다.

## 11.1.2 해결책: 각 동작을 테스트하는 데 집중하라

앞의 예에서 알 수 있듯이 함수와 동작 사이에 일대일로 연결이 안 되는 경우가 많다. 함수 자체를 테스트하는 데만 집중하면, 정작 실제로 신경 써야 할 중요한 동작을 검증하지 않는 테스트 케이스를 작성하기가 매우 쉽다. MortgageAssessor 클래스에서 다음과 같은 동작이 관심의 대상이 된다.

- 다음 중 적어도 하나에 해당하는 고객에 대해서는 담보대출 신청이 기각된다.
    - 신용 등급이 좋지 않다.
    - 이미 대출이 있다.
    - 대출이 금지된 고객이다.

- 주택담보대출 신청이 받아들여진다면 최대 대출금액은 고객의 수입에서 지출을 뺀 금액에 10을 곱한 금액이다.

이러한 각 동작은 테스트되어야 하며, 따라서 작성해야 할 테스트 케이스는 훨씬 많다. 코드에 대한 신뢰도를 높이기 위해 여러 가지 값과 경계 조건을 테스트하는 것도 타당하므로 다음과 같은 테스트 케이스도 포함되어야 할 것이다.

- 코드에서 수행되는 계산이 정확한지 확인하기 위해 수입과 지출에 대한 여러 가지 다른 값을 사용하는 경우
- 소득이나 지출이 전혀 없는 경우 혹은 소득이나 지출이 아주 많은 경우와 같은 일부 극단적 값을 사용하는 경우

MortgageAssessor 클래스를 완전히 테스트하려면 10개 이상의 테스트 케이스를 작성해야 할 가능성이 크다. 이것은 완전히 정상적이고 예상 가능한 일이다. 실제 코드가 100줄인데 테스트 코드는 300줄인 경우가 드물지 않다. 테스트 코드의 양이 실제 코드의 양보다 많지 않다면, 모든 동작이 제대로 테스트되고 있지 않음을 나타내는 경고 표시일 수 있다.

테스트를 위해 코드가 보일 행동을 생각해내는 연습을 하는 것은 코드의 잠재적인 문제를 발견하는 좋은 방법이다. 예를 들어 테스트할 행동을 고민하다 보면 고객의 지출이 수입을 초과할 경우 어떤 일이 벌어질지 궁금할 수 있다. 이 경우에 현재 코드에서 MortgageAssessor.assess() 함수는 이 신청을 승인하고 최대 대출 금액은 마이너스 값이 된다. 이것은 이상한 결과이기 때문에 이에 관련된 논리를 다시 의논하고 이 경우를 좀 더 세련되게 다루도록 하는 계기가 될 것이다.

### 모든 동작이 테스트되었는지 거듭 확인하라

코드가 제대로 테스트되는지 여부를 측정하기 위한 한 가지 좋은 방법은 수정된 코드에 버그나 오류가 있음에도 여전히 테스트를 통과할 수 있는지에 대해 생각해보는 것이다. 다음과 같은 질문은 코드를 검토하는 과정에서 던져보면 좋을 것이다. 이들 중 어느 하나에 대한 대답이 '예'라면 모든 행동이 테스트되고 있지 못하다는 것을 의미한다.

- 삭제해도 여전히 컴파일되거나 테스트가 통과하는 코드 라인이 있는가?
- if 문 (또는 이와 동등한 기능의 문장)의 참 거짓 논리를 반대로 해도 테스트가 통과하는가? (예: 'if (something) {'을 'if (!something) {'으로 변경)
- 논리 연산자나 산술 연산자를 다른 것으로 대체해도 테스트가 통과하는가? (예: &&을 ||로 변경하거나 +를 -로 변경)
- 상숫값이나 하드 코딩된 값을 변경해도 테스트가 통과하는가?

요점은 테스트 대상 코드의 각 줄, if 문, 논리 표현식, 값 등은 그것이 존재하는 이유가 있어야 한다는 것이다. 불필요한 코드라면 그것은 제거되어야 한다. 불필요한 것이 아니라면 그것은 어떻게든 그것에 의존하는 어떤 중요한 행동이 있다는 것을 의미한다. 코드가 나타내는 중요한 동작이 있는 경우 그 동작을 테스트하는 테스트 케이스가 있어야 하므로, 기능을 변경한 경우 적어도 하나의 테스트

케이스가 실패해야 한다. 그렇지 않다면 모든 행동이 테스트되는 것이 아니다.

이에 대한 유일한 예외는 방어적으로 프로그래밍 오류를 검사하는 코드이다. 예를 들어 특정 가정이 유효한지 확인하기 위해 코드 내에 체크check나 어서션assertion이 있을 수 있다. 방어 논리를 테스트하는 유일한 방법은 코드를 의도적으로 잘못 수정해서 가정을 깨트리는 것이기 때문에 이것을 테스트할 수 있는 방법이 없을 수도 있다.

돌연변이 테스트mutation test를 사용하면 기능의 변화가 테스트 실패를 초래하는지 확인하는 것을 어느 정도 자동화할 수 있다. 돌연변이 테스트 도구는 약간 변형된 코드를 만들어 낸다. 코드가 변형된 후에도 테스트가 통과한다면 모든 동작이 제대로 테스트되고 있지 않다는 신호다.

### 오류 시나리오를 잊지 말라

간과하기 쉬운 또 다른 중요한 동작은 오류 시나리오가 발생할 때 코드가 어떻게 동작하는가다. 오류가 자주 발생할 것으로 예상하지 않기 때문에 이러한 경우는 다소 경계 조건처럼 보일 수 있다. 그럼에도 불구하고 코드가 서로 다른 오류 시나리오를 처리하고 알리는 방법은 코드를 작성하거나 호출하는 쪽 모두가 관심을 갖는 중요한 동작이다. 따라서 이 경우 역시 테스트해야 한다.

이를 설명하기 위해 예제 11.3 코드를 살펴보자. BankAccount.debit() 함수는 음수를 인수로 호출되면 ArgumentException을 발생한다. 음숫값으로 호출되는 함수는 오류 시나리오이며 이 경우 ArgumentException을 발생시킨다는 것은 중요한 행동이기 때문에 테스트되어야 한다.

예제 11.3 **오류를 처리하는 코드**

```
class BankAccount {
  ...
  void debit(MonetaryAmount amount) {
    if (amount.isNegative()) {
      throw new ArgumentException("액수는 0보다 적을 수 없음");  ◀── 음숫값이면
    }                                                              ArgumentException을
    ...                                                            발생시킨다.
  }
}
```

예제 11.4 코드는 이 오류 시나리오에서 함수의 동작을 테스트할 수 있는 방법을 보여준다. 테스트 케이스는 -$0.01의 금액으로 debit()을 호출할 때 예외가 발생하는지 확인한다. 또한 발생한 예외에 예상하는 오류 메시지가 포함되어 있는지 확인한다.

```
void testDebit_negativeAmount_throwsArgumentException {
  MonetaryAmount negativeAmount =
      new MonetaryAmount(-0.01, Currency.USD);
  BankAccount bankAccount = new BankAccount();

  ArgumentException exception = assertThrows(           debit() 함수가 음숫값으로 호출되면
      ArgumentException,                                ArgumentException이 발생하는지 확인한다.
      () -> bankAccount.debit(negativeAmount));
  assertThat(exception.getMessage())                   발생한 예외 객체가 예상하는 오류 메시지를
      .isEqualTo("액수는 0보다 적을 수 없음");            가지고 있는지 확인한다.
}
```

하나의 코드는 많은 동작을 나타내는 경향이 있으며, 하나의 함수라도 호출되는 값이나 시스템의 상태에 따라 다양한 동작을 나타내는 경우가 꽤 많다. 함수당 하나의 테스트 케이스만 작성하는 것으로 테스트가 충분히 되는 경우는 거의 없다. 함수에 집중하기보다는 궁극적으로 중요한 모든 행동을 파악하고 각각에 대한 테스트 케이스가 있는지 확인하는 것이 더 효과적이다.

## 11.2 테스트만을 위해 퍼블릭으로 만들지 말라

클래스(또는 코드 단위)는 보통 외부에서도 사용할 수 있는 함수를 가지고 있고, 이들을 **퍼블릭**public 함수라고 부른다. 일반적으로 코드의 공개 API는 이들 퍼블릭 함수로 이루어진다. 퍼블릭 함수 외에도 프라이빗 함수를 갖는 것이 일반적인데 이들은 클래스(또는 코드 단위) 내에서만 사용할 수 있다. 아래 코드는 이러한 차이를 보여준다.

```
class MyClass {
                                        클래스 외부에서도
  String publicFunction() { ... }  ◀─── 보인다.

  private String privateFunction1 { ... }    클래스의 내부에서만
  private String privateFunction2 { ... }    보인다.
}
```

프라이빗 함수는 구현 세부 사항이며 클래스 외부의 코드가 인지하거나 직접 사용하는 것이 아니다. 때로는 이러한 프라이빗 함수 중 일부를 테스트 코드에서도 접근할 수 있도록 만들어 직접 테스트하고자 할 수 있다. 그러나 이는 좋은 생각이 아닐 때가 많다. 구현 세부 사항과 밀접하게 연관된 테스트가 될 수 있고 궁극적으로 우리가 신경 써야 하는 코드의 동작을 테스트하지 않을 수 있기 때문이다.

## 11.2.1 프라이빗 함수를 테스트하는 것은 바람직하지 않을 때가 많다

앞 절에서 MortgageAssessor 클래스의 모든 동작을 테스트하는 것이 중요하다는 것을 살펴봤다(예제 11.5 코드에서 이 클래스를 반복해서 보여준다). 이 클래스의 공용 API는 assess() 함수다. 클래스는 이 퍼블릭 함수 외에도 isEligibleForMortgage()와 getMaxLoanAmount()라는 두 가지 프라이빗 헬퍼 함수를 가지고 있다. 클래스 외부의 어떤 코드에서도 볼 수 없으므로 이들 함수는 구현 세부 정보에 해당한다.

예제 11.5 **프라이빗 헬퍼 함수가 있는 클래스**

```
class MortgageAssessor {
  ...

  MortgageDecision assess(Customer customer) { ... }  ◀─────  퍼블릭 API

  private static Boolean isEligibleForMortgage(
      Customer customer) { ... }
                                                       프라이빗 헬퍼 함수
  private static MonetaryAmount getMaxLoanAmount(
      Customer customer) { ... }
}
```

MortgageAssessor 클래스의 행동 중 테스트해야 할 한 가지 행동을 집중해서 살펴보자. 즉, 고객의 신용등급이 나쁜 경우 대출 신청이 거부된다. 개발자가 엉뚱한 것을 테스트하게 되는 일반적인 방법 중 하나는 원하는 최종 결과와 중간 구현 세부 사항을 섞는 것이다. MortgageAssessor 클래스를 좀 더 자세히 살펴보면, 고객의 신용등급이 좋지 않으면 프라이빗 헬퍼 함수인 isEligibleForMortgage()가 거짓을 반환한다는 것을 알 수 있다. 여기서 isEligibleForMortgage() 함수를 테스트하기 위해 이 함수를 테스트 코드에서 접근할 수 있도록 만들고 싶은 마음이 들 수 있다. 예제 11.6 코드는 isEligibleForMortgage() 함수를 이렇게 만든 경우의 클래스를 보여준다. 퍼블릭으로 만듦으로써 테스트 코드뿐만 아니라 다른 모든 코드에서도 볼 수 있다. 테스트 코드 이외의 다른 코드에서 호출하지 말라고 경고하기 위해 '테스트를 위해서만 공개'라는 주석문이 추가되어 있지만 이 책을 통해 이미 살펴봤듯이 이와 같은 세부 조항은 간과되기가 매우 쉽다.

예제 11.6 **프라이빗 함수를 퍼블릭으로 만듦**

```
class MortgageAssessor {
  private const Double MORTGAGE_MULTIPLIER = 10.0;
                                                       퍼블릭 API
  MortgageDecision assess(Customer customer) {  ◀─────
```

```
    if (!isEligibleForMortgage(customer)) {
      return MortgageDecision.rejected();
    }
    return MortgageDecision.approve(getMaxLoanAmount(customer));
  }

  /** 테스트를 위해서만 공개 */
  static Boolean isEligibleForMortgage(Customer customer) {
    return customer.hasGoodCreditRating() &&
        !customer.hasExistingMortgage() &&
        !customer.isBanned();
  }

  ...
}
```

어떤 헬퍼 함수가 호출될지는 구현 세부 사항이다.

퍼블릭으로 만들어져 직접 테스트할 수 있다.

isEligibleForMortgage() 함수를 퍼블릭으로 변경한 개발자는 테스트 케이스를 작성해 여러 가지 시나리오에서 이 함수가 참이나 거짓을 반환하는지 테스트할 것이다. 예제 11.7 코드는 그러한 테스트 케이스 중 하나를 보여준다. 고객의 신용 등급이 나쁜 경우 isEligibleForMortgage()가 거짓으로 반환되는지 테스트한다. 잠시 후에 알게 되겠지만 이와 같은 프라이빗 함수를 테스트하는 것이 좋지 않은 이유가 여러 가지 있다.

예제 11.7 **프라이빗 함수 테스트**

```
testIsEligibleForMortgage_badCreditRating_ineligible() {
  Customer customer = new Customer(
      income: new MonetaryAmount(50000, Currency.USD),
      outgoings: new MonetaryAmount(25000, Currency.USD),
      hasGoodCreditRating: false,
      hasExistingMortgage: false,
      isBanned: false);

  assertThat(MortgageAssessor.isEligibleForMortgage(customer))
      .isFalse();
}
```

'프라이빗' 함수인 isEligibleForMortgage()를 직접 테스트한다.

프라이빗 함수를 퍼블릭으로 만든 후에 테스트할 때의 문제는 다음과 같다.

- 이 테스트는 실제로 우리가 신경 쓰는 행동을 테스트하는 것이 아니다. 좀 전에 고객이 신용등급이 나쁘면 주택 담보 대출 신청이 거절되는 것이 우리가 신경 써야 하는 결과라고 말했다. 예제 11.7의 테스트 케이스가 실제로 테스트하고 있는 것은 신용등급이 나쁜 고객으로 이 함수를 호출할 때 거짓이 반환되는지 여부다. 그러한 경우에 주택 담보 대출 신청이 궁극적으로 거부된다는

것이 이 테스트로 인해 보장되지 않는다. 개발자가 isEligibleForMortgage()를 잘못 호출하거나 호출하지 않도록 assess() 함수를 실수로 잘못 수정할 수 있다. MortgageAssessor 클래스가 잘못 수정됨에도 불구하고 예제 11.7 코드의 테스트 케이스는 여전히 통과될 것이다.

- 이렇게 되면 테스트가 구현 세부 사항에 독립적이지 못하게 된다. isEligibleForMortgage()라는 프라이빗 함수가 있다는 사실은 구현 세부 사항이다. 코드를 리팩터링할 수 있는데, 예를 들어 이 함수의 이름을 바꾸거나 별도의 헬퍼 클래스로 옮기는 것이다. 리팩터링을 하더라도 실패하는 테스트가 없도록 하는 것이 이상적이다. 하지만 isEligibleForMortgage() 함수를 직접 테스트하고 있기 때문에 그와 같은 리팩터링으로 인해 실패하는 테스트가 있을 수 있다.

- 이렇게 변경한 것은 MortgageAssessor 클래스의 퍼블릭 API를 변경한 효과를 갖는다. '테스트를 위해서만 공개'와 같은 주석문은 간과되기 쉽기 때문에(코드 계약의 세부 조항임) 다른 개발자가 isEligibleForMortgage() 함수를 호출하여 이 기능에 의존할 수 있다. 다른 코드가 이 함수를 사용하고 있기 때문에 이 사실을 알기 전에는 이 함수를 수정하거나 리팩터링할 수 없을 것이다.

좋은 단위 테스트는 궁극적으로 중요한 행동을 테스트해야 한다. 이렇게 하면 테스트는 코드의 문제점을 정확하게 감지할 가능성을 극대화하며 구현 세부 사항에 독립적으로 된다. 이 두 가지가 10장에서 확인한 바람직한 단위 테스트의 주요 특징이다. 프라이빗 함수를 테스트하면 이 두 가지 목적에 어긋날 때가 많다. 다음 두 하위 절에서 볼 수 있듯이 퍼블릭 API를 통해 테스트하거나 코드를 적절한 추상화 계층으로 나눔으로써 프라이빗 함수를 테스트하는 것을 피할 수 있다.

## 11.2.2 해결책: 퍼블릭 API를 통해 테스트하라

앞 장에서는 '퍼블릭 API만을 이용한 테스트'라는 원칙 내지는 지침에 대해 논의했다. 이 원칙의 목적은 구현 세부 사항이 아닌 실제로 중요한 동작을 테스트하도록 개발자에게 가이드를 제공하는 것이다. 프라이빗 함수여야 하는데도 퍼블릭으로 표시되어 외부로 공개되어 있다면, 이 원칙을 깨뜨리는 경고 신호로 봐야 한다.

MortgageAccessor 클래스의 경우 실제로 중요하게 확인해야 할 행동은 신용등급이 나쁜 고객에 대해 모기지 신청을 거절하는 것이다. 이 클래스의 퍼블릭 API인 MortgageAssessor.assess() 함수를 호출해 이 동작을 테스트할 수 있다. 예제 11.8은 이렇게 하는 경우의 테스트 케이스 코드를 보여준다. 이제 테스트 케이스는 구현 세부 사항이 아닌 실제로 중요한 동작을 테스트하므로 더 이상 MortgageAssessor 클래스에서 테스트를 위해 프라이빗 함수를 퍼블릭으로 만들 필요가 없다.

예제 11.8 **퍼블릭 API를 통한 테스트**

```
testAssess_badCreditRating_mortgageRejected() {
    Customer customer = new Customer(
        income: new MonetaryAmount(50000, Currency.USD),
        outgoings: new MonetaryAmount(25000, Currency.USD),
        hasGoodCreditRating: false,
        hasExistingMortgage: false,
        isBanned: false);
    MortgageAssessor mortgageAssessor = new MortgageAssessor();

    MortgageDecision decision = mortgageAssessor.assess(customer);    ◄──── 퍼블릭 API를 통해
                                                                            행동을 테스트한다.
    assertThat(decision.isApproved()).isFalse();
}
```

---

**실용적으로 하라**

테스트를 위해 프라이빗 함수를 퍼블릭으로 만들어 외부로 보이게 하는 것은 대부분의 경우 구현 세부 사항을 테스트한다는 것을 보여주는 경고 신호이며, 일반적으로 더 나은 대안이 있다. 그러나 '퍼블릭 API만을 이용한 테스트'라는 원칙을 다른 것(예: 의존성)에 적용할 때는 10장(10.3절)의 조언을 기억하는 것이 중요하다. '퍼블릭 API'의 정의는 어느 정도 해석의 여지가 있고, 일부 중요한 행동(예: 부수 효과)은 퍼블릭 API의 범위를 벗어날 수 있다. 하지만 어떤 행동이 중요하고 궁극적으로 신경 써야 하는 것이라면, 퍼블릭 API 여부와 상관없이 테스트되어야 한다.

---

비교적 간단한 클래스(또는 코드 단위)의 경우 퍼블릭 API만을 사용하여 모든 동작을 테스트하기가 매우 쉽다. 이렇게 하면 코드의 문제점을 보다 정확하게 감지하고 구현 세부 사항에 얽매이지 않는 더 나은 테스트를 수행할 수 있다. 그러나 클래스(또는 코드 단위)가 더 복잡하거나 많은 논리를 포함하면 퍼블릭 API를 통해 모든 동작을 테스트하는 것이 까다로울 수 있다. 이 경우는 코드의 추상화 계층이 너무 크다는 것을 의미하기 때문에 코드를 더 작은 단위로 분할하는 것이 유익하다.

### 11.2.3 해결책: 코드를 더 작은 단위로 분할하라

앞의 두 하위 절에서는 고객의 신용등급이 좋은지 판단하는 논리가 비교적 간단했다. 즉, customer.hasGoodCreditRating() 함수를 호출하면 되기 때문에 퍼블릭 API만으로 MortgageAssessor 클래스를 완전하게 테스트하는 것이 그리 어렵지 않았다. 실제로 프라이빗 함수가 복잡한 논리를 갖게 되면 이 함수를 퍼블릭으로 만들어 테스트하고자 하는 마음이 들 수 있다.

이를 설명하기 위해 고객이 신용등급이 좋은지를 판단하기 위해 외부 서비스를 호출하고 그 결과를

처리한다고 가정해보자. 예제 11.9 코드는 이 경우에 `MortgageAssessor` 클래스가 어떻게 되는지 보여준다. 고객의 신용등급을 확인하는 논리는 이제 다음과 같이 상당히 복잡하다.

- `MorbageAssessor` 클래스는 `CreditScoreService`에 의존한다.
- 고객의 신용 점수를 조회하기 위해 고객 ID로 `CreditScoreService`에 질의한다.
- `CreditScoreService`에 대한 호출이 실패할 수 있으므로 오류 시나리오를 처리해야 한다.
- 호출이 성공하면 반환된 점수를 기준값과 비교하여 고객의 신용 등급이 양호한지 결정한다.

퍼블릭 API를 통해 이러한 모든 복잡성과 모든 코너 사례(예: 오류 시나리오)를 테스트하는 것이 상당히 어려워 보인다. 테스트를 쉽게 하기 위해 다른 프라이빗 함수를 퍼블릭으로 만들고 싶은 마음이 들기 쉬울 때가 바로 이때다. 예제 11.9 코드는 이러한 이유로 `isCreditRatingGood()` 함수가 '테스트를 위해서만 공개'되었다. 이로 인해 앞에서 살펴본 것과 동일한 문제가 발생하지만 논리가 복잡하기 때문에 퍼블릭 API만 사용하는 것은 더 이상 실현 가능성이 없어 보인다. 잠시 후에 살펴보겠지만, 여기에는 더 근본적인 문제가 있는데 `MortgageAssessor` 클래스가 하는 일이 너무 많다는 점이다.

예제 11.9 **더 복잡한 신용 등급 확인**

```
class MortgageAssessor {
  private const Double MORTGAGE_MULTIPLIER = 10.0;
  private const Double GOOD_CREDIT_SCORE_THRESHOLD = 880.0;

  private final CreditScoreService creditScoreService;      ◀  MortgageAssessor 클래스는
  ...                                                          CreditScoreService에 의존한다.

  MortgageDecision assess(Customer customer) {
    ...
  }

  private Result<Boolean, Error> isEligibleForMortgage(
      Customer customer) {
    if (customer.hasExistingMortgage() || customer.isBanned()) {
      return Result.ofValue(false);
    }
    return isCreditRatingGood(customer.getId());
  }
                                             isCreditRatingGood() 함수는
                                             테스트를 위해 공개되었다.
  /** 테스트를 위해서만 공개 */    ◀
  Result<Boolean, Error> isCreditRatingGood(Int customerId) {
    CreditScoreResponse response = creditScoreService          CreditScoreService 서비스에
        .query(customerId);                                    대해 질의한다.
```

```
      if (response.errorOccurred()) {
        return Result.ofError(response.getError());
      }
      return Result.ofValue(
          response.getCreditScore() >= GOOD_CREDIT_SCORE_THRESHOLD);
    }

    ...
  }
```

서비스에 대한 실패나 오류는
리절트 유형으로 전달된다.

점수는 기준값과
비교된다.

그림 11.1은 테스트 코드<sub>MortgageAssessorTest</sub>와 테스트 대상 코드<sub>MortgageAssessor</sub> 사이의 관계를 보여준다.

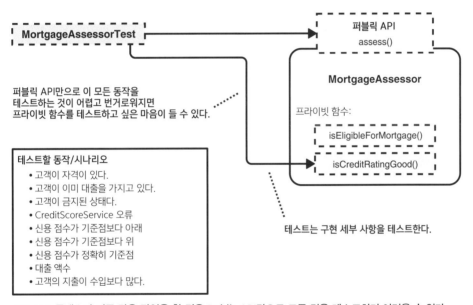

그림 11.1 **클래스가 너무 많은 작업을 할 경우 Public API만으로 모든 것을 테스트하기 어려울 수 있다.**

2장에서 추상화 계층을 논의할 때, 하나의 클래스가 너무 많은 여러 개념을 다루지 않도록 하는 것이 바람직하다는 점을 살펴봤다. `MortgageAssessor` 클래스는 많은 다양한 개념을 포함하고 있기 때문에 2장의 용어를 쓰자면 추상화 계층이 '너무 비대하다'. 퍼블릭 API로 모든 것을 완벽하게 테스트하는 것이 어려워 보이는 진짜 이유는 바로 이것이다.

여기서 해결책은 코드를 더 작은 계층으로 나누는 것이다. 이를 달성할 수 있는 한 가지 방법은 고객의 신용등급이 좋은지 판단하는 논리를 별도의 클래스로 옮기는 것이다. 예제 11.10 코드는 이 클래스를 보여준다. `CreditRatingChecker` 클래스는 고객의 신용등급이 좋은지 판단하는 하위 문제를 해결하기 위한 클래스다. `MortgageAssessor` 클래스는 `CreditRatingChecker`에 의존하는데, 하위 문제를 해결하기 위한 모든 논리를 더 이상 포함하지 않기 때문에 `MortgageAssessor` 클래스는 매우 단순해졌다.

예제 11.10 **두 개의 클래스로 나뉘어진 코드**

```
class CreditRatingChecker {                    ◄─────────────────  신용 등급이 좋은지 확인하는
  private const Double GOOD_CREDIT_SCORE_THRESHOLD = 880.0;        논리를 구현하는 별도의 클래스

  private final CreditScoreService creditScoreService;
  ...

  Result<Boolean, Error> isCreditRatingGood(Int customerId) {
    CreditScoreService response = creditScoreService
        .query(customerId);
    if (response.errorOccurred()) {
      return Result.ofError(response.getError());
    }
    return Result.ofValue(
        response.getCreditScore() >= GOOD_CREDIT_SCORE_THRESHOLD);
  }
}

class MortgageAssessor {
  private const Double MORTGAGE_MULTIPLIER = 10.0;

  private final CreditRatingChecker creditRatingChecker;    ◄──────┐
  ...                                                              │

  MortgageDecision assess(Customer customer) {                     │
    ...                                                            │
  }                                                                │
                                                                   │   MortgageAssessor는
  private Result<Boolean, Error> isEligibleForMortgage(            │   CreditRatingChecker에
      Customer customer) {                                         │   의존한다.
    if (customer.hasExistingMortgage() || customer.isBanned()) {   │
      return Result.ofValue(false);                                │
    }                                                              │
    return creditRatingChecker                                     │
        .isCreditRatingGood(customer.getId());   ──────────────────┘
  }
  ...
}
```

MortgageAssessor와 CreditRatingChecker 클래스는 각자 자신이 더 처리하기 쉬운 개념을 다룬다. 이로 인해 그림 11.2와 같이 각각의 퍼블릭 API를 사용하여 둘 다 쉽게 테스트할 수 있다.

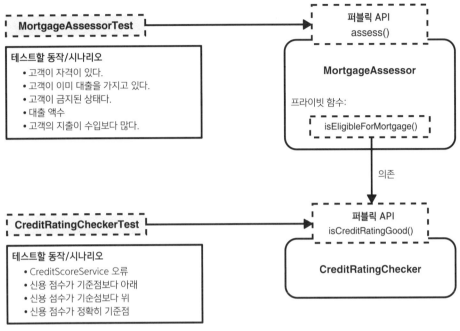

**그림 11.2** **큰 클래스를 더 작은 클래스로 나누면 코드를 더 쉽게 테스트할 수 있다.**

코드를 테스트하기 위해 프라이빗 함수를 퍼블릭으로 만든다면, 이것은 실제로 신경 써야 하는 행동을 테스트하지 않는다는 경고 신호로 받아들여야 한다. 이미 공개된 함수를 사용해 코드를 테스트하는 것이 대부분은 더 바람직하다. 이것이 어렵다면 클래스(또는 코드 단위)가 너무 크기 때문에 하위 문제를 해결하는 더 작은 클래스(또는 단위)로의 분할을 고려해봐야 하는 시점에 이르렀음을 의미한다.

## 11.3 한 번에 하나의 동작만 테스트하라

지금까지 살펴본 것처럼 주어진 코드에 대해 테스트해야 하는 동작은 여러 가지가 있다. 많은 경우에 각각의 동작을 테스트하려면 약간 다른 시나리오를 설정해야 하므로, 각각의 시나리오(및 그와 관련된 동작)는 그에 해당하는 별도의 테스트 케이스로 테스트하는 것이 가장 자연스럽다. 그러나 때로는 하나의 시나리오로 여러 동작을 테스트하도록 만드는 방법이 있다. 하지만 가능하다고 해서 다 좋은 것은 아니다.

## 11.3.1 여러 동작을 한꺼번에 테스트하면 테스트가 제대로 안 될 수 있다

예제 11.11은 쿠폰 목록에서 유효한 쿠폰만 추려내는 함수에 대한 코드이다. 이 함수는 주어진 쿠폰 목록에서 유효 기준을 충족하는 쿠폰만 추려서 반환한다. 이 함수는 다음과 같이 몇 가지 중요한 동작을 수행한다.

- 유효한 쿠폰만 반환한다.

- 이미 사용된 쿠폰은 유효하지 않은 것으로 간주한다.

- 유효기간이 지난 쿠폰은 유효하지 않은 것으로 간주한다.

- 함수 호출 시 지정된 고객이 아닌 다른 고객에게 발행한 쿠폰은 유효하지 않은 것으로 간주한다.

- 반환할 쿠폰은 내림차순으로 정렬한다.

예제 11.11 **유효한 쿠폰을 추려내기 위한 코드**

```
List<Coupon> getValidCoupons(
    List<Coupon> coupons, Customer customer) {
  return coupons
     .filter(coupon -> !coupon.alreadyRedeemed())
     .filter(coupon -> !coupon.hasExpired())
     .filter(coupon -> coupon.issuedTo() == customer)
     .sortBy(coupon -> coupon.getValue(), SortOrder.DESCENDING);
}
```

앞서 설명했듯이 코드의 모든 동작을 테스트하는 것이 중요한데, getValidCoupons() 함수도 예외가 아니다. 가능한 방법 한 가지는 테스트 케이스를 하나만 작성하고 이 안에서 함수의 모든 동작을 한 번에 테스트하는 것이다. 예제 11.12는 이렇게 하는 테스트 케이스 코드를 보여준다. 이 코드에서 먼저 주목할 점은 테스트 케이스가 정확히 무엇을 하고 있는지 이해하기 어렵다는 점이다. testGet ValidCoupons_allBehaviers라는 이름은 테스트되는 내용이 무엇인지 구체적으로 보여주지 않으며, 테스트 케이스 코드도 너무 길어 파악하기가 상당히 어렵다. 10장에서는 좋은 단위 테스트의 주요 특징 중 하나로 **이해하기 쉬운 테스트 코드**understandable test code를 언급했다. 이렇게 하나의 테스트 케이스로 모든 행동을 테스트하면 테스트 코드는 이해하기 어려워진다는 것을 바로 알 수 있다.

예제 11.12 한 번에 모든 것을 테스트하는 코드

```
void testGetValidCoupons_allBehaviors() {
  Customer customer1 = new Customer("test customer 1");
  Customer customer2 = new Customer("test customer 2");
  Coupon redeemed = new Coupon(
      alreadyRedeemed: true, hasExpired: false,
      issuedTo: customer1, value: 100);
  Coupon expired = new Coupon(
      alreadyRedeemed: false, hasExpired: true,
      issuedTo: customer1, value: 100);
  Coupon issuedToSomeoneElse = new Coupon(
      alreadyRedeemed: false, hasExpired: false,
      issuedTo: customer2, value: 100);
  Coupon valid1 = new Coupon(
      alreadyRedeemed: false, hasExpired: false,
      issuedTo: customer1, value: 100);
  Coupon valid2 = new Coupon(
      alreadyRedeemed: false, hasExpired: false,
      issuedTo: customer1, value: 150);

  List<Coupon> validCoupons = getValidCoupons(
      [redeemed, expired, issuedToSomeoneElse, valid1, valid2],
      customer1);

  assertThat(validCoupons)
      .containsExactly(valid2, valid1)
      .inOrder();
}
```

또한 한 번에 모든 동작을 테스트하는 것은 10장에서 살펴본 또 다른 기준인 잘 설명된 실패에 해당하지 않는다. 이미 사용된 쿠폰인지 확인하는 라인이 실수로 지워져 getValidCoupons() 함수의 동작 중 하나에 문제가 발생한 경우 어떤 일이 일어날지 생각해보자. testGetValidCoupons_allBehaviors() 테스트 케이스가 실패할 것이고, 코드에 문제가 있기 때문에 이 테스트 케이스가 실패한 것은 좋은 일이다. 하지만 실패 메시지는 어떤 동작에 문제가 있는지 설명하는 데 있어 특별한 도움이 되지는 않는다(그림 11.3).

테스트 케이스가 모든 동작을 테스트하기 때문에 통과하지 못한 경우
테스트 케이스 이름만 봐서는 어떤 동작에 문제가 있는지 알 수 없다.

```
Test case testGetValidCoupons_allBehaviors failed:
Expected:
  [
    Coupon(redeemed: false, expired: false,
           issuedTo: test customer 1, value: 150),
    Coupon(redeemed: false, expired: false,
           issuedTo: test customer 1, value: 100)
  ]
But was actually:
  [
    Coupon(redeemed: false, expired: false,
           issuedTo: test customer 1, value: 150),
    Coupon(redeemed: true, expired: false,
           issuedTo: test customer 1, value: 100),
    Coupon(redeemed: false, expired: false,
           issuedTo: test customer 1, value: 100)
  ]
```

실패 메시지로부터 어떤 동작에 문제가 있는지
이해하기가 매우 어렵다.

그림 11.3 **한 번에 여러 동작을 테스트하면 테스트가 실패하더라도 실패에 대한 설명이 자세히 제공되지 않을 수 있다.**

테스트 코드가 이해하기 어렵고 통과하지 못한 경우 이유를 제대로 설명하지 않으면, 다른 개발자의 시간을 낭비할 뿐만 아니라 버그가 발생할 가능성도 커진다. 10장에서 논의한 바와 같이 어떤 개발자가 코드의 동작 중 하나를 의도적으로 변경한다면, 이와는 관련이 없어 보이는 다른 동작은 우연히 영향을 받지 않도록 해야 한다. 모든 것을 한꺼번에 테스트하는 테스트 케이스는 정확히 무엇이 변경됐는지 알려주는 대신, 무언가 변경됐다는 것만 알려준다. 따라서 코드를 의도적으로 변경할 때 그 변경으로 인해 어떤 동작이 영향을 받았고 어떤 동작이 영향을 받지 않았는지 정확히 알기 어렵다.

### 11.3.2 해결책: 각 동작은 자체 테스트 케이스에서 테스트하라

훨씬 더 나은 접근법은 잘 명명된 테스트 케이스를 사용하여 각 동작을 개별적으로 테스트하는 것이다. 예제 11.13은 이렇게 하는 경우의 테스트 코드를 보여준다. 각 테스트 케이스 안의 코드가 이제 훨씬 간단하고 이해하기 쉽다는 것을 알 수 있다. 각 테스트 케이스 이름에서 어떤 동작을 테스트하고 있는지 정확하게 식별할 수 있으며, 테스트의 작동 방식을 이해하기 위해 코드를 파악하는 것이 비교적 쉽다. 단위 테스트 코드는 이해하기 쉬워야 한다는 관점에서 보면 테스트 코드가 크게 개선됐다.

```
void testGetValidCoupons_validCoupon_included() {
  Customer customer = new Customer("test customer");
  Coupon valid = new Coupon(
      alreadyRedeemed: false, hasExpired: false,
      issuedTo: customer, value: 100);

  List<Coupon> validCoupons = getValidCoupons([valid], customer);

  assertThat(validCoupons).containsExactly(valid);
}

void testGetValidCoupons_alreadyRedeemed_excluded() {
  Customer customer = new Customer("test customer");
  Coupon redeemed = new Coupon(
      alreadyRedeemed: true, hasExpired: false,
      issuedTo: customer, value: 100);

  List<Coupon> validCoupons =
      getValidCoupons([redeemed], customer);

  assertThat(validCoupons).isEmpty();
}

void testGetValidCoupons_expired_excluded() { ... }

void testGetValidCoupons_issuedToDifferentCustomer_excluded() { ... }

void testGetValidCoupons_returnedInDescendingValueOrder() { ... }
```

각 동작은 자신만의
테스트 케이스를 통해 테스트된다.

각 동작은 자신만의
테스트 케이스를
통해 테스트된다.

각 동작을 개별적으로 테스트하고 각 테스트 케이스에 적절한 이름을 사용하면 테스트가 실패할 경우 어떤 동작이 실패했는지 잘 알 수 있다. 이전처럼 쿠폰이 이미 사용됐는지 확인하는 라인이 실수로 지워져 getValidCoupons() 함수가 동작하지 않는 시나리오를 다시 한번 생각해보자. 이 경우 testGetValidCoupons_alreadReedemed_excluded() 테스트 케이스가 실패할 것이다. 이 테스트 케이스의 이름을 보면 어떤 동작에 문제가 있는지 정확하게 알 수 있고, 실패 메시지(그림 11.4)는 앞에서 본 것보다 훨씬 더 이해하기 쉽다.

테스트 케이스의 이름은 어떤 동작에 문제가 있는지
즉시 명확하게 알려준다.

```
Test case testGetValidCoupons_alreadyRedeemed_excluded failed:
Expected:
  []
But was actually:
  [
    Coupon(redeemed: true, expired: false,
           issuedTo: test customer, value: 100)
  ]
```

실패 메시지는 이해하기가 훨씬 더 쉽다.

그림 11.4 **한 번에 하나의 동작을 테스트하면 테스트가 통과되지 못한 경우 메시지는 무엇이 문제인지 잘 설명한다.**

이와 같이 각 동작을 하나의 테스트 케이스로 테스트하면 장점이 있지만, 코드 중복이 많아지는 단점도 있다. 각 테스트 케이스에 사용된 값과 설정이 일부 사소한 차이를 제외하고 거의 동일한 경우 이렇게 별도의 테스트 케이스를 작성하는 것이 번거로워 보일 수 있다. 이런 코드 중복을 줄이는 한 가지 방법은 매개변수화된 테스트를 사용하는 것이다. 다음 하위 절에서 이에 대해 살펴본다.

### 11.3.3 매개변수를 사용한 테스트

테스트 프레임워크 중에 매개변수를 사용해 테스트할 수 있는 기능을 제공하는 프레임워크도 있다. 이를 통해 테스트 케이스 함수를 한 번 작성한 다음 매개변수에 다른 값을 설정해 여러 시나리오를 테스트할 수 있다. 예제 11.14 코드는 매개변수를 사용해 getValidCoupons() 함수의 두 가지 동작을 테스트하는 방법을 보여준다. 테스트 케이스 함수에 여러 개의 TestCase 속성이 표시되어 있다. 이들 각각은 두 개의 진릿값과 테스트 이름을 정의한다. testGetValidCoupons_excludesInvalidCoupons() 함수는 두 개의 불리언 매개변수가 있는데, TestCase 속성에 정의된 두 개의 진릿값이 이 매개변수로 넘어온다. 테스트를 실행하면 테스트 케이스는 TestCase 특성에 정의된 각 매개변숫값에 대해 한 번씩 실행된다.

예제 11.14 **매개변수를 사용한 테스트**

```
[TestCase(true, false, TestName = "이미 사용함")]
[TestCase(false, true, TestName = "유효기간 만료")]
void testGetValidCoupons_excludesInvalidCoupons(
    Boolean alreadyRedeemed, Boolean hasExpired) {
  Customer customer = new Customer("test customer");
  Coupon coupon = new Coupon(
      alreadyRedeemed: alreadyRedeemed,
      hasExpired: hasExpired,
      issuedTo: customer, value: 100);
```

테스트 케이스는 각 매개변수 세트에 대해 한 번씩 실행된다.

테스트 케이스는 함수의 매개변수를 통해 각각 다른 값을 받는다.

매개변수의 값은 테스트 설정 시 사용된다.

```
    List<Coupon> validCoupons =
        getValidCoupons([coupon], customer);

    assertThat(validCoupons).isEmpty();
}
```

> **실패가 잘 설명되도록 하라**
>
> 예제 11.14에서 각 매개변수 집합에는 관련된 TestName이 있다. 테스트가 실패하면 Test case testGetValid
> Coupons_excludesInvalidCoupons.alreadyRedeemed failed와 같은 메시지가 출력되므로 실패에 대해
> 잘 설명한다(테스트 케이스 이름 뒤에 오류를 초래한 매개변수 세트의 이름 alreadyRedeemed가 붙는다).
>
> 매개변수를 사용해 테스트 케이스를 작성할 때 각 매개변수 세트에 이름을 추가하는 것은 일반적으로 선택 사항
> 이다. 다만 이를 생략하면 실패에 대한 설명이 제대로 되지 않기 때문에 이름 지정 여부를 결정할 때 테스트 실패
> 시 메시지가 어떻게 보일지 생각해보는 것이 좋다.

매개변수를 사용한 테스트는 많은 코드를 반복하지 않고도 모든 동작을 테스트할 수 있는 좋은 도
구다. 테스트 케이스에서 매개변수를 사용하기 위해 설정하는 구문과 방법은 테스트 프레임워크마다
다를 수 있다. 어떤 프레임워크에서는 매개변수를 설정하는 것이 너무 복잡하고 번거롭기 때문에 사
용 중인 언어에 따라 어떤 방법이 있는지, 장단점은 무엇인지 조사해보는 것이 좋다. 다음과 같이 언
어에 따른 몇 가지 방법이 있다.

- C#의 경우 엔유닛NUnit 테스트 프레임워크는 예제 11.14 코드와 유사한 TestCase 속성을 제공한
  다(https://www.educative.io/blog/what-is-functional-programming-python-js-java).
- 자바의 경우 제이유닛JUnit은 매개변수를 사용한 테스트를 지원한다(http://mng.bz/1Ayy).
- 자바스크립트의 경우, 자스민Jasmine 테스트 프레임워크를 사용하면 http://mng.bz/PaQg에 설명
  된 대로 매개변수를 사용한 테스트를 맞춤형 방식으로 비교적 쉽게 작성할 수 있다.

## 11.4 공유 설정을 적절하게 사용하라

테스트 케이스는 의존성을 설정하거나 테스트 데이터 저장소에 값을 채우거나 다른 종류의 상태를
초기화하는 등 어느 정도의 설정이 필요할 때가 있다. 이런 설정을 하려면 시간과 노력이 상당히 많
이 들어가고 리소스도 많이 필요할 수 있기 때문에 많은 테스트 프레임워크에서 테스트 케이스 간에
이 설정을 쉽게 공유할 수 있는 기능을 제공한다. 일반적으로 다음과 같이 두 가지 시점에서 공유 설
정 코드를 실행하도록 설정할 수 있다.

- BeforeAll: BeforeAll 블록 내의 설정 코드는 테스트 케이스가 실행되기 전에 단 한 번 실행된다. 일부 테스트 프레임워크에서는 OneTimeSetUp이라고 한다.

- BeforeEach: BeforeEach 블록 내의 설정 코드는 각 테스트 케이스가 실행되기 전에 매번 실행된다. 일부 테스트 프레임워크에서는 SetUp이라고 한다.

공유 설정을 실행하는 방법뿐만 아니라 해체teardown 코드를 실행하는 방법도 제공한다. 해체 코드는 설정 코드나 테스트 케이스로 인해 만들어진 상태를 취소하는 데 유용하게 사용될 수 있다. 여기서도 역시 두 가지 시점에 해체 코드가 실행되도록 설정할 수 있는데, 다음과 같은 용어로 구별된다.

- AfterAll: 모든 테스트 케이스가 실행된 후 AfterAll 블록 내의 해체 코드가 한 번 실행된다. 일부 테스트 프레임워크에서는 이를 OneTimeTearDown이라고 한다.

- AfterEach: AfterEach 블록 내의 해체 코드는 각 테스트 케이스가 실행된 후에 매번 실행된다. 일부 테스트 프레임워크에서는 이를 TearDown이라고 한다.

그림 11.5는 이러한 다양한 설정 및 해체가 테스트 코드에 어떻게 나타나는지와 이들의 실행 순서를 보여준다.

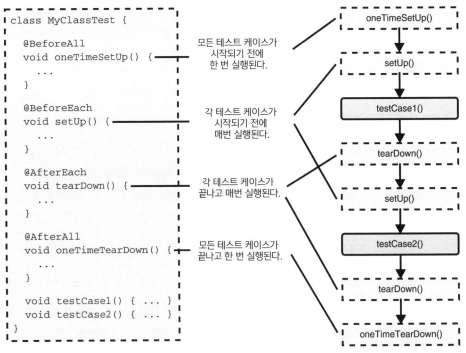

그림 11.5 **테스트 프레임워크는 테스트 케이스와 관련하여 다양한 시간에 설정 및 해체 코드를 실행할 수 있는 방법을 제공한다.**

이와 같은 설정 코드 블록을 사용하면 설정을 서로 다른 테스트 케이스 간에 공유할 수 있다. 이것은 두 가지 중요한 방식으로 일어날 수 있다.

- **상태 공유**sharing state : 설정 코드가 BeforeAll 블록에 추가되면 모든 테스트 케이스 전에 한 번 실행된다. 즉, 설정된 모든 상태가 모든 테스트 케이스 간에 공유된다. 이러한 유형의 설정은 설정을 실행하는 데 시간이 오래 걸리거나, 비용이 많이 드는 경우(예: 테스트 서버를 시작하거나 데이터베이스의 테스트 인스턴스를 만드는 경우)에 유용할 수 있다. 그러나 설정된 상태가 가변적인mutable 경우에는 한 테스트 케이스의 실행 결과가 다른 테스트 케이스에 악영향을 미칠 수 있는 위험이 있다. 이에 대해서 잠시 후 자세히 살펴보겠다.

- **설정 공유**sharing configuration : 설정 코드가 BeforeEach 블록에 추가되면 각 테스트 케이스가 실행되기 전에 실행된다. 즉, 테스트 케이스는 이 코드에 의한 모든 설정을 공유한다. 설정 코드가 특정 값을 포함하거나 특정 방식으로 의존성을 설정하는 경우 각 테스트 케이스는 그 특정 값 또는 그 방식으로 구성된 의존성을 가지고 실행된다. 설정은 각 테스트 케이스 전에 실행되므로 테스트 케이스 간에 공유되는 상태는 없다. 그러나 잠시 후에 살펴보겠지만(11.4.3) 설정 공유 역시 문제가 될 수 있다.

특정 상태나 의존성을 설정하는 데 비용이 많이 드는 경우 설정 공유가 필요할 수 있다. 그렇지 않더라도 설정 공유는 테스트를 단순화하기 위한 유용한 방법이다. 모든 테스트 케이스에 특정 의존성이 필요한 경우 모든 테스트 케이스에서 동일한 코드를 반복하는 것보다 공유된 방식으로 설정하는 것이 유익하다. 그러나 테스트 설정을 공유하는 것은 양날의 검이 될 수 있다. 잘못된 방법으로 테스트 설정을 공유하면 테스트가 취약하고 효과적이지 못할 수 있다.

## 11.4.1 상태 공유는 문제가 될 수 있다

일반적으로 테스트 케이스는 서로 격리되어야 하므로 한 테스트 케이스가 수행하는 모든 조치는 다른 테스트 케이스의 결과에 영향을 미치지 않아야 한다. 테스트 케이스 간에 상태를 공유하고 이 상태가 가변적이면 이 규칙을 실수로 위반하기 쉽다.

이것을 설명하기 위해 예제 11.15 코드는 주문을 처리하는 클래스와 함수의 일부를 보여준다. 테스트를 통해 중점적으로 확인할 동작은 다음과 같다.

- 품절된 품목이 주문에 포함된 경우, 이 주문의 상태는 데이터베이스에서 지연delayed 으로 표시된다.
- 주문에 대한 결제가 아직 완료되지 않은 경우, 이 주문의 상태 역시 데이터베이스에서 지연으로 표시된다.

```
class OrderManager {
private final Database database;

  void processOrder(Order order) {
    if (order.containsOutOfStockItem() ||
        !order.isPaymentComplete()) {
      database.setOrderStatus(
          order.getId(), OrderStatus.DELAYED);
    }
    .
  }
}
```

단위 테스트는 이러한 각 동작에 대한 테스트 케이스를 포함해야 하는데 예제 11.16 코드에 나와 있다. OrderManager 클래스는 Database 클래스에 의존하므로 테스트에서 이것을 설정해야 한다. 그러나 데이터베이스의 인스턴스를 생성하는 것은 리소스가 많이 들고 속도가 느리므로 BeforeAll 블록에서 인스턴스를 생성한다. 따라서 동일한 데이터베이스 인스턴스가 모든 테스트 케이스 간에 공유되고, 이것은 상태가 공유된다는 것을 의미한다. 하지만 이로 인해 테스트는 효과적이지 못하게 된다. 그 이유를 이해하기 위해 테스트를 실행하면 발생하는 이벤트를 순서대로 고찰해보자.

- BeforeAll 블록은 데이터베이스를 설정한다.

- testProcessOrder_outOfStockItem_orderDelayed() 테스트 케이스가 실행된다. 그 결과 데이터베이스에서 해당 주문은 지연 상태로 표시된다.

- 그다음 testProcessOrder_paymentNotComplete_orderDelayed() 테스트 케이스가 실행된다. 이전 테스트 케이스가 데이터베이스에 반영한 내용은 공유되기 때문에 다음 두 가지 중 하나가 발생할 수 있다.

  - 테스트 대상 코드는 아무런 문제가 없는 상태에서 호출되고, 모든 것이 정상적으로 동작하며, 해당 주문의 상태는 지연으로 표시된다. 따라서 테스트 케이스는 통과한다.

  - 테스트 대상 코드에 문제가 있는 상태에서 테스트가 실행된다. 코드의 버그로 인해 해당 주문에 대해 데이터베이스에 지연으로 표시하는 데 실패한다. 코드에 문제가 생겼기 때문에 테스트 케이스가 실패해야 한다. 하지만 이전 테스트 케이스에서 데이터베이스에서 해당 주문에 대해 지연으로 상태를 저장했기 때문에 database.getOrderStatus(OrderId)는 여전히 DELAYED를 반환하고 테스트는 통과한다.

예제 11.16 테스트 케이스 간 상태 공유

```
class OrderManagerTest {

  private Database database;

  @BeforeAll
  void oneTimeSetUp() {
    database = Database.createInstance();    ← 동일한 데이터베이스 인스턴스가
    database.waitForReady();                    모든 테스트 케이스 간에 공유된다.
  }

  void testProcessOrder_outOfStockItem_orderDelayed() {
    Int orderId = 12345;
    Order order = new Order(
        orderId: orderId,
        containsOutOfStockItem: true,          OrderManager는
        isPaymentComplete: true);              공유된 데이터베이스를
    OrderManager orderManager = new OrderManager(database);  ←  가지고 생성된다.

    orderManager.processOrder(order);  ←   데이터 베이스에서 해당 오더는
                                           지연 상태로 변경된다.
    assertThat(database.getOrderStatus(orderId))
        .isEqualTo(OrderStatus.DELAYED);
  }

  void testProcessOrder_paymentNotComplete_orderDelayed() {
    Int orderId = 12345;
    Order order = new Order(
        orderId: orderId,
        containsOutOfStockItem: false,         OrderManager는
        isPaymentComplete: false);             공유된 데이터베이스를
    OrderManager orderManager = new OrderManager(database);  ←  가지고 생성된다.

    orderManager.processOrder(order);

    assertThat(database.getOrderStatus(orderId))  ← 코드에 문제가 있더라도
        .isEqualTo(OrderStatus.DELAYED);            테스트는 통과될 수 있는데,
  }                                                 이전 테스트 케이스 실행 결과 데이터베이스에
  ...                                               이미 이 값이 저장되어 있기 때문이다.
}
```

서로 다른 테스트 케이스 간에 가변적인 상태를 공유하면 문제가 발생하기 매우 쉽다. 가능하다면 상태를 공유하지 않는 것이 최선이다. 하지만 상태 공유가 꼭 필요하다면 한 테스트 케이스에 의해 변경된 상태가 다른 테스트 케이스에 영향을 미치지 않도록 조심해야 한다.

## 11.4.2 해결책: 상태를 공유하지 않거나 초기화하라

가변적인 상태를 공유하는 데서 오는 문제점을 해결하기 위한 가장 분명한 방법은 애초에 공유하지 않는 것이다. OrderManagerTest의 경우 테스트 케이스 간에 동일한 Database 인스턴스를 공유하지 않는 것이 더 이상적이므로, 데이터베이스 설정이 생각보다 느리지 않다면 테스트 케이스 내에서 혹은 BeforeEach 블록을 사용하여 각 테스트 케이스에 대해 새 인스턴스를 생성하는 것도 고려해볼 수 있다.

변경 가능 상태의 공유를 피하기 위해 가능한 또 다른 방법은 10장에서 설명한 테스트 더블을 사용하는 것이다. Database 클래스를 유지보수하는 팀이 테스트에 사용할 수 있도록 FakeDatabase 클래스도 작성했다면 이를 활용할 수 있다. FakeDatabase의 인스턴스를 만드는 것은 빠르기 때문에 각 테스트 케이스에 대해 새로운 인스턴스를 만들 수 있고 이는 곧 공유되는 상태가 없다는 것을 의미한다.

데이터베이스 인스턴스 생성이 사용할 수 없을 정도로 느리고 비용이 많이 들지만 페이크를 사용할 수 없는 경우에는 데이터베이스 인스턴스를 테스트 케이스 간에 공유하는 것을 피할 수 없다. 이 경우 각 테스트 케이스 간에 반드시 상태가 초기화되도록 많은 주의를 기울여야 한다. 이 작업은 테스트 코드 내에서 AfterEach 블록을 사용하여 수행할 수 있다. 앞서 언급했듯이 이 작업은 각 테스트 케이스 후에 실행되므로 다음 테스트 케이스 실행 전에 반드시 상태가 초기화되는 것이 가능하다. 다음 예제 11.17은 OrderManagerTest에서 AfterEach 블록을 사용하여 테스트 케이스 간에 데이터베이스를 초기화하는 코드를 보여준다.

예제 11.17 **테스트 케이스 간 상태 초기화**

```
class OrderManagerTest {

  private Database database;

  @BeforeAll
  void oneTimeSetUp() {
    database = Database.createInstance();
    database.waitForReady();
  }

  @AfterEach
  void tearDown() {
    database.reset();
  }
```

데이터베이스는 각 테스트 케이스가
실행된 후에 매번 초기화된다.

```
void testProcessOrder_outOfStockItem_orderDelayed() { ... }

void testProcessOrder_paymentNotComplete_orderDelayed() { ... }
...
}
```

테스트 케이스는
다른 테스트 케이스에 의해
저장된 값에 의해
영향받지 않는다.

> NOTE 전역 상태
>
> 테스트 케이스 간 상태 공유가 테스트 코드를 통해서만 되는 것은 아니라는 점에 유의할 필요가 있다.
> 테스트 대상 코드가 전역 상태를 유지한다면 테스트 케이스마다 이 전역 상태를 확실하게 초기화해야
> 한다. 9장에서 전역 상태에 대해 논의할 때, 전역 상태는 갖지 않는 것이 일반적으로 최선이라고 결론
> 내렸다. 전역 상태가 코드의 테스트 용이성에 영향을 미친다는 점도 전역 상태를 사용하지 말아야 하
> 는 이유 중 하나다.

테스트 케이스 간에 가변적인 상태를 공유하는 것은 이상적이지 않다. 피할 수 있다면 일반적으로 공
유하지 않는 것이 바람직하다. 피할 수 없다면 각 테스트 케이스 간에 상태를 초기화해야 한다. 이를
통해 한 테스트 케이스가 다른 테스트 케이스에 악영향을 미치지 않도록 해야 한다.

## 11.4.3 설정 공유는 문제가 될 수 있다

테스트 케이스 간 설정을 공유하는 것은 상태를 공유하는 것만큼 위험해 보이지는 않지만 설정을 공
유하면 테스트가 효과적이지 못할 때가 있다. 주문 처리 예에서 소포에 대한 우편 요금 라벨을 생성
하는 시스템이 또 다른 인프라 시스템으로 존재한다고 가정해보자. 예제 11.18 코드는 주문에 대한
우편 라벨을 나타내는 데이터 객체를 생성하는 함수를 보여준다. 테스트해야 할 중요한 동작이 몇 가
지 있지만, 중점적으로 살펴볼 것은 대형 배송 박스 표시 여부이다. 이에 대한 논리는 매우 간단하다.
주문 항목이 세 개 이상이면 대형 배송 박스로 간주한다.

예제 11.18 **우편 라벨 코드**

```
class OrderPostageManager {
  ...

  PostageLabel getPostageLabel(Order order) {
    return new PostageLabel(
      address: order.getCustomer().getAddress(),
      isLargePackage: order.getItems().size() > 2,
    );
  }
}
```

주문 항목이 세 개 이상이면
대형 배송 박스로 표시된다.

isLargePackage 동작에만 초점을 맞추면 적어도 두 가지 시나리오에 대한 테스트 케이스가 필요하다.

- 주문 항목이 2개일 때: 대형 배송 박스로 표시되지 않아야 한다.
- 주문 항목이 3개일 때: 대형 배송 박스로 표시되어야 한다.

패키지의 크기를 결정하는 코드에서 실수로 로직을 변경한 경우 이러한 테스트 케이스 중 하나가 실패할 것이다.

이제 Order 클래스의 유효한 인스턴스를 생성하려면 시간과 노력이 많이 필요하다고 가정해보자. Order 인스턴스를 생성하려면 Item 클래스의 인스턴스와 Customer 클래스의 인스턴스를 제공해야 하고, Customer 인스턴스를 생성하려면 Address 클래스의 인스턴스도 생성해야 한다. 모든 테스트 케이스에서 이 생성 코드를 반복하지 않기 위해 각 테스트 케이스 전에 한 번씩 실행되는 Before Each 블록에 Order 인스턴스를 생성한다. 예제 11.19는 이에 대한 코드를 보여준다. 오더에 3개의 항목이 있는 시나리오를 테스트하는 테스트 케이스는 설정 공유에 의해 생성된 Order 인스턴스를 사용한다. 따라서 testGetPostageLabel_threeItems_largePackage() 테스트 케이스는 설정 공유가 정확히 세 개의 항목을 포함하는 주문을 생성한다는 사실에 의존한다.

예제 11.19 **테스트 설정 공유**

```
class OrderPostageManagerTest {
  private Order testOrder;

  @BeforeEach
  void setUp() {
    testOrder = new Order(
      customer: new Customer(
        address: new Address("Test address"),
      ),
      items: [
        new Item(name: "Test item 1"),
        new Item(name: "Test item 2"),
        new Item(name: "Test item 3"),
      ]);
  }
  ...
```

공유되는 설정

```
void testGetPostageLabel_threeItems_largePackage() {
  PostageManager postageManager = new PostageManager();

  PostageLabel label =
      postageManager.getPostageLabel(testOrder);

  assertThat(label.isLargePackage()).isTrue();
}
...
}
```

> 테스트 케이스는 공유된 설정에서
> 주문에 추가되는 항목이
> 정확히 세 개라는 사실에 의존한다.

이 테스트 코드는 신경 써야 할 행동 중 하나를 테스트하고 모든 테스트 케이스마다 주문을 생성하기 위한 번거로운 코드의 반복을 피한다. 하지만 안타깝게도 다른 개발자가 테스트를 수정해야 한다면 일이 잘못될 수도 있다. 어떤 개발자가 getPostageLabel() 함수에 새로운 기능을 추가한다고 가정해보자. 주문 품목 중 하나라도 위험 품목이 있으면 우편 라벨에 위험물 표시가 있어야 한다. 개발자가 getPostageLabel() 함수를 다음과 같이 수정할 것이다.

예제 11.20 **새로운 기능**
```
class PostageManager {
  ...

  PostageLabel getPostageLabel(Order order) {
    return new PostageLabel(
        address: order.getCustomer().getAddress(),
        isLargePackage: order.getItems().size() > 2,
        isHazardous: containsHazardousItem(order.getItems()));
  }

  private static Boolean containsHazardousItem(List<Item> items) {
    return items.anyMatch(item -> item.isHazardous());
  }
}
```

> 배송 박스가 위험물을
> 포함하고 있는지
> 표시하는 새로운 기능

개발자가 코드에 새로운 동작을 추가했으므로, 이를 테스트하기 위해 새로운 테스트 케이스를 추가해야 한다. 개발자는 BeforeEach 블록에서 Order 인스턴스가 생성되는 것을 보고 '오, 좋네. 나는 그냥 저 주문에 위험 항목을 추가하기만 하면 테스트 케이스에서 사용할 수 있겠군'이라고 생각할 수 있다. 예제 11.21은 이 작업을 수행한 후의 테스트 코드를 보여준다. 이로 인해 개발자는 새로운 동작을 테스트하는 데 도움을 받지만, 실수로 testGetPostageLabel_threeItems_largePackage() 테스트 케이스에 문제를 유발한다. 이 테스트 케이스의 핵심은 정확히 세 개의 항목이 있을 때 발생하는 결과를 테스트한다는 것이다. 하지만 이제는 네 개의 항목이 있을 때 발생하는 결과를 테스트하기 때문에 코드에 문제가 발생하면 더 이상 완벽하게 보호하지 못한다.[1]

예제 11.21 **공유 설정의 잘못된 변경**

```
class OrderPostageManagerTest {
  private Order testOrder;

  @BeforeEach
  void setUp() {
    testOrder = new Order(
      customer: new Customer(
        address: new Address("Test address"),
      ),
      items: [
        new Item(name: "Test item 1"),
        new Item(name: "Test item 2"),
        new Item(name: "Test item 3"),
        new Item(name: "Hazardous item", isHazardous: true),    ◀── 공유된 설정에서 네 번째 항목이
      ]);                                                            주문에 추가된다.
  }
  ...

  void testGetPostageLabel_threeItems_largePackage() { ... }    ◀── 세 개의 주문 항목에 대해
                                                                     의도된 테스트가
                                                                     네 개의 항목에 대해 테스트한다.

  void testGetPostageLabel_hazardousItem_isHazardous() {    ◀── 라벨이 위험 품목이라고 표시되는지를
    PostageManager postageManager = new PostageManager();        확인하기 위한 새로운 테스트 케이스

    PostageLabel label =
        postageManager.getPostageLabel(testOrder);

    assertThat(label.isHazardous()).isTrue();
  }
  ...
}
```

## 테스트 상수 공유

테스트 설정을 공유하는 방법으로 BeforeEach와 BeforeAll 블록만 있는 것은 아니다. 공유 테스트 상수를 사용하면 정확히 동일한 결과를 얻을 수 있지만, 앞에서 논의한 문제는 여전히 발생할 가능성이 있다. Order PostageManagerTest가 테스트 오더를 BeforeEach 블록 대신 공유 상수로 설정한다면 다음 코드에서와 같다.

---

1  [옮긴이] 대형 배송 박스 여부를 확인하는 관점에서 보면 주문 항목이 3개든 4개든 상관없다. 하지만 여기서 논의되는 테스트 케이스는 주문 항목이 정확히 3개인 경우에 대한 테스트이기 때문에 주문 항목이 4개가 되면 이 테스트 케이스는 효용이 없어진다.

```
class OrderPostageManagerTest {
  private const Order TEST_ORDER = new Order(          ←──────┐
      customer: new Customer(                                 공유 테스트 상수
        address: new Address("Test address"),
      ),
      items: [
        new Item(name: "Test item 1"),
        new Item(name: "Test item 2"),
        new Item(name: "Test item 3"),
        new Item(name: "Hazardous item", isHazardous: true),
      ]);
  ...
}
```

기술적으로 이 방법은 테스트 케이스 간에 상태를 공유하지만 불변 데이터 유형을 사용해 상수를 생성하는 것이
바람직하고 이것은 가변적인 상태는 공유되지 않아야 한다는 것을 의미한다. 앞서 예로 든 코드에서 Order 클래
스는 불변이다. 불변이 아니라면, Order 인스턴스를 공유 상수를 통해 공유하는 것은 11.4.1절에서 논의한 이유
로 인해 훨씬 더 바람직하지 않다.

설정을 공유하는 것은 코드의 반복을 피하는 데는 유용하지만 일반적으로 테스트 케이스에 중요한
값이나 상태는 공유하지 않는 것이 최선이다. 설정을 공유하면 어떤 테스트 케이스가 어떤 특정 항목
에 의존하는지 정확하게 추적하는 것은 매우 어려우며, 향후 변경 사항이 발생하면 테스트 케이스가
원래 목적했던 동작을 더 이상 테스트하지 않게 될 수 있다.

## 11.4.4 해결책: 중요한 설정은 테스트 케이스 내에서 정의하라

모든 테스트 케이스에 대해 반복해서 설정을 하는 것이 어려워 보일 수 있지만 테스트 케이스가 특정
값이나 설정 상태에 의존한다면 그렇게 하는 것이 더 안전한 경우가 많다. 보통 헬퍼 함수를 사용해
이 작업을 좀 더 쉽게 할 수 있기 때문에 코드를 반복하지 않아도 된다.

getPostageLabel() 함수를 테스트하는 경우 Order 클래스의 인스턴스를 만드는 것이 번거로워 보
였지만 공유된 설정에서 인스턴스를 생성하면 이전 하위 절에서 살펴본 등의 문제를 야기한다. 오더
인스턴스를 만들기 위한 헬퍼 함수를 정의함으로써 이 두 가지 문제를 거의 해결할 수 있다. 그 다음
개별 테스트 케이스에서 관심 있는 특정 테스트값으로 이 함수를 호출한다. 따라서 설정 공유를 하
지 않고도 코드 반복을 방지하고 설정 공유로 인해 발생할 수 있는 문제를 해결할 수 있다. 다음 예
제 코드는 이 접근 방식으로 작성된 테스트 코드를 보여준다.

```
class OrderPostageManagerTest {
  ...

  void testGetPostageLabel_threeItems_largePackage() {
    Order order = createOrderWithItems([
      new Item(name: "Test item 1"),
      new Item(name: "Test item 2"),
      new Item(name: "Test item 3"),
    ]);
    PostageManager postageManager = new PostageManager();

    PostageLabel label = postageManager.getPostageLabel(order);

    assertThat(label.isLargePackage()).isTrue();
  }

  void testGetPostageLabel_hazardousItem_isHazardous() {
    Order order = createOrderWithItems([
      new Item(name: "Hazardous item", isHazardous: true),
    ]);
    PostageManager postageManager = new PostageManager();

    PostageLabel label = postageManager.getPostageLabel(order);

    assertThat(label.isHazardous()).isTrue();
  }
  ...

  private static Order createOrderWithItems(List<Item> items) {
    return new Order(
      customer: new Customer(
        address: new Address("Test address"),
      ),
      items: items);
  }
}
```

중요한 사항은
테스트 케이스 내에서
설정한다.

특정 항목으로
주문을 생성하기 위한
헬퍼 함수

테스트 케이스의 결과가 설정값에 직접 영향을 받는 경우 해당 테스트 케이스 내에서 설정하는 것이 가장 좋다. 이렇게 하면 향후의 코드 변경으로 인해 의도치 않게 테스트 코드에 문제가 발생하는 것을 막을 수 있다. 그뿐만 아니라 테스트 케이스에 의미 있는 방식으로 영향을 미치는 설정이 모두 테스트 케이스 내에 있기 때문에 각 테스트 케이스에서 원인과 결과가 명확해진다. 하지만 여기서 설명한 내용이 모든 종류의 설정에 다 맞아떨어지지는 않는다. 다음 하위 절에서는 설정을 공유하면 좋은 경우를 논의한다.

## 11.4.5 설정 공유가 적절한 경우

이전 하위 절에서 테스트 설정 공유를 주의해야 하는 이유를 설명했지만 그렇다고 테스트 설정을 절대 공유해서는 안 된다는 의미는 아니다. 필요하면서도 테스트 케이스의 결과에 직접적인 영향을 미치지는 않는 설정이 있을 수 있다. 이같은 경우에는 설정 공유를 통해 불필요한 코드 반복을 피할 수 있고 테스트는 좀 더 뚜렷한 목적을 갖고 이해하기 쉬워진다.

이점을 설명하기 위해 Order 클래스의 인스턴스를 생성하려면 오더에 대한 일부 메타데이터가 필요하다고 가정해보자. PostageManager 클래스는 이 메타데이터를 무시하므로 OrderPostage ManagerTest의 테스트 케이스 결과는 이 메타데이터와 전혀 관련이 없다. 그러나 메타데이터 없이 Order 클래스의 인스턴스를 생성할 수 없기 때문에 메타데이터는 여전히 테스트 케이스가 설정해야 한다. 이같은 경우에는 주문 메타데이터를 공유 설정을 통해 한 번만 정의하는 것은 아주 타당하다. 예제 11.23은 이에 대한 코드를 보여준다. OrderMetadata 인스턴스는 ORDER_METADATA라는 공유 상수에 할당한다. 반드시 필요하긴 하지만 테스트와 그다지 관련 없는 이 데이터를 테스트 케이스에서 반복적으로 설정할 필요 없이 이 상수를 사용할 수 있다.

예제 11.23 **공유 구성의 적절한 사용**

```
class OrderPostageManagerTest {
  private const OrderMetadata ORDER_METADATA =
      new OrderMetadata(                              // OrderMetaData 인스턴스가
          timestamp: Instant.ofEpochSecond(0),       // 공유 설정을 통해 생성된다.
          serverIp: new IpAddress(0, 0, 0, 0));

  void testGetPostageLabel_threeItems_largePackage() { ... }
  void testGetPostageLabel_hazardousItem_isHazardous() { ... }
  ...

  void testGetPostageLabel_containsCustomerAddress() {
    Address address = new Address("Test customer address");
    Order order = new Order(
      metadata: ORDER_METADATA,                       // 공유된 OrderMetadata는
      customer: new Customer(                          // 테스트 케이스에서 사용된다.
        address: address,
      ),
  items: []);

    PostageLabel label = postageManager.getPostageLabel(order);

    assertThat(label.getAddress()).isEqualTo(address);
  }
  ...
```

```
private static Order createOrderWithItems(List<Item> items) {
  return new Order(
    metadata: ORDER_METADATA,
    customer: new Customer(
      address: new Address("Test address"),
    ),
    items: items);
  }
}
```

공유된 OrderMetadata는
테스트 케이스에서 사용된다.

---

**함수 매개변수는 꼭 필요한 것만 갖는 것이 이상적이다**

9장에서는 함수 매개변수가 뚜렷한 목적을 가질 수 있는 방법에 대해 살펴봤는데, 이 말은 함수가 필요한 값만
받는다는 것을 의미한다. 코드에 대한 테스트를 할 때 필요는 하지만 코드의 동작에는 별로 관련이 없는 설정을
해야 한다면, 함수(또는 생성자) 매개변수의 목적이 명확하지 않다는 것을 알려주는 신호일 수도 있다. 예를 들어
PostageManager.getPostageLabel() 함수가 Order 클래스의 전체 인스턴스를 받는 대신 Address 인스턴
스와 주문 항목 목록을 사용해야 한다고 주장할 수 있다. 이 경우에는 테스트에서 OrderMetadata 인스턴스와
같은 관련 없는 항목을 생성할 필요가 없다.

---

테스트 설정을 공유하는 것은 양날의 검이 될 수 있다. 코드 반복이나 비용이 많이 들어가는 설정의
반복적인 수행을 피하기 위해서는 유용하지만 테스트가 효과적이지 못하거나 파악하기 어려울 수 있
다. 적절하게 사용하기 위해 심사숙고할 필요가 있다.

## 11.5 적절한 어서션 확인자를 사용하라

**어서션 확인자**assertion matcher는 보통 테스트 통과 여부를 최종적으로 결정하기 위한 테스트 케이스
내의 코드이다. 아래 코드는 어서션 확인자의 두 가지 예를 보여준다(isEqualTo() 및 contains()).

```
assertThat(someValue).isEqualTo("expected value");
assertThat(someList).contains("expected value");
```

테스트 케이스가 실패하면 어서션 확인자는 실패 이유를 설명하는 메시지를 생성한다. 각각의 어서
션 확인자는 자신들의 목적에 따라 각자 다른 실패 메시지를 생성한다. 테스트가 실패하는 경우 그
이유가 잘 설명되어야 하는 것은 좋은 단위 테스트가 갖는 주요 특징 중 하나임을 10장에서 살펴봤
다. 따라서 가장 적절한 어서션 확인자를 선택하는 것이 중요하다.

## 11.5.1 부적합한 확인자는 테스트 실패를 잘 설명하지 못할 수 있다

부적합한 확인자를 사용하면 왜 테스트 실패 시 이유를 잘 설명하지 못하는지 살펴보기 위해 예제 11.24 테스트 코드를 논의해보자. TextWidget은 웹 앱 UI에서 텍스트를 표시하는 데 사용하는 구성 요소다. 이 구성 요소의 스타일을 제어하기 위해 다양한 CSS 클래스 이름을 추가할 수 있다. 이러한 클래스 이름 중 일부는 하드 코딩되며 사용자 지정 클래스 이름의 경우 생성자를 통해 제공할 수 있다. getClassNames() 함수는 모든 클래스 이름의 목록을 반환한다. getClassNames() 함수에 대한 주석문을 읽어 보면 반환된 클래스 이름은 특정한 순서를 갖지 않는다고 언급되어 있는데 이것은 중요한 세부 사항으로 주목해서 살펴봐야 한다.

예제 11.24 **TextWidget 코드**

```
class TextWidget {
  private const ImmutableList<String> STANDARD_CLASS_NAMES =        하드 코딩된
      ["text-widget", "selectable"];                                CSS 클래스 이름
  private final ImmutableList<String> customClassNames;

  TextWidget(List<String> customClassNames) {                       생성자를 통해 제공되는
    this.customClassNames = ImmutableList.copyOf(customClassNames); 사용자 지정 클래스 이름
  }

  /**
   * 구성요소에 대한 클래스 이름을 반환한다. 반환된 리스트에서 클래스 이름은
   * 특정한 순서를 갖지 않는다.
   */
  ImmutableList<String> getClassNames() {                           모든 클래스 이름을
    return STANDARD_CLASS_NAMES.concat(customClassNames);           반환한다.
  }

  ...
}
```

앞에서 살펴봤듯이, 테스트는 한 번에 한 가지 행동만 테스트하는 것을 목표로 하는 것이 이상적이다. 이 코드에 대해 테스트해야 할 동작 중 하나는 getClassNames()에 의해 반환된 목록에 custom ClassNames가 포함되어 있는지 여부다. 이를 테스트하기 위해 사용할 수 있는 방법 한 가지는 반환된 목록을 예상되는 값 목록과 비교하는 것이다. 예제 11.25는 이를 위한 테스트 케이스 코드를 보여준다. 그러나 이 접근법에는 다음과 같은 문제점이 있다.

- 테스트 케이스가 의도한 것보다 더 많은 것을 테스트하고 있다. 테스트 케이스의 이름을 보면 이 테스트 케이스는 반환된 리스트가 사용자 지정 클래스 이름을 포함하고 있는지만 확인하는 것으로 보인다. 하지만 실제로는 반환된 리스트에 표준 클래스 이름도 포함되어 있는지 테스트한다.

- 클래스 이름이 반환되는 순서가 변경되면 이 테스트는 실패한다. getClassNames() 함수에 대한 주석문에는 클래스의 이름은 특정한 순서가 없다고 명시되어 있기 때문에 이 순서가 다르다고 해서 테스트가 실패하면 안 된다. 이런 테스트 코드는 잘못된 경고나 취약한 테스트로 이어질 수 있다.

예제 11.25 **과도하게 제한된 테스트 어서션**

```
void testGetClassNames_containsCustomClassNames() {
  TextWidget textWidget = new TextWidget(
      ["custom_class_1", "custom_class_2"]);

  assertThat(textWidget.getClassNames()).isEqualTo([
      "text-widget",
      "selectable",
      "custom_class_1",
      "custom_class_2",
  ]);
}
```

시도해볼 수 있는 다른 방법을 생각해보자. 반환된 결과를 예상 목록과 비교하는 대신 반환된 목록에 custom_class_1과 custom_class_2라는 두 개의 값이 포함되어 있는지 개별적으로 확인할 수 있다. 예제 11.26 코드는 이렇게 하는 방법을 보여주는데 result.contains(...)가 참을 반환하는지 확인한다. 이렇게 하면 방금 살펴본 두 가지 문제점이 해결된다. 이 테스트 케이스는 원래 의도한 것만 테스트하고 반환된 클래스 이름의 순서가 바뀌더라도 테스트는 실패하지 않는다. 그러나 또 다른 문제가 있다. 테스트가 실패하는 경우 왜 실패하는지 이유를 제대로 설명해주지 않는다(그림 11.6).

예제 11.26 **실패 이유를 제대로 설명해주지 않는 테스트 어서션**

```
void testGetClassNames_containsCustomClassNames() {
  TextWidget textWidget = new TextWidget(
      ["custom_class_1", "custom_class_2"]);

  ImmutableList<String> result = textWidget.getClassNames();

  assertThat(result.contains("custom_class_1")).isTrue();
  assertThat(result.contains("custom_class_2")).isTrue();
}
```

그림 11.6은 사용자 정의 클래스 중 하나가 없어 테스트 케이스가 실패하는 경우의 실패 메시지를 보여준다. 이 실패 메시지는 실제 결과가 예상 결과와 어떻게 다른지 분명히 설명하지 않는다.

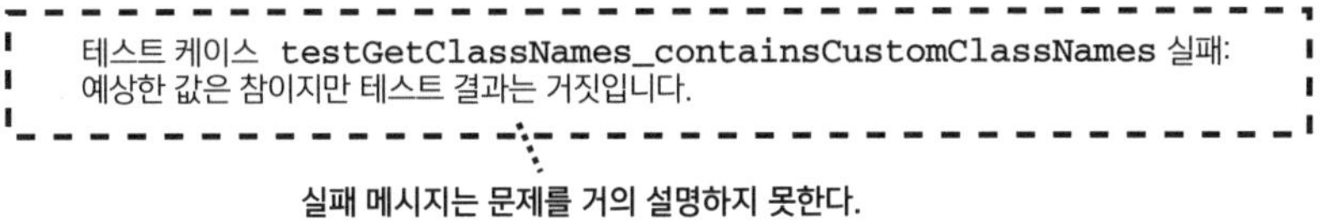

테스트 케이스 `testGetClassNames_containsCustomClassNames` 실패:
예상한 값은 참이지만 테스트 결과는 거짓입니다.

실패 메시지는 문제를 거의 설명하지 못한다.

그림 11.6 **부적합한 어서션 확인자를 사용하면 시험 실패 시 실패의 이유가 제대로 설명되지 않을 수 있다.**

코드에 문제가 있을 때 테스트가 확실하게 통과되지 못하도록 하는 것은 필수적이지만, 10장에서 살펴봤듯이 이것만이 고려 사항의 전부는 아니다. 코드에 정말로 문제가 있을 때에만 테스트가 실패하고 실패의 이유가 잘 설명돼야 한다. 이 목표를 달성하기 위해서는 적절한 어서션 확인자를 선택할 필요가 있다.

## 11.5.2 해결책: 적절한 확인자를 사용하라

대부분의 최신 테스트 어서션 도구는 다양한 확인자를 무수히 많이 가지고 있다. 리스트가 순서에 관련 없이 특정 항목을 포함하고 있는지 검증할 수 있는 확인자가 제공될 수도 있다. 이러한 확인자의 예는 다음과 같다.

- **자바**: 트루스<sub>Truth</sub> 라이브러리에 `containsAtLcast()` 확인자가 있다(https://truth.dev/).
- **자바스크립트**: 자스민<sub>Jasmine</sub> 프레임워크의 `jasmine.arrayContaining()` 확인자가 있다(https://jasmine.github.io/).

예제 11.27은 `containsAtLast()` 확인자를 사용할 경우의 테스트 케이스 코드를 보여준다. `getClassNames()`가 사용자 지정 클래스 이름을 반환하지 못하면 테스트 케이스는 실패한다. 그러나 하드 코딩된 클래스 이름이 업데이트되거나 클래스 이름 순서가 바뀌는 등 다른 동작이 변경되더라도 테스트는 실패하지 않는다.

예제 11.27 **적절한 어서션 확인자**

```
testGetClassNames_containsCustomClassNames() {
  TextWidget textWidget = new TextWidget(
      ["custom_class_1", "custom_class_2"]);

  assertThat(textWidget.getClassNames())
      .containsAtLeast ("custom_class_1", "custom_class_2");
}
```

테스트 케이스가 실패하는 경우, 실패 메시지는 그림 11.7에서와 같이 실패의 이유를 잘 설명한다.

```
┌──────────────────────────────────────────────────────────────────────┐
│ 테스트 케이스 testGetClassNames_containsCustomClassNames 실패:          │
│ Not true that                                                          │
│   [text-widget, selectable, custom_class_2]는                          │
│ contains at least                                                      │
│   [custom_class_1, custom_class_2]를 포함하지 않습니다.                 │
│ -------                                                                │
│ 빠진 항목: custom_class_1                                               │
└──────────────────────────────────────────────────────────────────────┘
```

실패 메시지는 실제 동작과 예상 동작이
어떻게 다른지 명확하게 설명한다.

그림 11.7 적절한 어서션 확인자를 사용하면 테스트가 실패할 경우 실패의 이유를 잘 설명한다.

실패의 이유를 더 잘 설명한다는 점 외에도 적절한 확인자를 사용하면 테스트 코드 이해가 조금 더 쉬워진다. 다음 코드에서 첫 번째 줄은 두 번째 줄보다 실제 문장에 더 가깝다.

```
assertThat(someList).contains("expected value");
assertThat(someList.contains("expected value")).isTrue();
```

코드에 문제가 있을 때 테스트가 반드시 실패해야 한다는 점 외에도 테스트가 어떻게 실패할지에 대해 생각해보는 것이 중요하다. 적절한 어서션 확인자를 사용하면 테스트 실패 시 실패의 이유에 대해 잘 알 수 있지만, 그렇지 않으면 실패의 이유를 명확히 파악하기 어렵기 때문에 테스트 코드를 실행할 때 다른 개발자가 어려움을 겪을 수 있다.

## 11.6 테스트 용이성을 위해 의존성 주입을 사용하라

2장, 8장 및 9장에서 의존성 주입을 사용하면 코드가 개선되는 예를 살펴봤다. 이러한 사례 외에도 의존성 주입을 사용하면 아주 좋은 이유가 또 있는데, 코드의 테스트 용이성이 크게 향상된다는 점 이다.

앞 장에서 테스트가 테스트 대상 코드의 의존성 중 일부와 상호작용해야 하는 방법을 살펴봤다. 이런 상호작용은 의존성에 일부 초깃값을 설정하거나 부수 효과가 일어났는지 확인해야 하는 경우 발생한다. 이에 더해 10.4에서는 실제 의존성을 대체하기 위해 테스트 더블을 사용하는 것에 대해 설명했다. 그러므로 테스트 대상 코드에서 사용하는 의존성의 특정 인스턴스를 테스트 코드가 제공해야 하는 경우가 있다는 점이 명백하다. 테스트 코드가 이 작업을 수행할 수 없는 경우, 특정 동작을 테스트하는 것이 불가능할 수 있다.

## 11.6.1 하드 코딩된 의존성은 테스트를 불가능하게 할 수 있다

고객에게 송장 리마인더를 보내는 클래스가 예제 11.28 코드에 나와 있다. InvoiceReminder 클래스는 의존성 주입을 사용하지 않고 대신 생성자에서 의존 객체를 만든다. AddressBook을 사용해 고객의 이메일 주소를 조회하고 EmailSender를 사용해 이메일을 보낸다.

예제 11.28 **의존성 주입을 하지 않는 클래스**

```
class InvoiceReminder {
  private final AddressBook addressBook;
  private final EmailSender emailSender;

  InvoiceReminder() {
    this.addressBook = DataStore.getAddressBook();     ┐ 의존 객체가
    this.emailSender = new EmailSenderImpl();           ┘ 생성자에서 생성된다.
  }

  @CheckReturnValue
  Boolean sendReminder(Invoice invoice) {
    EmailAddress? address =
        addressBook.lookupEmailAddress(invoice.getCustomerId());  ◄── addressBook을 사용해
    if (address -- null) {                                             이메일 주소를 조회한다.
      return false;
    }                        ┐ emailSender를 사용해
    return emailSender.send(  ┘ 이메일을 전송한다.
        address,
        InvoiceReminderTemplate.generate(invoice));
  }
}
```

이 클래스는 몇 가지 동작을 수행하는데, 아래와 같이 각 동작을 테스트하는 것이 이상적이다.

- sendReminder() 함수는 고객의 이메일 주소가 주소록에 있을 때 고객에게 알림 이메일을 보낸다.
- 알림 이메일이 전송되면 sendReminder() 함수는 참을 반환한다.
- 고객의 이메일 주소를 찾을 수 없을 때 sendReminder() 함수는 알림 이메일을 보내지 않는다.
- 알림 이메일이 전송되지 않으면 sendReminder() 함수는 거짓을 반환한다.

안타깝게도 현재와 같은 InvoiceReminder 클래스에 대해서는 이 모든 동작을 테스트하는 것이 다음과 같은 이유로 상당히 어려우며 심지어 불가능할 수도 있다.

- 이 클래스는 생성자 내에서 `DataStore.getAddressBook()`을 호출하여 `AddressBook` 인스턴스를 자체적으로 생성한다. 코드가 실제로 실행되면 고객 데이터베이스에 연결하여 연락처 정보를 조회하는 `AddressBook` 인스턴스를 생성한다. 그러나 시간이 지남에 따라 데이터가 변경될 수 있기 때문에 실제 고객 데이터를 테스트에 사용하는 것은 적합하지 않다. 또 다른 근본적인 문제는 테스트 환경에서는 실제 데이터베이스에 액세스할 수 있는 권한이 없기 때문에 반환된 주소록이 작동하지 않을 수 있다는 점이다.

- 이 클래스는 자체적으로 `EmailSenderImpl`을 생성한다. 따라서 이메일을 실제로 보내는 결과를 초래한다. 이것은 테스트에서 일어나면 안 되는 부수 효과고, 10장에서 논의한 것처럼 테스트로부터 외부 세계를 보호해야 하는 예이다.

일반적으로 이 두 문제에 대한 손쉬운 해결책은 `AddressBook`과 `EmailSender`에 대한 테스트 더블을 사용하는 것이다. 하지만 이 경우 실제 의존성 대신 테스트 더블을 사용해 `InvoiceReminder` 클래스의 인스턴스를 생성할 수 없기 때문에 이 방법을 사용할 수 없다. `InvoiceReminder` 클래스는 테스트 용이성이 낮고, 이로 인해 일부 동작이 제대로 테스트되지 않아 코드에 버그가 발생할 가능성이 커진다.

## 11.6.2 해결책: 의존성 주입을 사용하라

의존성 주입을 사용하면 `InvoiceReminder` 클래스는 테스트하기 쉬워지고 이 문제를 해결할 수 있다. 예제 11.29는 생성자를 통해 의존성을 주입할 수 있도록 변경한 `InvoiceReminder` 클래스를 보여준다. 이 클래스에는 정적 팩토리 함수도 포함되어 있어 클래스의 실제 사용자가 의존성에 대한 걱정 없이 쉽게 생성할 수 있다.

예제 11.29 **의존성 주입을 사용한 클래스**

```
class InvoiceReminder {
  private final AddressBook addressBook;
  private final EmailSender emailSender;

  InvoiceReminder(
      AddressBook addressBook,
      EmailSender emailSender) {       생성자를 통해
    this.addressBook = addressBook;    주입되는 의존성
    this.emailSender = emailSender;
  }
```

```
  static InvoiceReminder create() {
    return new InvoiceReminder(
        DataStore.getAddressBook(),        정적 팩토리 함수
        new EmailSenderImpl());
  }

  @CheckReturnValue
  Boolean sendReminder(Invoice invoice) {
    EmailAddress? address =
        addressBook.lookupEmailAddress(invoice.getCustomerId());
    if (address == null) {
      return false;
    }
    return emailSender.send(
        address,
        InvoiceReminderTemplate.generate(invoice));
  }
}
```

이제 테스트 더블(이 경우 FakeAddressBook 및 FakeEmailSender)을 사용하여 테스트 코드에서 InvoiceReminder 클래스를 생성하는 것이 아주 쉬워졌다.

```
...
FakeAddressBook addressBook = new FakeAddressBook();
fakeAddressBook.addEntry(
    customerId: 123456,
    emailAddress: "test@example.com");
FakeEmailSender emailSender = new FakeEmailSender();

InvoiceReminder invoiceReminder =
    new InvoiceReminder(addressBook, emailSender);
...
```

1장에서 언급했듯이 테스트 용이성은 모듈화와 밀접한 관련이 있다. 서로 다른 코드가 느슨하게 결합하고 재설정이 가능하면, 테스트는 훨씬 더 쉬워지는 경향을 띤다. 의존성 주입은 코드를 좀더 모듈화하기 위한 효과적인 기술이며, 따라서 코드의 테스트 용이성을 높이기 위한 효과적인 기술이기도 하다.

# 11.7 테스트에 대한 몇 가지 결론

소프트웨어 테스트는 방대한 주제이고 마지막 두 장에서 다룬 내용은 빙산의 일각에 불과하다. 이 장에서는 개발자가 일상적으로 하는 작업에서 가장 자주 접하는 테스트 수준인 단위 테스트를 살펴 봤다. 1장에서 논의한 바와 같이 개발자로서 접하고 사용할 가능성이 큰 다른 두 가지 테스트 수준 은 다음과 같다.

- **통합 테스트**integration test : 한 시스템은 일반적으로 여러 구성 요소, 모듈, 하위 시스템으로 구성 된다. 이러한 구성 요소와 하위 시스템을 서로 연결하는 프로세스를 **통합**integration이라고 한다. 통합 테스트는 이러한 통합이 제대로 작동하는지 확인하기 위한 테스트다.

- **종단 간 테스트**end-to-end test : 이 테스트는 처음부터 끝까지 전체 소프트웨어 시스템을 통과하 는 여정(또는 작업 흐름)을 테스트한다. 테스트하려는 소프트웨어가 온라인 쇼핑몰이라면, E2E 테 스트의 예로는 웹 브라우저를 자동으로 구동하고 사용자가 구매를 완료하는 과정까지 거치면서 구매가 잘 이루어지는지 확인하는 것이다.

여러 수준의 테스트 외에도 다양한 유형의 테스트가 있다. 이들 테스트에 대한 정의는 서로 겹칠 때 도 있고, 개발자들이 이들 테스트에 대해 언급할 때 의미하는 바가 항상 일치하는 것은 아니다. 알고 있으면 좋을 몇 가지 개념은 다음과 같은데, 여기에 모두 망라할 수는 없다.

- **회귀 테스트**regression test : 소프트웨어의 동작이나 기능이 바람직하지 않은 방식으로 변경되지 않 았는지 확인하기 위해 정기적으로 수행하는 테스트이다. 단위 테스트는 일반적으로 회귀 테스트 에서 중요한 부분이지만 통합 테스트와 같은 다른 수준의 테스트도 포함할 수도 있다.

- **골든 테스트**golden test : **특성화 테스트**characterization test라고도 하며, 일반적으로 주어진 입력 집 합에 대해 코드가 생성한 출력을 스냅샷으로 저장한 것을 기반으로 한다. 테스트 수행 후 코드가 생성한 출력이 다르면 테스트는 실패한다. 이 테스트는 아무것도 변경되지 않았음을 확인하는 데 는 유용하지만 테스트가 실패한 경우 실패 원인을 파악하기 어려울 수 있다. 이 테스트들은 또한 어떤 경우에는 믿을 수 없을 정도로 취약하고 신뢰하기 어렵다.

- **퍼즈 테스트**fuzz test : 이 테스트는 3장에서 논의했다. 퍼즈 테스트는 많은 무작위 값이나 '흥미로 운' 값으로 코드를 호출하고 그들 중 어느 것도 코드의 동작을 멈추지 않는지 점검한다.

소프트웨어를 테스트하기 위해 개발자들이 사용할 수 있는 다양한 기술이 많다. 소프트웨어를 높은 기준으로 작성하고 유지하려면 이러한 기술을 혼용해서 사용해야 하는 경우가 많다. 단위 테스트가 가장 흔한 테스트 유형이지만, 단위 테스트만으로는 테스트의 모든 요구 사항을 충족할 수 없기 때문에 다양한 테스트 유형과 수준에 대해 알아보고 새로운 툴과 기술에 대한 최신 정보를 유지하는 것이 좋다.

## 요약

- 각 함수를 테스트하는 것에 집중하다 보면 테스트가 충분히 되지 못하기 쉽다. 보통은 모든 중요한 행동을 파악하고 각각의 테스트 케이스를 작성하는 것이 더 효과적이다.
- 결과적으로 중요한 동작을 테스트해야 한다. 프라이빗 함수를 테스트하는 것은 거의 대부분 결과적으로 중요한 사항을 테스트하는 것이 아니다.
- 한 번에 한 가지씩만 테스트하면 테스트 실패의 이유를 더 잘 알 수 있고 테스트 코드를 이해하기가 더 쉽다.
- 테스트 설정 공유는 양날의 검이 될 수 있다. 코드 반복이나 비용이 큰 설정을 피할 수 있지만 부적절하게 사용할 경우 효과적이지 못하거나 신뢰할 수 없는 결과를 초래할 수 있다.
- 의존성 주입을 사용하면 코드의 테스트 용이성이 상당히 향상될 수 있다.
- 단위 테스트는 개발자들이 가장 자주 다루는 테스트 수준이지만 이것만이 유일한 테스트는 아니다. 높은 품질의 소프트웨어를 작성하고 유지하려면 여러 가지 테스트 기술을 함께 사용해야 할 때가 많다.

여러분은 끝까지 해냈고 심지어 테스트에 대한 장도 마쳤다! 여러분이 이 책을 읽는 동안 즐거운 시간이었고 유익한 것들을 배웠기를 바란다. 이제 서론에 있는 11개 장을 마쳤으니, 책의 가장 중요한 부분인 부록 A의 초콜릿 브라우니 레시피의 가독성 높은 버전으로 넘어가 보자.

# A

# 초콜릿 브라우니 레시피

**초콜릿 브라우니 레시피**

다음과 같은 재료가 필요하다.

- 버터 100g
- 70% 다크 초콜릿 185g
- 달걀 2개
- 바닐라 에센스 ½ 티스푼
- 캐스터 설탕(또는 초미세 설탕) 185g
- 밀가루 50g
- 코코아 가루 35g
- 소금 ½ 티스푼
- 초콜릿 칩 70g

방법:

1. 오븐을 160℃(320℉)로 예열한다.

2. 기름을 두르고 작은 (6x6인치) 베이킹 주석에 베이킹 종이를 깐다.

3. 그릇에 버터와 다크 초콜릿을 넣고 뜨거운 물이 담긴 냄비 안에서 녹인다. 다 녹으면 불을 끄고 식힌다.

4. 달걀, 설탕, 바닐라 에센스를 그릇에 넣고 섞는다.

5. 녹인 버터와 다크 초콜릿을 여기에 넣고 섞는다.

6. 다른 그릇에 밀가루, 코코아 가루, 소금을 넣고 섞은 후 체에 받쳐 달걀, 설탕, 버터, 초콜릿에 넣고 완전히 섞는다.

7. 초콜릿 칩을 첨가하고 충분히 섞는다.

8. 혼합물을 베이킹 통에 넣고 20분 동안 굽는다.

9. 몇 시간 동안 식혀야 한다.

B

# 널 안전성과 옵셔널

## B.1 널 안전성 사용

사용하는 언어에서 널 안전성을 지원하거나 필요한 경우 널 안전성을 활성화하면, 유형에 애너테이션을 달아 널이 가능함을 나타내는 방법이 있다. 널이 가능함을 나타내기 위해 ? 기호를 사용할 때가 많은데 아래 예제 코드와 같다.

```
Element? getFifthElement(List<Element> elements) {
  if (elements.size() < 5) {
    return null;
  }
  return elements[4];
}
```
Element?에서 ? 기호는
반환 유형이 널일 수 있음을 나타낸다.

이 코드를 호출하는 코드에서 getFifthElement()가 널을 반환하는 경우를 처리하지 않으면, 다음 예제 코드에서 설명되는 것처럼 해당 코드는 컴파일되지 않는다.

이 함수에 대한 매개변수는 Element?가 아닌
Element이기 때문에 널이 될 수 없다.

```
void displayElement(Element element) { ... }

void displayFifthElement(List<Element> elements) {
  Element? fifthElement = getFifthElement(elements);
  displayElement(fifthElement);
}
```
fifthElement 변수는 유형이
Element?이기 때문에 널이 가능하다.

displayElement() 함수는 매개변수가 널이 아닌 값을 예상하지만
널이 가능한 값으로 호출되기 때문에 이 라인에서 컴파일러 오류가 발생한다.

393

코드가 컴파일되기 위해서는 getFifthElement()에 의해 반환된 값이 널이 아닌지 먼저 확인한 후에 displayElement() 함수를 호출해야 하는데, 이 함수는 널이 아닌 값을 받기 때문이다. 컴파일러는 값이 널이 아닐 때만 도달할 수 있는 코드 경로를 유추할 수 있으므로 그 값을 사용하는 것이 안전한지 여부를 결정할 수 있다.

```
void displayFifthElement(List<Element> elements) {
  Element? fifthElement = getFifthElement(elements);
  if (fifthElement == null) {
    displayMessage("Fifth element doesn't exist");      이 if 문은 fifthElement가 널이면
    return;                                             함수가 조기에 반환된다는 것을 의미한다.
  }
  displayElement(fifthElement);       컴파일러는 이 라인이 fifthElement가 널이 아닐 때만
}                                     도달할 수 있다고 유추한다.
```

> **NOTE** 컴파일러 경고 VS 오류
>
> C#에서 널이 가능한 값을 사용하면 컴파일러 경고만 보여주고 컴파일러 오류는 발생하지 않기 때문에 안전하지 않다. C#을 사용하고 널 안전성을 활성화한 경우에는 경고가 아닌 오류를 발생하도록 설정해 이런 경우가 눈에 띄도록 하는 것이 좋을 것이다.

알다시피 널 안전성을 사용하면 널값을 사용할 수 있고 컴파일러는 논리적으로 널이 가능하거나 그렇지 않은 경우를 추적하고 널값이 안전하지 않게 사용되는 경우가 없도록 해준다. 이를 통해 널 포인터 예외 등의 위험을 겪지 않고 널값의 유용성을 누릴 수 있다.

## B.1.1 널 확인

널 안전성을 지원하는 언어는 간결한 구문을 통해 값이 널인지 확인하고 널이 아닌 경우에만 멤버 함수나 속성에 접근할 수 있도록 하는 경우가 많다. 이렇게 하면 반복 구문을 많이 사용하지 않아도 되지만, 이런 문법을 제공하지 않는 언어가 더 많으므로 이들과 비슷하게 만들기 위해 이 책의 의사코드 규약은 널을 일일이 확인하는 다소 장황한 방식을 따른다. 그럼에도 이런 구문을 살펴보기 위해 아래와 같이 주소를 조회하는 함수가 있고 주소를 찾지 못하면 널을 반환한다고 가정해보자.

```
Address? lookupAddress() {
  ...
  return null;
  ...
}
```

이 함수를 호출할 때 `lookupAddress()`의 반환값이 널인지 확인하고 널이 아니면 주소에서 `getCity()` 함수를 호출해야 하는 경우가 있을 수 있다. 이 책의 코드 예제는 널값을 확인하기 위해 아래와 같이 자세한 if 문을 사용하여 이 작업을 수행한다.

```
City? getCity() {
  Address? address = lookupAddress();
  if (address == null) {
    return null;
  }
  return address.getCity();
}
```

그러나 널 안전성을 지원하는 대부분의 언어는 이러한 종류의 코드를 더 간결하게 할 수 있는 구문을 제공한다. 예를 들어 **널 조건부 연산자**null conditional operator를 사용하여 이 코드를 다음과 같이 보다 간결하게 작성할 수 있다.

```
City? getCity() {
  return lookupAddress()?.getCity();
}
```

지금까지의 내용을 통해 알 수 있듯이 널 안전성을 활용하면 여러 이점이 있다. 코드의 오류 발생을 줄이고 언어의 다른 기능을 사용해 가독성은 높이면서 훨씬 더 간결한 코드를 작성할 수 있게 해준다.

## B.2 옵셔널 사용

사용 중인 언어가 널 안전성을 제공하지 않거나 어떤 이유로든 사용할 수 없는 경우, 함수가 널을 반환하면 호출하는 쪽에서 이에 대해 예상하지 못할 수 있다. 이를 방지하기 위해 `Optional`과 같은 유형을 사용하면 반환값이 없을 수도 있음을 호출하는 쪽에서 강제로 인지할 수 있다.

`Optional`을 사용하면 이전 절의 `getFifthElement()` 함수는 다음과 같이 변경된다.

```
Optional<Element> getFifthElement(List<Element> elements) {
  if (elements.size() < 5) {
    return Optional.empty();
  }
  return Optional.of(elements[4]);
}
```

이 코드를 사용하는 개발자는 다음과 같은 코드를 작성할 수 있다.

```
void displayFifthElement(List<Element> elements) {
  Optional<Element> fifthElement = getFifthElement(elements);     ← 옵셔널의 값을 사용하기 전에
  if (fifthElement.isPresent()) {     ←                              먼저 값이 있는지 확인한다.
    displayElement(fifthElement.get())     ←  옵셔널의 값은
    return;                                   get() 함수를 호출해서 얻는다.
  }
  displayMessage("Fifth element doesn't exist");
}
```

옵셔널을 사용하는 것이 다소 번거로운 것은 사실이다. 하지만 Optional 유형은 일반적으로 다양한 멤버 함수를 제공하는데 어떤 상황에서는 훨씬 더 간결한 코드 작성도 가능하다. 예를 들어 자바 9 부터 제공되는 ifPresentOrElse()라는 함수가 있다. 이 함수를 사용해 displayFifthElement() 함수를 다시 작성하면 다음과 같다.

```
void displayFifthElement(List<Element> elements) {
  getFifthElement(elements).ifPresentOrElse(     ← Optional이 값을 가지고 있으면 그 값을 인수로 해
    displayElement,     ←                           displayElement() 함수가 호출된다
    () -> displayMessage("Fifth element doesn't exist"));     ←
}                                                              Optional의 값이 없으면
                                                              displayMessage() 함수가 호출된다.
```

경우에 따라 Optional 유형을 사용하는 것은 다소 장황하고 번거로울 수 있지만, 널 처리를 제대로 하지 않으면 이 문제가 코드에 빠르게 확산될 수 있다. 따라서 코드가 늘어나고 번거로워지는 비용을 지불하더라도 코드 견고성 향상과 버그 감소 효과로 얻는 이익이 더 크기 때문에 옵셔널을 사용하는 것이 바람직하다.

---

### C++의 옵셔널

이 책을 쓰는 현재, C++ 표준 라이브러리의 Optional은 참조를 지원하지 않기 때문에 클래스 같은 객체를 반환하는 데 사용하기 어려울 수 있다. 주목할 만한 대안으로는 참조를 지원하는 부스트 Boost 라이브러리를 사용하는 것이다

여기서 자세히 다루지는 않지만, 각 접근 방식은 장단점이 있다. C++ 코드에서 Optional 사용을 고려하고 있다면 이 주제는 읽어볼 만한 가치가 있다.

- 표준 라이브러리의 Optional: http://mng.bz/n2pe
- 부스트 라이브러리의 Optional: http://mng.bz/vem1

APPENDIX

# C

# 추가 예제 코드

## C.1 빌더 패턴

7장에서 빌더 패턴 구현이 단순하게 이루어졌다. 실제로 개발자들은 빌더 패턴을 구현할 때 많은 기술과 언어 특징을 사용한다. 예제 C.1[1]은 빌더 패턴을 자바로 좀 더 완전하게 구현한 코드를 보여준다. 이 구현에서 주목해서 살펴봐야 할 사항은 다음과 같다.

- `TextOptions` 클래스 생성자는 프라이빗인데 다른 개발자가 빌더 패턴을 사용할 수밖에 없도록 하기 위함이다.

- `TextOptions` 클래스 생성자는 `Builder`의 인스턴스를 매개변수로 사용한다. 이렇게 하면 매우 긴 매개변수와 인수들의 목록을 피할 수 있기 때문에 코드의 가독성과 유지보수성이 조금 더 향상된다.

- `TextOptions` 클래스는 `toBuilder()` 메서드를 제공하는데, `Builder` 인스턴스를 생성할 때 `TextOptions` 인스턴스를 미리 채워 넣어 생성하는 데 사용할 수 있다.

- `Builder` 클래스는 `TextOptions` 클래스의 내부 클래스inner class인데, 두 가지 목적을 갖는다.

  - 이렇게 하면 `Builder` 클래스는 `TextOptions.Builder`로 참조하기 때문에 클래스 명명이 좀 더 향상된다.

---

1   조슈아 블로크(Joshua Bloch)(Addison-Wesley, 2017)의 《이펙티브 자바 3판》(인사이트, 2018) 및 구글 구아바 라이브러리와 같은 다양한 코드베이스에서 영감을 받았다.

– 자바에서는 TextOptions 및 Builder 클래스가 서로의 프라이빗 멤버 변수 및 메서드에 접근
할 수 있다.

예제 C.1 **Builder 패턴 구현**

```java
public final class TextOptions {
  private final Font font;
  private final OptionalDouble fontSize;
  private final Optional<Color> color;

  private TextOptions(Builder builder) {          ◄─── 생성자는 프라이빗이고
    font = builder.font;                              Builder 인스턴스를 매개변수로 받는다.
    fontSize = builder.fontSize;
    color = builder.color;
  }

  public Font getFont() {
    return font;
  }

  public OptionalDouble getFontSize() {
    return fontSize;
  }

  public Optional<Color> getColor() {
    return color;
  }

  public Builder toBuilder() {          ◄─── toBuilder() 함수는 TextOptions 인스턴스로 미리 채워진
    return new Builder(this);                Builder 인스턴스를 생성한다.
  }

  public static final class Builder {          ◄─── Builder 클래스는 TextOptions 클래스의
    private Font font;                              내부 클래스다.
    private OptionalDouble fontSize = OptionalDouble.empty();
    private Optional<Color> color = Optional.empty();

    public Builder(Font font) {
      this.font = font;
    }

    private Builder(TextOptions options) {          ◄─── TextOptions 인스턴스로부터 값을 복사하기 위한
      font = options.font;                              Builder의 프라이빗 생성자
      fontSize = options.fontSize;
      color = options.color;
    }
```

```java
    public Builder setFont(Font font) {
      this.font = font;
      return this;
    }

    public Builder setFontSize(double fontSize) {
      this.fontSize = OptionalDouble.of(fontSize);
      return this;
    }

    public Builder clearFontSize() {
      fontSize = OptionalDouble.empty();
      return this;
    }

    public Builder setColor(Color color) {
      this.color = Optional.of(color);
      return this;
    }

    public Builder clearColor() {
      color = Optional.empty();
      return this;
    }

    public TextOptions build() {
      return new TextOptions(this);
    }
  }
}
```

이 코드가 사용되는 몇 가지 예는 다음과 같다.

```java
TextOptions options1 = new TextOptions.Builder(Font.ARIAL)
    .setFontSize(12.0)
    .build();

TextOptions options2 = options1.toBuilder()
    .setColor(Color.BLUE)
    .clearFontSize()
    .build();

TextOptions options3 = options2.toBuilder()
    .setFont(Font.VERDANA)
    .setColor(Color.RED)
    .build();
```